普通高等教育"新工科"建设系列教材

车辆智能共享出行技术

马 建　许 彬　陈轶嵩　赵 轩◎编著
赵祥模　胡大伟◎主审

人民交通出版社
北 京

内 容 提 要

本书为普通高等教育"新工科"建设系列教材。全书共包括 11 章，主要内容包括绪论、共享经济与汽车共享出行、网络预约出租汽车、分时租赁、定制客运、需求响应式公交、共享出行定制化车辆关键技术、共享出行中的智能网联汽车技术、大数据平台技术与安全监管、自动驾驶车辆共享出行、智能共享出行典型案例。

本教材可作为高等院校交通运输类、车辆类专业本科生及研究生用书，也可作为相关从业人员的学习参考书。

图书在版编目(CIP)数据

车辆智能共享出行技术/马建等编著. —北京：
人民交通出版社股份有限公司,2024.12. —ISBN 978
-7-114-19813-7

Ⅰ. U469.6-39

中国国家版本馆 CIP 数据核字第 2024ZY8139 号

Cheliang Zhineng Gongxiang Chuxing Jishu

书　　名：	车辆智能共享出行技术
著 作 者：	马　建　许　彬　陈轶嵩　赵　轩
主　　审：	赵祥模　胡大伟
责任编辑：	李　良
责任校对：	龙　雪　卢　弦
责任印制：	张　凯
出版发行：	人民交通出版社
地　　址：	(100011)北京市朝阳区安定门外外馆斜街 3 号
网　　址：	http://www.ccpcl.com.cn
销售电话：	(010)85285911
总 经 销：	人民交通出版社发行部
经　　销：	各地新华书店
印　　刷：	北京虎彩文化传播有限公司
开　　本：	787×1092　1/16
印　　张：	23.75
字　　数：	566 千
版　　次：	2024 年 12 月　第 1 版
印　　次：	2024 年 12 月　第 1 次印刷
书　　号：	ISBN 978-7-114-19813-7
定　　价：	68.00 元

(有印刷、装订质量问题的图书，由本社负责调换)

前言

随着社会经济持续发展和城镇化进程不断加快,居民的出行需求日益多样化和个性化,推动了家庭用汽车的快速普及。然而,这也带来了交通拥堵、环境污染及碳排放等一系列严峻挑战。传统的交通方式难以有效解决日益增长的出行压力,同时也难以满足居民对出行便捷性和舒适性的要求。在此背景下,融合了移动互联网及新的信息化、智能化技术,汽车分时租赁、网络预约出租汽车、定制客运和自动驾驶出租汽车等出行方式,即"汽车共享出行"新业态应运而生,成为交通行业新质生产力的典型代表。

汽车共享出行一方面满足了差异化的出行需求,极大地促进了居民使用公共交通出行的积极性;另一方面通过资源共享实现了城市交通运行效率和资源利用效率的最大化,最终为促进绿色出行、发展可持续交通、建设智慧城市提供十分重要的发展支撑。本教材系统梳理了汽车共享出行的发展脉络和趋势、各种主要模式的需求及应用场景特征以及基于"智能化""信息化""电动化"背景下的共享出行领域新技术的应用,通过多角度融合分析,全面提升读者对共享出行发展内涵及核心关键技术的理解,为相关领域的工作和研究提供基本理论和实践基础。

本教材共分为十一章内容,包括绪论、共享出行模式、网络预约出租汽车、分时租赁、定制客运、需求响应式公交、共享出行定制化车辆关键技术、共享出行中智能网联汽车技术、大数据平台技术与安全监管、自动驾驶车辆共享出行、智能共享出行典型案例。本教材可作为高等院校交通运输、车辆工程专业本科生及研究生用书,也可作为相关从业人员的学习参考书。

本教材由长安大学马建教授、许彬博士、陈轶嵩教授、赵轩教授编著,长安大学赵祥模教授、胡大伟教授审阅。其中,第一章由马建、许彬撰写,第二章由陈轶嵩、赵姣撰写,第三章由许彬、陈轶嵩撰写,第四章由许彬、谭晓伟撰写,第五章由马建、赵姣撰写,第六章由许彬、赵姣撰写,第七章由马建、赵轩、张凯、刘瑞撰写,第八章由赵轩、刘瑞、张凯撰写,第九章由赵轩、许彬、刘瑞、张凯撰写,第十章由陈轶嵩、代晓芳撰写,第十一章由陈轶嵩、赵姣、许彬撰写。参加本教材资料收集、图表绘制、文本编排等工作的还有长安大学薛启帆、刘启全、王建平、李珊、焦志鹏、郭良宇、代晓芳、查艳艳、宋若旸、刘羽昂、朱昇、张化喜、刘建峰、朱昇、兰子剑、龚柯阳、郭致远、张建章等研究生。

在本书撰写过程中,融入了编者团队多年从事汽车共享出行、新能源汽车和智能网联汽车领域研究的成果,并参考了国内外相关规范、标准、指南及相关研究文献资料,在此对其原作者及相关研究人员表示衷心的感谢。

由于编者水平有限,书中错误和疏漏在所难免,欢迎读者批评指正,以期不断改进和完善。

编 者

2024 年 7 月

目录

第一章　绪论 / 001

第一节　共享出行概述 …………………………………………………… 002
第二节　共享出行关键技术 ……………………………………………… 004
第三节　共享出行发展趋势 ……………………………………………… 007
复习思考题 ………………………………………………………………… 011

第二章　共享经济与汽车共享出行 / 012

第一节　基本概念 ………………………………………………………… 013
第二节　汽车共享出行模式下的生态圈 ………………………………… 023
第三节　汽车共享出行模式下的创新发展路径 ………………………… 027
第四节　汽车共享出行模式下的城市生态构想 ………………………… 033
复习思考题 ………………………………………………………………… 034

第三章　网络预约出租汽车 / 035

第一节　概述 ……………………………………………………………… 036

第二节　运营模式 ··· 045
第三节　运营分析与安全管理方法 ························· 056
第四节　运营系统平台技术 ···································· 065
复习思考题 ··· 074

第四章　分时租赁 / 075

第一节　概述 ·· 076
第二节　运营模式 ··· 084
第三节　运营分析方法与关键技术 ························· 090
复习思考题 ··· 115

第五章　定制客运 / 116

第一节　概述 ·· 117
第二节　定制客运系统需求预测 ···························· 122
第三节　线路规划关键技术 ···································· 130
第四节　运营组织与管理 ······································· 140
第五节　典型案例 ··· 144
复习思考题 ··· 146

第六章　需求响应式公交 / 147

第一节　概述 ·· 148
第二节　经营模式与运营特征 ································ 153
第三节　乘客需求分析方法 ···································· 158
第四节　站点及线路规划方法 ································ 162
第五节　典型案例 ··· 166
复习思考题 ··· 178

第七章　共享出行定制化车辆关键技术 / 179

　　第一节　概述 …………………………………………………………… 180
　　第二节　新能源汽车类型 ………………………………………………… 183
　　第三节　动力蓄电池系统 ………………………………………………… 192
　　第四节　驱动电机及其控制 ……………………………………………… 203
　　第五节　整车电控系统及动力系统匹配 ………………………………… 211
　　第六节　新能源汽车共享出行定制化设计 ……………………………… 218
　　复习思考题 ………………………………………………………………… 220

第八章　共享出行中的智能网联汽车技术 / 222

　　第一节　概述 …………………………………………………………… 223
　　第二节　智能网联汽车关键技术 ………………………………………… 226
　　第三节　共享出行中的智能安全 ………………………………………… 251
　　第四节　共享出行中的驾驶辅助 ………………………………………… 259
　　第五节　共享出行中的自主代客泊车技术 ……………………………… 265
　　复习思考题 ………………………………………………………………… 270

第九章　大数据平台技术与安全监管 / 271

　　第一节　概述 …………………………………………………………… 272
　　第二节　大数据平台 ……………………………………………………… 274
　　第三节　云计算 …………………………………………………………… 295
　　第四节　车载终端 ………………………………………………………… 305
　　复习思考题 ………………………………………………………………… 316

第十章　自动驾驶车辆共享出行 / 317

　　第一节　自动驾驶分级 …………………………………………………… 318

第二节　无人驾驶出租汽车 …………………………………… 321
第三节　无人驾驶巴士 ………………………………………… 324
第四节　无人车商业化挑战 …………………………………… 326
第五节　国内外智能网联示范区 ……………………………… 328
复习思考题 ……………………………………………………… 334

第十一章　智能共享出行典型案例 / 335

第一节　典型企业发展模式 …………………………………… 336
第二节　典型城市发展模式 …………………………………… 350
第三节　典型技术应用案例 …………………………………… 359
复习思考题 ……………………………………………………… 367

参考文献 / 368

第一章

绪　　论

第一节　共享出行概述

一、共享出行的发展背景

共享经济的发展历史可以追溯到20世纪80年代以来的一些先驱性实践，但真正的大发展是在21世纪初。以下是共享经济发展与共享出行发展的重要历史阶段。

21世纪初，Airbnb成立，开启了共享住宿的先河。Airbnb允许个人将自己的房屋或房间出租给游客，从而实现了闲置住房资源的共享利用。

2009年，Uber成立，推动了共享出行的发展。Uber依靠移动应用连接了私人车主和需要打车的乘客，提供了一种新的出行方式。

2010年，美国公司TaskRabbit成立，为用户提供了一个在线平台，在其上可以雇佣其他人来完成各种任务，如家政服务、维修等，从而实现了技能和时间的共享。

2011年，共享单车概念开始兴起，一些共享单车公司开始在世界各地推出共享单车服务，使得城市居民可以更方便地使用自行车出行。

2013年，中国的共享经济企业迅速崛起，如滴滴出行、ofo小黄车等，成为全球共享经济的重要参与者。

2014年，共享经济开始成为全球范围内的热门话题，各种共享经济模式不断涌现，涵盖了多个领域，如共享办公空间、共享厨房等。

2017年，共享经济平台面临监管、竞争和盈利等方面的挑战，开始进行业务调整和转型。共享经济的发展过程中充满了创新和变革，它改变了人们的生活方式和经济模式，对于资源利用效率和社会发展产生了深远影响。

二、共享出行发展的意义、类型与特点

（一）共享出行发展的意义

1. 缓解交通拥堵

共享出行可以减少私人汽车使用，减轻城市交通压力，缓解交通拥堵问题，提高城市交通效率。

2. 节约资源、节能减排

通过共享出行，可以更有效地利用交通工具资源，减少汽车使用量，提高资源利用效率。共享出行采用低碳环保的交通载运工具，可以减少尾气排放，有利于改善城市空气质量，减少环境污染。

3. 公共交通的有益补充

共享出行提供了更多元化的出行选择,方便了城市居民的出行需求,提高了出行的便利性和灵活性。

4. 促进经济发展

共享出行产业的发展,可以促进相关产业链的发展,创造就业机会,推动经济增长。

5. 培养共享意识

共享出行倡导资源共享和环保理念,有助于培养人们的共享意识,促进社会和谐发展。

因此,发展共享出行对于改善城市交通状况、减少环境污染、提高资源利用效率以及促进经济社会可持续发展具有重要意义。

(二)共享出行类型与特点

1. 类型

(1)网约车。用户可以通过网约平台手机端 App 叫车,由专业驾驶员提供接送服务,支付方式通常为电子支付,如支付宝、微信支付等,其中,广泛使用的顺风车拼车服务模式,一般也被划分到广义的网约车范畴内,它的特点是多个乘客可以通过平台进行拼车,共享同一辆汽车进行出行,以降低出行成本和减少资源浪费。另外,传统巡游出租汽车为提升自身竞争力,也逐步实现了扬招模式与网约化的协同发展,基本实现了接入网约平台实时化接单。

(2)共享汽车。主要分为两种模式,一是通过企业平台预定共享汽车,即分时租赁模式,用户按需使用,通常按照时间计费,适合需要临时使用车辆的用户;二私人汽车共享,即 P2P 租车模式,车主通过 P2P 租车软件发布闲置汽车租赁信息,用户通过 P2P 租车软件选择符合需求的私家车,然后直接与车主联系,省去了传统租车模式中间商的环节。

(3)定制客运。依托互联网技术,通过手机 App、微信小程序等在线服务载体,整合道路客运资源,为乘客提供跨区域、门到门预约化的运输服务,主要模式包括定制包车、定制客运班线以及在城市公交客运系统中应用的定制公交模式,也被称为需求响应式公交模式。

(4)共享单车。用户可以通过手机 App 租借共享单车或共享电动自行车,方便进行短途出行及交通接驳,使用完毕后可以将单车停放在指定的停车点。

2. 特点

共享出行的特点包括以下几个方面。

(1)便捷性。用户可以通过手机 App 随时随地叫车或租借交通工具,方便快捷。

(2)灵活性。用户可以根据需求选择不同的交通工具和服务模式,满足个性化的出行需求。

(3)节约成本。共享出行可以减少个人购车成本、停车费用等,提高出行效率。

(4)资源共享。通过共享出行,可以更好地利用交通工具资源,减少交通拥堵和环境污染。

共享出行的发展为城市居民提供了更多出行选择,也为城市交通和环境带来了积极影响。

三、共享出行发展概况

目前,共享出行在全球范围内得到了广泛的关注和应用。不同类型共享出行方式的发展现状如下。

（一）网约车

目前，全球范围内的网约车市场从规模快速增长到高质量发展过渡，网约车行业不断渗透融合，在技术创新应用、低碳环保化、安全合规强化等方面不断推进，用户体验及服务水平明显提升，与此同时，随着规模的持续扩大及用户对出行品质要求的提升，其依然面临激烈的市场竞争和监管挑战。

（二）共享汽车

共享汽车在欧美国家得到了较早的应用和发展，共享汽车服务在提供灵活出行选择的同时，正逐步向电动化和智能化转型，以适应环保趋势和提高用户体验。分时租赁模式正在经历瓶颈期，总体规模没有大的跃升，P2P模式存在安全监管等问题，市场规模较小。随着新能源汽车和自动驾驶技术的不断发展以及共享汽车的发展模式自身不断完善，具备广阔的市场前景。目前，一些知名的汽车制造商如戴姆勒、宝马、奥迪等，都在积极布局共享汽车领域。

（三）定制客运

随着不同用户多样化高品质便捷出行的需求的不断增长，我国城际间、城市内部定制化客运的规模不断扩大，面向通勤、旅游及接驳等出行需求的多样化定制客运模式不断涌现，随着智能网联、无人驾驶技术的广泛应用，定制客运市场仍有较大的发展空间。

（四）共享单车

共享单车在我国应用最为广泛，解决了居民出行"最后一公里"的问题，在大城市，乃至部分中小城市，均形成了一定的规模。新兴的共享电动自行车减少了用户骑行体力消耗，扩大了出行范围，也在部分城市逐步开始推广和应用。目前，我国是全球最大的共享单车市场，但随着市场的饱和，竞争也日趋激烈，企业通过技术创新和服务优化来提升运营效率和用户体验。

总的来说，共享出行的发展现状呈现出多样化、便捷化、智能化等特点。未来，随着技术的进步和人们出行需求的不断提高，共享出行市场仍有很大的发展空间和潜力。

第二节 共享出行关键技术

监管部门、企业和用户，从不同维度对安全、效率的要求不断提高，共享出行系统在载运工具定制化、运维和用户服务方面应用的关键技术包括以下几个方面。

一、融合定位技术

共享出行系统需要依赖精确的定位技术，以便为用户提供准确的出行信息和服务。目前，常用的全球定位系统包括美国全球定位系统（Global Positioning System，GPS）、中国北斗卫星导航系统（BeiDou Navigation Satellite System，BDS）等，通过融合5G网络、地图匹配等技术，定位精度和稳定性将实现跃升。

二、大数据技术

通过收集、处理和分析共享出行相关数据,提取有价值的信息和知识,以优化共享出行的服务和管理。大数据技术可以应用于共享出行多个方面。在用户出行分析方面,通过对用户的出行行为进行分析,可以深入了解用户的出行需求和习惯,从而优化共享出行的服务和管理,提高用户体验和满意度;在路线规划和调度方面,通过对用户的出行轨迹进行分析,可以对共享出行的路线进行智能规划和调度,以提高车辆的利用率和运输效率;在车辆维护和故障预测方面,通过对车辆行驶数据和维修记录的分析,可以预测车辆可能出现的故障和需要进行的维护,从而及时进行维修,提高车辆的使用寿命和安全性;在安全管理方面,通过对驾驶员的行为进行监测和分析,及时发现安全隐患和危险驾驶行为,可以对共享出行的安全管理和风险控制进行优化;在市场预测和决策支持方面,通过对共享出行市场的历史数据和趋势进行分析,可以预测市场未来的变化和需求,为企业的战略规划和决策提供支持。

总的来看,大数据技术是优化共享出行的服务和管理的重要手段之一。未来,随着技术的不断进步和应用场景的不断扩大,大数据技术在共享出行的应用前景将更加广阔。

三、云计算技术

共享出行系统需要处理大量的数据和请求,因此需要借助云计算技术,实现数据存储和处理的高效性和安全性。通过云计算技术,可以实现数据中心的集中管理和维护,提高系统的可靠性和可扩展性。

四、物联网技术

共享出行系统需要与各种设备和传感器进行连接和交互,以实现智能化管理和控制。依托物联网技术,通过无线通信和网络协议,实现设备之间的互联互通和数据交换。

五、人工智能技术

共享出行系统需要具备智能化的决策和控制能力,以实现自动化、智能化的管理和服务。依托人工智能技术,包括机器学习、深度学习等,对海量数据进行处理和分析,以实现智能化决策和控制。

六、智能匹配与路线规划技术

共享出行平台需要具备智能匹配和路线规划的能力,以便根据用户的需求和实际情况提供最佳的出行方案。在人工智能和大数据技术的支撑下,对海量数据进行处理和分析,以实现高效、准确的匹配和规划。

七、共享出行定制车辆技术

共享出行定制车辆技术是指共享出行平台根据自身需求和市场需求,与汽车制造商合作,专门设计和生产适合共享出行的车辆的技术。定制车辆通常会采用共享化设计,如多个座椅共享、多个门共享等,以方便用户快速上下车和装卸行李。一般会采用环保节能技术,例如纯电动汽车、混合动力电动汽车等,以减少对环境的负面影响。通常会配备智能化系统,如自动驾驶系统、智能导航系统等,以提高出行的便捷性和安全性。目前,越来越多的共享出行平台开始推出定制车辆服务,以满足用户对高品质、高效出行服务的需求。比如,滴滴出行推出了定制版的比亚迪秦 EV300,该车型采用了高性能的驱动电机和蓄电池组,可提供更长的续驶里程和更快的充电速度。此外,该车型还配备了智能化的自动驾驶系统,可实现自动泊车、自动避障等功能。

总的来看,共享出行定制车辆是共享出行发展的一个重要方向,它可以为用户提供更加便捷、高效、安全的出行服务。未来,随着技术的不断进步和市场的不断扩大,共享出行定制车辆的市场前景将更加广阔。

八、智能网联汽车技术

通过智能网联技术,可以实现车辆与人、车辆与车辆、车辆与道路之间的智能信息交换、信息共享,提高出行的安全性和效率。在共享出行中,智能网联汽车技术可以发挥以下几方面作用。

(1)智能化调度和路径规划。智能网联汽车可以通过大数据和人工智能技术,实现智能调度和路径规划,提高车辆的利用率和运输效率,为用户提供更加便捷、高效的出行服务。

(2)自动驾驶和辅助驾驶。智能网联汽车具备自动驾驶和辅助驾驶功能,可以提高驾驶的安全性和舒适性。在共享出行领域,为用户提供更加优质的驾驶体验,同时减少因驾驶不当或疲劳驾驶引发的事故。

(3)实时监控和安全保障。智能网联汽车可以实时监测车辆的运行状态和周围环境,及时发现安全隐患和危险驾驶行为,保障用户的安全。同时,通过与智能交通系统的连接,可以实现车与车、车与道路之间的实时通信,提高行车安全和道路利用效率。

(4)个性化服务。智能网联汽车可以根据用户的需求和喜好,提供个性化的服务,例如音乐、影视、餐饮等,可以提升用户对共享出行方式的黏性和满意度。

(5)节能环保。智能网联汽车通常采用新能源和环保技术,例如纯电动汽车、混合动力电动汽车等,以减少对环境的负面影响,符合低碳、可持续发展的理念,也是未来共享出行的重要发展方向之一。

总的来看,智能网联汽车在共享出行领域有着广泛的应用前景和市场需求,通过智能网联技术,可以提高共享出行的安全性和效率,优化用户体验和服务质量,为共享出行的可持续发展提供有力支撑。

共享出行系统的关键技术涉及多个领域和学科,需要不断创新和完善,以适应不断变化的市场需求和技术环境。

第三节 共享出行发展趋势

共享出行的发展趋势受到多种因素的影响,包括科学技术的市场化运用、政策法规、市场需求等。共享出行发展生态图如图1-1所示。

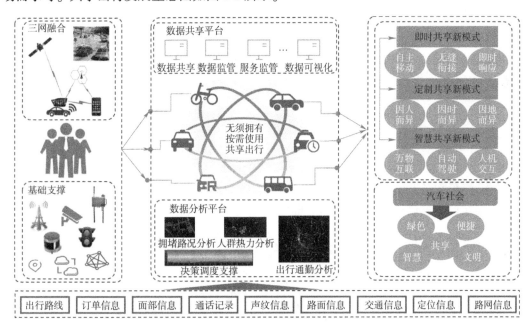

图1-1 共享出行发展生态图

一、共享出行发展趋势的表现

共享出行发展趋势主要表现在以下几个方面。

(一)智能化、信息化

随着人工智能和物联网技术的不断发展,共享出行载运工具的智能化、信息化、低碳化技术应用将是助力未来共享出行安全、效率、环保水平提升的重要基础。与此同时,共享出行运维平台将进一步实现智能化和信息化。通过智能算法,共享出行监管部门可以对不同规模城市的整体需求进行合理规划及控制,在规模可控的基础上,使共享出行健康、可持续地发展。平台能够根据用户的出行需求和实际情况,为其智能匹配最佳的出行方式,提供更加便捷和高效的服务。此外,智能化技术还可以实现智能路线规划和交通拥堵预测,提前提醒用户避开拥堵路段,提供更好的出行体验。随着5G技术的普及,共享出行可能会更加高效。通过5G网络,用户可以更快地获取地图、路况等信息,提高出行的便捷性。同时,5G技术还可能用于实现更精准的定位和智能匹配等。

(二)多元化出行选择

共享出行平台除了传统的出租汽车、租车等服务外,可能会增加更多的出行方式。例如,自行车共享、电动滑板车共享等,这些新兴的出行方式可能将为用户提供多元化的选择。不同用户可以根据自身需求和喜好选择最适合的出行方式,使出行更加便捷和个性化。

(三)社区化

共享出行可能会更加社区化,将附近的驾驶员、乘客连接起来,形成一个互帮互助的社区。这样的社区化出行可能会提高用户之间的互动和信任,增加共享出行的吸引力。

(四)低碳环保及可持续发展

随着环保意识的提高,共享出行可能会更加注重可持续发展。例如,共享出行平台可能会更多地使用电动汽车或氢能源汽车等环保车型,减少对环境的负面影响。

二、五大趋势

共享出行是未来汽车工业发展的社会形态,在颠覆用户出行习惯的同时,也将重塑汽车产业结构,汽车共享出行未来将呈现五大趋势,如图1-2所示。

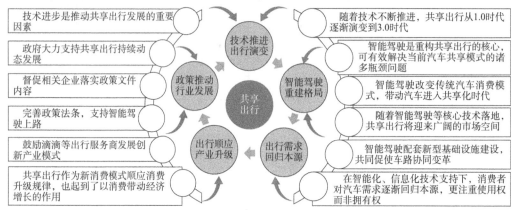

图1-2 共享出行未来发展

(一)出行需求逐渐回归本源

从根本上来说,消费者购买汽车的本质是作为出行的代步工具,但为了提高出行效率与便利程度,消费者不得不付出购车成本、养护成本及停车成本等。此外,通常情况下,消费者的出行场景与出行时间相对稳定,尤其是私家车主要用于通勤与出游,车辆90%时间里处于闲置状态,加之目前大中城市交通拥堵问题日益严重,限行等行政性措施不断降低私家车出行便利程度。由此,在智能化、信息化技术进一步支持下,厂商对汽车等交通资源的配置能力不断提高,消费者对汽车的需求也逐步向出行这一本源目的回归,同时,在全新的消费文化方面,从"拥有"逐渐趋于"共享使用",即比起购买私家车,消费者逐渐偏向选择花费更低、环保更优的共享出行方式,也就是消费者越来越注重汽车的使用权,而不是所有权。从目前汽车共享化的主要产业形态来看,汽车产业从提供汽车产品逐步向提供出行服务迁移,并逐渐增强对私人汽车消费的替代能力,与之而来的是汽车共享出行模式受到广泛接受,目前主要有分时租赁、网约车等模式发展较为成熟。在网约车领域,由互联网平台公司通过信息技术优化用户与驾驶员的出行服务对接,以"互联网+"赋能传统出行(如出租汽车)服务,在分时租赁领域,车企或租赁公司与车位、充电桩所有方合作,在城市定点投放车辆,通过网络平台为用户提供租车服务。

不同城市用户因限行、限号等政策选择共享出行的比例如图 1-3 所示。

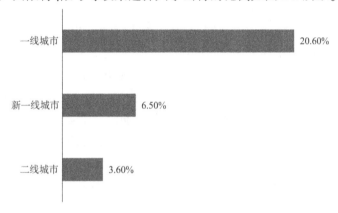

图 1-3　不同城市用户因限行、限号等政策选择共享出行的比例
数据来源:中国汽车工程学会、滴滴出行联合研究。

(二)共享出行顺应产业升级

共享出行行业既是新兴服务业的示范,也是汽车制造业的扩张与延伸。出行行业的典范转变,同时随着 EVCARD 等新型企业入驻市场,将促使传统汽车制造行业向多条战线布局。在供给侧方面,汽车产业是推动新一轮科技革命和产业变革的重要力量。预计到 2030 年,共享出行将为 GDP 净增约 6000 亿元。目前,国内市面上渗透率较高的分时租车公司大多是整车厂业务的延展,例如,上海汽车集团股份有限公司所投资的 EVCARD 和戴姆勒-克莱斯勒集团投资的 Car2Go,通过大企业的战略布局促进整个汽车行业结构从以第一、第二产业为主导向服务引导型转移,从而深远影响企业的供给侧改革。同时,各共享单车企业分别与传统自行车厂合作,其中 ofo 小黄车与上海凤凰自行车股份有限公司、天津飞鸽自行车有限公司等 10 余家传统自行车企业合作,占据超过全球 50% 自行车产业链产能。在就业和收入方面,就业是最大的民生,也是经济发展最基本的支撑,共享出行对于缓解就业压力作用明显,能有效提升经济活力。预计到 2030 年,共享出行行业累计新增就业将达到 1700 万。在消费方面,共享出行的出现激活了消费者由于公共交通不便捷而被抑制的出行需要,在金融危机后全球经济缓慢复苏的大环境下,共享出行作为新消费模式顺应消费升级规律,也起到了以消费带动经济增长的作用。

(三)技术推进产业成熟演变

技术进步是推动共享汽车发展的重要因素,随着技术的不断推进,共享出行也在不断成熟,从最初1.0时代一直演变到现在3.0时代。其中,共享出行1.0时代以传统租车服务为核心,服务流程均在线下开展,但是流程耗时长,手续烦琐,同时需到固定站点取车换车,以出租汽车辆来换取收入作为商业核心盈利模式。共享出行2.0时代服务方式更加多样、智能,介入智能手机应用作为服务载体,交互高效快捷,同时轻资产、无站点、随时借还的模式开始出现,以给消费者提供细分场景下的最佳出行方案为商业运营核心。共享出行3.0时代打造无缝、高效、集成式的城市出行模型,线上的一站式出行平台可以满足多种出行需求,服务生活中每一类出行场景,完美整合共享出行和公共交通。

(四)智能驾驶重建出行格局

共享化对我国汽车产业带来诸多变化,其中最直观的变化是车企加快了从传统汽车制造企业向移动出行服务商的转型步伐。2019年7月,特斯拉CEO马斯克表示,"一旦解决全自动驾驶技术,就将停止销售汽车",由此可以看出,特斯拉努力做好自动驾驶,从而赋力传统汽车,改变传统消费行为,带动汽车进入共享化时代。因此,突破自动驾驶技术将起到带动汽车共享化发展的决定性作用。在近几年国际市场的应用实践方面,美国谷歌Waymo自2018年12月起,陆续在凤凰城、加利福尼亚州正式移除车内的"人类安全员",实现真正的无人驾驶的出租汽车服务。

智能驾驶是重构出行格局的核心,将有效解决当前汽车共享模式的诸多瓶颈问题,诸如网约车人工服务成本过高、网约车安全风险、汽车租赁的用户道德风险问题(如行车习惯等人为因素加速车辆损耗)、分时租赁"最后一公里"问题等。从具体实现功能看,未来车辆通过出行即服务(Mobility as a Service,MaaS)平台配置自动驾驶车辆,满足平台用户出行需求,用户可选择自动模式和非自动模式,根据目的地规划路径,并根据系统的调配来匹配最合适的运营路线。同时,在2020年,L3级别以上的自动驾驶技术大规模商用,一旦车辆实现一定程度智能驾驶,将会有效降低驾驶人劳动强度。而且,我国5G的大规模商业化落地也在2020年加快进程,5G技术高可靠、低延迟的特性能够解决V2X技术对于延迟的要求,从而促使车路协同变革。当然,V2X的落地不仅仅依赖5G技术,还需要不同车辆、道路、网络、交通系统和平台间相互配合。未来,随着智能驾驶、车联网、无线充电、自主充电等关键技术的突破,完全自动驾驶车辆落地,共享出行将迎来广阔的市场空间,出行模式将彻底转变为按需出行模式,用户不再需要买车。对于用户来讲,汽车将从一项资产变成自动位移的出行服务工具,共享出行也将彻底改变人类出行甚至生活方式。因此,智能驾驶已经成为构建共享出行格局的核心。

(五)政府政策推动行业发展

政府对共享出行尤其是新能源汽车分时租赁一直持鼓励态度,加之消费升级后更加多样的出行需求以及以新能源汽车技术为代表的科技发展,共享出行模式将会动态、持续地发展。

未来,政府应该继续大力支持共享出行发展。首先,要督促相关城市以及相关企业认真落实代表性文件《汽车产业中长期发展规划》《关于促进汽车租赁业健康发展的指导意见

(征求意见稿)》中的内容,要始终以互联网与汽车产业深度融合的共享出行为主要方向,促进汽车产品生命周期绿色化发展。在政策补贴方面,提供新能源汽车购车补贴,建立并健全配套政策,实行停车费优惠,为分时租赁车辆创造条件,提供便利。其次,要推动智能驾驶技术商业化,在政策法规层面,完善智能驾驶相关政策,尤其允许无人驾驶车辆上路,完善出租汽车和网约车商业运营政策,大幅加快我国无人驾驶汽车商业化进程。第三,要鼓励滴滴等出行服务商发展创新产业模式,大力投资和发展智能驾驶技术,实现智能驾驶技术和客流、大数据、渠道网络等资源在汽车产业链、共享出行等领域的深度嵌入,开展智能驾驶技术研发、充换电设施建设方案等领域合作,满足用户在代表性场景方面的需求,如早晚高峰短距离出行以及快捷舒适的通勤方式等,同时弥补郊区、深夜公共交通的空白等,加快形成智能驾驶网约车和出租汽车领域的共享出行"中国方案"。

❓ 复习思考题

1. 简述发展共享出行的主要意义。
2. 简述共享出行的典型方式及其特点。
3. 简述汽车共享出行的发展趋势。
4. 简述汽车共享出行中应用的主要关键技术。

第二章

共享经济与汽车共享出行

第一节 基本概念

一、共享经济

根据我国编制的《中国共享经济发展报告（2023）》，共享经济是指利用互联网平台将分散资源进行优化配置，通过推动资产权属、组织形态、就业模式和消费方式的创新，提高资源利用效率、便利群众生活的新业态与新模式。总的来说，共享经济就是利用互联网等现代信息技术整合、共享海量的分散化闲置资源，满足多样化需求的经济活动总和。

（一）共享经济基本内涵

共享经济包括以下三个基本内涵。

(1) 共享经济是信息革命发展到一定阶段后出现的新型经济形态。这一内涵意味着互联网（尤其是移动互联网）、宽带、云计算、大数据、物联网、移动支付、基于位置的服务（LBS）等现代信息技术及其创新应用的快速发展，为共享经济的实现提供了技术基础。

(2) 共享经济是连接供需的最优化资源配置方式。面对资源短缺与闲置浪费共存的难题，共享经济借助互联网能够迅速整合各类分散的闲置资源，准确发现多样化需求，实现供需双方快速匹配，并大幅降低交易成本。

(3) 共享经济是适应信息社会发展的新理念。与工业社会强调生产和收益最大化不同，信息社会强调以人为本和可持续发展，崇尚最佳体验与物尽其用。共享经济集中体现了新的消费观和发展观，它倡导的是一种不以拥有为目的，而是通过共享来实现资源最大化利用的生活方式和经济活动。

从共享经济发展的内在需要来看，闲置资源是前提，用户体验是核心，信任是基础，安全是保障，大众参与是条件，信息技术是支撑，资源利用效率最大化是目标（图2-1）。其中，闲置资源和信息技术是共享经济的基本要素，这表明了共享经济既要有可共享的产品、服务或信息等，还要有可以迅速共享信息的技术平台或信息传播网络。

（二）共享经济典型特征

与传统经济模式相比，作为互联网时代全新的经济形态，共享经济具有技术、主体、客体、行为、效果、文化六大典型特征（图2-2）。

(1) 技术特征是基于互联网平台。共享经济依托于互联网技术，特别是移动互联网、云计算、大数据等现代信息技术，使得资源的整合和分享成为可能。

(2) 主体特征是大众参与。共享经济模式鼓励广泛的社会成员参与其中，无论是提供资源还是消费资源，都不再局限于特定的组织或个体。

(3) 客体特征是资源要素的快速流动和高效配置。现实世界的资源是有限的，但闲置与浪费也普遍存在。共享经济就是对这些对碎片化资源的整合与分享,让其发挥最大的作用,满足大众日益增长的多样化需求。

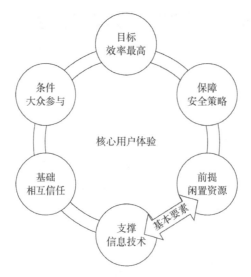

图 2-1 共享经济的关键要素

图 2-2 共享经济的典型特征

(4)行为特征是权属关系的新变化。共享经济强调所有权与使用权的相对分离,倡导共享利用、集约发展、灵活创新的先进理念;强调供给侧与需求侧的弹性匹配,促进消费使用与生产服务的深度融合,实现动态及时、精准高效的供需对接。

(5)效果特征是用户体验最佳。共享经济极大地降低了交易成本,同时,用户评价能够得到及时、公开、透明的反馈,这将推动平台与供给方努力改进服务,注重提升用户体验。

(6)文化特征是不求所有、但求所用。共享经济通过互联网实现对既有资源的最大化利用,这种资源集约使用的模式实现了多方共赢,推动整个社会朝着创新、协调、绿色、开放、共享方向发展。

二、汽车共享出行

我国共享经济市场涵盖了衣、食、住、行等方面,共享经济的核心思想是"资源共享"。共享出行是共享经济下的产物,共享模式下的出行即通过多人共享一辆或有限数量的交通工具,实现资源的最大化利用。

随着我国居民生活水平的日益提高以及城市化的发展,车辆保有量急剧增加,庞大的汽车消费以及出行需求所引发的问题纷至沓来,城市交通不得不面临环境恶化、道路交通事故频发以及路网拥堵等严峻问题。根据公安部交通管理局统计数据,截至2023年12月底,我国汽车保有量达3.36亿辆,占全国机动车保有量的77.24%(图2-3)。

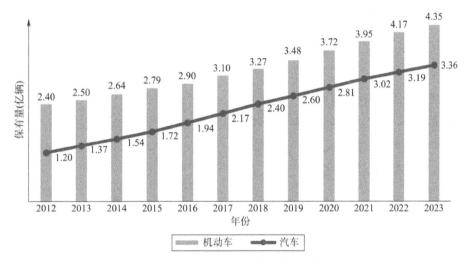

图2-3 2012—2023年我国汽车/机动车保有量

高德地图城市交通大数据报告分析显示,2023年第三季度我国50个主要城市中有58%的城市路网高峰行程延时指数(交通拥堵导致的额外行程与无拥堵情况下行程的比值)上升,40%的城市基本持平,这其中有很大的乘坐空间资源被浪费,城市环境也受到了不同程度的污染。而共享模式通过将多人的出行需求集中管理并优化配置,可以减少私家车的上路数量,从而降低道路交通量,缓解交通拥堵。共享出行的兴起也响应了当下智慧城市智慧出行的需求,实现城市可持续发展。

从发展阶段来看,共享出行可以分为三个阶段:一是以传统公交汽车、出租汽车和租车为主体的以统计学为基础的出行需求和交通供给服务;二是以网约车、分时租赁、共享汽车等为主体的以移动互联技术为基础的需求吸引供给服务;三是以自动驾驶共享汽车为主体的以5G通信、人工智能、大数据等技术为基础的出行即供给服务(图2-4)。

当前,以统计学为基础的传统公共交通1.0级共享出行方式已经普及,以移动互联技术为基础的网约车、分时租赁等2.0级共享出行方兴未艾,而以5G通信、自动驾驶、人工智能、大数据应用为标志的3.0级智能共享出行,正成为牵引未来汽车产业转型升级、重塑未来城市出行生态的战略高点。

图 2-4　共享出行的三个发展阶段

(一)汽车共享出行典型方式

目前,我国汽车共享出行方式主要包括实时出租、网络约车、分时租赁、P2P 租赁以及定制公交五种典型方式。多维度立体式的汽车共享出行服务丰富了城市交通出行体系,也促进了全新出行生态圈的形成。

1. 网络约车

网络约车是指乘客通过智能手机应用软件向移动出行平台发送出行请求,平台通过匹配供需信息,向乘客提供最优路径的非巡游出租汽车服务。网络预约出租汽车(简称为网约车)平台作为共享出行的一种重要形式,通过互联网技术和移动应用程序,连接车主和乘客,提供便捷、优质的出行服务。行业主管部门语境下的"网约车"可以看作"网络预约出租汽车"的简称,主要覆盖现行商业实践中的"专车""快车"等。百姓日常生活语境中的"网约车",除上述业态外,还包括"顺风车""代驾""定制小巴"等类似的服务。

随着互联网技术的成熟,新的技术手段出现,网约车平台应运而生,及时补充了消费者在出行方面的部分需求空白,弥补了行业消费痛点,不仅解决了以往存在的问题,其高效、便捷、低价的服务体验更是一经投放市场就广受消费者青睐。

2010 年,我国第一家网约车服务平台"易到用车"成立,网约车正式进入城市居民生活。2016 年 7 月出台的《关于深化改革推进出租汽车行业健康发展的指导意见》和《网络预约出租汽车经营管理暂行办法》,正式明确了网约车的合法地位,并鼓励推广分摊部分成本或免费互助的共享出行方式。网络约车打破了路边拦车的传统出行方式,通过互联网平台将司乘需求有机融合,一方面优化了乘客出行体验,缓解了传统出行打车难的问题,另一方面降低了车辆空驶率,实现汽车资源共享最大化。但网约车引发的公共安全问题比较突出,车辆运行安全管理有所欠缺。因此,提高应急处置能力、保障出行安全是网络约车发展的重点。

随着网约车产业的不断更迭,许多互联网公司陆续将网约车领域进行细分,形成了高端定位的专车服务、大众定位的快车服务、低价定位的顺风车服务以及其他专业车型需求的货车、中巴等网约车服务。网约车平台也从最早的神州专车、滴滴、美团、优步等多家互联网公司靠补贴消费者夺取市场份额,到现在以轻资产运营的消费者对消费者的C2C模式以及主机厂直接对消费者的B2C模式。

由于其灵活高效、低成本、便利快捷等特点,网约车已成为城市出行领域不可或缺的一部分。网约车平台以线上到线下模式为主体,通过线上信息实时发布与共享,结合线下实际的资源调度,形成一个闭环,有效提高了消费双方的效率,改善了交通出行矛盾,转变了以往的出行模式,满足了社会发展的多元化需求。

网约车企业快车/专车主要分为四种类型:流量公司、纯平台公司、平台+运力公司和纯运力公司(图2-5)。如流量公司美团和高德地图主要依靠自身的用户流量吸引其他网约车平台接入自己的平台产生聚合效应,并获得抽成收入。纯平台公司如滴滴主要帮助网约车驾驶员和乘客搭建桥梁,并依赖打车收入的抽成来盈利。平台公司自身不拥有车辆所有权,所以,其成本主要包括用户获取成本和平台管理费用。而需要承担车辆成本的运力公司,则是以重资产自负盈亏的模式盈利。现今市面上的纯运力公司相对较少,大多头部公司如神州和首汽同时拥有平台和运力能力。

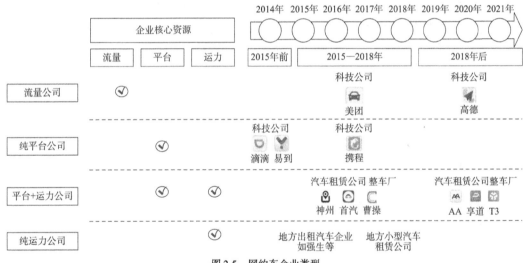

图2-5 网约车企业类型

2. 实时出租

实时出租能够提供随停随走、灵活自由以及方便快捷的出行服务。巡游出租汽车的车辆产权与经营权一般为公司所有,公司通过合理安排驾驶员的工作时间,实现车辆全天候出行,是城市交通最广泛的汽车共享出行形式之一。截至2023年底,我国拥有巡游出租汽车136.74万辆,营运客运量334.79亿人次,在保持城市活力中起到了至关重要的作用。实时巡游出租汽车是新能源汽车推广的最佳实践者,消费者在乘坐出行的同时,能够亲身体验并了解新能源汽车的优势,从而消除了对新能源汽车的担忧和焦虑,进而更为有效地促进新能源汽车的推广使用。同时,电动出租汽车还可以减少城市环境污染。太原市是我国第一个实现出租汽车全部纯电动化的城市,此举不仅促进了城市绿色发展,而且通过对充电基础设施的合理配置使得城市空间资源效应得到最大化体现。

3. 分时租赁

分时租赁是一种以小时计费并能随取随用的租车服务,消费者拥有汽车租赁期间的使用权。分时租赁可以实现汽车使用权全天候共享,极大地提高了车辆的利用率。分时租赁最早起源于"Zipcar"分时租赁互联网汽车共享平台。"Zipcar"通过实行会员卡制度不仅可以实现车辆的开启和锁停,还可以实现上传车辆即时动态信息,保证租赁车辆运行的安全性。2017 年,我国出台《关于促进小微型客车租赁健康发展的指导意见》,鼓励分时租赁健康发展,EVCARD、GoFun 等一批分时租赁平台积极进行市场探索。同时,为分时租赁业务场景量身定制的电动汽车不断涌现。例如,北京新能源汽车股份有限公司旗下的轻享出行平台,就向海南省投放了专为旅游设计的共享电动汽车。此外,自动驾驶汽车也将分时租赁视为理想的应用场景,不断开发新功能,如自动取还车和自动充电,以更好地适应分时租赁的需求。

4. P2P 租赁

P2P 租赁需双方在租车平台发布供车和用车信息,具体租赁过程由供需双方自主交易。P2P 租赁为私家车主提供了获得经济收入的新渠道,同时实现了闲置资源的价值利用最大化。国外类似于 Turo、Wheelz 等私车分享平台的发展已经相对成熟,平台会承担租赁期间的人身保险和车辆财产保险,因此,这种私车共享模式在国外深受欢迎。而 P2P 租赁在我国仍处于起步探索阶段。虽然私家车对外出租能够更充分地利用闲置资源,但这种消费模式需要以成熟的商业运作体系和完备的个人信用体系为支撑,用以解决在实际租赁过程中可能出现的租车手续不齐全、租车人身份不可靠以及租借车辆用途不明确等问题。同时,我国在私车分享方面还存在很大的监管风险,包括车辆未能及时备案管理、车辆违法使用的处罚、租赁过程中事故责任的认定。因此,P2P 汽车租赁的健康发展需要政府政策推动、社会信用体系保障以及企业平台严格认证等全方位共同推进。

5. 定制公交

定制公交通过集合更多乘客的出行需求,集约设定个性化路线,以整周期预定、非整周期预定或者次日余座预定等多种预定方式,为乘客提供一人一座、一条专线以及一站直达的优质化通勤出行服务,包括通勤公交、社区公交、枢纽公交以及企业公交等定制形式。定制公交一方面依据消费者需求进行申请,面向乘客设计最优出行时间和路线,以提前预订的方式开通定制化线路;另一方面依据城市交通运行大数据,结合问卷调查进行需求摸底,从而设计新的公交线路。因此,定制公交具有定位准、费用低、路线灵活及效率高等特点。虽然定制公交具有广阔的市场发展空间,但目前仍缺少明确的管理规定和政策保障。定制公交融合了公交服务传统理念和共享出行新概念,解决了传统公交不能直达目的地、换乘等待时间过长以及低峰时段公交运力浪费等问题,是对传统公交运营模式的创新。

以上五种汽车共享出行典型方式,形成了城市汽车共享出行立体化互补格局,不同出行方式具有不同特点,如图 2-6 所示。

实时出租和网络约车的出行场景较为接近,多为按次共享、即刻需求的实现,如办公学习、休闲约会等。网络约车中的拼车比实时出租费用低、快车与实时出租的费用差别不大,专车、豪华车要比实时出租费用高,网约车所带来的差异化出行服务更好地满足了乘客的个性化需求。分时租赁和P2P租赁的出行场景多为按时共享、满足计划式需求,如商务出差、户外旅游等。两种租赁方式的汽车利用率比私车高3~5倍,但由于未形成适合于我国发展的商业体系,因此仍处于市场探索时期。定制公交的出行多为周期型固定式需求,如工作通勤、换乘接驳等,也是汽车共享出行中成本相对较低的出行方式,各城市应积极制定相关政策,鼓励定制公交出行模式的推广。

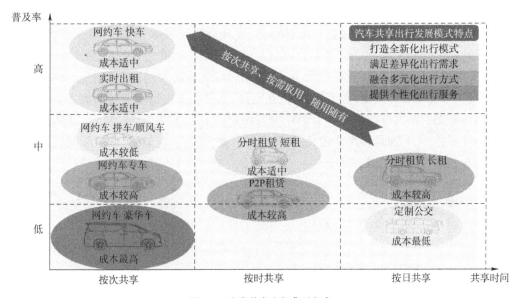

图 2-6　汽车共享出行典型方式

在此基础上,随着L4级及以上自动驾驶技术大规模应用在共享出行领域,将使得城市网约车、分时租赁等现有出行服务的边界模糊化,城市公交汽车将向着"去驾驶员化"的智能共享出行服务演进,城市共享出行乘用车最终将向着以自动驾驶出租汽车服务为主要形态的智能共享出行服务演进,具体形态演进如图2-7所示。

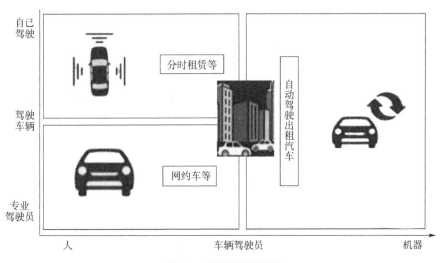

图 2-7　共享出行形态演进

| 车辆智能共享出行技术 |

未来的城市智能共享出行的发展愿景是以"减少城市交通拥堵,提高城市居民出行安全与效率,增强城市居民出行幸福感,降低城市交通污染"为目标,以共享出行服务为理念,以具备电动化、智能化、模块化出行车辆平台为载体,并融合先进的信息通信技术、车路协同技术等,以交通出行云端服务平台为核心,实现交通出行供给与出行需求的高效连接、实时匹配,并最终实现安全、可靠、高效、舒适、环保的按需出行服务生态。

(二)汽车共享出行企业架构

汽车共享出行发展的本质是整合闲置资源,提高资源利用率,削减空间压力,这是共享出行企业的初级发展阶段——资源整合;通过企业新型发展模式的引领,高效整合信息资源,这是共享出行企业的次级发展阶段——模式引领;创新技术注入共享出行,在企业发展模式的引领下,实现资源共享、数据一体、信息互通,这是共享出行企业的高级发展阶段——技术驱动。根据我国汽车共享出行典型企业发展模式及技术特点,共享出行在资源、模式、技术的持续更迭下,不断重塑出行定义,优化出行方案,提高出行体验,构造新时代智慧城市缩影下的智慧出行,如图2-8所示。

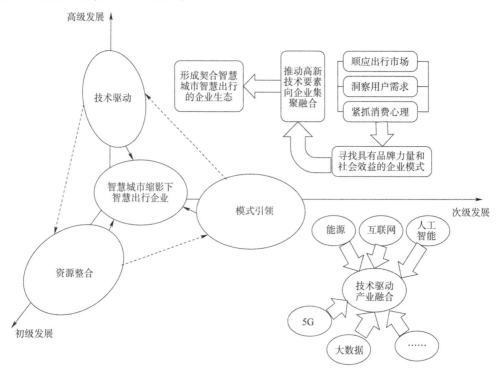

图2-8 我国共享出行企业发展层级架构示意图

1. 资源整合

我国汽车共享出行企业初级发展阶段是整合资源,一方面通过降低闲置空车上路率,减少有限空间压力,另一方面加速融合能源、互联网、人工智能等各领域,补充固定通勤的公共交通出行空白。资源的重整与融合,实现了从"拥有"到"使用",从"重资产"到"轻资产",从"公共通勤"到"24h候车",从"一辆私家车走遍所有地"到"随时随地随需换乘共享车"。目前,对于部分尚处于起步阶段或者以传统造车、卖车、用车为核心价值增长的主机厂来说,其打造的出行品牌大多基于减少资源浪费、解决产能过剩的发展逻辑,如一汽、长安、东风联合投资成立的T3出行服务公司。

2. 模式引领

我国汽车共享出行企业次级发展阶段是模式引领,一方面通过精准定位企业理念,为企业稳定发展指明方向,另一方面通过正确的商业模式,打造具有正向影响力的企业品牌。根据我国汽车共享出行企业发展模式,目前发展较好的出行企业滴滴出行、曹操出行以及Uber,均根据自身发展情况制定自己的商业模式。不同的移动出行平台有着不同的发展模式,不同的发展模式产生不同的品牌力量和社会效益,运营平台应该顺应出行市场,洞察用户需求,紧抓消费心理,寻找适合自身的发展模式、价值主张、推广模式和盈利模式,从而满足多层级、多元化用车需求。

3. 技术驱动

我国汽车共享出行企业高级发展阶段是技术驱动,一方面通过叠加高新技术,提升出行体验,另一方面通过推动创新要素向企业集聚,形成契合智慧城市智慧出行的企业业态。根据我国共享出行典型企业发展模式及技术特点,滴滴出行应用大数据、云技术,是针对当前社会环境和当下用户需求,顺应时代而生的典型案例;曹操出行搭载新型传感器以及Uber研发可视化工具,是从企业和用户两个出行生态圈主角角度考虑的典型案例,既为企业降低了成本,又提高了用户乘坐安全性。新时代下的新发展,要求共享出行企业打破传统汽车商业模式的禁锢,以"安全"为核心,制订技术路线,促进技术驱动和产业融合,实现实体经济和虚拟经济共生。当然,技术不会成为独立个体支撑出行平台,需在新模式的引领下,才能赋予出行生态新鲜活力。

(三)汽车共享出行助力智慧城市

汽车共享出行是智慧城市交通可持续发展的重要解决方案,将车辆价值利用最大化是汽车共享出行的核心内涵,智慧城市下的共享出行主要表现在以下三个方面。

一是汽车共享出行将从乘坐人数、成本耗时以及服务体验等乘客多维度出行需求出发,有效提升乘客出行效率。私家车的使用需要支付高昂的购车、养护、加油、停车等费用。共享出行模式的出现可以将这些成本分摊到多个用户身上,降低了单个用户的出行成本,提高了人们的出行效率和经济效益。罗兰贝格国际管理咨询公司的报告显示,我国汽车在运期间的平均载客人数少于1.5人,平均闲置时间占一天的95%左右,共享出行可以激活闲置运力,缓解城市运力负荷。德勤会计师事务所预测称,汽车共享出行能够使每名乘客每英里的平均成本从目前的1美元降至30美分左右,从而使出行成本大大降低;同时,快车、专车以及豪华车的配置满足了用户差异化需求。

二是汽车共享出行将从个性定制、分散车辆以及海量信息等全方位资源配置需求出发,合理分配社会闲置资源。据滴滴出行城市交通运行报告显示,滴滴每日出行规模达3000万人次、路径规划请求超过400亿次、每日处理数据超过4800TB。共享出行实现了分散车辆动态调配供给,满足了乘客个性化出行需求,提升了车辆利用效率。

三是汽车共享出行将从"城市大脑"、车路协同以及动态管理等城市泛领域建设需求出发,加快促进城市智慧建设。"城市大脑"能够对车辆运行数据、交通动态数据以及基础设施数据进行协同管理,实现城市资源的精准匹配和城市交通的实时动态管理,从而发挥城市管理前所未有的综合效应。智慧城市的发展更迭与汽车共享出行是相辅相成的共生关系,具体如图2-9所示。

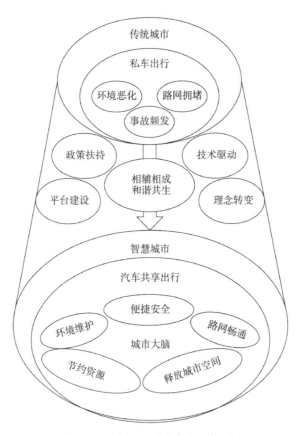

图2-9 智慧城市和汽车共享出行共生关系

除此之外,传统的交通出行方式,特别是私家车的使用,会产生大量的尾气和噪声污染,给城市环境带来负面影响。共享模式鼓励多人共享一辆或有限数量的交通工具,可以减少使用车辆数量,降低尾气排放,从而减少空气污染和噪声污染。共享出行还能达到降低城市交通压力、促进经济发展和改善环境质量等多重目的,汽车共享出行将是面向未来智慧城市交通需求的有效解决方案。

总的来说,汽车共享出行是以互联网、大数据、人工智能等先进技术为基础,以精准匹配出行供需资源为目标,在使用时间、合乘空间以及汽车使用权等方面进行多维度共享,有效融合乘客出行需求、车辆利用需求以及路网畅通需求的出行方式,正逐渐渗透于交通管理新理念及智慧城市建设发展之中。汽车共享出行作为智能交通的重要组成部分以及智慧城市的关键出行模式,在提升出行效率、合理分配社会资源、促进智慧城市建设等方面起着不可或缺的作用。同时,共享出行服务平台的建设重塑了出行产业生态圈,从而引发了城市综合交通体系的深刻变革。汽车共享出行的发展趋势与空前机遇如图2-10所示。

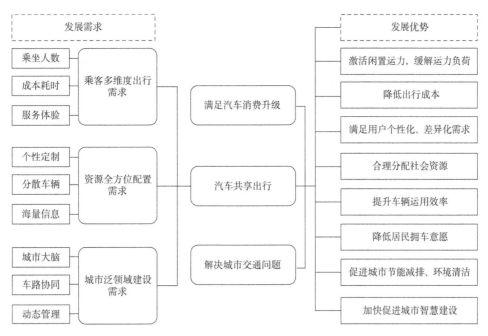

图 2-10 汽车共享出行的发展趋势与空前机遇

第二节 汽车共享出行模式下的生态圈

汽车共享出行作为共享出行的重要形式,关联了众多创新技术、集聚融合了不同产业生态,是构建城市交通可持续发展模式的重要载体。不断涌现的创新技术支持汽车共享出行所面临的新需求,新需求所激发的应用场景构建汽车共享出行的新型商业模式,新模式又对创新技术提出了新的要求,从而向汽车共享出行生态圈不断注入新活力、新动力以及新魅力,使得汽车共享出行体系逐渐完善,从而成功构建按需取用、节约共享的新型汽车社会。新技术、新需求和新模式三者关系分析如图 2-11 所示。

一、新技术

随着新一轮技术革命的发展,创新技术相互交织正成为汽车共享出行快速发展的强大驱动力,汽车共享出行也成为目前各种高新技术以及未来前沿技术的最佳载体。人工智能、自动驾驶、平台化技术、高精度地图、智能制造、人机交互、物联网技术、新结构、新材料、区块链技术、大数据、云计算、人工智能、高性能处理器等技术的快速发展为汽车智能共享注入了强劲的新动能。

(一)人工智能赋能汽车共享出行行业快速发展

汽车共享出行所产生的海量供需数据、出行轨迹数据、交通动态数据、车辆状况数据以及用户行为数据需要具备超高实时性、超强稳定性以及超快计算力的云计算服务器才能得以实现。核心计算处理器通过人工智能算法对海量数据进行精准供需动态匹配、最优化路径动态规划以及智能动态调价,给用户提供最佳的共享出行服务;同时,智慧城市大脑对城市交通进行实时精准管理,实现资源高效利用。

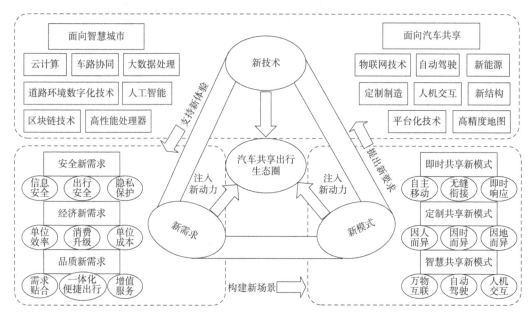

图 2-11　新技术、新需求和新模式三者关系分析

人工智能技术已广泛应用于汽车共享出行路径规划、智能派单、智能算法、供需预测、智慧交通、安全保障等领域,并正成为汽车共享出行的主要技术驱动力。以滴滴出行为例,在行程规划方面,通过应用人工智能技术,1h 的行程预估时间偏差控制在 5min 之内,通过人工智能算法分析出的便于上车的"小绿点"的应用,使司乘通话时间减少了 50%;在需求预测方面,应用基于深度学习网络的模型算法,大幅提升了需求预测准确率,当前对 15min 后的需求和目的地预测准确率分别达到了 85% 和 90%;在助力智慧交通建设方面,应用人工智能技术,构建了一个能够制订大数据策略的智能系统——"滴滴交通大脑",可实现更精准预测和智能调度出行供求,并且衍生出智慧信号灯、潮汐车道、智慧诱导屏等智慧交通产品;在安全保障方面,在其开发的"滴滴护航"安全产品中,深度应用了人工智能技术,可实时监测分析疲劳驾驶、超速、分心驾驶等驾驶行为,可识别并提高安全驾驶行为。

(二)数字化技术平台和科技公司助力汽车共享出行

腾讯、阿里、百度、华为、四维图新等科技企业在数字化技术上占据一定优势,正积极赋能和进入智能共享出行领域。

腾讯从车联网切入对自动驾驶的研发,搭建车联开放平台,成立自动驾驶实验室。阿里依托汽车出行直接相关的高德、千寻、斑马网络,进入共享出行平台及相应的支付、地图、定位、车联网等环节。百度开发了自动驾驶汽车平台"Apollo",并在积极推动 Robotaxi 自动驾驶出租汽车的道路测试。华为依托强大的 ICT 技术能力,积极推动车辆数字化和车路协同。

四维图新依托成立的四维智联,可提供从云平台到操作系统,到地图、导航、手车互联、内容服务、云端大数据等一套完整的智能网联解决方案。

(三)云平台的数字化基建

在智能共享出行时代,需要构建一体化开放数据公共服务平台和云控平台,形成中心-区域-边缘-车载终端的多级分布式云架构,云终端同时通过云边协同(云计算和移动边缘计算协同)形成灵活的云。同时,提供共享出行服务的商业平台从云平台获取车辆与道路信息,实现智能共享汽车的监控和管理。

智能交通监控中心通过与智能汽车、智能路侧设施、路网管理系统、桥梁管理系统等业务系统进行对接,将路网信息、桥梁信息、养护信息和交通监控信息等业务信息进行汇总,通过大数据平台进行分析处理,并通过图形化方式使公路管理者较为直观地掌握公路运行情况,为管理决策提供支持,为安全事件的发生提供预警,包括交通效率类静态信息通知和安全出行类信息警告。还需要建设应急指挥中心系统,在道路上出现危险状况时,可为车辆进行统一的调度与管理,以及对重大自然灾害的应急处理。

共享出行服务的商业平台需要通过与云平台的连接,获取实时交通与车辆信息,对于车辆与交通的当前状况进行合理有效的评估,判断道路位置与就近车辆是否具备载客条件,可停车范围等交通信息,也可以获知车辆运行状况是否安全、电量是否充足、车辆是否出现故障,并对道路上的共享车辆进行调度与控制,从而满足人们对于智能共享出行的安全高效和舒适性的需求。针对不同的云平台分级服务体系,设计云平台共享出行服务管理机制。

未来的智能共享出行将实现"人-车-路-网-图-云"多维高度协同,打造自由的人、聪明的车、智慧的路、强大的网、精细的图、灵活的云。人方面,以 MaaS 为核心,为消费者提供一站式的出行服务,让消费者成为自由的人;车方面,未来的车将越来越聪明,实现安全高效舒适的自动驾驶;路方面,将通过智能路侧设备,完成信息采集发布,具备高速通信和本地边缘计算能力,多维融合打造智慧的路;网方面,5G 网络两大核心能力——网络切片和移动边缘计算,将构建强大的网;图方面,以高精度低时延为特征的动态地图,将提供交通道路场景无盲区的感知和地图信息、高可靠高精度的定位服务以及实时的交管信息;云方面,将构建一体化开放数据公共服务平台和云控平台,同时通过云边协同(云计算和移动边缘计算协同)形成灵活的云。通过"信息网""交通网""能源网"的三网高度融合,保证各环节信息交互过程的可控、安全、稳定与高效。构建未来智能网联交通共享出行生态,实现基于数据融合的全路网车辆协调控制、贯通技术链、价值链与产业链,为我国智能共享出行建设新型产业生态和创新体系。

(四)汽车共享出行也是无人驾驶技术成熟之后的最佳应用场景

放眼国际,智能共享出行已成为当前国际城市发展的热点方向,而智能驾驶技术的进步,则是智能共享出行模式广泛实现的核心动力。从某种层面上讲,共享出行与自动驾驶可以说是天生一对。共享汽车会最大化利用一辆车的价值,进而减少私家车数量,同时结合自动驾驶背后的智能调度等技术,可以最大程度减少拥堵,智能停车等技术的应用也可以避免汽车驾驶人因找不到合适车位而产生多余的自动寻找进程。腾讯发布的汽车行业人工智能报告指出，自动驾驶若普及，将改变整个汽车业态，无人驾驶出租汽车凭借着更高的载客时间和更低的成本，会颠覆出租汽车市场；自动驾驶还会改善城市空间布局，节省40%的停车空间；平均减少30%交通堵塞时间，这也将间接降低城市空气污染、增加城市绿化用地。随着人们抛弃拥有私家汽车，转而使用共享的移动服务，共享出行将逐渐成为人们未来的主要出行方式，自动驾驶汽车只会加速这一趋势，因为它将消除叫车和汽车共享之间的界限，并使这两种选择都更便宜。自动驾驶已是呼之欲出的"近未来"事件，这将成为汽车发明以来城市交通出行的最大变革。普华永道会计师事务所预测，到2030年左右，共享出行的自动驾驶汽车行驶里程会占到汽车总行驶里程的25%~37%。

二、新需求

汽车共享出行能够精准满足乘客的消费需求、提供完善的应用场景，是实现健康商业化的坚实基础。消费者对汽车共享出行的首要需求即为安全。新时代消费者对安全有了新的定义，包括自身隐私数据是否安全、随车驾驶员驾驶技能是否可靠、汽车租赁流程是否合规合法、车辆自身安全性能是否稳定、智能驾驶系统是否成熟、事故发生后是否有快速响应的应急预案以及满足不同情景的保险服务等。

在确保出行安全的前提下，消费者更为关注出行的性价比，企业想要获得持续盈利，需加强对关键技术的研发，以解决共享出行全流程内制约其成本过高的主要因素。

同时，随着汽车共享出行品质的不断提高，消费者将会更注重体验并享受汽车共享出行所带来的新服务，包括一体化便捷出行服务、需求即时响应服务以及所衍生的增值服务，如汽车社交、汽车唱吧及汽车影院等。

三、新模式

在新技术、新需求的支持引导下，催生了即时共享、定制共享、智慧共享三种新模式。构建灵活、个性以及智慧的绿色智能化汽车共享出行新模式，能够有力保证城市交通实现可持续发展。

即时共享新模式是指在用户发布出行需求后，共享出行平台能即时快速地自适应完成汽车调度或租车调度，用户可以享受车辆自主移动、无钥匙启停、自动代客泊车等人性化智能服务，同时还可以深入体验无缝衔接、空闲等待时间缩减、出行效率提高的出行过程。

定制共享新模式能够为用户提供不同出行场景所需最合适的车型，如方便残疾人使用的无障碍出行车、主打旅游体验的导游车、配置休闲小吃的娱乐车以及辅助个性办公的商务车，使用户可以尽情享受出行过程，从而满足用户出行体验。

智慧共享新模式能够实现无人自动驾驶，用户可以以更高精度、更安全的方式进行共享出行；同时绿色智能化汽车使城市污染、交通拥堵得以缓解，万物互联时代使乘客的出行效率、交通管理效率得以提升,乘客得以更充分享受智慧共享出行所带来的优质体验。

第三节　汽车共享出行模式下的创新发展路径

跨界融合、产品升级、产业重塑、市场重构以及理念转变构成了未来汽车共享出行的创新发展内涵,汽车共享出行正朝着安全、绿色、智能、经济、便捷、灵活的方向快速发展。实现汽车共享出行的具体路径也逐步清晰,主要包括移动出行平台、造车新势力、传统车企等多方跨界融合发展以及政府引导整合优势资源打造共享出行集成服务大平台,从而形成全新的汽车共享出行生态产业,实现城市交通可持续发展和智慧城市的建设,具体如图2-12所示。

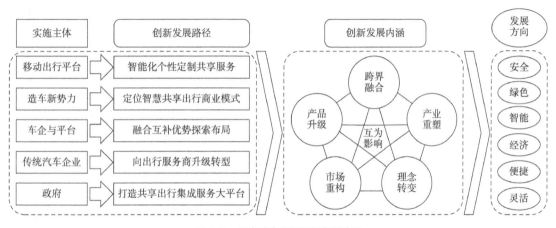

图2-12　汽车共享出行创新发展路径

一、出行即服务平台——MaaS 平台

移动出行平台对共享出行的可持续发展有着直接的影响,打造一站式一体化移动出行平台、提升共享车辆运行维护和管理能力以及智能化个性定制乘客共享出行服务是移动出行平台最为根本的发展路径。

（一）概述

MaaS 最早是由芬兰交通部门在 2014 年召开的欧盟 ITS(Intelligent Transport Systems)年会上首次提出。出行即服务是指运用大数据技术进行资源配置优化、决策,使用一个界面来掌握及管理与交通相关的服务,以满足每一位消费者的交通出行需求。

对出行用户而言,出行即服务意味着从传统基于私有车辆出行的方式转变为按需购买出行服务,用户可以通过手机应用程序叫到车辆、查看行程记录等;而对供应商而言,出行即服务意味着整合不同的交通运输方式,通过特定平台或终端的界面统一呈现给用户,供应商也能根据供需关系和交通流量等因素调整价格以达到平衡。从所有权交易到使用权交易,一方面极大地降低了用户的成本,另一方面,定制化、按需出行等也极大地改变了供应商的服务方式。

此外,在出行即服务模式之下,它可集成出租汽车、顺风车甚至传统公共交通等多种出行方式为特定应用程序。这一模式使得MaaS平台以众包式服务模式,在一个综合服务平台上为用户提供一站式无缝衔接出行服务。无论是关注整个道路运输系统,还是强调个性化服务功能,MaaS平台都能够有效地克服以私人拥有出行工具为基础的交通系统效率低下且不可持续等弊端,并通过城市公共交通的有效集成、整合,将相关出行服务集成于任意终端,用户在移动终端上就可轻松地完成查询、下单、匹配、支付等活动,极大地方便了出行者。出行即服务模式所带来的便利和成本节约将引导使用私家车的出行者转向共享出行模式,减少用户对私家车的使用,可实现更高效的响应及资源利用率,从而促进可持续交通模式的推广和应用。

未来,MaaS平台将类似于电信行业捆绑服务为出行者提供出行服务,成为一种新的运输服务软件,而非单一的数据集成。

滴滴出行作为网约车的龙头企业,在"一体化出行服务平台"上也有布局。2018年2月,滴滴宣布与北京新能源汽车股份有限公司等12家汽车厂商达成战略合作,共同构建新能源共享汽车服务体系,满足消费者分时租赁需求。2018年4月24日,滴滴牵头与31家汽车产业链企业共同发起"洪流联盟",共同定义设计面向未来的下一代共享智能交通工具。2019年1月28日,滴滴旗下的北京小桔科技有限公司与北京新能源汽车股份有限公司成立"京桔新能源",主要开发专门用于共享出行的定制网约车,并构建汽车共享出行智慧模式,以此提升在未来汽车共享出行领域的竞争力。

受滴滴出行等模式的影响,平台模式一时成为众多企业追捧的对象。近年来,北京、上海、广州等地的出租汽车公司也先后上线了官方网约车应用软件,改变了传统的约车模式。出行平台是由信息与通信技术(ICT)及其基础设施所支持的,由前端和后端两部分组成的系统。其前端旨在为双边或多边市场提供信息输入、数据处理、交易匹配、线路规划以及线上支付等服务,后端旨在从道路和交通基础设施规划的角度进行优化。平台借助移动互联网技术和大数据分析技术,综合出行基于位置的信息服务(LBS)、线上支付、出行需求预测、线路规划等功能,连接用户和供应商的双边市场或多边市场,成为用户与服务商之间的"匹配者""撮合者",它所提供的专业化交易服务大大降低了出行行业内部的交易成本。

(二)MaaS平台核心策略

MaaS具有"共享化""一体化""低碳化"及"以人为本"等基本特征,MaaS平台核心策略如下。

1. 打破行业壁垒,整合系统资源

"出行即服务"离不开坚实的大数据基础,需要打破行业间壁垒,构建新型共享型出行系统,实现城市交通系统的资源整合与结构重构。在将交通运营经验、交通数据基础及交通基础建设有机融合的基础上,建设一体化出行平台与"出行即服务",提供多样化、全过程、高质量的公共交通出行服务,扩展服务范围,调配过剩的产能,增强"共享"的吸引力。

2. 利用有效资源，构建服务网络

充分利用已有资源，从多个方面提出新时期出行资源化利用方案，如网约车、顺风车、P2P租车等，充分利用和扩展城市既有的出行资源，构建多层次的出行方式线网；努力构建资源节约、环境友好型交通体系，建设网络化、系统化、智慧化的服务网络，形成连续、快速、高效的出行情景，促进交通可持续发展。

3. 学习已有经验，创新服务模式

为建立便捷、通畅、高效、安全的综合出行体系，倡导绿色低碳的交通出行方式，可学习借鉴发展一体化出行平台与"出行即服务"的已有经验，创新自我服务模式，提高交通综合运输效率、优化交通枢纽的衔接，确立优势互补的一体化综合交通体系发展模式。

（三）MaaS平台发展模式

MaaS平台有市场驱动的发展（完全私有）、公共控制的发展（完全公有）、公私混合发展（混合）三种发展方向。在完全公共控制的情况下，MaaS平台被设计为最大程度利用传统公共交通，提高公共交通的实载率，畅通城市出行。但难以提高出行者服务满意度，进而可能造成使用者较少的局面，甚至可能降低市场创新活力，形成不良竞争风气。在完全市场驱动私有化模式下，由于各层次服务运营商并不会完全共享其应用程序数据，会形成技术壁垒。

从目前来看，MaaS平台的发展模式必然是公私混合发展。首先，只有政府可促进交通运营部门、网络服务商与数据提供商三者之间的有机协调；其次，公私混合发展既可使运营服务商们获得经济利益，又可使政府部门通过畅通城市，减少城市拥堵，获得更高的社会公共利益，最终实现共赢。如瑞典西部地区的公共交通公司与私营企业合作，实现了更高的服务；北欧经验表明，政府通过设定发展路线对引导MaaS平台的开发和实施具有积极作用。政府部门的监管过多可能会阻碍私营部门参与和创新的能力，导致MaaS系统缺乏吸引力；监管太少则可能导致MaaS平台不利于公共利益。因此，找到具有适当法规和激励措施的监管"最佳位置"是促进MaaS平台可持续发展的关键。

二、造车新势力定位智慧共享出行商业模式

定位清晰的商业模式对提高企业核心竞争力有着极其重要的影响。造车新势力将其定位于智慧共享出行是战略抉择的创新之举，同时，造车新势力具有重新审视用户需求并提升用户体验的巨大优势。造车新势力"威马汽车"创立之初就致力于推动智慧出行产业生态体系的发展，其旗下打造的"即客行"旅游共享出行平台目前主要在海南省为消费者提供汽车日租服务，并计划逐步打通热点旅游城市的汽车共享出行，这是造车新势力进入汽车共享出行领域并能准确定位用户及场景的最优途径。造车新势力"零跑汽车"与移动出行平台新势力"大道用车"携手打造"造车+共享出行"新模式，共同打造城市汽车共享全场景出行平台，目标定位于城市年轻群体，为其提供"随时随地有车开"的全新共享交通服务。造车新势力"车和家"（理想）与移动出行平台"滴滴出行"组建合资公司，战略定位直指共享出行场景，致力于将汽车产品和共享出行领域有机融合。"小鹏汽车"也与"滴滴出行"达成了战略合作，滴滴出行将为小鹏汽车提供生态体系全面支持。

三、车企与出行平台融合互补优势探索布局

车企拥有整车研发制造的核心优势,移动出行平台拥有信息资源的核心优势,车企有效利用移动出行平台的庞大信息资源,移动出行平台依靠车企打造定制化绿色智能化车辆,双方通过将自身优势积极融合,推出更有价值的共享出行服务,是未来在出行领域实现共赢的关键之举。以丰田汽车公司为例,丰田汽车公司积极与移动出行服务领域内的企业合作,以此抢占未来汽车共享出行的制高点。2016年,丰田汽车公司与以P2P租车模式发展的美国汽车共享公司Getaround开展合作,基于丰田汽车公司研发的出行服务平台来吸引更多能够提供共享服务的驾驶车辆,以此为更多的消费者提供共享乘车出行服务。2018年6月,丰田为东南亚规模最大的共享出行平台Grab投资10亿美元;同年12月为其提供个性化定制的Total-care Service移动出行服务方案,该方案能够提升Grab公司对车队的管理效率以及乘客的乘坐体验,并逐步扩大网约车使用数量。2018年8月,丰田汽车公司宣布向Uber投资5亿美元,此次合作主要专注于汽车共享出行领域,为Uber驾驶员提供一种全新的汽车租赁服务。汽车共享出行浪潮也是丰田汽车公司与Uber实现双赢的好机会。

四、传统汽车制造商向出行服务商升级转型

传统汽车制造商不仅应该聚焦于如何制造安全可靠的汽车产品,还应该思考如何向绿色智能的出行服务商升级转型。戴姆勒集团推出的Car2Go汽车共享出行项目,对奔驰Smart汽车采用自由流动式即时共享体系以提供更为便捷的租车服务。同样,宝马集团也推出了BMW DriveNow汽车共享出行项目。为了能够在汽车共享出行领域占据巨大市场份额和提高全球影响力,戴姆勒股份公司与宝马集团共同宣布,整合各自所属的汽车共享品牌Car2Go和BMW DriveNow共享出行业务,致力打造全球规模最大的移动出行服务商之一。

国内传统汽车制造商也抢抓此次转型发展机遇,中国第一汽车集团有限公司、东风汽车有限公司和重庆长安汽车股份有限公司三家汽车集团整合三方优势资源,联合腾讯、阿里等互联网企业,于2019年3月22日在南京共同出资组建T3出行服务公司,联手进入汽车共享出行领域,着力打造"智慧出行生态圈"。吉利汽车控股有限公司推出新能源汽车出行服务品牌"曹操专车",长城汽车股份有限公司推出共享汽车出行品牌"欧拉车享",上海汽车集团有限公司推出全新移动出行战略品牌"享道出行",传统汽车制造商向移动出行服务商升级转型成为汽车共享出行创新发展的重要路径,车辆本身提供的出行服务所带来的价值受到更多关注,一个崭新的汽车共享出行产业生态圈正在形成。

截至2020年9月,在国内,以中外整车OEM(Original Equipment Manufacturer,原始设备制造商)为主要背景或者重点参与的出行平台约40个,以国内各汽车集团/企业为主,出行平台总数超30个,其中,一汽、北汽等分别涉足的出行平台超过5个。丰田、大众、戴姆勒、宝马等直接或者通过合资公司在国内布局的出行平台约10个,造车新势力在此领域的布局

较少。从上线时间来看,早在2012年,已有车企布局分时租赁等,到2015—2017年每年新成立出行平台3~5个;到2018年、2019年达到顶峰,新成立的出行平台分别达13个与11个;到2020年,OEM在传统出行领域的布局基本完成,新增OEM背景的出行企业数量基本保持稳定,从平台数量增长来看,进入平缓增长期。整车OEM布局的出行平台业务以网约车、分时租赁为主,但也涵盖到长短租、政企用车、包车、顺风车、租车、代驾、包车、送货等各个方面。整车OEM布局的出行平台统计见表2-1。

整车OEM布局的出行平台统计(截至2020年9月) 表2-1

上线时间	车企	出行平台	业务类型	业务车型(或具体品牌)
2012.12	江铃集团	易至出行	充电桩/智能停车场/分时租赁	新能源
2013.07	吉利/康迪集团	微公交	分时租赁	新能源
2015.02	北汽新能源 & 富士	绿狗租车	分时租赁	新能源
2015.11	吉利汽车	曹操出行	网约车/顺风车/租车/代驾/包车/送货	新能源
2015.11	力帆集团	盼达用车	分时租赁/无人驾驶	新能源
2016.03	福特汽车	福特智能出行	智能移动/无人驾驶汽车技术开发等	智能出行
2016.04	北汽新能源 & 庞大汽贸	北汽绿行	分时租赁	新能源
2016.04	戴姆勒集团	Car2Go	分时租赁	燃油汽车
2016.05	上汽集团 & 上海汽车城	EVCARD	分时租赁	新能源
2017.01	长安汽车	长安出行	分时租赁/长短租/试乘试驾/无人驾驶	新能源 & 燃油
2017.04	北汽集团	华夏出行/摩范出行	分时租赁/综合出行服务	新能源
2017.06	北汽新能源	轻享	分时租赁	新能源
2017.08	吉利	carfree	分时租赁	新能源
2017.09	一汽大众	奥迪出行	分时租赁	奥迪
2018.05	一汽集团	开开出行	分时租赁	中国一汽
2018.05	奇瑞控股	麦卡出行	网约车/出租汽车	新能源 &CNG 车
2018.05	威马汽车	即客行	分时租赁/旅游租赁/公共充电	新能源
2018.05	大众汽车	逸驾智能	车联网/智能基础设施/智能出行生态等	智能出行及基础设施、智慧城市
2018.07	一汽集团	一汽出行	分时租赁/长短租	大众
2018.07	一汽大众	摩捷出行	分时租赁/汽车租赁	大众
2018.07	长城汽车	欧拉车享	分时租赁	新能源
2018.09	东风电动汽车 &PSA 集团	易微享	分时租赁	新能源
2018.09	长城汽车	欧了出行	网约车/城际拼车	新能源
2018.12	上汽集团	享道出行	网约车	新能源
2018.12	北汽新能源 & 滴滴	京桔新能源	网约车定制/充换电/新能源汽车运营/大数据/出行服务	新能源

续上表

上线时间	车企	出行平台	业务类型	业务车型（或具体品牌）
2018.12	大众/滴滴	桔众汽车	车队运营/专用化共享汽车开发等	专用化共享汽车
2018.12	宝马集团	即时出行	分时租赁/网约车高端市场	新能源&燃油
2018.12	上汽集团	享道出行	网约车/企业用车/租车/出租汽车	新能源&燃油
2019.01	江淮汽车	和行约车	网约车/出租汽车/城际出行/公务用车	新能源
2019.04	国金汽车	及时用车	网约车	新能源
2019.05	东风汽车	东风出行	网约车/租车/充电	新能源
2019.05	小鹏汽车	有鹏出行	网约车	新能源
2019.05	新特汽车	新电出行	网约车/巴士/顺风车	新能源
2019.06	广汽集团/腾讯等	如祺出行	网约车/包车	新能源
2019.07	一汽/东风/长安	T3出行	网约车/包车/企业用车	新能源
2019.09	一汽集团	旗妙出行	网约车/租赁/汽车金融/新能源车辆运营	红旗
2019.09	丰田/滴滴	丰桔出行	汽车租赁/网约车/汽车及零部件销售	丰田车型
2019.11	丰田汽车等	丰田海南出行	汽车租赁/充换电等	丰田车型
2019.12	吉利/戴姆勒	耀出行	企业用车	奔驰车型
2020.04	奇瑞新能源	易骑出行	网约车	新能源
2020.07	本田中国/东软睿驰	海纳新思出行	智能网联技术/智能移动出行	智能移动出行
2020.09	上汽集团	申程出行	出租汽车	新能源&燃油

五、政府引导打造共享出行集成服务大平台

政府在促进产业跨界融合、引导居民共享出行以及保障共享出行安全等方面有着巨大的影响力，是汽车共享出行发展过程中的有力助推者，也是共享出行集成服务大平台的最佳建设者（图2-13）。

汽车共享出行目前正处于市场探索发展时期，还存在许多需要政府助推才能解决的问题。一方面，关于共享出行的政策尚未完善，消费者信用体系尚未健全；另一方面，汽车共享出行领域投入成本较高，可持续发展的商业模式还未清晰，短期内无法实现盈利。政府首先应鼓励汽车共享出行市场的发展，早日出台面向新时代的汽车共享出行战略规划及具体路线图，探索建立共享出行集成服务大平台，加强车路协同、智能物流等城市基础设施的研发支持，并且从车型、牌照、停车等制约因素出发多维度进行政策鼓励；其次，政府应建立健全消费者信用体系，对人为损坏、恶意偷取等行为进行严格惩罚，同时，营造绿色智能化汽车共享出行的社会氛围，逐步提升共享出行的新型汽车文化；最后，政府应着力加强汽车共享出行每一环节的安全监管，不仅确保消费者的生命安全，而且还应保障共享汽车的财产安全，通过建立集智能管理、智慧分析、实时监控、行为监管以及预警处置为一体的共享出行服务

大平台,实现汽车共享出行产业生态可持续健康发展。

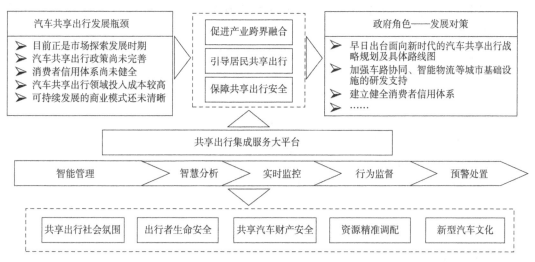

图 2-13 政府引导打造共享出行集成服务大平台

第四节 汽车共享出行模式下的城市生态构想

伴随着交通出行逐步向低碳绿色化、智能网联化、移动共享化模式更迭变革,城市发展变迁正朝着生态持续化、管理动态化、服务智慧化的方向快速升级转型。汽车共享出行作为城市交通出行体系的重要环节,能够为促进绿色出行、发展可持续交通、建设智慧城市提供十分重要的发展支撑。未来智慧城市汽车共享出行生态构想如图 2-14 所示。

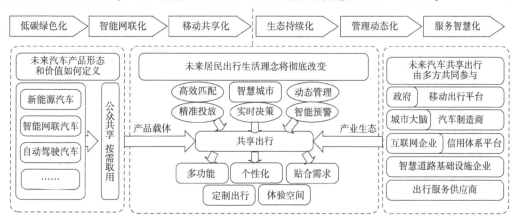

图 2-14 未来智慧城市汽车共享出行生态构想

未来智慧城市汽车共享出行呈现的生态特征有如下三个方面。

1. 未来汽车产品形态和价值重新定义

传统人工驾驶汽车全部更替为无人自动驾驶汽车,无人自动驾驶汽车成为居民使用智能化程度最高的日常用品;新材料、新结构、新功能使得汽车产品形态发生颠覆性变化,居民共享出行更加舒适便捷;汽车不再是出行空间中的独立个体,而是万物互联的连接节点;汽车的价值将从私享重新定义为共享。

2. 未来汽车共享出行由多方共同参与

共享出行不仅仅需要政府、移动出行平台、汽车制造商等主要角色参与构建,未来还需要融合信用体系平台、城市大数据管理决策平台、出行服务供应商以及智慧道路基础设施企业等多方共同参与构建智慧共享出行集成化体系。

3. 未来居民出行生活理念将彻底改变

汽车作为简单的代步工具将转变为提供个性化服务的多功能移动空间;时间短与路线优的简单出行需求与体验感强的定制出行服务有机融合;私人独享、资源闲置的传统观念演变成公众共享、按需取用的新型汽车社会文化;汽车共享出行效率的提高使得城市建设去中心化,居民享有更自由的城市体验空间。

复习思考题

1. 简述共享经济、共享出行的定义,并说明二者之间的关系。
2. 共享出行发展分为哪几个阶段？当前处于什么阶段？
3. 简述汽车共享出行模式下的创新发展路径。
4. 简述 MaaS 平台的发展模式分类、特点及发展趋势。

第三章

网络预约出租汽车

第一节 概 述

一、网络预约出租汽车的定义

网约车,即网络预约出租汽车经营服务的简称,是互联网经济与交通运输产业融合创新的产物,是平台经济发展的典型代表。根据2016年7月27日交通运输部、工业和信息化部等7部委发布的《网络预约出租汽车经营服务管理暂行办法》的定义,网约车经营服务是指以互联网技术为依托构建服务平台,整合供需信息,使用符合条件的车辆和驾驶员,提供非巡游的预约出租汽车服务的经营活动。网络预约出租汽车经营者(以下称网约车平台公司)是指构建网络服务平台,从事网约车经营服务的企业法人。根据国家网信办令2016年第60号《网络预约出租汽车经营服务管理暂行办法》的规定,网约车经营服务是指:以互联网技术为依托构建服务平台,整合供需信息,使用符合条件的车辆和驾驶员,提供非巡游的预约出租汽车服务的经营活动。

网约车模式发端于美国,在美国实现从概念到成熟产品的培育过程。但是从发展现状来看,中国网约车市场已成为全球引领者。早在2009年,以线上租赁见长的易到用车就推出了接送机等类似的服务。到2012年年中,几十款打车软件在我国陆续上线,该类手机App首先聚焦于传统出租汽车的叫车业务。乘客可以通过App快捷方便地呼叫出租汽车,驾驶员也可以通过App便捷地接订单,通过减少空载率增加收入。2014年专车业务上线,打车软件由传统出租汽车行业的辅助者转变为强势竞争者。通过几轮补贴大战,网约车得到快速普及,逐渐成为城市居民出行必不可少的方式之一。在资本的助推下,网约车产品也逐渐拓宽到直达班车、快车、顺风车、巴士、代驾、包车等业务,在市场规模体量、应用领域及创新方面已在全球范围内位居领先地位。

二、网络预约出租汽车的发展历程

(一)国外发展概述

网约车最先起源于2009年,Uber在其创始人Travis Kalanick和Carret Camp"一键连接"的想法下应运而生,开启了网约车公司的雏形。随后,在美国、英国、印度和中国等相继诞生了多家网约车公司。在最早起步的北美市场,Uber和Lyft几乎占据了全部市场,其中,前者的市场份额大约在70%。目前,Uber已成为美国最大的跨国网约车平台,覆盖全球70多个国家400多个城市。在体量最大的亚洲市场,滴滴出行是我国市场的领导者,2011年成立的印度企业Ola主导着印度市场,2012年成立的新加坡企业Grab主导着东南亚市场,Uber占据着中东市场,日本则尚未放开市场准入。在欧洲市场,除个别城市明确提出禁止准入外,多数城市的市场主要被 Uber 占据,很多本土化企业规模不大。此外,南美洲和大洋洲市场正处于中美两国企业角力过程中,而非洲市场则由于缺少基础条件基本仍未起步。国外网约车企业发展历程如图 3-1 所示。

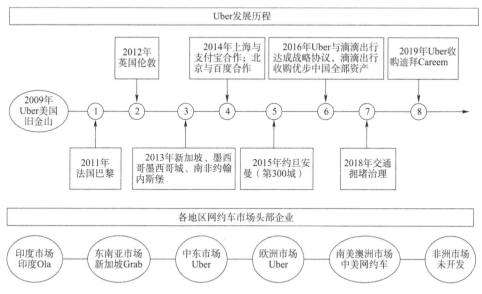

图 3-1　国外网约车企业发展历程

2010 年 Uber 在美国旧金山上线第一版 App,2011 年进入法国巴黎,2012 年进入英国伦敦,2013 年进入新加坡,同年 7 月进入墨西哥的墨西哥城,同年 8 月进入南非约翰内斯堡。2014 年进入中国上海,确定中文名"优步",并与支付宝合作,同年 10 月进入北京,同年 12 月与百度合作达成全球范围内的战略合作伙伴关系。2015 年 Uber 进入约旦安曼,安曼也成为 Uber 进驻的第 300 座城市。2016 年滴滴出行宣布与 Uber 达成战略协议,滴滴出行将收购优步中国的品牌、业务、数据等全部资产在中国大陆运营,不过优步依旧保持独立运营。2018 年 Uber 大力投入交通拥堵治理。2019 年 Uber 收购迪拜 Careem。Uber 的快速发展扩张,源于其新奇的创意、特色的服务,如拼车、送餐和快递业务,还有巨额的融资,同时,它也在积极进行技术储备,如在旧金山测试"智能线路"服务,与美国宇航局合作探索城市交通的相关概念和技术,与沃尔沃联合研发自动驾驶汽车等。

(二)国内发展概述

国内网约车发展从 2010 年易到在北京成立第一家网约车平台开始,其发展至今凭借自己的优质服务已经成为了中高端人群的首选。2012 年,滴滴打车和快的打车相继成立。2013 年,快的打车、滴滴打车先后分别获得阿里巴巴、腾讯集团融资,开启补贴大战。2014 年,全球第一家网约车平台 Uber 进入中国大陆市场,确定中文名"优步",网约车"三国争霸的时代"到来。2015 年,滴滴打车、快的打车合并,成为"滴滴出行",2016 年滴滴更是继续收购优步中国全部资产,一时间成为中国网约车市场头部企业。网约车市场巨大的体量和产业形成的既定事实,加上由网约车引发的社会问题引起政府重视。在 2015 年,交通运输部承认网约车积极意义,2016 年国家交通运输部等六部门联合发布《网络预约出租汽车经营服务管理暂行办法》，承认了网约车的合法地位，网约车平台可以获得经营许可证。网约车平台的多种行为被规范，网约车入职门槛提高，加之补贴减少，网约车平台更加重视服务质量、平台技术创新、车辆技术水平、合作模式等深层次竞争。2015年，首约汽车、神州专车、曹操出行等网约车平台出现，脱胎于聚合模式的美团打车、车企联合的T3出行、东风集团推出的东风出行等网约车平台，凭借自身的资源优势，技术优势，整车制造能力与滴滴平台争夺细分市场，服务特定人群。国内网约车发展历程如图3-2所示。目前网约车市场以C2C和B2C两大模式为主，具体分类见表3-1。

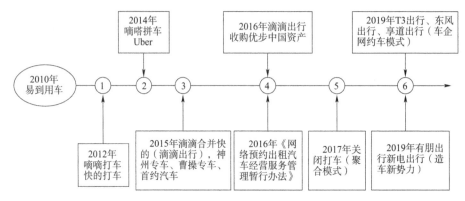

图3-2 国内网约车发展历程图

网约车分类 表3-1

主要模式	主要平台	盈利模式	城市布局
私家车 （C2C）	滴滴快车/专车	平台每单抽成20%~30%	全国一至四线城市均有布局
	易到用车	平台每单抽成5%~20% （因资金短缺暂时降费）	全国主要城市均有布局
	美团打车	平台每单抽成8%~15%	南京、上海上线；北京、成都、杭州、福州、温州和厦门筹备中
平台车辆 专业驾驶员 （B2C）	神州专车	中高价位收费+驾驶员业绩考核或者加盟费 ①专职驾驶员：2500元底薪+2000的保底提成+1000元上六休+浮动提成（北京） ②带车加盟：加盟费2000元/月、无需抽成	全国主要城市均有布局
	首汽专车	中高价位收费+驾驶员业绩考核或者加盟费 ①专职驾驶员：底薪+保底+绩效（约7000元/月） ②带车加盟：加盟费500元/月、无需抽成	全国主要城市均有布局
	曹操专车 （电动汽车）	专职驾驶员排名制度（各地政策差距大） 驾驶员工资：基本底薪+每日冲单奖+排名奖（A、B、C、D多等级）+电补（仅限电动汽车搭载乘客里程部分）5000~8000元/月不等	全国主要城市均有布局

续上表

主要模式	主要平台	盈利模式	城市布局
接入出租汽车	滴滴-出租汽车	平台每单抽成0%~10%	全国主要城市均有布局
	首汽-的士联盟	无佣金、不抽成	主要布局北方城市
	嘀嗒-出租汽车	无佣金、不抽成	主要布局全国一、二线城市
	曹操-出租汽车	无佣金、不抽成	主要布局江浙城市
网约车定义之外的顺风车、拼车	滴滴拼车	基于滴滴快车平台,超出驾驶员单程收费部分均归平台所有	全国一至四线城市均有布局
	滴滴顺风车	超过10%信息服务费,拼车乘客付费超过驾驶员收费部分	全国一至四线城市均有布局
	嘀嗒顺风车	平台服务费,拼车乘客付费超过驾驶员收费部分	全国主要城市均有布局

经过十余年的发展,我国网约车企业数量不断增多,但大部分规模较小,行业集中度高,龙头企业占据大部分市场份额,如滴滴出行等。同时,网约车全球市场规模也在扩大,网约车平台如Uber、滴滴出行等在全球范围内迅速扩张,跨国经营成为常态。2015—2018年,我国网约车行业迎来了爆发式增长,网约车市场规模保持逐年增长态势,2019—2023年,发展增速有所放缓,共享出行金融投资市场趋于理性。一方面,行业合规化进程加快推进。交通运输部指导各地交通运输主管部门督促网约车平台公司依法合规开展经营,加大力度清退不合规车辆和人员。另一方面,出行领域信息安全问题受到关注。

从客运量、网约车平台数量、驾驶员数量和订单数量来看,我国网约车行业现处于稳定增长期。国家信息中心分享经济研究中心数据显示,2022年网约车客运量占出租汽车总客运量的比重约为40.5%,比2021年增加6.4%。据网约车监管信息交互系统统计,截至2023年12月31日,全国共有337家网约车平台公司取得网约车平台经营许可,环比增加2家;各地共发放网约车驾驶员证657.2万本、车辆运输证279.2万本,环比分别增长2.2%、1.7%。同时,网约车监管信息交互系统12月份共收到订单信息8.94亿单,环比上升8.3%。随着网约车的不断发展,政府对网约车行业的监管力度也不断加强。2017年7月31日,交通运输部新政规定:驾驶员必须持有《网络预约出租汽车驾驶证》方可从事网约车经营活动。至此,网约车合法运营需三证齐全,即平台需具备网约车经营许可证、车辆需具备网约车运输证、驾驶员需具备网约车驾驶员证。政府对网约车平台的注册、驾驶员资质、服务质量等方面进行规范,以确保乘客的安全和权益。2021年9月,交通运输部印发《关于维护公平竞争市场秩序加快推进网约车合规化的通知》,进一步维护公平竞争市场秩序,加快推进网约车合规化进程,促进网约车行业规范健康持续发展。

除了传统的乘车服务,网约车平台也在拓展其他领域。例如提供顺风车服务、货运服务、租车服务等,以满足用户多样化的出行需求。其中顺风车的规模增长迅速,2016年国务院办公厅发布的《关于深化改革推进出租汽车行业健康发展的指导意见》(国办发〔2016〕58号)中对顺风车进行了明确定义:私人小客车合乘,也称为拼车、顺风车,是由合乘服务提供者事先发布出行信息,出行线路相同的人选择乘坐合乘服务提供者的小客车、分摊部分出行成本或免费互助的共享出行方式。这里要与网约车合乘也称为拼车区分。虽然网约车合乘从形式上来看,也是多人合乘交通工具,但网约车合乘是由专业的出租汽车公司或网约车平台提供的服务,驾驶员经过认证,车辆也会受到一定的监督和管理,平台会对驾驶员和乘客进行身份验证,并提供安全保障措施。而顺风车的驾驶员通常没有经过专业培训和认证,车辆也不受监管,属于非营运车辆。国内顺风车的本质特征包括两个基本方面:真顺路和低定价。从实践来看,则包含四个要素:一是顺风车以满足车主自身出行需求为前提,车主需求和乘客需求双向匹配;二是顺风车是一种非营运行为,车主不以营利为目的;三是驾驶员与乘客之间是平等互助关系,而非服务与被服务关系;四是顺风车充分发挥闲置资源的价值,是真正的共享出行。自 2014 年 1 月 1 日《北京市交通委员会关于北京市小客车合乘出行的意见》出台之后,基于移动互联网的顺风车从无到有发展已 10 年有余。在经历了 2014 年到 2015 年发展初期的野蛮生长,2016 到 2017 年真伪顺风车发展分野之后,在 2018 年,由于行业恶性案件的频发使得整个顺风车行业发展经历了重大考验。在此之后,随着政府监管、警企合作强化、整个行业的安全体系全面升级以及行业标准规范建设的启动,如今,中国顺风车行业已开始进入一个健康、规范和可持续发展的新阶段。顺风车服务的覆盖范围也在不断扩大,不仅限于大城市,也逐渐进入二、三线城市和农村地区。虽然顺风车得到了广泛应用,但也面临着一些法规上的挑战,包括运营牌照、合乘双方安全等问题。随着市场竞争的加剧,顺风车平台可能会朝着专业化和规模化发展,平台会加强对驾驶员的审核和培训,提高服务质量和安全性。同时,人工智能、大数据等技术的应用将进一步提升顺风车服务的效率和用户体验。例如,通过智能匹配算法提高车主和乘客之间的匹配度、减少空驶率等。

为实现"双碳"目标,电动汽车在网约车行业的应用逐渐增加,许多平台也在鼓励或要求驾驶员使用电动汽车。在电动化发展趋势下,自动驾驶技术也会不断发展,滴滴出行、小马智行、百度的萝卜快跑等都在布局自动驾驶网约车生态。无人驾驶网约车商业化试点在国内逐渐增多,如北京亦庄、深圳坪山、武汉经开区等。而在全球范围内,美国的 Waymo 于 2023 年 8 月份获得许可,其能够在旧金山提供 24h 全天候运营的无人驾驶网约车服务。而随着自动驾驶技术的进步,未来可能会出现大规模的无人驾驶网约车的商业化应用。未来,网约车平台将以技术为驱动,通过移动互联网和大数据分析等技术手段,提供更为便捷、高效的叫车服务。

总体来说,网约车行业将继续发展壮大,但也面临一些挑战,如竞争激烈、安全问题、合规要求等。随着技术进步和政策引导,网约车行业有望实现更高质量的发展,为人们提供更便捷、可靠的出行服务。

三、网络预约出租汽车的发展政策

(一)网约车政策发布实施的情况

为深化出租汽车行业改革,鼓励创新、规范发展,2016 年 7 月国务院办公厅出台了《关于深化改革推进出租汽车行业健康发展的指导意见》(国办发[2016]58 号)(以下简称《指导意见》),提出要规范网络预约出租汽车经营,推进新老两种业态融合发展,针对网约车规范管理,明确了"平台公司是运输服务的提供者,应具备线上线下服务能力,承担承运人责任和相应社会责任""提供网约车服务的驾驶员及其车辆,应符合提供载客运输服务的基本条件"等基本要求。《指导意见》作为国家层面针对出租汽车行业深化改革的顶层制度设计,为出租汽车行业持续健康发展提供了根本遵循。以《指导意见》整体框架作为指引,交通运输部等七部门联合印发了《网络预约出租汽车经营服务管理暂行办法》(交通运输部 工业和信息化部 公安部 商务部 工商总局 质检总局 国家网信办 令 2016 年第 60 号)(以下简称《暂行办法》),构建了网约车规范管理的基本政策制度,明确了网约车创新发展和规范管理的思路和原则,对网约车平台公司、车辆和驾驶员的基本条件,以及平台经营行为等做了规定。同时,由于出租汽车行业管理属于城市人民政府地方事权,鉴此《暂行办法》也明确提出"各地可根据本办法结合本地实际制定具体实施细则"。即按照属地管理原则,各城市人民政府需在国家总体政策框架内,结合当地实际情况,因地制宜地在网约车市场准入、运营管理等方面提出细化要求,以确保国家层面改革政策在地方有效落地实施。

深化出租汽车汽车行业改革是一项系统工程,在《指导意见》和《暂行办法》两个文件的总体思路和框架要求下,交通运输部会同相关部门相继出台一系列配套政策措施,制定协同监管、数字监管、信用监管、运价改革、运营安全等 20 多个政策文件。颁布《出租汽车运营服务规范》《出租汽车综合服务区规范》等国家标准,为加快推进网约车规范治理提供制度保障。国家层面出租汽车相关政策文件见表3-2。

国家层面出租汽车相关政策文件 表3-2

类别	名称	发布时间
国办文件	《国务院办公厅关于深化改革推进出租汽车行业健康发展的指导意见》	2016 年
部门规章	《出租汽车驾驶员从业资格管理规定》	2011 年发布,2016 年、2021 年修订
部门规章	《巡游出租汽车经营服务管理规定》	2014 年发布,2016 年、2021 年修订
部门规章	《网络预约出租汽车经营服务管理暂行办法》	2016 年发布,2019 年、2022 年修订
贯彻落实文件	《交通运输部关于贯彻落实〈国务院办公厅关于深化改革推进出租汽车行业健康发展的指导意见〉的通知》	2016 年
贯彻落实文件	《交通运输部办公厅关于进一步深化改革加快推进出租汽车行业健康发展有关工作的通知》	2018 年
贯彻落实文件	《交通运输部办公厅关于维护公平竞争市场秩序加快推进网约车合规化的通知》	2021 年
网约车许可管理	《交通运输部办公厅关于明确网络预约出租汽车服务许可证件式样的通知》	2016 年

续上表

类别	名称	发布时间
网约车许可管理	《交通运输部办公厅关于网络预约出租汽车车辆准入和退出有关工作流程的通知》	2016 年
	《交通运输部关于改革出租汽车驾驶员从业资格考试有关工作的通知》	2017 年
	《交通运输部办公厅 公安部办公厅关于切实做好出租汽车驾驶员背景核查与监管等有关工作的通知》	2018 年
	《交通运输部办公厅 公安部办公厅关于进一步加强网络预约出租汽车和私人小客车合乘安全管理的紧急通知》	2018 年
协同监管	《国务院办公厅关于同意建立交通运输新业态协同监管部际联席会议制度的函》	2018 年
	《交通运输部办公厅 中央网信办秘书局 工业和信息化部办公厅 公安部办公厅 中国人民银行办公厅 国家税务总局办公厅 国家市场监督管理总局办公厅〈关于加强网络预约出租汽车行业事中事后联合监管有关工作的通知〉》	2018 年发布，2022 年修订
	《交通运输部办公厅 工业和信息化部办公厅 公安部办公厅 国家市场监督管理总局办公厅 国家互联网信息办公室秘书局〈关于切实做好网约车聚合平台规范管理有关工作的通知〉》	2023 年
数字化监管	《交通运输部办公厅 工业和信息化部办公厅 公安部办公厅 中国人民银行办公厅 税务总局办公厅 国家网信办秘书局〈关于网络预约出租汽车经营者申请线上服务能力认定工作流程的通知〉》	2016 年
	《交通运输部办公厅关于印发〈网络预约出租汽车监管信息交互平台总体技术要求(暂行)〉的通知》	2016 年
	《交通运输部办公厅关于印发〈网络预约出租汽车监管信息交互平台运行管理办法〉的通知》	2018 年发布，2022 年修订
信用监管	《交通运输部关于印发〈出租汽车服务质量信誉考核办法〉的通知》	2011 年发布,2018 重新发布,2022 年修订
权益保障	《交通运输部 人民银行 国家发展改革委 公安部 市场监管总局 银保监会关于印发〈交通运输新业态用户资金管理办法(试行)〉的通知》	2019 年发布，2022 年修订
	《人力资源社会保障部 国家发展改革委 交通运输部 应急部 市场监管总局 国家医保局 最高人民法院 全国总工会 关于维护新就业形态劳动者劳动保障权益的指导意见》	2021 年
	《人力资源社会保障部等十部门关于开展新就业形态就业人员职业伤害保障试点工作的通知》	2021 年

续上表

类别	名称	发布时间
权益保障	《交通运输部等8部门关于加强交通运输新业态从业人员权益保障工作的意见》	2021年
	《交通运输部 中华全国总工会关于开展"2021年最美出租汽车驾驶员"推选宣传活动的意见》	2021年
运价改革	《交通运输部 国家发展改革委关于深化道路运输价格改革的意见》	2019年
	《交通运输部办公厅关于学习借鉴改革巡游出租汽车运价机制典型经验做法的通知》	2023年
适老化出行服务	《交通运输部 住房城乡建设部 国家铁路局 中国民用航空局 国家邮政局 中国残疾人联合会 全国老龄工作委员会办公室关于进一步加强和改善老年人残疾人出行服务的实施意见》	2018年
	《交通运输部 人力资源社会保障部 国家卫生健康委 中国人民银行 国家铁路局 中国民用航空局 中国国家铁路集团有限公司关于切实解决老年人运用智能技术困难便利老年人日常交通出行的通知》	2020年
	《交通运输部办公厅关于加快推广应用95128出租汽车约车服务电话号码的通知》	2012年
	《交通运输部 国家铁路局 中国民用航空局 国家邮政局 中国残疾人联合会 全国老龄工作委员会办公室关于进一步加强适老化无障碍出行服务工作的通知》	2024年
安全服务	《交通运输部关于印发〈城市客运企业主要负责人和安全生产管理人员安全考核管理办法〉的通知》	2022年
	《交通运输部办公厅关于印发〈道路运输企业和城市客运企业安全生产重大事故隐患判定标准(试行)〉》	2023年
技术创新	《交通运输部办公厅关于印发〈自动驾驶汽车运输安全服务指南(试行)〉的通知》	2023年

国家《指导意见》发布后,为落实相关政策要求和改革部署,履行城市人民政府出租汽车管理的主体责任,各地相继结合本地实际情况,制定出台了地方深化出租汽车行业改革的指导意见或实施意见。截至目前,共有30个省(区、市)发布了出租汽车行业改革实施意见;280多个地级以上城市已经发布网约车管理实施细则,充分发挥地方自主权和创造性,探索符合本地的出租汽车行业发展实际的管理模式。在各省级层面的指导意见或实施意见中,针对网约车规范管理,都从行业发展定位和平台公司定性,平台经营者、车辆和驾驶员的基本条件等方面提出了鼓励和规范网约车发展和实施行业管理的基本思路,为各城市具体出台网约车规范发展的实施细则指明了方向,提出了基本要求。

另外,各地经历了顺风车运营中陆续出现的严重安全问题的后,国家地方出台了一系列的政策和措施。《国务院办公厅关于深化改革推进出租汽车行业健康发展的指导意见》(国办发[2016]58号)规定:"私人小客车合乘,也称为拼车、顺风车,是由合乘服务提供者事先发布出行信息,出行线路相同的人选择乘坐合乘服务提供者的小客车、分摊部分出行成本或免费互助的共享出行方式。私人小客车合乘有利于缓解交通拥堵和减少空气污染,城市人民政府应鼓励并规范其发展,制定相应规定,明确合乘服务提供者、合乘者及合乘信息服务平台等三方的权利和义务。"《网络预约出租汽车经营服务管理暂行办法》(交通运输部 工业和信息化部 公安部 商务部 工商总局 质检总局 国家网信办令2016年第60号,以下简称《管理办法》)规定,"私人小客车合乘,也称为拼车、顺风车,按城市人民政府有关规定执行。"

顺风车对于缓解交通拥堵和减少空气污染具有积极作用,应当予以鼓励和支持,但前提是对私人小客车合乘进行明确界定。首先,私人小客车合乘以驾驶员自我出行我前提,是非经营行为;其次,车辆不是营运车辆,不需要办理营运证;再次,从事顺风车的驾驶员普遍是兼职人员,不以此为主要收入来源,不需要取得从业资格;最后,合乘的次数和收费标准应该有适当的限制。由于顺风车门槛比较低,灵活性较强,不想专职从事网约车的车辆和驾驶员可以从事顺风车。国家层面关于出租汽车行业改革政策制定时对于顺风车留有空间并作专门表述,也是为了顺应绿色发展需要,发展共享经济,更加方便人民群众的出行。

据不完全统计,目前已经有北京、上海、广州、天津等56个城市专门出台了专门规范顺风车的指导意见,厦门、宁波等41个城市在深化行业改革实施意见或网约车管理实施细则中,对合乘频次、处罚范围等方面提出了细化要求。各地出台的管理规定可分为以下几类。

一是专门制定的顺风车规定。如《北京市私人小客车合乘出行指导意见》《沈阳市私人小客车合乘出行管理规定》《南昌市关于规范私人小客车合乘出行的实施意见》等。

二是在出租汽车行业改革文件中作了细化规定。《济南市人民政府关于深化出租汽车行业改革的实施意见》《大连市人民政府办公厅关于深化改革推进出租汽车行业健康发展的实施意见》等文件,都在国办发[2016]58号文件的基础上对顺风车的管理进行了细化。

三是在网约车管理细则中对顺风车作规定。《贵阳市网络预约出租汽车经营服务管理暂行办法》设"私人小客车合乘"专章;《福州市网络预约出租汽车管理实施细则》等中有顺风车专门条款。

四是制定认定顺风车的有关文件。广州市《关于查处道路客运非法营运行为涉及私人小客车合乘认定问题的意见》,青岛市《关于查处非法营运时对私人小客车合乘认定的意见》,给顺风车划定了运行的标线。

(二)政策趋势分析

网约车是新时代符合"创新、协调、绿色、开放、共享"新发展理念的经济形态之一,在经济发展方式转变过程中,成为了促进就业、解决失业问题的重要载体。特别是在新型冠状病毒感染疫情期间,网约车不仅在疫情防控中发挥了重要作用,也成为经济发展、带动复工复产的重要动能。总体来看,未来鼓励网约车行业健康发展的政策总基调将继续保持,现有的监管政策框架将总体稳定,但局部调整和优化仍将持续,由下至上的改革创新,将推动网约车管理政策能更好适应平台经济和地方经济发展的需要,推动出租汽车与网约车的融合发展、协调发展。在关注行业监管的同时,共享出行作为平台经济发展最主要的领域,已经进入相对成熟的阶段,在全球性反垄断浪潮下,面临的平台垄断、信息安全监管风险也将持续增加,仍需在完善政府政策体系优化、加强行业监管能力建设、落实平台公司主体责任、发挥社会监督机制作用等方面持续更新细化监管政策及加强监管力度,促进共享出行行业持续健康发展。

第二节 运营模式

一、商业模式

(一)类型与特点

网约车服务产业链如图 3-3 所示。上游主要为运力提供商,如各类车企、出租汽车公司、租车公司、私家车主等,以及配套服务供应商,如云服务、支付系统、相关软件和服务器厂商。

图 3-3 网约车服务产业链图

中游主要为各类网约车平台,目前主要包括两大类:
(1)聚合类平台,如美团、支付宝、高德、携程等;
(2)垂直类平台,如滴滴出行、曹操出行、神州专车、享道出行。
下游通过 App 或小程序平台等终端入口对接出行用户群体。
网约车平台按照商业模式不同,可以分为以下几种类型。

（1）B2C 模式，如曹操专车、享道出行、东风出行、长安出行、有鹏出行等，这类多为谋求转型的传统车企，采用重资产运营模式，以自有车辆和自有驾驶员为客户提供标准化服务，本质是城市交通体系的一环。服务质量一般更优质稳定，主打中高端市场，具有与汽车制造业务的协同效应以及较强的品牌效应。

（2）C2C 模式，如美团打车、优步中国等，公司仅为第三方服务平台，通过网站或移动端 App 将有用车需求的用户和汽车服务提供商进行匹配并形成交易。

车辆和驾驶员来源于汽车租赁公司（B2P）或私家车接入（P2P），优势是轻资产运营，更为灵活，体现了较为纯粹的共享经济理念。劣势是竞争壁垒不足，用户黏性相对较低。在监管趋严的背景下，司乘双方人身安全问题的解决有待优化。

（3）综合模式，如滴滴出行、神州专车、首汽约车等，是平台在网约车市场发展变化中由单一模式向两种模式双向融合及渗透的结果。

网约车平台商业模式对比如图 3-4 所示。

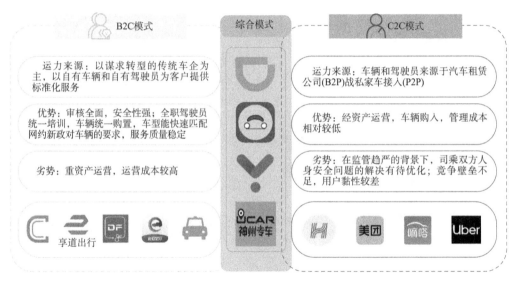

图 3-4 网约车平台商业模式对比图

根据提供运输服务的车辆属性不同，网约车市场包括网约快（专）车、顺风车和网约出租汽车三种类型。

网约快（专）车市场具备"大众、高频、刚需"的特征，是各家平台必争之地，目前头部平台已形成"规模+政策"的双重垄断。在资本推动下，滴滴出行在 2015 年 2 月与快的合并后，2016 年 8 月收购了优步中国，已形成绝对的市场份额优势。

根据 2016 年 7 月，交通运输部下发的《网络预约出租汽车经营服务管理暂行办法（修订稿）》规定"网约车平台公司应当在取得相应《网络预约出租汽车经营许可证》并向企业注册地省级通信主管部门申请互联网信息服务备案后，方可开展相关业务"，所以，除了目前仍在运营的平台外，新平台获得相关许可证的难度较高。

顺风车市场具备"低频、高毛利"的特征，经历多轮洗牌及重大安全事故后的行业整顿，目前初步形成了寡头竞争格局。2014—2015 年期间成立的顺风车初创企业中嘀嗒出行脱颖而出,2015年滴滴抽身快车市场后大力投入顺风车业务,2018年滴滴发生两起重大安全事故后无限期下线服务,其他企业迎来发展良机,2019年嘀嗒出行快速发展,占据顺风车市场三分之二的份额。

网约出租汽车市场具备"大众、高频、刚需"的特征,供给高度分散导致没有头部平台。国内出租汽车采用特许经营制度,大多是地方国企或准国企,而同城也有多家出租汽车公司,比如上海就有大众、锦江、强生、海博四家出租汽车公司,平台接入需要和出租汽车公司进行合作谈判,对平台背景和市场拓展人员的要求较高。此外,由于出租汽车具备线下获客能力,所以,平台能获得的服务费率也相对较低,嘀嗒出行的网约出租汽车服务费率仅为5.9%。

(二)发展现状与趋势

经过多年的快速发展市场培育,在2012年至2023年期间,经过百亿补贴方式促进培育用户数量增长,迭代优化提升留存,以及用户内生的数字化消费提速,出行市场的用户规模稳步增长正在持续扩大。中国互联网信息中心统计数据显示,截至2023年底,我国网约车用户规模达5.28亿人,占网民总体48.3%,同比增加近1亿人。

从各城市的渗透率来看,根据Quest Mobile数据显示,网约车行业活跃用户主要分布在东部沿海城市,广东、山东、江苏、四川等省活跃用户占比较高。

全国网约车监管信息交互平台的数据显示,截至2022年12月底,网约车在一线城市的渗透率最高,达到50.3%,在新一线城市渗透率排名第二,达到了20.3%,在二线及以下城市渗透率较低,不足10%。从中可以看出,这些数据意味着,网约车发展进入扩张后的优化调整阶段,规模效应逐步减小,提质增效成为发展重点,通过逐步的优胜劣汰,更好地为居民出行提供保障,行业渗透率增速放缓,行业进入存量竞争时代。

1. 网约出租汽车和巡游出租汽车呈现融合发展的趋势

随着网约车行业的迅速发展,传统的巡游出租汽车为了生存发展,必须转换经营方式,开启了网约化的转变。在网约车平台的协作下,出租汽车供需匹配逐渐线上化、智能化,乘客的出行效率进一步提升。因此,在保留即停即走自身优势的基础上逐步开启了巡网融合模式。

传统出租汽车网约化初期,是由滴滴平台将出租汽车和移动互联网平台联系起来,加快了出租汽车的线上化进程,改善了出租汽车的营运效率和用户的出行体验。截至2019年4月底,在滴滴平台上注册的出租汽车车辆数已达到109.5万,占全国巡游出租汽车的78.8%。2020年9月1日,滴滴宣布旗下出租汽车业务升级为"快的新出租",同时将投入1亿元专项补贴,用于为乘客发放出租汽车打车券。快的新出租将延续"快的"品牌"让用户打车更快"的理念,进一步通过信息化、市场化手段提升线上叫车率(目前全国出租汽车线上率不足10%),帮助驾驶员降低空驶率,提高接单效率,服务更多乘客。

西安市出租汽车行业积极推动传统巡游车"网约化、数字智能化、线上线下一体化"的"三化"工作。2019年8月,西安市出租汽车管理处、西安出租汽车协会发布了西安出租汽车新型服务监督卡,包括西安市统一的"出租汽车收款码"和全国首个"出租汽车智慧码",整合了西安市区所有出租汽车车辆、驾驶员、银行账户、移动支付数据、计价器数据、出租汽车实时定位数据等多维数据。2019年11月,"出租汽车智慧出行"小程序上线,全市14000辆出租汽车全部接入(图3-5)。新型服务监督卡和"出租汽车智慧码"的发布,是全国行业内第一次实现互联网平台和车内设施的数据打通,标志着西安市出租汽车行业深化改革和西安市出租汽车网约化进程迈出重要一步。

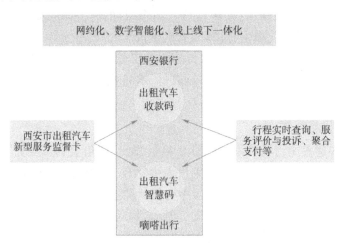

图3-5 西安市实时出租汽车功能模块

2020年5月20日,深圳市的"深圳出租"正式上线,入驻高德地图聚合打车平台(图3-6)。"深圳出租"是在深圳市交通运输局指导下,当地出租汽车行业为深化改革,与阿里巴巴旗下高德地图共建的网约化试点项目,采用在线预约、智慧化派单、计价云同步、移动支付、在线评论等互联网手段,将具备线下管理优势、服务优质可靠的传统巡游出租汽车,进行了全面的在线升级。深圳也成为全国首个出租汽车"巡网"融合应用试点城市。

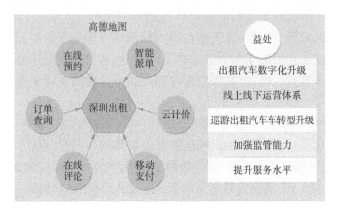

图3-6 深圳实时出租汽车功能模块

2. 持续向服务合规化和标准化发展

近年来,网约车行业的规模不断扩大,发展速度迅猛,逐渐占据了出行市场,满足了人们的出行需求,但同时也带来了安全事故频发、市场混乱、交通拥堵、管理缺失等问题。为了保障居民的出行安全和效率,安全合规成为网约车行业发展的主旋律,政府和企业都积极采取相应的策略,提供更为可靠的保障,筑牢网约车安全底线。安全合规就是在国家政府规定的政策以及企业自身制定的制度要求下,合理规范网约车业务的运营,为网约车行业的健康安全提供制度保障。

车辆合规率是指网约车平台的接单车辆中,已取得《网络预约出租汽车运输证》的车辆数占平台接单车辆总数的比例。根据全国网约车监管信息交互平台统计见表3-3,各大出行平台在新注册车辆合规率、新注册驾驶员合规率、双合格完成订单等方具有月度的显著提升。分平台来看,用于一定程度的自营车辆的出行平台如T3出行、享道出行等合规率相对较高,而覆盖城市数量多、运力体量庞大的平台,在车辆和驾驶员的合规建设上虽在不断提升,但仍存在一定难度,需要时间进一步完善和提升。

2020年12月国内主要出行平台公司合规化情况(按双合规完成订单率排序) 表3-3

序号	平台名称	本月新注册车辆合规率及较上月变化情况	本月新注册驾驶员合规率及较上月变化情况	本月接单车辆合规率及较上月变化情况	本月接单驾驶员合规率及较上月变化情况	本月合规车辆完成订单率及较上月变化情况	本月合规驾驶员完成订单率及较上月变化情况	本月双合规完成订单率及较上月变化情况	本月订单率较上月变化率
1	享道出行	84.3%(-5.7%)	74.1%(-3.6%)	92.0%(-0.2%)	88.2%(-0.1%)	91.2%(-0.4%)	85.4%(-0.9%)	79.4%(-1.0%)	+14.9%
2	东风出行	—	—	93.2%(+7.6%)	80.2%(+1.2%)	88.1%(+3.1%)	81.9%(+7.4%)	73.6%(+7.5%)	+11.8%
3	T3出行	33.3%(-48.0%)	66.4%(+5.9%)	60.9%(-8.9%)	62.4%(-3.8%)	67.7%(-7.2%)	69.2%(-0.9%)	53.8%(-2.6%)	+135.9%
4	曹操出行	50.0%(-7.2%)	45.0%(+3.4%)	65.8%(+0.2%)	59.5%(+2.4%)	73.4%(-1.3%)	60.7%(+2.1%)	52.4%(+1.8%)	+5.4%
5	如祺出行	26.2%(-22.1%)	57.6%(+20.6%)	81.7%(+23.4%)	56.5%(+29.5)	78.7%(+21.6%)	53.3%(+28.9%)	51.5%(+30.7%)	+17.9%
6	首汽约车	42.7%(-1.4%)	27.9%(+11.8%)	48.7%(-0.5%)	61.6%(+1.4%)	61.4%(+0.7%)	66.0%(+1.1%)	50.9%(+1.7%)	+11.7%
7	滴滴出行	1.7%(-0.9%)	14.9%(+2.2%)	20.4%(-1.6%)	35.2%(-0.5%)	38.6%(-2.0%)	54.1%(-0.5%)	32.3%(-0.4%)	+6.3%
8	美团打车	34.3%(+0.8%)	15.6%(+1.3%)	49.3%(-0.4%)	50.4%(+1.7%)	43.7%(+0.8%)	34.3%(+1.5%)	25.2%(+1.2%)	-1.0%
9	万顺叫车	85.6%(-1.2%)	86.3%(-2.6%)	19.4%(+0.3%)	28.7%(+0.4%)	26.3%(+2.9%)	35.3%(+1.9%)	18.0%(+2.3%)	-0.6%
10	花小猪出行	16.7%(-1.5%)	28.2%(-6.8%)	17.5%(-0.4%)	32.4%(-1.0%)	19.0%(+2.3%)	34.9%(+3.6%)	14.5%(+2.5%)	+5.1%

2020年暴发的新型冠状病毒感染疫情,加快推进了网约车的安全合规化进程,疫情前后

乘客选择出行平台的出行需求发生了变化(图3-7)。疫情之后,乘客出行的选择从成本优先或价格优惠优先为主导转向以安全和健康为主导的出行方式,因此服务更专业、运营更合规、管控更严格、出行更安全的网约车平台更受青睐。由此,网约车行业也会从流量之争转向安全、合规以及健康的运力之争。

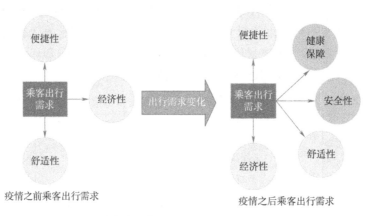

图3-7 疫情前后乘客选择出行平台的出行需求变化

另一方面,政府的监管部门也在加快推进网约车的合规化,因为合规网约车在突发事件时才能确保司乘信息追溯准确及时,便于监管。地方各级政府结合本地实际情况相应地出台了各项政策规范网约车平台的合规运营要求,强化平台安全管理主体责任,维护驾驶员和乘客的合法权益,提高服务质量。

各个网约车平台企业积极落实安全合规化要求,不断完善安全制度并加强安全管理。以滴滴平台为例,在2019年投入20亿元加码出行安全、发布《滴滴网约车安全标准》的基础上,2020年4月,滴滴出行公布了未来3年"0188"战略目标,将安全作为滴滴发展的基石,没有安全一切归零,2020年7月在《顺风车试运行安全透明度报告》中,进一步提高准入门槛。

现代智能化技术的发展,也为安全合规的发展提供了强有力支撑,网约车平台智能化技术的应用有助于保障用户安全和权益,增强用户信任度,提升企业合规运营水平,为网约车行业的健康发展提供技术支持。2020年,T3出行通过运用AI、大数据分析等先进技术,引入V. D. R(Vehicle-Driver-Road)安全防护系统、车联网系统,对驾驶员进行全时段管理,对车辆实现实时管理,并对行驶状况实时预警,提升了"健康、安全"出行服务品质,降低了成本。

虽然国家政府和各级地方发布了各项对网约车平台安全合规运营的政策,各大网约车平台企业也积极响应,不断推动网约车行业安全合规建设进程,但是仍然存在地方自由裁量权过大和监管部门之间协同不足等亟待解决的问题,将是政府和各平台企业下一步需要完善的重点方向。

3. 业务多元化、精细化发展趋势明显

随着网约车平台企业规模的不断扩大和商业模式的成熟,会有越来越多的企业进入网约车行业,但网约车行业将从比拼规模和速度转向比拼品质、服务、安全等方向理性有序发展,通过更为深入分析用户需求,提升服务精细化水平,为用户带来更好的体验(图3-8)。

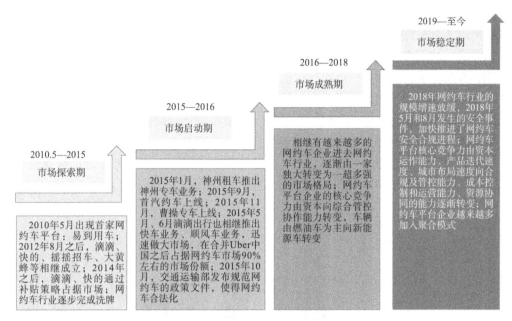

图3-8 网约车平台发展不同阶段特征

在未来,网约车行业不仅满足乘客的多样化出行需求,与此同时,还将运输小批量、零散货物的业务加入其中,充分利用资源,拓展多元化业务。2019年,曹操出行上线了"曹操帮忙"开始同城物流领域的新业务扩展。2020年,更多网约车平台开始了同城物流业务扩展,2020年3月份,滴滴上线跑腿业务,4月份,滴滴又准备进入同城货运。哈啰出行也开展了同城物流,主要业务为小物件配送,目前已在东莞、佛山两个城市上线测试。2019年,共享物流收入占公路物流总收入的比重达到1.65%,比上年提高0.26个百分点。2020年,因为疫情,同城物流业务需求迅速增长,第三方数据平台艾瑞咨询数据显示,同城物流在未来3~5年预计仍将保持5%~7%的增长速度。

4. 聚合平台成为发展热点

随着网约车行业规模不断增大,竞争逐步加剧,各出行平台开始创新业务模式,聚合模式成为新的行业竞争焦点。聚合模式属于轻资产平台运营模式,通过流量和用户的规模优势来促成平台供应商成交,并从中获得佣金。聚合平台是聚合模式的重要体现形式,是在一个平台上整合多个网约车平台资源,用户可在一个平台入口获得多家平台提供的服务(图3-9)。

图3-9 网约车聚合模式

各家平台在聚合之初的目的不同。高德、百度是因为地图业务在遭遇增长瓶颈之后,必须寻找新的流量来源。美团的聚合模式则是因为自身无边界的发展战略,加速拓展业务覆盖面的需求。2019年,美团的年度交易用户数达到年度交易用户4.118亿,年度活跃商家数达到580万家。平台拥有的海量用户数据、用户流量、用户评价、用户需求量以及丰富的线上线下业务场景产生了大量的真实业务数据,具有非常庞大的市场。同时,在应用大数据技术和AI技术维护美团多个应用场景的支持下,不断推进产业升级,降低成本,提高效率,助力商家精细化经营和管理。这也正是网约车行业所需要的客户资源,与美团合作可以为其减少获客成本,增加业务扩展需求,从而获得更多的收益,达成了聚合模式的战略合作。2019年12月中国网约车市场部分聚合平台活跃用户规模如图3-10所示。

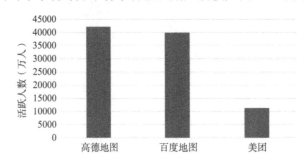

图3-10　2019年12月中国网约车市场聚合平台活跃用户规模(资料来源:易观数据)

典型聚合平台以及其合作平台见表3-4。滴滴参与的聚合模式和高德、美团相比,目的并不相同。对于滴滴出行来说,网约车就是企业盈利的核心业务,在收购Uber中国的市场份额后,滴滴成为国内最大的出行服务商,面对巨大的出行市场容量,在市场洗牌过程中,滴滴的竞争对手也日益发展壮大,例如嘀嗒、曹操出行、T3出行等,具有一定的冲击力,滴滴也需要逐步联合更多企业来迎接网约车市场激烈的竞争。

典型聚合平台以及其合作平台　　　　表3-4

开始时间	聚合平台	合作平台
2017年7月	高德地图	滴滴快车、首汽约车、阳光出行、曹操出行、全在用车、妥妥E行、神州专车等
2017年10月	百度地图	曹操出行、阳光出行、首汽约车、滴滴出行、嘀嗒出行等
2018年5月	携程	阳光出行、曹操出行、首汽约车等
2018年10月	哈啰出行	嘀嗒出行、首汽约车、曹操出行、阳光出行等
2019年4月	美团打车	曹操出行、首汽约车、神州专车、阳光出行等
2019年5月	滴滴出行	秒走打车、如祺出行、东风出行、一汽出行等
2019年5月	掌上高铁	曹操出行、首汽约车、神州专车、秒走打车
—	去哪儿旅行	阳光出行、首汽约车、曹操出行
—	同城旅行	曹操出行、神州专车

除了同类型服务的聚合之外,还有一些超级平台将不同种类的平台业务进行聚合,如

图 3-11 所示。微信第三方服务中接入了滴滴出行、美团等,支付宝生活服务中接入了哈啰出行、高德打车等。对于超级平台来说,聚合模式可以为其增加用户数据,完善业务生态。除此之外,由于 2021 年下半年滴滴平台暂停注册新用户,越来越多的大型平台以聚合模式进入共享出行领域,掀起了新一轮市场竞争,行业竞争格局进一步重构。2022 年 7 月,腾讯微信和华为都开始内测新的打车服务,使得共享出行领域的竞争再起波澜。腾讯依托微信生态,开放性接入合规的出行服务商,与出行服务商一起为用户提供聚合出行服务。微信平台测试接入了曹操出行、首汽约车、阳光出行、T3 出行、如祺出行等,用户在北京、上海、郑州、武汉、南京、重庆等多个城市可以使用腾讯出行服务。华为面向众测用户推出"Petal 出行"轻应用,以聚合平台轻资产的形式,接入第三方打车软件。对于网约车平台企业而言,超级平台可以为其导入流量,同时还能在品牌、资金、技术等方面提供支持,从而实现两者之间的互相促进,共同发展。

图 3-11 超级平台典型代表的聚合模式

通信等现代先进技术的发展及深度应用,聚合平台通过分析出行数据,获得用户群体出行规律、进行用户消费行为的市场分析以及未来行业的发展趋势的预测,为网约车企业提供运维决策支持。同时,对用户而言,可获得车辆定位及路况等实时、精准的信息并提供安全保障。聚合模式促进了多行业融合发展,实现多方共赢。

5. 数字化、智能化技术将加速推广应用

随着智能化、数字化、信息化技术在共享出行领域的广泛应用,智能共享出行时代即将来临。首先,将逐步构建一体化开放数据公共服务平台和云控平台,形成中心-区域-边缘-车载终端的多级分布式云架构,云-终端同时通过云边协同(云计算和移动边缘计算协同)形成灵活的云。同时,共享出行服务的商业平台需要通过与云平台的连接,从云平台获取车辆与道路信息,实现智能共享汽车的监控和管理。获取实时的交通与车辆信息,对于车辆与交通的当前状况进行合理有效的评估,判断道路位置与就近车辆是否具备载客条件,可停车范围等交通信息,也可以获知车辆运行状况是否安全、电量充足,是否出现故障,并对道路上的共享车辆进行调度与控制,从而满足人们对于智能共享出行的安全高效和舒适性的需求。针对不同的云平台分级服务体系,设计云平台共享出行服务管理机制。在云平台的建设中,智能交通监控中心通过与智能汽车、智能路侧设施、路网管理系统、桥梁管理系统等业务系统进行对接,将路网信息、桥梁信息、养护信息和交通监控信息等业务信息进行汇总,通过大数据平台进行分析处理,并通过图形化方式使公路管理者较为直观地掌握公路运行情况,为管理决策提供支持,为安全事件的发生提供预警。还需要建设应急指挥中心系统,在道路上出现危险状况时为车辆进行统一的调度与管理,以及对重大自然灾害的应急处理。

腾讯、阿里、百度、华为、四维图新等科技企业在数字化技术上占据一定优势,正积极赋能和进入智能共享出行领域。腾讯从车联网切入对自动驾驶的研发,搭建车联开放平台,成立自动驾驶实验室。阿里依托汽车出行直接相关的高德、千寻、斑马网络,进入到共享出行平台及相应的支付、地图、定位、车联网等环节。百度开发了自动驾驶汽车平台"Apollo",并在积极推动 Robotaxi 自动驾驶出租汽车的道路测试。华为则依托强大的ICT技术能力,在积极推动车辆的数字化和车路协同。四维图新依托成立的四维智联,可提供从云平台到操作系统,到地图、导航、手车互联、内容服务、云端大数据等一套完整的智能网联解决方案。

未来的智能共享出行将实现"人-车-路-网-图-云"多维高度协同,实现车路城融合发展。打造自由的人、聪明的车、智慧的路、强大的网、灵活的云。人的方面,以 MaaS 为核心,为消费者提供一站式的出行服务,让消费者成为自由的人;车的方面,未来的车将越来越聪明,实现安全高效舒适的自动驾驶;路的方面,将通过智能路侧设备,完成信息采集发布,具备高速通信和本地边缘计算能力,多维融合打造智慧的路;网方面,5G 网络两大核心能力,网络切片和移动边缘计算将构建强大的网;图的方面,以高精度低时延为特征的动态地图,将提供交通道路场景无盲区的感知和地图信息、高可靠高精度的定位服务以及实时的交管信息;云的方面,将构建一体化开放数据公共服务平台和云控平台,同时通过云边协同形成灵活的云。通过"信息网""交通网""能源网"的三网高度融合,保证各环节信息交互过程的可控、安全、稳定与高效。构建未来智能网联交通共享出行生态,实现基于数据融合的全路网车辆协调控制、贯通技术链、价值链与产业链,逐步建立及完善智能共享出行新型产业生态和创新体系。

二、定价模式

(一)准公共物品定价方法

准公共物品的定价方法有以下三种。

(1)边际成本定价法,以追求经济效率为目的,定价原则是使价格等于边际成本。采用这种定价法有利于供求平衡,有利于改善资源配置,提高效率。

(2)平均成本定价法,根据公共物品的平均成本和供求关系来定价。

(3)影子价格定价法,在资源约束的条件下,将增加单位资源所增加的利润作为公共产品的价格。这种定价方法有利于稀缺资源生产的公用产品价格制定,使稀缺资源达到最有效的配置,获得最大利润。

以上三种定价方法中,影子价格定价法和边际成本定价法应用相对广泛。具体的定价方法还需要根据准公共物品的特点和实际情况来选择和应用。

依据《网络预约出租汽车经营服务管理暂行办法》第四条中的规定,直辖市、设区的市级或者县级交通运输主管部门或人民政府指定的其他出租汽车行政主管部门(以下称出租汽车行政主管部门)在本级人民政府领导下,负责具体实施网约车管理。因此,"网约车"与"巡游出租汽车"一样,都属于"公共交通工具"的范畴。网约车服务也可被视为准公共产品,具有非完全的非竞争性和非排他性。一方面,网约车服务在某些情况下具有消费的非竞争性,即当使用人数超过一定限度时,可能会影响其他人的正常使用。例如,当高速公路上的车辆过多时,可能会造成交通堵塞,影响其他车主的正常使用。另一方面,网约车服务可以通过技术手段实现排他性,如通过预约、拼车等方式,但这种排他性成本可能很低。

因此,为了更好地实现准公共产品消费的合理化、社会福利最大化、提供成本的弥补以及社会公平性等目标,政府需要介入管理。例如,政府可以制定规则和标准,规范网约车服务的质量和安全标准,确保消费者的权益得到保障。同时,政府还可以对网约车服务进行监管和执法,防止出现不公平竞争和违法行为。

(二)网约车定价方法

由于网约车服务有更多复杂的特性,对于平台经济的传统研究不能简单地应用于网约车平台,主要有以下三方面原因:首先,传统的平台经济研究大多假设平台对一个用户组的吸引力随着另一个用户组的规模增大而增加,但网约车平台中驾驶员和乘客的效用不仅取决于双方的规模,还取决于双方的等待时间;其次,网约车平台对每个客户的吸引力是短期的,一旦乘客被服务或驾驶员被占用便不再对平台的匹配作贡献;最后,政府会对网约车的数量以及定价进行控制,网约车平台经济研究中不仅要考虑价格因素,还要考虑用户效用、市场均衡等因素。

网约车作为准公共产品,其定价是一个复杂的问题,一般主要考虑以下几方面的因素制订定价策略。

(1)基于时间定价。根据用户需求和时间点,制定不同的价格。例如,在高峰时段和节假日可以制定较高的价格,而在非高峰时段和普通工作日可以制定较低的价格。这种定价策略可以平衡用户需求和车辆供应。

(2)基于距离定价。根据用户起点和目的地的距离制定价格。一般来说,距离越远,价格越高。这种定价策略可以鼓励用户选择更短距离的出行方式,减少浪费和拥堵。

(3)基于服务等级定价。根据网约车服务的质量和舒适度制定不同的价格。服务越好,价格越高。这种定价策略可以鼓励用户选择更优质的服务,提高整体服务水平。

(4)基于需求定价。根据市场需求和供求关系制定价格。当市场供大于求时,价格较低;当市场供小于求时,价格较高。这种定价策略可以平衡供需关系,提高市场效率。需要注意的是,网约车定价需要考虑到公平性和合理性,避免出现价格歧视和不公平竞争的情况。同时,政府也需要对网约车定价进行监管和规范,以确保市场的公平和稳定。

第三节 运营分析与安全管理方法

一、用户选择意愿分析常用方法

用户选择意愿分析是理解用户需求、优化产品策略及提升服务质量的关键环节。通过用户数据的采集、数据清洗及简单统计分析,再利用相关性分析、因子分析、回归分析、贝叶斯分析、机器学习算法(如逻辑回归、决策树、随机森林等)、感知价值理论、理性行为理论、计划行为理论、技术接受模型等理论及算法进行建模分析,获取影响用户选择意愿的主要因素及影响程度,通过深入分析用户特征、影响因素以及构建用户选择意愿分析模型等方法,可以为网约车企业提供有针对性的运营优化策略和服务质量提升建议,从而满足用户的出行需求并提升企业的市场竞争力。以下选取常用的感知价值理论及计划行为理论为例进行介绍。

(一)感知价值理论

为了研究消费者决策行为的内在机理,感知价值理论被引入到大量研究之中。1988年,Zeithaml首次从顾客的角度提出了顾客感知的价值理论,并构建了顾客感知价值的模型(图3-12)。通过对饮料市场顾客进行调查,总结出了感知价值的四层含义。

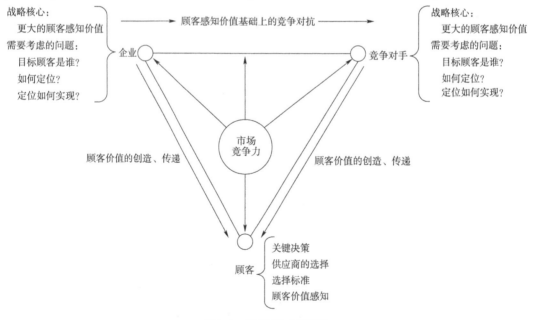

图3-12 顾客感知价值模型

(1)价值就是低廉的价格。一些顾客认为商品或服务的价值取决于自身所需付出的货币金钱,当付出的金钱越少时,感知价值越好。

(2)价值就是顾客想从产品中所获取的东西。不同于关注金钱,这类顾客更加看重从商品或服务中所获得的东西,即自身取得的利益。

(3)价值就是顾客付钱买回的质量。部分顾客将自己付出的金钱与自己获得的"质量"进行对比来衡量价值,即更关注的是性价比。

(4)价值就是顾客的全部付出所能得到的全部。这类顾客是将自己的全部付出(包括时间、金钱、精力)与得到的利益进行对比。

Zeithaml将顾客对这四种价值的表达概括为一个全面的定义:顾客将感知到的利得与其在获取产品或服务中所付出的成本进行对比,然后对产品或服务效用进行整体评价。

感知利得是顾客购买产品或服务时所获得的产品或服务的物理属性、服务属性、可获得的技术支持等,并且包括在此过程中感知到的愉悦性;感知成本包括购买者在采购时所需要付出的全部成本,如购买价格、获得成本、运输、安装、订购、护理以及采购失败或质量不尽人意的风险,具体表现为经济风险与非经济风险。

因此,感知利得不只是产品或服务的质量,而感知成本也不仅仅是产品或服务的价格。顾客感知价值具有主观性,并不取决于供应商,而是由顾客本身决定。

由感知价值理论可知,顾客评判商品或服务的价值是将感知利得与感知成本进行对比。在网约车出行服务中,感知利得可以包括乘坐网约车是否能顺利完成一次出行,即感知可靠性;乘坐网约车相较其他交通工具是否方便、快捷,即感知便捷性;在整个乘坐过程中是否身心愉悦,即感知舒适性;网约车出行是否会危及人身或财产安全,即感知安全性。而感知成本包括网约车出行花费,即感知费用。

感知价值理论是从顾客本身角度考虑影响网约车出行的因素,忽略了外在环境的影响。计划行为理论表明,周围的社会习俗,身边有影响力的人或群体也会对个体的行为意向产生影响,进而影响行为,由此,一般将主观规范也纳入考量,以体现社会外在因素对居民网约车出行的影响。

(二)计划行为理论

1973年,美国社会学家Ajzen和Fishbein提出了理性行为理论(The Theory of Reasoned Action,TRA),认为行为态度和主观规范这两个因素影响行为意向,进一步对行为产生影响。1985年,Ajzen在此基础上,加入了知觉行为规范这一影响因素,提出了计划行为理论(The Theory of Planned Behavior,TPB)。Ajzen研究发现,人的行为并非是出自百分百自愿的,还处于一定的控制之中。计划行为理论表明人的行为是经过慎重思考的计划之后的结果,有利于研究人是如何改变自己行为模式的。TPB包括五大要素:行为态度、主观规范、知觉行为控制、行为意向、实际行为,各项要素的具体含义如下。

(1)行为态度(Attitude Toward the Behavior,ATB):指个人对某个行为所抱持的正面或负面的感觉,或是个人对此特定行为的积极或消极的态度。态度的形成受显著信念(Salient Beliefs)和结果评价(Outcome Evaluations)的影响。若个体对某项行为的信念越强烈,结果评价越好,则对该行为的态度就越正面、越积极,行为意向也就随之越强。

(2)主观规范(Subjective Norms,SN):指个人在决定是否实施某项特定行为时,所感受到的社会压力。它反映的是具有影响力的个人、团体或社会习俗对个人行为决策的影响。当个人对某项行为的主观规范越高,感受到的他人或社会习俗的影响就越大,则行为意向就越强烈。

(3)知觉行为控制(Perceived Behavior Control,PBC):指个人根据过去的经验和预期的阻碍所感受到的对某一特定行为可以控制或掌握的程度。当个人认为自己掌握了更多的技术、能力等资源,可能遇到的机会愈多、预期的阻碍愈少时,对行为的知觉行为控制就愈强。

(4)行为意向(Behavior Intention):指个人对实施某项特定行为的意愿,是对是否执行某特定行为的主观概率的判定。

(5)实际行为(Behavior):指个人实际采取的行为,受行为意向的直接影响。这五项要素的作用机理如图3-13所示。

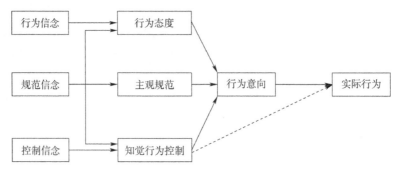

图3-13 计划行为理论作用机理

计划行为理论认为影响实际行为的因素是通过影响行为意向表现出来的。而行为意向受行为态度、主观规范、知觉行为控制三个因素的影响。一般而言,行为态度越积极、主观规范越高、知觉行为控制越强,行为意向越强,该行为越可能发生。

计划行为理论能够定量刻画出行者内在心理因素对于网约车出行选择行为的影响。具体来说,通过探究出行意向、行为态度、主观规范和知觉行为控制这四个心理潜变量,可以深入分析它们对网约车出行选择的影响,相关研究表明,行为态度、主观规范和知觉行为控制对出行者选择网约车出行的解释程度值高达85%,其中影响最深的是出行者的知觉行为态度。另外,这些心理潜变量之间还存在着相互影响关系,共同构成了出行者选择网约车出行的复杂心理机制。例如,出行者可能对网约车服务的便捷性、安全性、价格等方面持有积极的态度,这种态度会进而影响他们的出行意向和最终选择。

此外,计划行为理论还可以与其他理论模型相结合,更全面地解析网约车出行意愿。例如,结合感知价值理论,可以从感知收益和感知损失两个方面来构建出行者对网约车服务的感知价值,并进一步研究感知价值影响出行者选择意愿的作用机理。总体来看,计划行为理论为理解网约车出行意愿提供了有力的理论支撑和解释工具,有助于深入揭示出行者选择网约车出行的内在心理机制和影响因素。

二、运营调度优化方法

(一)派单流程及逻辑

将乘客打车分成3类场景:立即叫车(A流程),用车时间距当前时间小于等于N

min;非高峰预约用车(B流程),用车时间距当前时间大于 N min,但用车时间非高峰时间段;高峰预约用车(C流程),用车时间距当前时间大于 N min,且用车时间在高峰时间段。

1. A流程

用车时间距当前时间小于等于 N min 的用车,会采取"立即派单"的方式。找到所有符合条件的驾驶员(上班状态、服务状态、距离、驾驶员类型等);驾驶员排序(热区围栏号码、配置距离等);派单(对于自营驾驶员采取派单制,对于非自营驾驶员采取抢单制)。A流程派单流程及派单逻辑如图3-14所示。

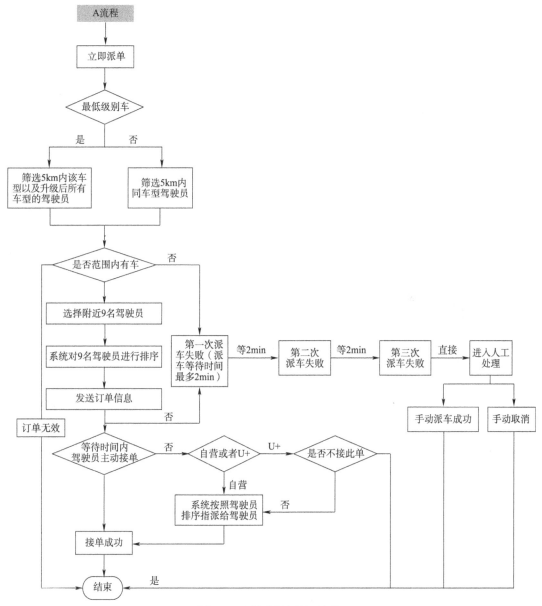

图3-14 立即叫车流程(A流程)

2. B 流程

用车时间距当前时间大于 N min，但用车时间处于非高峰时间段，会采取叫车成功，到时再派驾驶员的方式；是否超出该时段该围栏的预约上限，若超过会走超预约上限派单流程；驾驶员筛选、排序同 A 流程；非当时分配驾驶员的预约单，会有一个失败后每隔两分钟的轮询机制；经过三轮轮询后仍未成功的订单，会转进人工处理。B 流程派单流程及派单逻辑如图 3-15 所示。

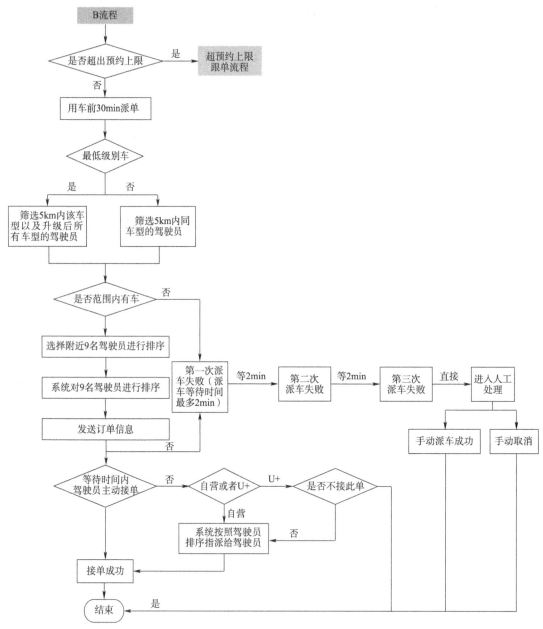

图 3-15 非高峰预约用车流程（B 流程）

3. C 流程

用车时间距当前时间大于 N min,且用车时间在高峰时间段,会采取预约单,立即派驾驶员的方式。C 流程派单流程及派单逻辑如图 3-16 所示。

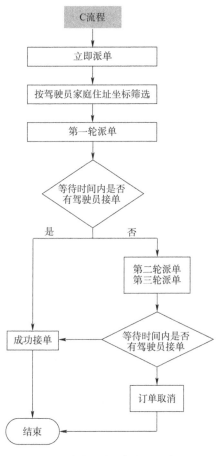

图 3-16 高峰预约用车流程(C 流程)

驾驶员筛选。除与 B 流程相同的规则外,驾驶员可以选择是否接受此类订单(风险较高);高峰订单主要集中在早、晚、凌晨,所以,筛选驾驶员是按照距驾驶员家庭住址距离,而不是距当前位置距离;也会采取 3 轮的派单轮询,与 B 流程不同的是,如果无人接单,派单会立即失败,不会进入人工派单。

热区排队派单模式。针对机场、火车站这种"单大人多"的区域,类似区域的派单存在优先次序及订单额大小两个主要问题。针对以上问题,首先需要配置若干热区围栏,以便于后续规则的设计;触发排队规则包含空驶入队、服务入队、上班入队 3 种场景;针对每个围栏会有围栏上限,超过上限时仅能排队,但不能切换到接单状态(防止驾驶员在围栏等待过长时间);排队基本按照驾驶员的入队时间,派单时的驾驶员顺序与上述流程大致类似;驾驶员主动驶出、接单成功等情况下会驶出热区,其中,针对接单出队这种情况会设置一个接单超时时长,若驾驶员在此时间范围内归队,则仍能保留原有排号,解决驾驶员对接小单不满的问题。

（二）调度优化方法

依据场景需求不同，网约车调度可分为预测调度、动态调度、优化调度、协同调度、智能调度。

预测调度，即基于历史数据和实时数据，预测未来的用车需求，提前进行车辆调度。这种方法可以减少车辆空驶时间，提高车辆利用率。

动态调度，即根据实时用车需求和车辆位置，动态调整车辆的调度计划。这种方法可以快速响应市场变化，满足用户即时需求。

优化调度，即通过优化算法，对车辆调度的路线和时间进行优化，以减少调度成本和提高效率。这种方法可以在保证服务质量的前提下，降低调度成本。

协同调度，即将不同区域的车辆调度进行协同规划，以提高整体调度效率。这种方法可以减少重复调度和资源浪费。

智能调度，即利用人工智能和大数据技术，进行智能化的车辆调度。这种方法可以快速处理大量数据，提高调度的准确性和效率。

在实际应用中，不同的网约车平台可以根据自身特点和市场需求，选择合适的调度方法。同时，随着技术的发展和市场环境的变化，网约车调度方法也需要不断更新和完善，以适应市场的变化和满足用户的需求。

一般常用的调度优化方法包括以下几类。

1. 最短路径算法

通过计算车辆当前位置到乘客位置、乘客位置到目的地的最短路径，选择最优路径进行调度，以减少行驶距离和时间成本。

2. 动态规划算法

根据车辆和乘客的实时位置信息，动态规划算法可以帮助优化车辆的调度路径，以最大程度地满足乘客需求并减少车辆空驶时间。

3. 遗传算法

通过模拟生物进化的过程，遗传算法可以应用于网约车调度问题，通过不断迭代优化车辆的调度方案，以找到最优解。

4. 蚁群算法

模拟蚂蚁寻找食物的行为，蚁群算法可以用于优化网约车的调度路径，通过信息素的传递和更新，实现车辆的智能调度。

5. 强化学习算法

利用强化学习算法，网约车可以通过与环境的交互学习，不断优化决策策略，提高车辆的调度效率和服务质量。这些算法可以帮助网约车平台优化车辆调度，提高服务效率，降低成本，提升用户体验。

6. VFOMIVD 算法

VFOMIVD（Vehicle Finding and Optimization with Mobility and Inverse Vehicle Dispatching）算法是一种考虑空闲车辆调度的算法，通过优化目标函数来衡量其对于社会福利的影响。该算法主要考虑车辆的移动性和逆向车辆调度，旨在提高车辆调度的效率和用户满意度。它的基本思想是通过优化车辆的移动和调度,实现社会福利的最大化。具体来说,该算法通过模拟车辆在路网上的行驶规则,将空闲车辆调度至其邻近区域,以减少车辆的空驶时间和提高车辆利用率。同时,该算法还考虑逆向车辆调度,即将空闲车辆调度至距离其当前位置最近的邻近区域,以减少车辆的行驶距离和时间。在实现过程中,VFOMIVD算法首先收集订单数据和车辆数据,并根据车辆的位置和目的地规划最优行驶路线。然后,根据订单需求和车辆信息进行车辆的分配和调度优化,计算出最优的调度方案。最后,输出最优的调度方案,包括车辆的行驶路线、行驶时间和交接班时间等。其优势在于考虑了车辆的移动性和逆向车辆调度,能够更有效地减少车辆的空驶时间和行驶距离,提高车辆利用率和用户满意度。同时,该算法还可以根据市场需求和用户行为数据进行训练和参数调整,以提高算法的准确性和实用性。

7. VFOM-RD 算法

VFOM-RD(Vehicle Finding and Optimization with Mobility and Random Dispatching)算法是在 VFOM 算法的基础上增加随机调度,将空闲车辆随机调度至其邻近区域。这种算法通常用来模拟空闲车辆在路网上的行驶规则。其是一种基于随机调度的网约车调度优化算法。该算法的核心思想是将空闲车辆随机调度至其邻近区域,以实现车辆的均匀分布和减少车辆的空驶时间。具体来说,首先收集订单数据和车辆数据,并根据车辆的位置和目的地规划最优行驶路线。然后,根据订单需求和车辆信息进行车辆的分配和调度优化。在调度优化过程中,该算法将空闲车辆随机调度至其邻近区域,以实现车辆的均匀分布。最后,输出最优的调度方案,包括车辆的行驶路线、行驶时间和交接班时间等。其优势在于能够实现车辆的均匀分布,减少车辆的空驶时间和提高车辆利用率。同时,该算法还可以根据市场需求和用户行为数据进行训练和参数调整,以提高算法的准确性和实用性。相比其他调度算法,其更加注重车辆的移动性和随机调度,能够更好地适应市场需求和用户行为变化。

8. VFOM-ND 算法

VFOM-ND(Vehicle Finding and Optimization with Mobility and Nearest Dispatching)算法是在 VFOM 算法的基础上增加最近调度,将空闲车辆调度至距离其当前位置最近的邻近区域。此外,对于实时拼车订单,还需要获取到订单的出行人数,将该订单推送给符合规则的驾驶员。首先通过该订单的起点坐标和推送距离获取到附近所有有效的驾驶员列表,并将该批驾驶员的状态置为忙碌状态。然后分别计算订单起点与每个驾驶员之间的距离(这里采用直线距离),并与驾驶员的偏好设置进行比对,当计算出的直线距离大于驾驶员设置的接单范围时,将该驾驶员置为空闲状态,并移除当前列表,待其他订单进行调度;当计算出的直线距离小于或等于驾驶员设置的接单范围时,将该驾驶员保留,等待下一步处理。距离过滤完成之后,将只听收车订单且不顺路(通过计算路径的重合度来进行判断)的驾驶员移除掉,最后按照距离从小到大的顺序进行排列,取出前十个驾驶员进行推送,其他驾驶员置为空闲状态,待其他订单调度。其是一种基于最近调度的网约车调度优化算法。

该算法的核心思想是优先将空闲车辆调度至距离其当前位置最近的邻近区域,以减少车辆的行驶距离和时间。具体来说,VFOM-ND 算法首先收集订单数据和车辆数据,并根据车辆的位置和目的地规划最优行驶路线。然后,根据订单需求和车辆信息进行车辆的分配和调度优化。在调度优化过程中,算法会优先将空闲车辆调度至距离其当前位置最近的邻

车辆智能共享出行技术

近区域,以减少车辆的行驶距离和时间。最后,输出最优的调度方案,包括车辆的行驶路线、行驶时间和交接班时间等。其优势在于能够有效地减少车辆的行驶距离和时间,提高车辆利用率和用户满意度。同时,该算法还可以根据市场需求和用户行为数据进行训练和参数调整,以提高算法的准确性和实用性。相比其他调度算法,其更加注重车辆的移动性和最近调度,能够更好地适应市场需求和用户行为变化。

三、运营安全管理方法及措施

近年来,网约车乘客安全问题广受关注,在行业发展中也发生过不少乘客安全事件。在经历惨痛教训后,企业、政府相关部门都陆续采取了行之有效的措施,加强了安全监管及管理水平,为用户提供了更为安全的出行服务体验。

(一)企业层面

从企业自身来看,其作为运营安全的责任主体,主要是运用更多的技术手段,改进和加强网约车运营安全水平,一般可以采取以下几方面的措施。

1. 明确企业主体责任及建立健全企业安全管理制度

网约车企业需明确自身在运营安全管理中的主体责任,确保各项安全措施得到有效执行;制定完善的安全管理制度及自律机制,包括驾驶员管理、车辆管理、运营安全管理等方面,确保网约车服务的合法合规性,应建立自律机制,对违规经营行为进行自查自纠,确保平台运营安全。

2. 健全车辆管理制度、驾驶员行为管理及监督规范,加强驾驶员管理及培训

确保网约车车辆符合相关标准和要求,如车型、车龄、保险等。定期对车辆进行安全检查和维护,确保车辆处于良好状态,确保网约车车辆取得《网络预约出租汽车运输证》,方可从事网约车经营活动,对车辆证件进行定期检查和更新,确保其有效性;对驾驶员进行严格的资质审核,确保其具备相应的驾驶证和从业资格证,定期对驾驶员进行安全培训和职业道德教育,提高其安全意识和服务质量;建立健全驾驶员行为规范,明确禁止酒驾、疲劳驾驶等危险行为。通过技术手段和乘客反馈等方式对驾驶员进行实时监督,确保其遵守交通规则和服务规范。

3. 健全乘客权益保障制度及规范,提升处理效率和满意度

加强对订单的管理和监控,确保订单信息的准确性和及时性。通过技术手段防止恶意刷单、虚假订单等违规行为;建立健全乘客投诉处理机制,及时受理和处理乘客的投诉和举报。对投诉问题进行深入分析和整改,提高服务质量。

4. 健全运营服务安全及数据安全制度规范,提升安全事件处理效能

利用技术手段对网约车行程进行实时监控和预警,确保行程安全,在紧急情况下,及时启动应急预案,保障乘客安全;为乘客提供必要的安全保障措施,如紧急联系方式、安全提示等,在乘客遇到危险或紧急情况时,及时提供援助和支持;加强数据安全保护,防止乘客信息泄露和滥用,定期对数据进行备份和恢复测试,确保数据的完整性和可用性。

5. 加强与政府和行业的沟通协作

积极配合政府部门的监管工作,提供必要的数据和信息支持,对政府部门的监管要求进行积极响应和落实;加强与行业内的其他企业和组织的合作与交流,共同推动网约车行业的健康发展,积极参与行业标准和规范的制定和实施工作。

(二)监管部门层面

从监管部门来看,主要是采取更有针对性的监管措施以及加强与平台的数据合作,不断提高网约车运营的安全性,一般可以采取以下几方面的措施。

1. 加强平台监管,将履行运营安全主体责任作为监管重点

主要通过严格资质审核,对网约车平台实施严格的资质审核,要求平台具备相应的运营资质,并对其服务质量、技术安全等方面进行监督,比如要求平台所属车辆需张贴统一标识,以便让乘客更直观辨别正规的网约车,为用户提供一键报警及行程分享等服务;强化数据共享,加强与平台方的信息沟通和共享,建立完善的数据共享机制,以便及时获取网约车运营数据,提高监管效率和准确性。

2. 强化车辆及驾驶员监管

在车辆监管方面,对从事网约车的车辆需设定相应的标准和要求,如车型、车龄、保险等,确保乘车安全,要求网约车车辆必须取得《网络预约出租汽车运输证》,方可从事网约车经营活动。对于未取得该证件的车辆,将依法进行处罚;在驾驶员监管方面,对网约车驾驶员的资质和背景进行严格审核,要求驾驶员具备相应的驾驶证和从业资格证,对驾驶员的服务质量和行为规范进行监督,确保驾驶员在运营过程中遵守交通规则、提供优质服务。

3. 加强联合监管及执法

开展多部门协作,交通运输部等8部门联合修订发布了《关于加强网络预约出租汽车行业事前事中事后全链条联合监管有关工作的通知》,要求地方有关部门优化服务流程,严把行业准入关,并加强事中事后监管,比如制定重大安全事故协同监管预案,提升处理效能及预防能力;提升联合执法效能,对于网约车平台公司存在严重违法违规行为,经依法依规处理后仍拒不改正的,地级及以上城市相关部门可组织发起联合监管,采取处置措施如暂停区域内经营服务、下架App等。

第四节　运营系统平台技术

为了实现更为精细化的运营和服务,满足乘客、驾驶员和平台这三方的不同利益诉求,国内外网约车平台都聚焦于技术的深耕和创新,它们的成功实践经验表明技术是业务发展的强大驱动力。业务和产品的快速迭代需要依靠优良的系统架构,而算法与数据中台在整体架构中又发挥了极为重要的作用,它是实现数据驱动和智能调度的核心组件。

一、分层系统架构

网约车平台的典型系统架构可简化为分层系统架构,如图3-17所示。

图 3-17 网约车平台的分层系统架构

网约车平台的分层系统架构包含了产品接入平台、业务中台、算法与数据中台以及基础架构这四个互相依赖的层次。

(1) 产品接入平台:该平台不仅为乘客(用车需求方)和驾驶员(用车服务方)提供了对接入口,而且也满足了来自不同业务线的乘车产品的功能性需求。

(2) 业务中台:它包含了网约车业务中最核心和最通用的业务,其中需求池、运力池、调度系统、订单系统、驾驶员系统、分单系统、定价系统、抢单系统和策略引擎等是业务中台里至关重要的组成部分。业务中台是网约车业务区别于其他互联网业务的核心部分,它体现了与打车最为密切的功能特性和业务策略。

(3) 算法与数据中台:它是支持网约车业务中各种产品与功能进行数据驱动和智能化升级的关键组件。通常来说,它由用户画像服务、驾驶员画像服务、LBS(Location Based Services)数据服务、机器学习平台、在线预估服务和样本拼接系统等部分构成。

(4) 基础架构:作为底层支持,它为网约车业务中的上层建筑提供了必要的存储保障、算力保障、资源保障、运维保障以及其他必要的支撑。该层面的系统和其他互联网系统中的基础架构组件没有本质区别。

二、业务中台

业务中台管理打车、分单、接单和定价等核心业务流程,其集成了如下网约车平台中通用的业务系统。

(1)需求池和运力池:这两个系统分别管理着出行需求信息和车辆运力信息。

(2)调度系统:它可以根据不同的分单场景和需求,在资源调度的过程中选择抢单模式或者分单模式。

(3)订单系统:它管理着所有的历史订单以及当前的订单状态。

(4)驾驶员系统:它管理着所有驾驶员端的数据和状态。

(5)分单系统:作为最核心的业务系统,它需要从全局的角度将订单和驾驶员进行高效匹配。

(6)抢单系统:在抢单模式下,它需要对乘客订单在多个驾驶员间的争抢来进行仲裁。

(7)策略引擎:它需要根据机器学习模型、专家规则和人工策略对业务系统的运行过程进行干预与指导,从而提高系统的智能化水平。

(8)定价系统:它需要根据里程、时间、供需关系以及其他数据对行程进行动态定价。

在业务系统中,分单系统位居核心地位。在任意时刻都会有众多的乘车需求和闲置运力等待匹配,分单系统便承担了对供需进行高效匹配的重任。为了满足多种打车产品的功能性需求,平衡多方的利益诉求,并且实现资源的优化配置,分单系统通常都有着复杂的运行逻辑。需要知道,当分单系统完成了订单和驾驶员的匹配后,乘客会有一定的概率进行订单撤销操作,同时驾驶员也会有一定的概率选择拒绝接单。因此,分单系统的一个重要优化目标就是降低这些有损订单成交的操作,系统需要在算力可行和决策时间有限的约束下来实现总成交量或总成交额最大化的分单目标。

以城市或者行政区域为界限,可以把这个范围内的所有订单和驾驶员的匹配需求按照 DO(Driver-Order)匹配矩阵抽象为数据模型(图 3-18)。

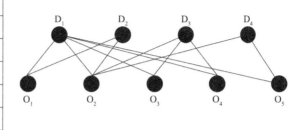

图 3-18　驾驶员与订单的 DO 对矩阵和二分图最佳匹配示意图

如图 3-18 所示,其左侧横行代表了所有的订单,竖列代表了所有的驾驶员,它们之间都是可以匹配的,但是匹配的概率各不相同。此外,这里有一个重要的现实约束条件,即一个驾驶员在同一时刻只能匹配一个订单,并且一个订单在同一时刻只能被一个驾驶员接单。因此,匹配问题又可以转化成一个如图 3-18 右侧所示的二分图最佳匹配问题(连线代表有一定的权值),它的最终优化目标是使得所有连线的权值之和最大化,经典的KM算法(Kuhn Munkres Assignment Algorithm)比较适合解决此类问题。在进行二分图匹配的求解过程中,系统需要对权值进行数值定义。如果以交易额为优化目标,那么权值就是订单价值乘上预估的成交概率;如果单纯以交易量为优化目标,那么权值就是成交概率。平台可以在不同的阶段和场景下采用不同的权值定义,并且权值的设定也需要考虑一些运营策略和安全因素,例如,评分较低的驾驶员或者乘客需要被降权。

图3-19展示了分单系统的大体运行流程,它包括权值计算和权值调整两个关键阶段。权值计算基本上是根据行车距离以及其他硬性规则来进行成交额的估算,这里的距离可以被定义为球面距离或者路面距离。权值调整则是根据模型预估以及一些运营策略和安全策略来进行权值的加权、降权或者过滤操作。从分单的全流程来看,整个过程涉及多种数据,以及包括应答率预估、等车时长预估以及安全预估等多个机器学习模型的使用,因此算法与数据中台在这个场景中为分单系统提供了重要的数据和智能支撑。

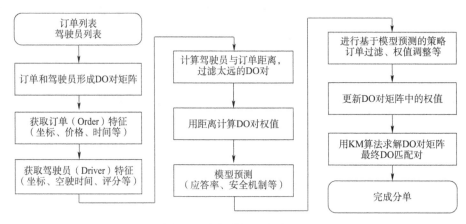

图3-19　分单系统的运行流程图

三、算法与数据中台

算法与数据中台是网约车业务进行数据驱动决策和智能化升级的必要条件,业务系统中的各个环节均需要它来提供支撑。在网约车业务中,最为核心的数据可以被归纳到用户数据、运力数据和订单数据三个方面。

(一)用户数据

从平台的角度来看,用户数据包括乘客信息和驾驶员信息两部分,完善的用户画像对于网约车平台进行资源的有效调度起着关键作用。乘客画像一般包括主要包括身份信息、位置信息、订单信息、交易信息、通信设备信息等。在得到信息主体的授权同意后,平台可进一步采集实际乘车人姓名及手机号码、紧急联系人姓名及手机号码、家庭住址、公司地址、虚拟电话号码通话录音、App端内在线沟通记录、服务评价、乘客与客服的通话记录、发票信息、纸质发票收件地址、电子发票收件邮箱等数据信息,这些数据可以被平台用来进行价格的动态调整,从而实现运力资源的调配和优化。驾驶员画像一般包括驾驶员静态信息和动态运营信息,驾驶员静态信息主要包括身份信息、车辆信息、许可信息、收款信息、通信设备信息等;驾驶员动态运营信息主要包括位置信息、行程轨迹、订单信息、行程录音、行程驾驶行为信息等,网约车安装有智能车载设备的,收集的驾驶员动态运营信息还包括行程中的录像等信息,这些数据可以被平台用来进行激励策略的动态调整,以便实现运力的有效配置。

(二)运力数据

运力数据在网约车业务中有着不可替代的影响力,通过对与运力相关的实时特性以及历史特性的掌握,平台可以有效地实现资源利用效率和多方利益的最大化。网约车平台一般将地理区域按照一定规则划分为多个较小的子区域,并统计各个子区域的实时运力信息和历史运力信息。实时运力信息一般包括当前的驾驶员数、订单数、未播发的订单数等信息,而历史运力信息一般包括过去一段时间的驾驶员数以及相同时间段的订单数等信息。

(三)订单数据

订单数据包括当前订单的详细信息和历史订单的统计信息。当前订单的详细信息里包含了预估价格、预估时间、预估距离、折扣率和产品选择等,而历史订单的统计信息里一般包含了历史订单数、历史消费金额、历史订单取消数、历史打车产品类型以及历史投诉订单数等信息。

要将上面这些数据充分应用和赋能到网约车业务中,则需要借助机器学习模型和业务策略机制来实现。下面就算法模型在网约车平台中的使用场景进行简要介绍。

(1)订单展示:平台可以依据算法模型对出行时间和出行价格进行准确预估。

(2)订单定价:平台可以利用算法模型对应答率、转化率和留存率等指标进行精准预估,并将这些预估值作为定价策略的依据。

(3)运力估算:平台可以构建供需预测模型,并基于模型预估值为乘客提供打车排队时间的预估值。

(4)智能分单:平台可以利用诸如强化学习等更为复杂的算法来进行订单的分发。

(5)乘车安全:平台可以通过建立相应的机器学习模型来预测驾驶员和乘客的冲突概率,或者驾驶员对乘客的骚扰概率,进而提升乘车的安全性和乘车体验。

综上所述,数据和算法已经成为网约车业务中不可替代的决定性要素,而算法与数据中台则为业务的快速发展和智能化升级提供了重要支撑。

四、应用场景案例

(一)打车定价场景

网约车平台需要同时兼顾乘客、驾驶员和平台这三方的利益诉求,而在所有因素中出行价格占有核心地位,它直接影响了乘客对出行方式的选择、驾驶员的服务利润以及平台的商业利益。以下将对算法与数据中台在打车定价场景中的作用进行分析。

1. 场景描述

为了兼顾灵活性和执行效率，网约车平台一般会将规则定价策略和智能定价策略结合起来，进而实现动态价格。

（1）规则定价策略：它与传统的出租汽车定价策略并无本质区别，该策略会按照城市、里程和时间等有明确定义的规则来产生基准的出行价格，这些规则也都会以明文的形式在打车应用程序中进行公布。

（2）智能定价策略：作为规则定价的重要补充，智能定价是网约车平台所具备的独特定价方式。相比于驾驶员和乘客，网约车平台不仅可以感知全局的即时供需情况，它也拥有丰富的历史数据积累。智能定价的一个核心目标是负责统筹全局来满足乘客和驾驶员的需求，并在此基础上完成自己的商业目标。

一个完善的动态价格机制需要考虑闲置运力、乘客意愿、使用场景以及历史数据等一系列因素，由于现实场景的复杂性，在专家规则的基础上，平台需要更多地借助数据和算法来进行价格的动态调整。比如，基于大量历史数据和准确的机器学习模型来获取价格的动态上浮比例以及下浮折扣率来计算得到。由此可见，算法与数据中台在智能定价场景中有着举足轻重的影响，如图 3-20 所示。

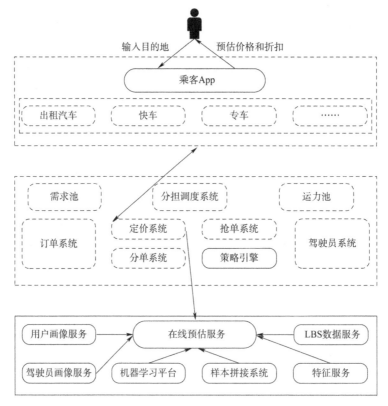

图 3-20 算法与数据中台在定价场景中的应用

2. 价格动态下浮策略

价格的动态下浮在网约车平台里十分常见，其通常采用抵用券、打折和一口价等方式来展现。价格的动态下浮是一定发展阶段下和某些市场营销需求下的运营手段,也是实现三方利益最大化的技术手段。一般来说,通过对价格进行合理尺度的下浮操作,平台可以在自己利润正向的前提下来促进订单总量和驾驶员留存的提升。

网约车平台里的动态定价策略通常涉及订单转化率和订单价值这两个核心指标。前者衡量的是乘客看到预估价格等信息后所表现出来的用车意愿的强烈程度,后者衡量的是订单的实际价值。订单价值在不同的平台或者不同的运营阶段有着不同的含义,平台既可以将订单价值定义为订单费用的数额,也可以把它定义为驾驶员在单位时间内的收益。价格下浮定价策略的一个典型应用场景就是寻找到那些订单转化率很低但是订单价值却很高的订单,并针对这些订单进行降价操作。

价格下浮定价策略会给予这类订单一定比例的折扣(图3-21),以便在保障订单价值不受过大损失的情况下来快速提升订单转化率,从而实现整体利益的最大化。

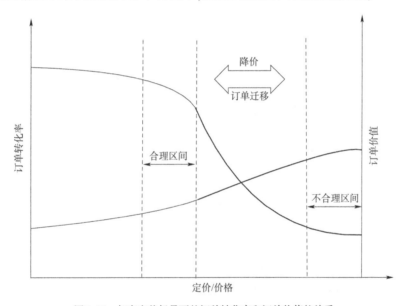

图3-21 打车定价场景下的订单转化率和订单价值的关系

降价的幅度通常以折扣率来表示,因此可以建立折扣率和订单转化率之间的关系,这种关系完全可以通过机器学习模型来描述,其中折扣率是该模型中一个非常重要的特征。

在特征选择方面,除了折扣率,乘客的画像特征、打车记录特征、行程、预估价格和运力供给等因素也与订单转化率有非常大的相关性;在机器学习模型的选择上,从简单的LR(Logistic Regression,逻辑回归)模型到XGBoost(eXtreme Gradient Boosting)模型再到DNN(Deep Neural Networks,深度神经网络)模型的演进方向(图3-22)。无论是特征的选择还是模型的迭代,除了最基本的离线评估,网约车平台都需要借助算法与数据中台里的AB实验平台在真实场景下进行验证和评估。

3. 价格动态上浮策略

价格的动态上浮一般出现在诸如高峰期、极端天气和特别活动等供需不平衡的场景下。在供远小于需的场景下,由于闲置运力的缺乏,再多的出行订单也无法被有效满足,长时间的等待还会严重影响乘客的用户体验。通过对价格进行合理的动态上浮，平台可以迫使部分非刚需乘客放弃用车，从而更好地满足刚需乘客的用车需求。同时，平台利用较高的服务报酬也可以有效地吸引其他区域的空车驾驶员接单，从而从更大的空间尺度来实现供需平衡。

价格动态上浮的尺度可以用驾驶员的应答率来衡量，因此可以建立价格上浮比例和驾驶员应答率之间的关系，这种关系完全可以通过机器学习模型来描述，其中价格上浮比例是该模型中一个非常重要的特征。在特征选择方面，除了价格上浮比例，驾驶员应答率与以下因素也密切相关。

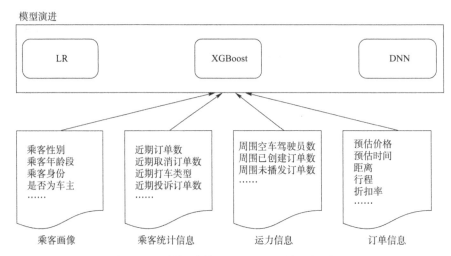

图 3-22　订单转化率模型的特征选择和模型演进方向

历史特征：平均价格、昨天的历史应答率、一周前的历史应答率。
实时特征：实时订单数、实时未播发订单数、实时空车驾驶员数。
空间特征：周围空车驾驶员数、周围已创建订单数、周围抢单和发单比。
订单特征：预估价格、预估时间、预估行驶距离、行驶方向。

从机器学习模型选择的角度来看，该场景下的模型也经历了从简单到复杂的演进。目前来说，深度神经网络模型已经成为主流选择。理所当然地，特征和模型的迭代上线都需要将离线评估指标与 AB 实验平台产生的在线指标作为主要评判依据。

以上案例的定价方式只是网约车平台里定价策略的一种基本形式，在不同的时期和市场状况下，网约车平台追求的目标不同，在发展的初期，平台追求的是订单量的最大化而非运营利润；而在发展的中后期，平台则更多地考虑乘客、驾驶员和平台这三方利益的平衡。在平台的不同发展阶段以及定价策略的迭代过程中，数据和算法总是发挥了重要作用，特别是在平台转入精细化运营阶段后，算法与数据中台则发挥了决定性作用。

（二）打车安全场景

出行安全是所有乘客关心的首要问题。相比于出行费用和出行品质，出行安全对于网约车平台来说是更基本的要求，特别是在多起运营安全事件发生之后，乘客和驾驶员的安全保障成为网约车企业运营与监管的重要议题。

1. 场景描述

各类网约车平台为了切实保障乘客和驾驶员的出行安全,纷纷出台了实名认证、行程分享、全程录音、一键报警等多种安全保障措施。但这些基本上都属于事后补救措施,要做到事前预防,则需要在撮合订单和驾驶员过程中进行,需建立有效的派单安全保障机制。

比如,部分女性乘客在深夜打车去往地点较为偏僻的地方时,她们往往需要等待较长时间才会有驾驶员接单,同理,对于女性驾驶员来说,在深夜时也基本不会接前往偏僻目的地的乘客订单,这些现象背后都有派单安全保障机制的参与。派单系统将自动地分析安全事故在各类场景下的可能性,从而避免高风险订单的分发。系统通常会结合乘客的出行习惯、驾驶员驾驶习惯、历史订单信息和投诉记录等特征来进行综合判断。派单安全保障机制需要运用机器学习模型来进行风险预测,它可以在前文所述的二分图匹配算法里降低那些具有较高风险匹配对的权值。例如,可以为派单安全保障机制建立如下机器学习模型。

司乘冲突模型:用来预估驾驶员和乘客发生冲突的概率。

驾驶员骚扰模型:用来预估驾驶员对乘客实施骚扰的概率。

醉酒伤人模型:用来预估乘客醉酒可能导致伤人的概率。

2. 安全策略

驾驶员骚扰模型在派单安全保障机制中的应用方案原理示意图如图 3-23 所示。

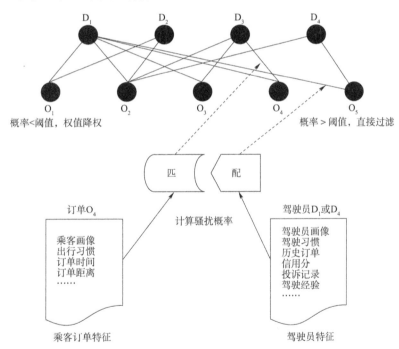

图 3-23 订单转化率模型的特征选择和模型演进方向

派单系统会利用驾驶员骚扰模型来预测乘客订单 O_4 和驾驶员 D_1 或 D_4 之间发生骚扰的概率。假设该订单与驾驶员 D_4 之间的预估骚扰概率大于某个设定阈值,那么该匹配会被直接过滤;假设该订单与驾驶员 D_3 之间的预估骚扰概率较小,那么该匹配会被降权处理。

在这类场景下的模型中,乘客和驾驶员双方的用户画像具有突出的特征重要性,具体来说,模型可以考察如下特征数据。

乘客特征:年龄、性别、近期订单次数、用券情况、打车产出选择等。

驾驶员特征:年龄、性别、驾驶习惯、历史订单信息、信用分、投诉记录等。

订单信息:目的地坐标、行驶路线、行驶距离、当前时间和天气等。

驾驶员骚扰预测这类的安全机制模型和其他场景下的模型有一些不同之处,由于样本稀疏且实验成本很高,因此它无法完全依赖 AB 实验平台来进行在线评估。这类模型一般会转而利用订单请求回放的方式来进行离线评估。在线评估一般只是为了探究模型对诸如应答率和订单数等其他指标的影响,从而避免过度惩罚对于用户正常出行需求的负面影响。

对于出行安全的保障是网约车平台得以生存的根本所在,除了全程录音等事后补救措施,更重要的机制是提前预防安全事故的发生。在订单和驾驶员的匹配过程中加入多种与安全策略相关的机器学习模型是可行的技术方案。

复习思考题

1. 简述网络预约出租汽车的定义及其与巡游出租汽车的差异。
2. 简述网络预约出租汽车的商业模式及特点。
3. 简述网络预约出租汽车的定价模式及特点。
4. 简述网络预约出租汽车用户选择意愿分析的常用方法及其特点。
5. 简述网络预约出租汽车用户调度优化的常用方法及特点。
6. 简述网络预约出租汽车运营安全管理的主要内容及方法。
7. 简述网络预约出租汽车运营系统平台的主要组成部分及功能。

第四章

分时租赁

第一节 概　述

随着共享单车在中国各大城市迅速铺开,"共享经济"的概念迅速普及,分时租赁(又称汽车共享)也随之悄然进入了人们的视野。汽车分时租赁是缓解交通拥堵、优化交通结构的新兴出行模式。在发展历程方面,相较于国外,我国分时租赁起步较晚,国内外相关发展政策上也有所差异。本章从发展历程、发展政策、运营模式、运营分析方法与关键技术等方面进行全面阐述。

一、分时租赁的定义

"汽车共享"的概念和实践均起源于欧洲,历史上首次出现的汽车共享方案是20世纪40年代在瑞士成立的"自驾车合作社",这在瑞士这样的山区国家非常实用,其理念为合作社中的车辆可供会员进行租用,使用结束后回收车辆钥匙,将其交给下一个使用者。即驾驶人对车辆只有使用权,而没有所有权。

随着汽车共享服务在欧洲、美国、日本等国家逐渐兴起,世界第一大汽车共享组织——Zipcar于2000年成立。Zipcar开创性地使用无线网络技术,形成了独特的汽车租赁经营模式。在这一阶段,传统的租车行业在互联网背景下,产生了新的车辆共享模式,其代表有法国的BlaBlaCar、德国的Car2go、中国的神州租车以及嘟嘟快捷租车。

2010年左右,移动互联网技术逐渐成熟,同时在共享经济的冲击下,"互联网+"与出行领域结合产生了新的共享汽车出行模式。在这一阶段,具有代表性的企业为共享经济的领军企业——Uber。2010年至今,分时共享持续发展,共享车辆的模式也由原本的B2C模式转变为C2C模式,这种汽车共享经营模式传入中国后,产生了本土化的共享出行平台企业,如滴滴打车、曹操租车等。

(一)分时租赁

近年来,随着"互联网+"概念的深入普及和交通行业的创新发展,分时租赁(又称汽车共享)成为租车行业新兴的一种模式。汽车分时租赁,是租赁商以使用时间和行驶里程为计价单位,使用9座及以下小微型客车,利用移动互联网、物联网、全球定位等信息技术构建网络服务平台,并依托网络服务平台向消费者提供的自助式汽车租赁服务。相应的纯电动汽车分时租赁则是以纯电动汽车为载体,满足用户分时租赁需求的形式。

交通运输部、住房城乡和建设部于2017年8月印发并实施的《关于促进小微型客车租赁健康发展的指导意见》中明确定义:"分时租赁,俗称汽车共享,是以分钟或小时等为计价单位,利用移动互联网、全球定位等信息技术构建网络服务平台,为用户提供自助式车辆预定、车辆取还、费用结算为主要方式的小微型客车租赁服务,是传统小微型客车租赁在服务模式、技术、管理上的创新"。

(二) P2P 租赁

P2P 租赁是指依托租赁平台，私家车车主可以将自己闲置的车辆标价出租，有租车需求的人则可通过定位与搜索系统，找到自己心仪的车辆，直接与车主交易，以达到资源利用最大化为目的的一种租赁方式。

和 P2P 租赁相比，分时租赁的优势体现在：

(1) 分时租赁比 P2P 租车常用的日租方式更加便捷、智能和经济。

(2) 相较于 P2P 模式，分时租赁模式的标准化培训成本要低很多。

(3) 很多平台用于分时租赁的汽车中，有 90% 的车辆是电动汽车，电动汽车共享相比燃油汽车共享更容易进行风险控制。燃油汽车共享的关键在于风控问题，因为燃油汽车有残值，产业链较长，再完善的风控系统都很难杜绝盗抢现象，而电动汽车共享则不存在这个问题。

二、分时租赁的发展历程

分时租赁是共享经济发展的产物。"共享"的概念源于 1948 年，一家名叫 Safage 的组织在瑞士苏黎世成立了名为"自驾车合作社"的公司。其公司理念为："合作社的某个会员使用完车辆后，将车钥匙交给下个使用者使用"。由于用车费用低廉，吸引了一批早期用户的关注。后来，英国、日本等国家争相效仿，但基本都没有发展形成一个固定的租赁经济模式。日本主要是因为汽车生产商不支持这一计划，并且相对于租赁汽车，他们更喜欢拥有自己的私家车。英国虽然有政府支持，但租车成本低，会阻碍"汽车共享"的发展。

随着互联网、电子钥匙、卫星定位系统的发展，如今的"汽车共享"不仅有了技术保障，还增加了许多新的内涵，即分时租赁这一理念和租赁形式逐步向全球蔓延。

20 世纪 70 年代，分时租赁初具一定体系和规模，但大都由于种种原因未能盛行。1971 年，法国开始 Proco Tip 项目，由于技术上的限制仅维持了 2 年。1973 年，荷兰阿姆斯特丹推出 Witkar 项目，整个项目采用小型电动汽车，且车辆的取还全部实现了电子化，覆盖了整个城市的大部分车站。该项目一直延续到 20 世纪 80 年代中后期，最终由于种种原因而下线。尽管上述分时租赁项目没能发展壮大，但是积累了宝贵的经验。

20 世纪 80 至 90 年代，得益于通信技术的突破，分时租赁在欧洲实现商业化与规模化。首先在商业上获得成功的分时租赁组织是 1988 年在德国成立的 Statt Auto 公司和 1997 年在瑞士成立的 Mobility 公司。

1988 年，德国柏林和汉堡的两家分时租赁公司合并成 Statt Auto 公司，成为世界上第一家在纽交所上市的分时租赁公司。联邦分时租赁协会是德国分时租赁组织的最高级协会。据该协会统计，2000 年德国约有 95 家分时租赁企业和组织，其中 65 家是联邦分时租赁协会的成员。整个分时租赁行业拥有约 68500 名会员、2500 辆汽车，遍布德国各州的 250 个地点，几乎所有较大城市中都有分时租赁的身影。

20 世纪 90 年代，瑞士的两个典型的分时租赁组织 Car Sharing Cooperative ATG 和 Share Corn，会员数年平均增长率达到 50%。1997 年，在成功运营 10 年后，这两个地方性分时租赁组织合并成 Mobility Car Sharing Switzerland(Mobility),成为一个会员超过11000人、车辆超过600辆的营利性企业。Mobility 曾经一度是世界上最大的分时租赁组织,2002年的年报显示其拥有50000余名会员和1750辆汽车,服务网点遍布全国400多个城镇。2003年8月,瑞士部分拥有相应资格的人员加入了 Mobility。Mobility 与瑞士联邦铁路局和苏黎世公共运输局签订协议,会员享有以半价年票来使用所有公交系统的优惠待遇。Mobility 在瑞士全国350个火车站进出口的200m半径范围内分别投放了800余辆汽车供会员使用。

德国和瑞士早期分时租赁组织的主要不同在于:瑞士主要是由一家公司经营,德国则是由遍及全国的多个独立的分时租赁组织分散经营,不过后来局面开始转变,各地分时租赁组织也开始建立联系,并且德国铁路也开始进入并建立自己的分时租赁项目,同时与其他分时租赁组织达成协议开展合作。

美国最初并不看好分时租赁,因为美国在20世纪60至70年代小汽车保有量已经遥遥领先,交通出行几乎都是私家车。所以早期的分时租赁项目(例如 Mobility Enterprise)直至20世纪80年代才开始进入美国。和欧洲的早期用户不同,美国用户更看重分时租赁的便利性而不是经济性,因为美国的私家车出行费用非常低廉。20世纪90年代分时租赁在美国开始流行,为了更好地了解这种新兴交通模式的实施与运营,美国开展了很多试点项目。这些项目包括加州大学和普林斯顿大学的 UCR Intellishare 和 ZEV.NET 等,试点项目提供了大量的用户反馈数据,为分时租赁商业化运行的可行性提供了参考。

进入21世纪后,世界上出现一批大型的分时租赁商业公司,如 Autolib、City Car Club、Greenwheels、Just Share It、Stadtmobil、Zoom 以及 Zipcar。此外,汽车生产企业也纷纷加入分时租赁的行列。随着汽车电动化、智能化和网联化的发展,新能源汽车分时租赁也逐渐受到青睐,成为一股强劲的发展力量,比如戴姆勒的 Car2go(图4-1)、宝马的 On Demand、雷诺的 Twizy Way 和丰田的 CMOS,分别采用电动 Smart、ActiveE、Twizy 和 CMOS 等新能源汽车。

图4-1　国内外上线的 Car2go 车型

在美国非常有名的分时租赁公司 Zipcar(图4-2)、Flexcar(2007年被 Zipcar 收购)以及 City Car Club 均创始于2000年。2008年在美国又出现了 Avis 和 Hertzondemand,在欧洲出现了 Uhaul 和 Wecar 等一流的分时租赁公司。2010年出现了 P2P 模式的分时租赁。2012年1月,Ziper 已经占据美国80%以及全球50%的分时租赁市场,拥有大约76.7万名会员。

我国分时租赁起步较晚,直至2011年,国内才出现了以嘟嘟租车为代表的汽车分时租赁企业。分时租赁进入中国市场的时间点正好是国内新能源汽车起步发展期,且新能源汽车在使用成本上比燃油汽车更具经济性(新能源汽车充电费用、维修成本均较燃油汽车有较大节省),同时,一些企业希望通过分时租赁推广自身的新能源车型,所以新能源汽车成为了中国分时租赁市场的绝对主导车型。目前除了个别

图4-2 停靠在专用车位上的Zipcar

企业,如戴姆勒Car2go使用smart燃油汽车外,市场上95%以上的分时租赁汽车均为新能源汽车(图4-3)。

图4-3 新能源共享汽车

截至2022年8月,国内共享汽车主要平台有EVCARD、Gofun共享汽车、大方租车、神州租车、摩范出行、凹凸租车、一嗨租车、悟空租车、租租车等。国内汽车租赁市场主要企业覆盖城市及运营特色见表4-1。

中国汽车租赁市场主要企业覆盖城市及运营特色　　　　表4-1

企业名称	覆盖城市数	运营特色
一嗨租车	256个城市(国内)	直营+P2P+新能源
神州租车	292个城市(国内)	直营+P2P
租租车	6000个城市(含国外)	互联网+自驾租车
凹凸租车	北京、上海等25个城市	移动互联+车联网
悟空租车	200多个城市(国内)	P2P
GoFun出行	北京、上海等21个城市	新能源+车联网
大方租车	300多个城市	新能源+车联网
联动云	300多个城市	直营+P2P

续上表

企业名称	覆盖城市数	运营特色
EVCARD	北京、上海等 30 个城市	"互联网+"共享出行
摩范出行	北京、上海等 50 个城市	互联网+新能源

但由于共享汽车具有投入规模大、成本高、落地难等特点,共享出行运营商倒闭或经营异常的消息频频传出。如 Car2go 于 2019 年 6 月 30 日结束在国内的分时租赁运营,而在此之前,友友用车、EZZY、麻瓜出行、途歌出行等大批共享企业已经陷入经营困局。

导致共享汽车经营企业出现"倒闭潮"的原因包括以下几点:

(1)随着汽车价格的不断下降,以及商家推出的各种贷款买车的政策,私家车在家庭中越来越普及。人们更愿意拥有一辆属于自己的汽车,使用共享汽车出行的人越来越少。

(2)共享汽车上市后,企业没有及时进行创新和改变。很多小型的共享企业由于投资方不再投资而陷入了危机,一时间退押金成为了企业难以解决的难题。

(3)共享汽车损坏率高、维护不及时。用户在用车时不爱惜,对大量共享汽车造成了不同程度的损坏,如汽车玻璃破碎、汽车保险杠脱落、轮胎磨损严重甚至爆胎。市面上大多数共享汽车都是电动汽车,定期维护很重要,很多共享汽车长期缺乏维护,车况越来越差,动力蓄电池续驶里程下降,最后只能变成报废汽车。

三、分时租赁的发展政策

(一)国外发展政策

全球新能源汽车产业的迅速发展离不开各国政府在国家和地方层面上的立法和政策支持体系。欧美国家共享汽车分时租赁起步较早,政策也相对完善,政府监管措施也有很多值得借鉴的经验。

1. 刺激购买政策

在购买领域,各国均有出台相关政策刺激购买,目前,各国关于购买刺激政策大多为中央政府发布且在全国范围内适用。

荷兰 2015 年出台的政策,规定从 2016 年起,零排放汽车免交登记注册税,插电式混合动力电动汽车 CO_2 排放量在小于 80g/km 时,按每 1km、第 1g CO_2 排放量收取 6 欧元的标准收税。

德国戴姆勒集团在 2008 年首次推出 Car2go 分时租赁项目,运营车型有燃油汽车和新能源汽车,采用随取随用、即租即还、按分钟计费的新运营模式。2017 年 9 月,德国从联邦层面制定了首部《共享汽车优惠法》,该法律详细论述了共享汽车对交通和环境的影响,为促进共享汽车的自由流动提供了依据。德国的政策主要是补贴车企和鼓励技术进步,并不直接补贴消费者。

在美国,纯电动汽车可在全国范围内享有 4000 美元的抵免税额。同时,纯电动汽车享有上牌照减税和注册登记优惠;美国部分地方政府会对特定的私人公司运营给予补贴。

在法国,企业购买电动汽车第一年可以免税;法国电力公司给予电动汽车生产厂家每辆

1万法郎补助,政府补贴用户每辆5000法郎;中央政府提供补助经费,供地方采购车辆。

在日本,经济产业省和国土交通省对新能源汽车的购买以及充电站和加氢站提供补贴;2012年推出了"清洁能源汽车(CEV)导入补贴",2014年推出了"节能车补贴",并在后续推出的一项针对新能源汽车的补贴上投入了300亿日元;在税费减免补贴上的政策包括"环保车减税""绿色税制"等。在"环保车"的减税标准中,纯电动汽车的汽车购置税和汽车重量税全免,汽车税免75%。

2. 使用和流转政策

在使用和流通领域,美国的许多州会根据充电桩的成本与安装成本给予一定比例的减税和直接补贴等,例如修建一个家庭充电桩可获得最高2000美元补贴优惠;商户修建大型充电设施可获得5万美元抵税优惠。加利福尼亚州和威斯康星州明确规定,共享汽车运营商在取得当地政府的许可后,在指定的街道或位置拥有排他停车权。此外,美国有路边停车位(专属停车区域);一些州对新能源汽车给予停车免费政策,如夏威夷州电动汽车泊车费用全免。

法国规定,公司所拥有的汽车为纯电动汽车和部分插电式混合动力电动汽车的,可免收年税,并且街边停车不受罚,部分路段仅允许电动汽车通过。英国政府也出台相关政策免除新能源汽车的公路税,且公司采用新能源汽车的车主无须缴纳使用税。

日本的丰田、日产、本田、三菱四家汽车厂商联合日本政策投资银行共同设立NCS公司,专门负责充电站的安装、运营和维修。2018年1月,日产汽车向日本市场推出共享出行服务——e-share mobi(图4-4)。日产的"e-share mobi"服务是日产汽车与日产汽车租赁解决方案有限公司共同打造的服务项目,并采用了在汽车共享服务系统方面拥有丰富经验的日本优利系统公司的出行服务平台——Smart Oasis Carsharing。

图4-4 日产"e-share mobi"服务

3. 区域行驶限制政策

区域行驶限制的相关政策包括是否可以占用公交车道、客车道以及能否驶入限制区域等。2015年德国的《电动汽车法》规定,德国地方政府(特别是空气与噪声污染敏感地区的政府)可自主为电动汽车设置专门的电动汽车道,也可在情况准许的情况下,准许有特殊标记的电动汽车使用公交车道。

(二)国内发展政策

新能源共享汽车相关领域的政策支持是促进整个行业全面、快速发展的重要动力之一。从2009年起,我国分别从发展战略与投资、补贴和税收减免、法律法规建设等方面出台了一系列政策支持电动汽车产业的发展,并鼓励探索电动共享+汽车产业发展的新兴商业模式。

1. 国家层面

2009年1月,财政部、科技部发布《关于开展节能与新能源汽车示范推广试点工作的通知》,明确对试点城市公共服务领域购置节能与新能源汽车给予补助,由此拉开了新能源汽车补贴时代的序幕。

2009至2016年的7年间,国家在新能源共享汽车相关领域出台的政策数量整体呈递增趋势,反映了我国从国家层面上对产业的支持力度在增强。

2014年7月,国务院办公厅出台了《关于加快新能源汽车推广应用的指导意见》,明确提出要在个人使用领域探索分时租赁、车辆共享、整车租赁等新能源汽车模式,总结推广好的经验和科学方法,以推动新能源汽车在个人使用领域应用的普遍性。

2014年8月,财政部等出台了《关于免征新能源汽车车辆购置税的公告》,明确对符合要求的新能源汽车免征购置税。这一意见的出台为我国电动汽车分时租赁领域及其模式的探索和发展提供了政策支撑。

2015年4月,财政部发布了《关于2016—2020年新能源汽车推广应用财政支持政策的通知》,明确了从2016年到2020年的补贴标准。我国对新能源汽车的补贴整体上呈退坡状态,并逐渐取消了对低续驶里程的纯电动汽车的补贴,这从侧面刺激动力蓄电池技术的改进提升,也反映了未来的发展趋势。

2015至2016年,我国陆续出台了大量充电基础设施和技术标准的相关政策,如《电动汽车充电基础设施发展指南(2015—2020年)》、电动汽车充电接口及通信协议5项国家标准、《关于"十三五"新能源汽车充电基础设施奖励政策及加强新能源汽车推广应用的通知》《2016年能源工作指导意见》《电动汽车充电基础设施建设规划》《氢能与燃料电池技术战略方向规划目标》等,反映了我国政策以支持新能源汽车动力蓄电池技术研发为重点。

2016至2018年,国家出台的新能源汽车共享政策重点和方向发生转移,鼓励支持汽车分时租赁创新模式,促进产业从"量"到"质"优化发展。

2017年8月,由交通运输部与住房和城乡建设部共同制定了《关于促进小微型客车租赁健康发展的指导意见》(交运发〔2017〕110号),政策明确提出"鼓励分时租赁规范有序发展",支持汽车分时租赁创新模式。政策上的指导和支持,给分时租赁行业未来的发展吃了一颗"定心丸"。

2018年2月,财政部、工业和信息化部、科技部、国家发展改革委四部委联合发布了《关于完善新能源汽车推广应用财政补贴政策的通知》(财建〔2018〕18号),政策提升了技术要求门槛,补贴金额也根据分档实行差异化,实时分段补贴。新能源车型作为分时租赁市场的主导车型,此举将激励新能源汽车高端化、共享化,支持具有领先技术优势的企业,有利于新能源汽车分时租赁的健康发展。

2018至2023年,国家出台的新能源汽车共享政策逐渐开始完善,针对不合法运营和不合理罚款等现象,政策将夯实安全管理基础摆在重要的位置,重心转向规范租赁车辆管理、落实身份查验制度,保护经营者和承租人合法权益等一系列措施举措。

2019年5月,交通运输部、人民银行、国家发展改革委、公安部、市场监管总局、银保监会共同印发了《交通运输新业态用户资金管理办法(试行)》(交运规〔2019〕5号),明确要求"用户押金归用户所有,运营企业不得挪用""汽车分时租赁的单份押金金额不得超过运营企业投入运营车辆平均单车成本价格的2%""汽车分时租赁用户押金最长退款周期不应超过15个工作日""单个账号内的预付资金额度不得超过8000元"等,对分时租赁运营企业的押金和预付金进行了规范化管理。

2020年12月,交通运输部出台《小微型客车租赁经营服务管理办法》(简称《管理办法》),对小微型客车租赁经营服务、监督管理、法律责任等进行了规定。《管理办法》自2021年4月1日起正式实施,有利于进一步规范小微型客车租赁经营服务行为,保护经营者和承租人合法权益,更好满足社会公众多样化出行需求。

2021年8月,交通运输部发布《交通运输部关于修改〈小微型客车租赁经营服务管理办法〉的决定》,自公布之日起施行。根据国办有关通知要求,结合当前交通运输执法领域突出问题专项整治行动工作需要,交通运输部组织开展了"与行政处罚法不相符清理"和"不合理罚款规定清理"工作。根据清理结果,对《小微型客车租赁经营服务管理办法》中安全风险较小、危害后果不严重的违法情形的罚款予以适当降低。

2023年1月,工业和信息化部等八部门发布《关于组织开展公共领域车辆全面电动化先行区试点工作的通知》。本次试点实施周期为2023至2025年,涉及的公共领域车辆包括公务用车、城市公交、出租汽车(包括巡游出租汽车和网络预约出租汽车)、环卫车、邮政快递车、城市物流配送车、机场用车等。其中,试点领域内新增及更新的公交、出租、环卫、邮政快递、城市物流配送的新能源汽车比例力争达到80%。此项政策出台以后,对于新能源汽车行业的发展,产生了积极的推动作用,能够跟补贴政策全面退坡后的新能源汽车领域形成有效衔接,避免产生行业发展波动。

2.地方层面

各地政府也陆续出台相关政策促进本地电动汽车分时租赁的发展。2015年10月,深圳市政府相关部门决定专门提供2000个指标用于电动汽车的分时租赁,这一政策的出台解决了多数租赁企业车辆指标难以获取而导致无法提供足够车辆的问题,利于其扩大规模、促进发展。

2016年2月,上海市专口针对电动汽车分时租赁发布了《关于本市促进新能源汽车分时租赁业发展的指导意见》,文件从车辆数量、基础设施建设两个方面明确了两个阶段性的发展目标:第一,到2016年底,实现新能源汽车分时租赁服务与经营初具规模,保证纯电动汽车总数超过3000辆、租赁服务网点数超过1000个、充电桩数量超过5000个;第二,到2020年底,实现充电基础设施网络广泛覆盖、互联互通,中心城充电服务半径小于1km,中心城4000万人次/年以上的出行需求能够基本满足,并实现全市纯电动汽车总数超过20000辆、租赁服务网点数超过6000个、充电桩数量超过30000个。

这些政策都表明,国家和地方政府都高度重视电动汽车分时租赁模式的发展,并将其作为发展电动汽车产业的重要方向。

第二节 运营模式

一、商业模式

分时租赁的商业模式主要有重资产模式和轻资产模式两种。除了两种主要的商业模式以外，一些分时租赁企业还推出落地拓展模式，以丰富商业租赁模式。

(一) 以拥有车、桩、位等为主导的重资产模式

分时租赁是一个重资产投资性行业，大部分资金用来购置车辆、缴纳保险、租赁停车位、配置充电桩等，前期的投入巨大。同时各商家为了争夺客源，往往会提供大量代金券以及免费体验券，无疑为汽车分时租赁企业的资金运转带来压力。

重资产模式具有以下几个特点。

(1) 所有运营车辆均为企业自有，且为用户提供配套的充电服务、预约服务等。

(2) 在运营方面，人力成本较低。

(3) 灵活性不足，扩张速度较为缓慢。

(二) 以车辆、平台为主的轻资产模式

基于重资产模式的难点，避免对企业造成资金压力，不少分时租赁企业采取了和网约车类似的"轻资产、重运营"模式。这种模式打破了以往传统概念里"自建桩、自买车、自租位"的重资产模式。其以平台为切入点，打通全产业链条，整合主机厂、能源企业、车位资源企业三大领域，打造利于出行的全生态化平台。不仅如此，此模式还将解决"定点还、定点取"模式的问题。

轻资产模式具有以下几个特点。

(1) 企业提供车辆的来源以租赁为主，运营方面主要采用集中调配、统一补电的模式。

(2) 不用背负重资产折旧分摊、贬值的风险。

(3) 在车辆运营方面要耗费大量的人工、充电等成本。

按照分时租赁车辆的私有属性，轻资产模式还可以细分为两类：采用租赁车辆的模式和采用私家车的模式。

1. 采用租赁车辆的轻资产模式

分时租赁的车辆来自租赁公司，分时租赁公司需提供服务平台。以壹壹租车为例，其提供的车辆主要是与租赁公司合作，从租赁公司提车，然后租给用户，壹壹租车在租车市场上扮演"中介"的角色。据了解，壹壹租车还与江淮、奇瑞等车企达成合作，结合新能源汽车、车联网、远程智能控制、云计算等技术，实现用车全程自动化和结算智能化。

2. 采用私家车的轻资产模式

分时租赁的车辆完全采用私家车，分时租赁公司仅仅提供服务平台，也就是私家车分时

租赁。私家车分时租赁业可以叫作面向个人(P2P)的分时租赁,与现在的滴滴运营模式类似,其运营商并不需要购买和维护车辆。用于 P2P 分时租赁的车辆是由私家车主提供的,私家车车主既可以将自己的车租赁给别人,也可以去租用别人的私家车。运营商只需要遵循"共享经济"的原则,为用户和车主提供管理和协调交易的平台和统一的保障措施即可,其他诸如价格、目的地、取还车地、加油(充电)等交易细节都通过 P2P 网络进行。

(三)与旅游等生态相结合的落地拓展模式

该模式依托于城市旅游的发展,解决游客的"最后一公里"问题,降低用户的使用成本。不同于打车与拼车,该模式具有自驾属性,节省了支付给驾驶员的人工成本。例如小二租车的兴起初期,旨在服务海南省的全域旅游产业。2015 年 1 月,"小二租车"App 运营平台正式上线后,仅用了多半年的时间,业务就覆盖了海口、三亚、西安、厦门、杭州、成都等多个重点旅游城市。

2021 年 9 月 13 日,大理白族自治州人民政府办公室印发《大理白族自治州创建国家文化和旅游消费试点城市实施方案》,其中明确提出由州文化和旅游局、州商务局作为牵头部门,发展落地自驾、异地租还车、分时租赁汽车等创新经营新模式。由州交通运输局牵头,合理布置旅游租车网络和站点,打造"一站式"旅游租车综合服务平台,提供智慧化出行信息服务。设计主题游览路线,建立城市快捷租车系统,形成快捷的智能化城市交通服务体系。

但在当前,这种模式的发展具有一定的局限性,非旅游城市的地区对该模式的推广存在一定的难度。

二、服务模式

按照取还车地点进行划分,一般从两个角度对分时租赁的服务模式进行划分。

(1)具有高度限制的双向分时租赁服务模式。在具有高度限制性的双向汽车分时租赁共享服务模式中,运营公司设置固定的运营站点,用户只能在运营站点租用车辆,使用后必须将车辆归还至其租车的站点,用户从开始使用到归还车辆是双向的。这种运营模式中车辆围绕固定的运营站点流动,可用车辆数变化不大,无需人员对其进行专门管理,运营难度及技术要求较低,但是这种模式对于只有单程用车需求的用户较为不便,用户体验较差。

(2)更加自由的单向分时租赁服务模式。在更加自由的单向汽车分时租赁服务模式中,用户在出发地租用车辆,并当用户到达目的地后,可以在目的地附近归还自己所租用的车辆,而无须将其归还至其租车地点。

根据还车位置是否为目的地附近租赁公司设置的运营站点,单向系统又可以分为两类。

(1)非自由流动分时租赁系统,该系统又称为固定点对点分时租赁系统,运营商设置有固定的租赁站点,用户从运营站点租用车辆,满足使用需求到达目的地后,就近归还至运营商设置的另一租赁站点。这种运营模式能够一定程度地满足用户单程用车的需求,带给用户较好的体验。

(2)自由流动分时租赁系统,在该系统中,只要在运营商的运营范围内,车辆位置没有固定的限制,用户租车和还车位置只要在合法的停车地点即可,这种租赁方式更加灵活,给用户带来最好的体验。

基于上述两个角度,根据取车、还车方式的不同,分时租赁的服务模式可以分为四类:同地取还车模式、异地取还车模式、半自由流动模式和自由流动模式(即随取随还模式)。

(一)同地取还车模式

同地取还车模式是原始的分时租赁模式。特点是分时租赁车辆分布在固定的网点,用户需要提前在特定网点预约车辆和取车,结束行程后要将车辆还至原网点,是绝大多数分时租赁公司最初采用的模式。分时租赁车辆停放在分时租赁网点内,网点的分布基于人口居住密度、空间利用率、繁华程度、公司战略等方面进行规划,目标用户距离网点的步行距要合适,用户在某一网点租车后必须在约定的时间内返回原网点还车。

(二)异地取还车模式

该模式停车的区域是固定的网点,用户可以在不同的固定网点直接取还车。虽然自主性和灵活性不如自由流动模式高,但是相对于同地取还车模式还是更加方便。但与此同时,对网点车辆的调度和运营水平提出了更高的要求。

(三)半自由流动模式

该模式是从固定网点到区域流动之间的一种过渡模式,既可以是从固定网点取车然后在指定区域内还车,也可以是在指定区域内取车然后在固定网点内还车。从成本和可行性考虑,前一种都比后一种要好很多,目前出现的经营方式都以前一种半自由流动模式为主。

(四)自由流动模式(即随取随还模式)

传统的固定网点被扩展至一个区域,整个区域内的分时租赁汽车都可以被任意使用或者停放,一旦车辆被开到区域外则需要开回该区域,或者开到其他的分时租赁区域进行停放,大大提高了分时租赁的灵活性和自主性。用户通过手机和互联网就能及时了解车辆的可获取数量、可获取位置以及车内清洁情况等信息,并根据需要就近租车。该模式最关键的问题是用户如何找到并使用车辆,优点是可以支持异地取还车的使用方式,不需要提前预定,而且车辆可以随用随取。但是,自由流动式在增加用户便利性的同时也会大大增加企业运维成本。

为了长期维持分时租赁在一定区域车辆数量的平衡,运营商需要定期投放一定的分时租赁车辆;同时区域自身也需维持汽车数量与使用频率间的平衡。在使用频率高的区域,再次使用分时租车辆的可能性会更高,并且其停车点也会吸引更多用户。

上述四类服务模式的特征对比,见表4-2。

分时租赁四类服务模式的特征对比 表4-2

服务模式	对取还车的约束情况	运营管理成本分析	发展趋势和代表企业
同地取还车模式	A地取A地还,固定网点取还车	管理成本低,分布相对集中在核心商业区或者高校附近	Car2share
异地取还车模式	A地取B地还,专属网点取车,可以挑选离自己目的地近的专属网点还车	(1)对电动汽车而言,存在夜间充电问题; (2)调度费用高(热门网点可能存在车辆积压问题)	主流模式,网点分布均匀,代表企业有 GoFun、一度、知豆、EVCARD、iblue 蓝租车、宜维租车等

续上表

服务模式	对取还车的约束情况	运营管理成本分析	发展趋势和代表企业
半自由流动模式	A地取X地还,专属网点取车,可以还到网点,也可以在任意合法停车位置还车	(1)若车辆产生停车费用,公司将会承担;(2)当停车位置与最近网点距离较远时,用户需承担额外还车调度费用	仅少数公司采用这种模式,如壹壹租车、PONYCAR
自由流动模式	X地取Y地还,有专属网点取车,也有上一用户停放在不同位置的车,新用户通过手机定位找到车辆进行使用;可以在任意合法停车位置还车	(1)若车辆产生停车费用,接力用户将会承担;(2)当停车位置与最近网点距离较远时,用户需承担额外还车调度费用	即行Car2go、途歌

三、定价模式

国内分时租赁市场以新能源汽车为主。新能源汽车和燃油汽车分时租赁定价模式的区别主要在于成本。大部分新能源汽车分时租赁公司主要依靠补贴来低价获取新能源汽车,从而达到节约成本的目的。分时租赁定价会影响用户需求,企业可通过灵活调整租赁价格和形式来丰富分时租赁定价模式,从而吸引用户、扩大用户群体。

(一)共享汽车分时租赁定价影响因素

1. 内部因素

(1)产品的成本。电动汽车分时租赁公司需要投入大量的固定成本和可变成本,如电动汽车选购、汽车养护、充电桩建设等。

(2)企业的阶段性目标。在每个发展阶段,公司制订价格的策略也不相同。初入市场时,共享汽车分时租赁公司往往会降低定价吸引消费者,日后再将定价慢慢回升至平均水平。

2. 外部因素

(1)供求关系。运营商会根据供求关系制订不同的价格,当供大于求时,产品的定价会降低,供小于求时,产品价格会被抬高。通常,共享汽车分时租赁运营商在不同季节或者不同天气情况下会有不同的供求关系,进而影响价格的变动。运营商将根据供求情况制订不同的价格。价格与供求比呈反比关系。影响供求关系的因素很多,如天气、地域等。

(2)需求价格弹性。一般情况下,产品的需求价格弹性较大则定价较低,需求价格弹性较小则定价较高。

(3)其他公司的商品及定价不同。共享汽车分时租赁行业百花齐放,会遭遇同行(如GoFun(北京)和EVCARD(上海))及相邻行业(快滴打车和滴滴出行)的其他公司抢占市场资源,分时租赁公司会根据其他公司商品调整自己的定价策略。

(二)共享汽车分时租赁定价现状

目前,在上海、北京、深圳等大城市一些共享汽车行业已经有了较为成熟的定价方案,本节将介绍两个典型单向服务模式的共享汽车企业的定价策略。

1. GoFun(北京)

GoFun 出行是国内规模较大的共享汽车运营商,目前已经在北京、武汉、三亚等 80 多个城市完成布局,其"自助式"的租车服务给广大出行者带来了极大的便利。GoFun 共享汽车的使用流程、押金交纳方式及计费方式如下。

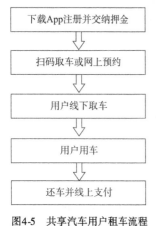

图4-5 共享汽车用户租车流程

(1)使用流程。用户租车流程如图 4-5 所示,用户需下载并使用租车 App 完成预约、取车、还车及支付等一系列流程。

(2)押金:用户在租赁车辆前需交纳 699 元押金,若用户用车过程中出现违规行为且未按时交费则从押金里面扣除,若无违规行为,用户可在完成租赁后直接退回押金。

(3)计费方式:GoFun 租车共有三个计价方式,分别是分时计费、小时包车和按天包车,见表4-3。

①分时计费:计费包括基础服务费(2 元/h,12 元/d 封顶)、实际里程费(部分车型无)和实际时长费等。例如,在里程费为 0.5 元/km、时长费为 0.6 元/min 的情况下,如果用户的出行距离为 30km 路程,用车时长为 30min,单位用车时长租车费用为 33 元。

②小时包车:分为 2h 和 4h 的小时包车服务,租期内不限里程,计费包括基础服务费和包时费用。

③按天包车:租期内不限里程,计费包括 40 元固定服务费和包天费用,每 24h 按 1d 计算,若小于等于 4h 按 0.5d 算。

GoFun 租车费用明细示例 表 4-3

计费方式	车型		
	奇瑞小蚂蚁	东风 ER30	大众捷达
分时计费	0.4 元/min	0.38 元/min	0.29 元/min + 0.79 元/km
2h 套餐	39.9 元/2h	39.9 元/2h	29.9 元/2h
4h 套餐	79 元/4h	79 元/4h	49.9 元/4h
按天包车	129 元/d	129 元/d	89 元/d
服务费用	包天 40 元/d,其他 2 元/h		

2. EVCARD(上海)

EVCARD 是国内最大的共享汽车分时租赁运营商,其运营车辆均为电动汽车,对城市的环境保护起着积极的作用。EVCARD 共享汽车的使用流程、押金缴纳方式及计费方式如下。

(1) 使用流程：EVCARD 同 GoFun 使用方式类似，下载安装手机 App，打开 App 进行注册及实名认证等操作，登录完成后用 App 在地图上找到附近的车辆并预约，预约成功后根据地图指引到达网点取车，用车结束后结算还车即可。

(2) 押金缴纳：会员租赁车辆前要缴纳 1000 元的押金，若用户无违章行为，30 天后即可申请退回押金。

(3) 计费方式：EVCARD 同 GoFun 类似，有多种收费标准，有分时租、包夜租、短租、长租，见表 4-4。以最便宜的车型荣威 E50（4 门 4 座两厢车）为例，它的收费标准是 0.5 元/min 起，日租费用为 180 元/d 起。

"EVCARD"租车费用明细示例　　　　　　　　表 4-4

项目	车型		其他		
	奇瑞 EQ/荣威 E50	之诺	包夜租（EQ/E50）	日租（EQ/E50）	之诺（EQ/E50）
基本费用	0.5 元/min	1 元/min	80 元/次	180 元/d	360 元/d
服务费用	0.1 元/min	0.1 元/min	无	36 元	无
不计免赔	1~3 元	1~3 元	3 元	3 元	3 元
跨区服务费	50 元/次				

选择日租套餐后，若未满日租套餐价格就还车，价格还是以"分钟单价×使用时间"算，不会直接收日租套餐价。比如：选择了北汽车型日租套餐 180 元/d，租用了 3h 就还车，费用为 180min×0.5 元/min＝90 元，而不是 180 元。若满日租价格后，24h 内都算日租价；一旦超过 24h，超出部分不满日租套餐价以标准费用计费，满足日租套餐价则自动转为包 2 天，即租用 48h 按 2 个日租价格收费。

（三）共享汽车分时租赁定价方式

分时租赁的定价方式，初期借鉴了汽车租赁行业按时间收费的规则，将计价时间的颗粒度细化到分钟，以 EVCARD 为代表。随着业务发展，其他运营企业从自身产品和用户需求的角度，引入了"时间＋里程"的复合定价模型，开始尝试更多样的定价方式，甚至同一品牌在不同城市、不同车型和不同时间段的定价模型完全不同。分时租赁行业主要采用 3 种计费模式。

(1) 按时间计费，如 EVCARD、一步用车等；

(2) 按"时间＋里程"混合计费，目前大多数企业采用这一定价模式，如 GoFun、有车出行等；

(3) 按"起步价＋时间＋里程"混合计费，如联动云。

除了以上基础的计费方式外，还包括特殊计费方式的辅助计费服务，如包夜计费（夜租）、按日计费（整日租）等，其多元的计费方式为顾客提供了多元选择的机会，提高了分时租赁的核心竞争力。

分时租赁租车价格一般与地域及车辆档次有关，普遍低于当地出租汽车打车价格，且行驶里程越长，其经济性体现得越明显。以北京为例，在无拥堵情况下，行驶里程为 15km、时长为 40min 的分时租赁（租赁车辆为奇瑞 EQ）价格为 26.5 元，而出租汽车价格约为 42 元，分时租赁价格约为出租汽车价格的三分之二；在行驶里程为 40km、时长为 1h 的情况下，分时租赁和出租汽车的价格分别约为 66 元、130 元，分时租赁价格约为出租汽车价格的二分之一。差异化定价模式旨在通过对用户采用提价或降价的措施，从而改变用户用车需求。例如在车辆闲置站点通过降价吸引用户用车，提高用车需求，在用车需求拥挤站点可采用提价措施，从而减缓用车压力并可增加营收；同样可通过提降价措施鼓励用户及时还车。差异化定价模式能有效地帮助企业进行车辆调度，跟传统的人为调度方式相比能提升效率、降低运营成本和增加营收。

除了差异化定价之外，运营企业可根据场景、时间、交通现状等因素调整价格。以 EV-CARD 为例，在工作日时段，EVCARD 的需求量随着价格的增加而降低，而在非工作日时段，EVCARD 的需求量随着价格的增加反而出现了小幅上升。

主要分时租赁企业计费方式及押金收取标准见表 4-5。

主要分时租赁企业计费方式及押金收取标准　　　　表 4-5

序号	企业名称	计费模式	时间计价（元/min）	里程计价（元/km）	押金金额（元）
1	环球车享（EVCARD）	时间	0.6	0	1000
2	首汽智行（GoFun）	时间+里程	0.1	1.5	699（芝麻信用达 700 分免押金）
3	联动云	起步价+时间+里程	0.1	1	999（芝麻信用达 700 分免押金）
4	途歌（TOGO）	起步价+时间+里程	0.28	1.88	1500
5	左中右微公交	起步价+时间+里程	固定站点	1	1000
6	摩范出行（Morefun）	时间+里程	0.17	1	1000（芝麻信用达 700 分免押金）
7	有车出行（Urcar）	时间+里程	0.15	1.5	2000
8	马上用车（Ponycar）	时间	0.6	0	500（芝麻信用达 700 分免押金）
9	易开出行	时间+里程	0.1	0.6	1000
10	绿狗租车（Greengo）	时间+里程	0.1	1.5	1000

第三节　运营分析方法与关键技术

一、用户使用意愿分析方法

目前，共享汽车行业正处在高速发展阶段，众多共享汽车平台企业，如 EVCAED、GoFun

出行、摩范出行、联动云等纷纷进军汽车市场。随着竞争不断加剧以及市场日趋成熟，未来的共享汽车服务将更加多元化和细分化。因此，有必要了解用户使用共享汽车的意愿，通过对共享汽车现有用户和潜在用户进行调研，结合自身使用的感受来剖析其影响的因素，准确地把握用户对共享汽车服务的需求，此基础上不断对共享汽车平台企业的运营管理和服务进行优化、改善和提高，从而促进共享汽车产业的持续健康发展。

（一）用户使用意愿影响因素

1. 感知易用性

共享汽车的使用是通过其平台的移动 App 来实现的，各大汽车共享平台公司都推出了自己的移动 App，但各大共享汽车平台的 App 的操作界面以及操作的舒适性和灵活性各不相同，这些都会影响用户的使用情绪和意愿，大多数用户都希望操作界面越简洁越好，在扫码过程中花费的时间越短越好。

2. 感知风险性

用户在使用共享汽车时，只需要在移动 App 上注册自己的信息后就可以使用了，如果用户在平台注册的信息被非法泄露和贩卖，这会使用户饱受一些垃圾信息和电话的骚扰。用户在享受移动支付带来便利的同时也承担支付的风险，移动支付可能导致用户的私人信息泄露。目前，共享汽车整个行业的发展还不够成熟，各式各样的共享汽车质量参差不齐，用户在使用共享汽车过程中酿成车祸的情况也偶有发生，用户的人身安全不能得到很好的保障，这些风险的存在都会影响用户的使用好感。

3. 感知优惠

各大共享汽车企业为了在激烈的市场竞争中抢占市场，都会给予新用户各种优惠措施，如扫描注册即送抵扣券或者首次使用 2h 内不收费等，通过这些优惠补贴来吸引用户，让用户养成用他们平台车的习惯，从而带来品牌忠诚度。

4. 感知费用

目前，大部分的共享汽车平台都需要用户在使用前支付一定的押金，不同的平台对押金的收取不同，少则几百，多则上千，押金金额的大小会影响用户的使用意愿。当使用完共享汽车后，押金退还的问题成为一大争议，有些平台退款缓慢，甚至有部分人被推迟或无法退还押金。由于当前我国共享汽车的法律法规还不健全，从而导致用户的权益无法得到保障。一些使用者认为共享汽车并不划算，如果使用者的押金无法退还，将会增加用户的感知费用，使得用户不会持续使用。

（二）用户意愿分析调查

研究消费者对某种服务需求倾向及影响因素最常见的方法是通过调查问卷的形式，对潜在用户或者已使用该服务的用户进行调研。

设计调查问卷至少要做两方面的决定：一是问卷中要包括什么问题；二是如何设计这些问题的措辞。在设计问卷之前，需要明确解释变量 Y（如本文选择的为是否愿意使用分时租赁或分时租赁使用的意愿程度）和被解释变量 X（影响或和 Y 相关的变量），经常包括人口统计学因素、心理因素、环境因素及外界因素等。问卷设计的基本原则和流程如下。

1. 问卷设计的基本原则

（1）有效性。样本数据数量与单份问卷的有效性是问卷有效性的基础。设计问卷者站在被调查者的立场上设身处地地为他们考虑、设计时，可以大幅度地提高问卷有效性。由于被调查者教育程度、生活方式等的不同，尽可能地考虑各个层次被调查者的不同情况。

（2）简明性。一个完整的问卷，在设计上要仔细斟酌，避免重复拖沓，保证题目内容、比例合理。且调查题目数不宜过多。问卷的结构要注意两个方面：问卷问题忌重复出现；开放式与封闭式的问题要安排得当，二者相辅相成。

（3）可接受性。问卷更应做到人性化处理，问题设计口语化、方言化、低龄化等。作为一种普遍的调查方式，问卷被运用于各个领域、各个专业的调查中。因调查群体、年龄等各不相同，所以在设计问卷时要尽可能避免被调查者的抵触情绪。

（4）科学性。问题的设计忌代入个人主观看法与情感，避免出现诱导被调查者的情况，否则会影响被调查者的个人判断，这是不可取也不科学的，须以中立的态度提出问题，保证其科学性。

（5）高效和可分析性。问卷的设计在保证获得同样信息的前提下，应选择最简洁的询问方式，以节约调查成本。问卷的题量和难度要适中，而且要尽量控制其他成本开支。

2. 问卷设计的流程

（1）确定主题，锁定调查群体。主题是问卷问题设计时的范围，调查问卷的设计是围绕某个特定主题所展开的。问卷题目应紧扣主题。而调查对象群体则与问卷语言的设计息息相关，针对调查对象、调查群体的特性来设计表达方式。

（2）查阅资料。通过搜集、查阅相关资料，了解其他同类研究者进行相关调查时的题目设置等，可以少走不少弯路，取其精华为问卷设计打基础。

（3）题项设计。题目是问卷的核心，应着重注意上面所述 5 个设计基本原则，反复斟酌修改。

（4）完善问卷。设计好问卷初稿后，设计者应针对问卷思考以下几个问题：
①问题的必要性、可行性、逻辑性。
②题目数量是否合理。
③问卷所设题目是否全面。
④开放性问题比例是否合适。
⑤问卷说明是否合适。

（5）预调查。为确保问卷质量，在进行正式调查前，需要进行预调查，也就是预测调查，以便及时发现与解决问题。

（6）完成问卷设计。根据预调查所反映的问题，对问卷不断进行修改，直至完成问卷设计。

3. 问卷设计实例

针对某市潜在的分时租赁客户群进行了问卷调查，调查问卷考虑的一般影响因素见表 4-6。

潜在的分时租赁客户群调查问卷考虑的影响因素　　　　　　表 4-6

影响因素类别	具体影响因素
人口统计学	性别
	年龄
	教育程度
	职业
	收入情况
	是否拥有汽车
	有无驾照
出行目的及方式	出行目的
	通勤平均时长
	坐地铁的频次
	是否经常采用公共交通出行方式
	是否骑自行车或者步行
	是否是高峰时段出行
	是否单人出行
	停车条件
环境因素	空气质量
	下雨时长
	气温是否过低
	气温是否过高
分时租赁相关因素	分时租赁与其他出行方式的价差
	租赁时长
	传统燃油汽车或者新能源汽车的选择倾向
	取车、还车、换车的便捷性
	车辆故障处理效率

(三) 用户意愿分析常用方法

根据调研的数据结果进行数据建模,一般常用多元线性回归分析和 Logistics 回归模型等不同的建模方法进行影响因素的定量分析。

1. 回归分析

回归分析是一种预测性的建模技术,它研究的是因变量(目标)和自变量(预测)之间的关系。其从一组数据出发,确定某些变量之间的定量关系式,即建立数学模型并估计其中的未知参数。估计参数的常用方法是最小二乘法。常用的回归分析方法包括线性回归、多元线性回归及非线性回归等,其中线性回归仅有一个自变量与一个因变量,其中,多元线性回归是指多个因变量对多个自变量的回归分析,线性回归中要求自变量和因变量都是连续型变量。结果可表明自变量和因变量之间的显著关系及多个自变量对一个因变量的影响强度。

回归分析比较衡量不同尺度的变量之间的相互影响,如价格变动与促销活动数量之间的联系。可帮助市场研究人员、数据分析人员以及不同领域研究者排除并估计出一组最佳的变量,用来构建预测模型。

$X_1, X_2, X_3, \cdots, X_K$ 为一组自变量,Y 为因变量。其中自变量为影响用户使用分时租赁的相关因素,因变量为用户使用分时租赁的意愿程度。

多元线性回归模型可为:

$$Y = b_0 + b_1 X_1 + b_2 X_2 + b_3 X_3 + \cdots + b_K X_K \tag{4-1}$$

式中:b_0——常数项;

b_K——与研究因素 X_K 有关的参数,称为回归系数。

当因变量 Y 为非连续型变量即离散变量时,如租赁的使用意愿影响因素变量值为是或否时,线性回归分析方法将不适用,可采取常用的分类变量分析方法,即 Logistics 回归分析。

2. Logistics 回归分析

Logistics 回归分析是观察结果与影响因素自变量之间关系的一种多变量分析方法,属概率型非线性回归,用来分析每个影响因素对分时租赁使用意愿的影响。Logistics 回归分析根据因变量取值类别不同,又可分为二分类回归分析和多分类回归分析。二分类回归分析中,因变量只能取两个值 1 和 0(虚拟因变量);多分类 Logistics 回归分析中,因变量可以取多个值。

$X_1, X_2, X_3, \cdots, X_K$ 为一组自变量,Y 为因变量。当 Y 是愿意使用时,记为 $Y=1$;当 Y 是不愿意使用时,记为 $Y=0$。用 p 表示发生肯定回答的概率,用 q 表示发生否定回答的概率,显然 $p+q=1$。

Logistics 回归模型为:

$$f(p) = \frac{e^{\beta_0 + \beta_1 X_1 + \beta_2 X_2 + \cdots + \beta_K X_K}}{1 + e^{\beta_0 + \beta_1 X_1 + \beta_2 X_2 + \cdots + \beta_K X_K}} \tag{4-2}$$

也可以写成:

$$f(q) = \frac{e^{\beta_0 + \beta_1 X_1 + \beta_2 X_2 + \cdots + \beta_K X_K}}{1 + e^{\beta_0 + \beta_1 X_1 + \beta_2 X_2 + \cdots + \beta_K X_K}} \tag{4-3}$$

式中:β_0——常数项;

β_K——与研究因素 X_K 有关的参数,称为偏回归系数。

因 $f(p)$ 对 X 的变化在 $f(p)=0$ 或 $f(p)=1$ 附近不敏感、是缓慢的,且线性化的程度较高。因此引入 $f(p)$ 的 Logistics 回归变换,即:

$$g(p) = logit f(p) = \ln\left(\frac{f(p)}{1-f(p)}\right) = \beta_0 + \beta_1 X_1 + \beta_2 X_2 + \cdots + \beta_m X_m \tag{4-4}$$

用极大似然估计法求解模型中参数 β_j 的估计值 $b_j (j=1,2,\cdots,k)$。当各事件独立发生时,n 个观察对象所构成的似然函数 L 是每个观察对象的似然函数贡献量的乘积,即:

$$L = \prod_{i=1}^{n} l_i = \prod_{i=1}^{n} P_i^{Y_i} Q_i^{1-Y_i} \tag{4-5}$$

最大似然估计法的原理,是使得 L 达到最大时的参数值记为所求的参数估计值,计算时是将该似然函数取自然对数后,用牛顿迭代法求解参数估计值 $b_j(j=1,2,\cdots,k)$。

通常可使用不同统计分析软件求得各个变量的相关系数,如 Eviews,其输出的计算结果格式见表4-7。

Eviews 输出的回归分析运算结果格式　　　　表4-7

类别	数据类型	相关系数	标准误差	P-Value	$Exp(B)$
常数	—	−5.220	0.853	0	0.011
性别	男1,女0	0.028	0.12	0.768	1.012
……					

相关系数表达了自变量与因变量的相关性,相关性可分为正相关和负相关。P-Value 可以表示自变量可否通过在不同水平下的显著性检验,这里以 10% 为判别标准,若值小于 0.1,可认为自变量通过显著性检验,对分时租赁的选择产生了一定影响。$Exp(B)$ 表征增加一个单位的自变量对模型选择分时租赁模式的影响。通过分析各个相关系数和相关系数的 P-Value,可以分析各个影响因素是否选择分时租赁的相关性及其影响程度。

(四)用户使用意愿提升措施

1. 优化 App 易用性

在移动互联网环境下,用户已经形成了自己的消费习惯,用户喜欢使用简单易用的产品和高质量的服务。因此,共享汽车企业应该设计简单易操作的 App,不断优化 App 的界面,做到各年龄段的用户均能使用该 App,减少用户在 App 使用上的时间,提升出行效率和用户的满意度,同时可以通过嵌入第三方支付平台,如支付宝和微信等,使得整个用车过程更加简单和方便。

2. 增强系统安全防护

随着用户对使用共享汽车时的安全意识在不断地提高,用车的安全成为用户首要考虑的因素之一。因此,共享汽车平台应该重视用车安全性,企业需要建立专业的维修团队,定期和不定期地对共享汽车进行检测,对有问题的车辆应该及时进行维修,对于不能维修的车辆应该立即报废。同时,共享汽车平台要严守用户的信息,不做损害用户权益的交易,企业需要加强信息系统管理,严防不法分子对用户的信息进行窃取和非法使用。国家也需要制定相关的法律法规以保护消费者的权益和隐私,严惩非法泄露和贩卖用户信息的平台。汽车共享平台在保护用户财务信息安全的前提下,需要对支付系统进行优化和升级,保障支付环境的安全。

3. 确保优惠力度

共享汽车企业在市场初期,不要仅仅只考虑企业的利润,还需要考虑如何抢占用户,提高企业品牌的忠诚度。因此,平台要让利于用户,以获取用户黏性。

4. 降低租金门槛

共享汽车企业应该严格按照相关法律制度加强用户押金的管理,接受外界第三方机构的监督,及时快速地退还用户的押金。平台还可以建立自己的用户信用评分机制,对于信用优良的用户可以免押金让其使用。

二、网点布局优化方法

共享汽车网点布局是指在考虑多种因素的情况下确定网点在城市范围内的投放位置和投放规模。分时租赁运营商在选择网点布局时应当考虑多方面的因素,既要考虑用户的需求,又要考虑用户使用分时租赁出行的便捷性,还要考虑实际的停车条件等,可以对分时租赁的网点布局进行优化。

(一)共享汽车需求分析

1. 用户需求

目前,共享汽车的需求主要由城市居民、外来游客和在校大学生这三类用户构成,因此这三类用户的特征是共享汽车企业在选择租赁网点候选点时应该考虑的重要因素。

(1)城市居民是共享汽车的主要客户群体之一,主要通过租赁共享汽车达到上班、休闲旅游、走亲访友等目的。共享汽车具备低廉的租赁价格、便捷的租车手续和完善的客户服务等特点,使越来越多的城市居民在有中短途出行需求时选用共享汽车。

(2)外来游客是指从外地到共享汽车服务所在城市来游玩的群体,也是共享汽车的潜在客户群体。共享汽车方可以将行李放在行李舱,使游玩出行更加便捷。大城市虽然拥有丰富的旅游资源,但是交通压力大,停车位资源紧张且费用较高,因此很多游客选择公共交通到达大城市,然后根据自己的出行需求租赁车辆进行游玩。目前,一些城市为发展旅游业,推出"与旅游等生态相结合的落地拓展模式",以解决游客的"最后一公里"问题。

(3)在校大学生是共享汽车的重要客户群体。大学生由于没有收入来源,购买汽车相对困难。共享汽车低廉的出行成本、较低的租赁门槛是吸引大学生的主要因素。

2. 空间需求

共享汽车的需求空间主要受地理因素和交通因素的影响。地理因素一定程度上影响了共享汽车需求点的用地属性,交通因素则直接影响了共享汽车需求点出行和换乘的便利性,地理因素和交通因素均是选址问题中不可忽略的影响因素。

(1)地理因素。地理条件的好坏对共享汽车网点运营产生直接影响。地形条件不好的地方既会对用户租赁共享汽车的便利性产生影响,也会增大企业对租赁网点的建设成本。因此在布局租赁网点时,应该考虑地形平坦、面积宽广的区域,这样不仅能够增加用户对共享汽车的使用率,还能便于企业对汽车进行运营调度。当共享汽车租赁网点附近存在住宅区、高校、重大交通设施等出行需求聚集、活动频繁的区域时,共享汽车的需求较大,使用频率也会增加。

(2)交通因素。共享汽车网点附近的交通情况影响用户使用共享汽车出行的便捷性,从而影响用户的使用频率,同时还直接影响企业后期的运营成本。因此需要考虑生活区、大学区等大量用户聚集的需求点到达网点是否便利。同时由于城市公共交通不是"门到门"的服务,共享汽车具有接驳城市公共交通的功能,解决人们出行最后几公里的问题。所以设置租赁网点时,应该考虑与城市公共交通换乘便利性的问题。

(二) 网点布局原则

1. 用户最优原则

在共享汽车企业运营商和用户的关系中,运营商扮演服务者角色,为用户提供一定的服务,获得一定的利润,故网点的选址应以用户的需求为基础,为用户提供便捷的服务,减少共享汽车出行中用车难、找车难等问题,同时降低用户的出行成本。

2. 兼顾企业效益原则

企业运营商在运营前期需投入一定的资金,包括租赁成本、车辆成本、运营成本等,并且前期投入成本较大,企业在提供更好服务的同时也应获得一定的利润,因此,网点选址在考虑用户需求的前提下,应当尽可能减少成本投入、增加收益,使企业可以正常运转。

3. 协调性原则

共享汽车的网点设置应与城市整体规划相协调,网点设置不能过分集中,否则会导致投入的车辆不能被充分利用,并且占用城市有限的停车资源,造成车辆及停车资源的浪费;网点设置也不宜过于稀疏,否则会出现供不应求的现象,用户的需求得不到满足,不利于共享汽车的长远发展。

4. 社会经济效益原则

共享汽车网点的合理布局应有助于提高共享汽车的利用率。一方面,停车位资源以及车辆资源得到充分利用,使用户出行更加便捷;另一方面,可以缓解城市污染、停车压力及道路交通压力等,提高社会经济效益。

(三) 网点布局分类特点

结合共享汽车发展概况及网点选址原则分析,为了使网点布局能够满足用户现阶段和未来增长的出行需求,并尽可能够筛选出所有的共享汽车候选网点,可将网点分为两类。城市区域内不同用地所产生的共享汽车需求不一致,部分用地限制对外开放,类似机关用地、酒店等不能作为共享汽车网点。以社会公共停车场为对象,考虑新老城区停车资源分布不均衡,租赁网点包括在老城区或土地开发强度较大的地区与公共停车场合用,在新区或停车资源较多的区域自建停车场网点。

1. 一类网点

一类网点是已建设的共享汽车网点和区域内合适的停车场。在结合共享汽车运营商已建设或租借的共享汽车网点的基础上,考虑与商场、酒店、学校、单位、交通枢纽等用车需求较大的邻近停车场作为共享汽车租赁备选点。

2. 二类网点

二类网点是补充和提高需求覆盖的自建网点。在一类网点的基础上,城市部分区域需求尚未满足,结合土地利用规划,在停车用地的基础上,需要再建设车辆网点以覆盖出行者的交通出行需求。并且考虑未来城市拓展和需求增加,新增建设共享汽车租赁点来满足城市未来新增的共享汽车需求。

(四) 网络布局优化方法

共享汽车网络布局优化方法旨在合理布置共享汽车站点,以提升服务效率和满足用户出行需求。交通网络优化需考虑城市道路网络和交通流动情况,优化站点布局,以便于用户进出和出行。具体可利用数据和预测模型分析用户的出行模式和热点区域,优化站点数量和位置;通过合理安排站点间的距离,让用户更容易找到离自己最近的站点,减少出行时间和成本,以满足用户需求。布局方法应满足覆盖范围广泛、用户方便接近、均衡性和可达性,并能预测和动态调整布局以适应变化。共享汽车网络布局优化方法旨在提高服务效率、满足用户需求,实现更好的共享出行体验。以下以现有研究中常用的多目标优化下的网络布局优化方法和基于手肘法的共享汽车网络布局优化方法进行建模流程举例分析介绍。

1. 多目标优化下的网络布局优化方法

企业、顾客和政府对于共享汽车的态度是不同的,企业追寻利益最大化,顾客希望共享汽车使用便利性最高,政府需要从多角度考虑共享汽车的发展。因此,共享汽车的网络布局追求的目标是多样化的。

1) 目标函数

基于需求的最优规划,在满足分时租赁市场需求的基础上,使得总投入成本最小,即所投入分时租赁的汽车数量最少、建设分时租赁网点最少,求解中通过模型的逐步迭代优化得到最低成本,构建共享汽车网点选址优化模型,目标函数见式(4-6)。

$$最小成本 = \min\left[\sum_{i=1}^{m}(f_i c_{\text{purchasing}} + f_i c_{\text{parking}} + y_i c_{\text{running}})\right] \quad (4\text{-}6)$$

式中相关参数或变量的含义见表4-8。

参数和变量所代表的含义 表4-8

参数或变量	含义
i	潜在租赁点
j	需求点
f_i	站点i用于分时租赁新能源汽车的数量
c_{parking}	分时租赁新能源汽车单车停车成本
$c_{\text{purchasing}}$	分时租赁新能源汽车的单车车辆成本
c_{running}	分时租赁站点运营成本
y_i	如果该潜在租赁点需要建设取值"1",否则取"0"
d_{ij}	潜在租赁点i与需求点j之间的距离
z_{ij}	数学[0,1]矩阵,用于限定潜在租赁点与需求点之间的服务关系
$d_{\max}$	需求点j的用户心里能接受自己距离分时租赁网点之间的最大距离
k_p	分时租赁新能源汽车单车日均服务次数
n_j	需求点j的需求量
$p_{i\max}$	潜在租赁点可用于分时租赁最大的停车位数量
w_i	需求点人口密度
$b_{\min}$	最低人口密度

2）约束函数

网点与需求点的最大距离约束：每一个分时租赁网点与其所服务的需求点之间的距离应小于用户（及潜在用户）最大的心理预期值，从而保证用户消费体验。这是整数规划中重要的约束条件，该约束强制排除了与需求点距离过远的潜在租赁网点。网点与需求点的最大距离约束见式(4-7)。

$$d_{ij}z_{ij} \leq d_{max} \ \forall \ i=1,\cdots,m \ and \ j=1,\cdots,n \tag{4-7}$$

网点覆盖约束：各分时租赁网点与需求点之间服务关系的布尔值函数，即如果两者间距离小于用户最大的心理预期值[满足约束式(4-7)]，则认为两者具有服务关系，取值为"1"，否则取值为"0"。网点覆盖约束见式(4-8)。

$$\sum_{i=1}^{m} z_{ij} = 1 \ \forall \ j=1,\cdots,n \tag{4-8}$$

需求点被覆盖约束：每一个分时租赁网点的服务能力应能够满足其所服务的需求点的需求总量，从而保证每个消费者的总需求都能被满足。需求点被覆盖约束见式(4-9)。

$$f_i k_p = \sum_{j=1}^{n} n_j z_{ij} \ \forall \ i=1,\cdots,m \tag{4-9}$$

网点与需求点的最大停车位数约束：每一个分时租赁网点所投放的车辆数应小于该网点可用于分时租赁的最大的停车位数，保证新能源汽车在分时租赁状态下一定有车位。网点与需求点的最大停车位数约束见式(4-10)。

$$f_i \leq p_{i\max} \ \forall \ i=1,\cdots,m \tag{4-10}$$

网点与需求点的最小密度约束：分时租赁网点只选择在人口密度较高的地区。因诸多研究表明，人口密度大的地区发展分时租赁的前景更好。网点与需求点的最小密度约束见式(4-11)。

$$w_i \geq b_{min} \ \forall \ i=1,\cdots,m \tag{4-11}$$

以上式中相关参数和变量所代表的含义，见表4-8。

3）模型求解方法

根据模型描述，网点布局优化问题是属于多目标优化问题，对两个目标，投入分时租赁的汽车数量和建设分时租赁网点最少同时进行优化，很难找到使得两个目标同时最优的解。在多目标优化问题中，为使得多个子目标最优，通常只能求取模型的非劣解，即Pareto最优解。

此类问题通常是非确定性多项式(Non-deterministic Polynomial, NP-hard)问题，通常采用智能算法求解。常见的智能算法有遗传算法、模拟退火算法、免疫算法、蚁群算法、混合智能算法等。

较常使用的遗传算法是由美国密歇根大学的Holland教授及其学生于1975年提出。遗传算法的提出正是受到了生物进化理论的启发。其将自然界各种各样的生物进化遵循的"适者生存，优胜劣汰"机制应用至优化问题的求解当中，逐渐形成了遗传算法。遗传算法的基本原理是通过编码或者简单实数法等方法对初始种群进行简单编码，由不同基因组合形成的每一条染色体均为该问题的一个可行解。将初始种群进行遗传、变异、选择等操作后，逐渐演化产生出越来越适合环境的种群，即越来越优的可行解。

由于共享汽车停车点布局优化模型中,需要对需求点、备选点之间的联系进行描述。而遗传算法求解过程当中,简单染色体并不能够很好地表示出有向图中的边的关系,即使用遗传算法求解时,简单染色体不能很好地表示出节点之间的联系。同时,由于两个目标函数之间存在矛盾关系,对于用户来说停放车最便捷意味着共享汽车的停放点越密集,但对企业来说,希望用尽可能少的停放点即可满足最多的用户需求。此时,若直接采用遗传算法对模型进行求解,会出现最优解收敛速度过慢、局部搜索能力差的问题。因此,通常需要在编码规则和适应度两方面进行改进。

2. 基于手肘法的共享汽车网络布局优化方法

基于手肘法的共享汽车网络布局优化在基于发生中心和吸引中心共享汽车位置的基础上,结合共享汽车网点的当前数量 N_{sta},通过聚类算法确定共享汽车网点的位置。因此,K-means 模型的输入为数据样本 $X = C_{car}^O \cup C_{car}^D$ 和分类数目 $K = N_{sta}$,输出为聚类中心 $C^{End} = C_{sta} = \{c_1, \cdots, c_{N_{sta}}\}$、类对象集合 $S^{End} = S_{sta} = \{s_1, \cdots, s_{N_{sta}}\}$ 以及类对象长度集合 $N_{car}^{sta} = \{len(s_1), \cdots, len(s_{N_{sta}})\}$,起讫点双向约束模型如公式(4-12)所示。

$$[C_{sta}, S_{sta}, N_{car}^{sta}] = f(X = C_{car}^O \cup C_{car}^D, k = N_{sta}) \quad (4\text{-}12)$$

式中:C_{sta}——共享汽车网点的位置;
C_{car}^O、C_{car}^D——基于发生中心的共享汽车位置;
S_{sta}——共享汽车网点包含车辆的位置;
N_{car}^{sta}——共享汽车网点包含车辆的数量;
N_{sta}——共享汽车网点数量。

在利用 K-means 聚类实现起讫点双向约束下共享汽车网点布局的过程中,分类数目为共享汽车网点的当前数量 N_{sta},利用手肘法分析聚类在不同分类数目下的效果,并确定最佳分类数目。

对于一个类,它的畸变程度越低,代表类的内部成员越紧密,畸变程度越高,代表类的内部结构越松散。畸变程度会随着分类数目的增加而降低,成本函数也随着类别的增加而降低,但对于有一定区分度的数据,在达到某个临界点时畸变程度会得到极大改善,之后缓慢下降,这个临界点既保证了聚类的精度,同时又能缩减分类数目,从而提高聚类结果的泛化程度。为了找出临界点,需要绘制 k-SSE 曲线,如图 4-6 所示。

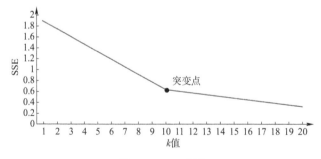

图 4-6 k-SSE 曲线

图 4-6 中,在突变点左侧时,SSE 降低幅度较大,而在突变点右侧时,SSE 降低幅度明显

减小,则该突变点是手肘。

在起讫点双向约束下的共享汽车网点布局的基础上,以手肘法确定的最佳 k 值 k_{best} 作为共享汽车网点布局问题中的分类数目,优化共享汽车网点布局。

三、运营调度优化方法

目前,分时租赁共享汽车运营商普遍采用的单程式运营模式,可以满足用户偶然的、频发的短时间、短距离的用车需求。但是由于用户的需求具有时间上的潮汐性和空间上的不对称性,往往导致系统内一些站点车辆积压,后进入站点还车的用户在寻找停车位时耗费大量时间,甚至不得不选择其他站点归还车辆;而另一些站点车辆紧缺,站点附近有出行需求的用户却无车可用。这些情况最终将造成系统内车辆的利用率下降,用户的服务水平降低,影响运营商的收益水平。因此,在现实中,运营商通常会采取车辆调度操作,将系统内的车辆进行重新定位分配,来适应用户需求。

(一)分时租赁共享汽车调度原则

在共享汽车的车辆调度过程中,对完成调度任务整体所创造的效益达到最大,调度成本最小,并不局限于每次调度任务的收益最大或成本最低。因此共享汽车在调度过程中需要遵循如下原则。

1. 最大效益分配原则

运营商将某个时段内所有网点的车辆调度决策是将该车辆调度的产值按照高低进行排序,优先分配调度任务效益最大的,该策略对于同时段单个租赁网点多个调度需求任务同样适用。

2. 最小调度成本原则

在车辆调度时,运营商应考虑车辆调度路径所花费的成本,多任务需求下安排的调度人员数量所花费的成本以及放弃任务下的损失费用,应保证在整个任务周期中的花费最小。

3. 供需匹配原则

当满足用户需求的车辆数不足时,从供给车辆过剩的租赁网点调到供给不足的租赁网点;当用户需要停放车辆而空车位不足时,需要将该车辆租赁点多余的空车调到停车位充足且距离较近的网点,同时考虑车辆调配对下一周期时段的用车需求的影响,提出使调度频率最低和调度车辆最少的调度方法。

(二)分时租赁共享汽车调度模式

根据车辆调度任务执行的主体不同,分时租赁共享汽车系统的调度模式可以分为基于运营商的车辆调度和基于用户的车辆调度。

1. 基于运营商的调度

在基于运营商调度的模式下,运营商需要根据系统内车辆的状态和用户的用车需求,安排调度员从车辆积压的站点将车辆调度至车辆紧缺的站点。这种方法能快速响应系统中车辆不平衡产生的调度需求,但会产生较高的运营成本。在该模式下,有库存平衡、时间最短和阈值触发3种常见的调度策略。

库存平衡策略侧重于成本效益,即在调度每一辆车时,使得系统的不平衡程度改善效果最大化。时间最短策略侧重于服务水平,即能够在最短的时间内改善系统的不平衡状态,使每个调度任务执行的时间最小化。在实际运营中采用库存平衡策略时,运营商可以根据情况调节站点的阈值范围,在系统服务水平和系统运营成本中进行权衡,这就是阈值触发策略,它更加适合系统的实际运营情况。此外,阈值触发策略在实际运营中较为方便,计算过程与前两种策略相比更加简单,运营商实施起来更为容易,因此,阈值触发策略是运营商普遍采用的调度策略。

2. 基于用户的调度

在基于用户调度的模式下,运营商通过价格激励策略,给予在车辆积压站点取车和在车辆紧缺站点还车的用户优惠的价格,引导用户在使用车辆出行的过程中实现系统车辆分布的平衡。这种方法与基于运营商的方法相比,可以大幅减少运营管理成本,但是调度速率较慢,部分站点间的调度需求存在没有用户响应的情况,同时,由于一些站点间的旅行价格提高,导致潜在用户需求的损失。因此,目前大多数的运营商只采用了基于运营商的调度模式,较少的运营商采用基于用户的调度模式。在基于用户的调度模式下,存在行程合并(分割)、鼓励用户尽快归还车辆、推荐取车还车站点和动态定价4种策略。

行程合并(分割)、鼓励用户尽快归还车辆和推荐取车还车站点策略都是采用价格激励措施调节各个站点的车辆供给和用户需求状况,减少车辆紧缺站点的出行需求以及车辆积压站点的车辆供给,提高车辆的利用率,从而改善车辆供给不足、用户需求过剩的状况,从用户需求和车辆供给的角度来改善系统的不平衡状态。相比于前三种基于用户的调度策略,动态定价策略实施起来更为容易,在执行调度时,系统需要执行的计算量较少,同时前三种策略还需要考虑用户因素对于价格激励措施的接受程度,不同用户对于价格激励措施的认可程度不同,用户的行为选择难以通过数学模型准确表达,存在不确定性。从实践经验来看,较少的用户会因为有限的价格优惠而牺牲个人出行的便捷性和私密性,因此,动态定价策略是基于用户的调度模式主要采用的方式。

(三)分时租赁共享汽车调度方法

共享汽车调度问题是共享汽车服务平台在产品运营过程中面临的重要问题之一。共享汽车服务平台在各大城市的主要区域投放一定数量的车辆后,城市的共享汽车初始分布状态形成,随着用户需求的产生和完成,城市的共享汽车分布发生变化,区域的供需不平衡现象出现,城市范围内车辆短缺和车辆闲置两种状态并存。此时,为满足用户需求,最直接的方法是加大车辆投放量,虽然能够部分解决用户需求,但随之而来的是固定成本的大幅提升和某区域车辆过于饱和以致无处可停等一系列问题的发生。显然,这并不是解决问题的合理办法,平台更应该考虑的是如何通过已有车辆的调度来满足用户需求。所以,如何设计调度方案、如何建立调度模型、如何规划车辆路径使得平台总成本最小显得尤为重要。

分时租赁共享汽车系统的调度策略种类较多,各种方法均具有不同的优势和缺陷,在基于运营商的调度模式下,运营商普遍采用阈值调度策略来进行车辆调度操作,在基于用户的调度模式下,动态定价策略是最主要的方式。但基于运营商的调度模式由运营商来主导,调度速率较快,因此在实际中大多运营商只采用了基于运营商的调度模式,而忽视了基于用户的调度模式所具备的优势。单一依靠运营商来完成调度任务或单一依靠用户来完成调度任务均会造成系统总收益的损失,基于用户的调度方式应当成为分时租赁共享汽车系统进行调度的重要补充。结合上述分析,并依据已有研究成果,以从运营商调度角度出发的基于时间窗的共享汽车调度方法的建模流程进行举例分析。

1. 问题描述

1)全自主迁移

在传统的车辆调度中一般是以半自主迁移的调度策略进行,即行车时间段由用户驾车移动,在调度时间段由租车公司进行专门的车辆迁移。在整个车辆调度过程中,行车费用成本和人力成本均由租车公司承担,此方式的管理控制更为方便,但是成本更高。然而,采用全自主迁移的调度策略,用户根据 App 推荐自发的将车辆停放至较近的有充电桩的停车场,接受 App 推荐停车地点的用户可以享受价格的折扣或优惠券,此方式的成本会更低,具体实施效果取决于用户的信誉度。全自主迁移的策略,考虑租车企业的运营成本和用户的租车体验度之间的矛盾关系,通过时间窗进行平衡,因此,在调度中只需要考虑车辆密集区域和稀少区域之间的协调平衡,增加约束条件而简化模型。

2)时间窗

在实际的租车过程中,用户对租车做出一定时间限制,要求在规定时间范围为自己提供服务,即为时间窗。它是一个时间段,用户规定的最早时间 e 和最晚时间 l 确定的区段。在时间窗的范围内服务不需要付额外的成本,但是超出时间窗的部分,会因为泊车费用、车辆等待成本、用户体验度下降等产生额外的隐性成本,因此,在超出用户规定时间窗的部分需要给予一定的惩罚,其成本用惩罚函数表示,如图 4-7 所示。

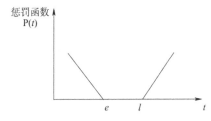

图 4-7　软时间窗的时间惩罚函数

3)车辆调度的时间过程

按照用户和车辆的行为将整个过程分为以下的时间点和时间段(图 4-8)。

(1)时间点:用户预约时间点、车辆开始调度时间点、用户离开出发点时间、用户到达目的地时间;

(2)时间段:拖延时间(包括充电时间在内)、调度时间、行车时间。

其中,拖延时间包括用户步行时间、等待时间、车辆调度时间、充电时间。

车辆调度可有效减少公司总体租车数量而降低成本。拖延时间越长则租车数量越少,将拖延时间看作用户对于车辆延迟服务的容忍程度,值越大,则用户的容忍程度越大从而使调度时间变长,调度时间变长意味着车辆可以从更远的地方进行调度,当提供相同数量的租车服务时,所需的租车数量会减少,以此降低租车公司的成本。

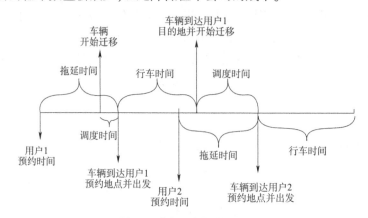

图 4-8 车辆调度的时间过程

2. 带时间窗的调度模型

1) 前提假设

为更好建立带时间窗的多目标车辆调度模型,在传统的 VRP 问题(Vehicle Routing Problem)基础上,做如下假设:

(1) 用户出发点、目的地坐标已知;

(2) 车辆不跨天租赁。即所有车都当天借、还,不接受借隔天还的预约;

(3) 每个用户时间窗 $[e_i, l_i]$ 已知,车辆到达用户出发点时间最好在时间窗内;

(4) 不同停车点车位收费标准可不同;

(5) 用户停车默认选择具有充电桩的停车场;

(6) 增加车辆成本很高,因此选择调度车辆。新增车辆成本有车辆成本、维护成本、车辆电费成本等,而调度成本只有人力费用、电动车的电费等,实在无法满足用户时再增加新车;

(7) 拖延时间客观存在。租车公司可在用户服务协议中阐述拖延时间的适当性,将其变为双方遵守条例,便于调度策略的使用。拖延时间为零的预约为无效预约,用户预约触发算法运行,因此无拖延时间不在本模型研究范围内。

2) 数学模型

目标函数由运营成本、调度成本和用户体验成本三部分组成,确保系统总成本最低,其中,车辆成本表示基本运营成本;车辆在调度的情况下产生的额外成本为调度成本;用时间窗的惩罚函数表示用户体验成本车辆到达早于用户设定最早时间 e_i 则会产生用户等待成本,晚于用户最晚时间 l_i 则会产生用户惩罚成本。因此,车辆集合 K 服务 n 个用户,规定将用户从出发地送往目的地,且对于用户 i 的服务最好是在时间窗 $[e_i, l_i]$ 内开始。若在最早时间 e_i 前到达,则需等待用户;若在最晚时间 l_i 后到达,则需要有一定的惩罚。最终用尽可能少的车,充分利用车辆调度,尽可能满足用户时间窗限制,找出成本最低的车辆调度策略。

时间惩罚函数见式(4-13):

$$P_i(D_i) = \alpha \max[(e_i - D_i), 0] + q \max[(D_i - l_i), 0] \tag{4-13}$$

式中,P_i为惩罚成本;D_i为车辆到用户所在地时间;e_i为用户要求最早服务时间;l_i为用户要求最晚到达时间;α为车辆等待用户产生的单位成本;q为服务延误产生的单位延误成本。

目标函数见式(4-14):

$$\min C = [BK] + \sum_i \sum_j [\theta_{ij} tr(N_i, M_j)]\beta + \sum_i [\alpha \max(e_i - D_i, 0) + q\max(D_i - l_i, 0)] \tag{4-14}$$

约束函数为确保所有的用户都能被服务到,应满足约束条件见式(4-15):

$$\sum_{(i \in n_0, 1, 2, \cdots, r)} \theta_i, j = 1, \forall j \in U \tag{4-15}$$

所有被服务到的用户平衡约束,应满足约束条件见式(4-16):

$$\sum_{i \in \{n_0, 1, 2, \cdots, r\}} \theta_{ij} - \sum_{i \in \{n_0, 1, 2, \cdots, r\}} \theta_{ji} = 0, \forall j \in U \tag{4-16}$$

为判断车辆能否调度,当车辆能在用户j离开前到达其出发点,即$tr(N_i, M_j) < D_j - q_{ij}$时,$\theta_{ij}=1$,否则,$\theta_{ij}=0$,应满足约束条件见式(4-17)和式(4-18):

$$q_{ij} = \max(V_j, A_i), \forall i, j \in U \tag{4-17}$$

确保车辆在调度情况下调度时间跨度在允许的范围内,即车辆离开用户i的目的地后与用户j离开出发点前的时间段。应满足约束条件见式(4-18)和式(4-19):

$$\theta_{ij}[D_j - tr(N_i, M_j) - q_{ij}] \geq 0, \forall i, j \in U \tag{4-18}$$

车辆在调度$tr(N_i, M_j)$的时间后,必须在用户j离开之前到达,应满足约束条件见式(4-19):

$$lv_{ij} \leq [D_j - tr(N_i, M_j)]\theta_{ij}, \forall i, j \in U \tag{4-19}$$

车辆只能在用户i到达目的地后开始调度,应满足约束条件见式(4-20):

$$lv_{ij} \geq A_i \theta_{ij}, \forall i, j \in U \tag{4-20}$$

调度时间约束,规定调度时间不能长于拖延时间,否则不能调度,应满足约束条件见式(4-21):

$$\theta_{ij} tr(N_i, M_j) \leq F, \forall i, j \in U \tag{4-21}$$

判断车辆是否调度,应满足约束条件见式(4-22)和式(4-23):

$$\sum_{j \in \{1, 2, \cdots, r\}} \theta_{n_0 j} = K \tag{4-22}$$

$$\theta_{ij} \in \{0, 1\}, \forall i, j \in U \tag{4-23}$$

以上式中参数所代表的含义见表4-9。

参数所代表的含义 表4-9

参数	含义
U	$\{U_1, \cdots, U_i, \cdots, U_r\}$,用户集,包含所有提出服务预约的用户
P	互联网租车公司的停车站点的集合
K	互联网租车公司的所有车辆的集合
B	较大的常数,以新增一辆车的成本远高于车辆调度的成本的假设
α	车辆闲置时停在停车站点的单位停车费用(元/h),一般由互联网租车公司支付

续上表

参数	含义
q	服务延误产生的单位延误成本
β	车辆调度的单位费用(元/km),根据调度方式的不同数值有变化,是已知常数
D_i	车辆到达用户 i 的时间
l_i	用户 i 要求的最晚到达时间
n_0	车辆初始地点
θ_{ij}	二进制变量,用于区分车辆是否调度,值为 1 时表示车辆从用户 i 的目的地调度至用户 j 的出发点,值为 0 时表示不调度
θ_{ji}	二进制变量,用于区分车辆是否调度,值为 1 时表示车辆从用户 j 的目的地调度至用户 i 的出发点,值为 0 时表示不调度
lv_{ij}	车辆离开用户 i 的目的地前往用户 j 的出发点的时间
M_i	用户 i 的出发点
N_i	用户 i 的目的地
$tr(N_i, M_i)$	车辆从用户 i 的目的地调度至用户 j 的出发点所用时间
F	拖延时间
A_i	用户到达终点的时间
D_i	用户 i 离开起点的时间,或车辆到达用户 i 起点的时间
V_i	用户 i 请求服务的时间
q_{ij}	A_i 和 V_j 中的最大值

四、运营系统平台总体设计方法

(一)分时租赁运营系统平台

分时租赁需要依托信息化、智能化手段,建立统一的数据库和智能租赁终端,实现汽车基于"互联网"理念的运营管理和租赁服务。分时租赁运营系统平台的设计,对于新能源汽车分时租赁的运营服务网络的规模化建设具有重要的意义。分时租赁车联网系统的设计遵循"业务驱动"的原则,以需求调研为基础。系统的业务设计、流程设计都应以客户为中心、效益为核心、以运行为保障的思路进行设计。一个合理的分时租赁运营系统,系统平台架构主要包括以下四个部分。

1. 平台设计内容

1) 自助租车

用户通过手机或电脑等媒介,用手机 App、小程序、微信公众号或租车平台网站进行预约租车、即时租车、自助取车、自助还车等。

2）结算支付

租车结算支付平台为汽车分时租赁用户提供在线结算服务，实现快速、准确的费用结算和其他增值服务结算。支持多种支付方式，通过统一平台实现充电费用和其他增值服务费用的移动支付。

3）车联网

通过开放式智能车辆终端将汽车与构建的云服务平台相互连接，并基于开放式移动App应用，提高汽车智能化水平，实现智能找车、自助取/还车、车辆监控和增值服务。

4）车辆大数据中心

通过采集汽车行驶过程中车辆状态数据、动力蓄电池效能数据、用户租车习惯、租赁点车辆数量、车辆类型、租车服务与交易数据等，将收集到的数据经过 MySQL 数据库、内容分发网络（Content Delivery Network）、对象储存（OSS）后进行快速反应处理。处理后的数据经过 MaxCompute2.0、E-MapReduce、大数据服务（Open Data Processing Service）、开放结构化数据（OTS）等，利用 Hadoop、Spark、HBase 等开源大数据生态系统，为用户提供集群、作业、数据等管理的一站式大数据处理分析服务，同时建立汽车分时租赁运行云数据中心，为汽车租赁服务提供商、租户、新能源汽车厂家等相关各方提供大数据分析增值服务。共享汽车公共服务平台如图4-9所示。

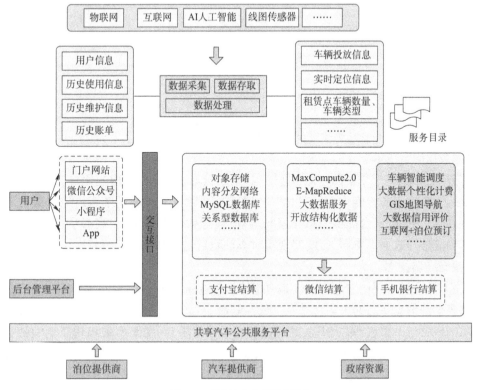

图4-9 共享汽车公共服务平台

2. 平台主功能

1）车辆运行监控技术

集成通信、信息、电子控制和 GIS 等技术，采集分析车辆实时数据信息，实现新能源汽车运行状态数据、位置数据等实时采集与监控，准确监控车辆状态、提高车辆出勤率和车辆利用率，助力企业提高运维智慧化水平，实现降本增效，解决方案案例如图 4-10 所示。

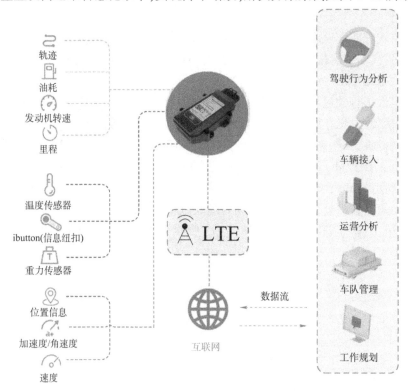

图 4-10　车辆运行监控技术

2）大数据平台技术

系统开发一般基于 Hadoop 大数据架构，采用分布式架构，构建应用层、平台层和设备层，实现新能源汽车的智能化和网联化。分时租赁大数据平台利用车载终端采集的车辆信息并进行处理、分发，平台提供信息交互与管理，通过大数据分析，实现海量用户信息、订单信息、车辆信息等数据库协同管理，实现实时车辆租赁信息和动态运行管理。

3）智能终端技术

智能车载导航终端内置 GPS、Wi-Fi 等模块，通过连接 T-BOX 创建的 Wi-Fi 热点接入互联网，完成车辆信息状态的采集上报及上层控制命令到 CAN 网络层的转发。车身控制模块通过 CAN 总线与 T-BOX 模块相连，并通过其接入数据平台，主要实现租赁车辆关键数据的定期上传、用户远程控制指令执行和安全认证启动管理等相关工作。用户身份验证通过后可实现在线约车、还车，企业可实时获取电动汽车动力蓄电池数据、燃油汽车剩余油量等信息，具有对租赁车辆的运行信息查询、远程控制、和调度优化等功能。为企业提供实时、高效和集成度高的数字化智慧运维支撑，分时租赁智能终端系统功能结构案例见图 4-11。

第四章 分时租赁

图4-11 分时租赁智能远程终端系统功能结构图

4)车辆控制技术

基于车联网的电动汽车车辆控制技术主要集中运用计算机、通信、自动化控制及汽车工程等技术,由智能车载终端、车身控制模块(BCM)、用户租车App/小程序、后台管理系统及后端云服务平台几部分组成,系统技术方案如图4-12所示。车身控制模块、前端车机等关键部件都可通过T-BOX接入车联网,形成网联能力。T-BOX根据后端云端平台设置的数据上传时间,按要求自动上传采集到的上行数据,包括动力蓄电池状态数据、整车状态数据、GPS数据以及报警数据等,同时通过增加CAN总线接口,以满足对其他终端的实时控制,并通过通信模块传送到监控平台。

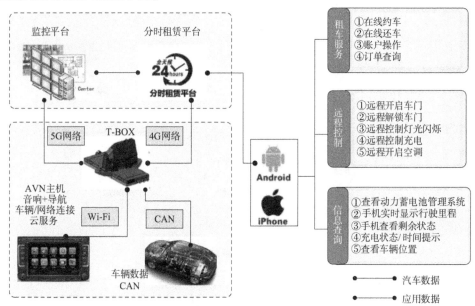

图4-12 分时租赁车辆控制系统技术方案图

具备车辆门锁状态监控、智能终端控制启动与充电、固件远程升级等功能,实现车联网精细化管理。用户租车App/小程序通过通信网络连接到后端云服务平台,在后端云服务平台核验用户身份通过后,用户可在线进行订车、用车、还车,同时可以实时对租赁车辆进行远程控制。

3.平台业务架构

分时租赁平台按功能可由会员系统、车终端、平台App、客服系统以及后台管理系统等模块组成。按技术架构可分为三层架构,从顶层至底层分别是设备层、支撑层和业务层(图4-13)。其中,设备层包括手机、充电桩和车载终端,是基本信息的采集层,分别接收用户通过手机的操作信息、充电桩和车载终端的状态信息;支撑层主要是消息服务、参数管理、调度管理、安全认证和地图引擎等核心组件服务,支撑不同业务种类的开展;业务层包括内部管理和外部应用两个部分,内部管理主要包括分时租赁管理系统及互联网平台,外部应用主要是提供给客户的服务入口,包括手机租车(App)和网页租车(网站)两个部分。

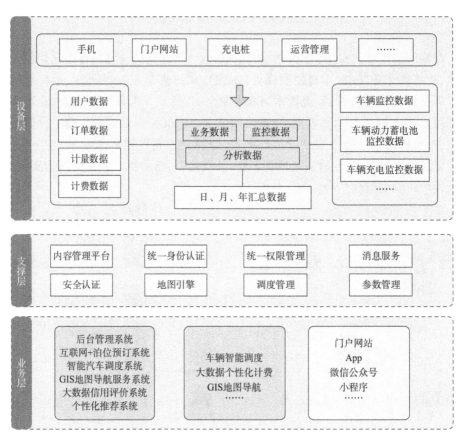

图4-13 分时租赁服务平台框架

4.平台数据框架设计

分时租赁运营及车联网系统采用集中部署模式,系统数据都部署在云服务器上。

采集获取的数据主要来自手机、网站、充电桩和运营管理四个方面,这些数据可以分为三大类:业务数据、分析数据和监控数据。其中,业务数据指在业务处理过程中产生的数据,随业务的增长而增加,包括用户数据、订单数据、计量数据、计费数据等;分析数据指根据业务管理分析需要定期进行汇总的数据,其数据按时间增量增长,数据在线存储时间要求较高,包括所有满足业务分析需要的数据,包括按日、月、年汇总数据;监控数据指业务监控需要实时或者定时采集上报的非加工的原始数据,包括车辆监控数据、车辆动力蓄电池监控、车辆充电监控数据。

(二)分时租赁远程控制技术

从技术上说,分时租赁在软硬件上分为应用云和控制云。应用云是指通过手机 App 完成全部的找车、下单、结算、还车的过程;控制云是指远程起动车辆、开启车门等功能。通过控制云与应用云对接,打通"人→租赁车辆→租赁公司"模式,完成对汽车的控制和管理。本部分主要介绍一种适合分时租赁的远程控制技术,该技术通过对汽车分时租赁应用的需求分析,结合车载电子控制技术及远程无线通信技术,提出了一种可用于分时租赁车辆的远程认证、控制门禁系统的解决方案,能够实现用户注册、取车、运行、还车等一套控制流程,为汽车分时租赁整体方案的应用提供标准化、智能化、信息化的技术保障。一般来说,汽车分时租赁远程控制系统主要包括智能远程终端(T-BOX)、车身控制器、一体化集成式智能车载导航终端、智能终端 App 和数据平台等部分。

1. 应用范围

在分时租赁服务中,远程控制技术应用覆盖在线订车、远程寻车等用户操作,平台对车辆、设施的监控以及后台对用户的管理等运营服务全过程。

1)用户操控

在用户使用分时租赁服务时,远程控制几乎贯穿了整个过程。用户通过手机 App 订车,根据提示信息寻车,再通过无钥匙解锁车辆,最后锁车后还车,这一系列操作几乎都通过车联网技术远程实现。

以 EVCARD 为实例,可以将用户租车的流程描述为以下几个关键点。

(1)注册:通过手机 App 进行注册并完成实名登记,验证驾驶证后即可下单享受分时租赁服务,App 注册界面实操图如图 4-14 所示。

(2)预约车辆:首次租车需要交纳 1000 元押金,如租车后没有违章记录可以在用车 30 天后在 App 上申请全额退还,EVCARD 会在 7 个工作日内将押金退还至原账户。接着,进入 App 主界面选择距离最近的网点并预约具体车辆。App 中车辆预约界面实操图如图 4-15 所示。

(3)取车:预约成功后根据 App 显示的地址寻找网点,App 上会用绿色、灰色、蓝色、橙色显示网点。其中绿色是开放式网点,蓝色是同地取还网点,橙色是限制网点,灰色表示暂无可借车辆。提交完成后,系统会引导用户寻找车辆,并提示在 15min 内进行车辆控制界面解锁车辆或远程取车,否则将会自动取消订单。满足分时租赁对车端控制操作开发的取车及认证流程如图 4-16 所示。

(4)还车:还车时,需要将车辆开进 EVCARD 专属停车位,关闭好车窗、车灯、电子设备及车门,插上充电桩,通过还车按钮操作,进行车辆归还。如果客户遇到无法还车的情况,可以通过客服远程还车,远程还车后,车辆状态变为空闲。分时租赁对车端控制操作开发的还车及认证流程如图 4-17 所示。

图 4-14　App 注册界面实操图

图 4-15　车辆预约界面实操图

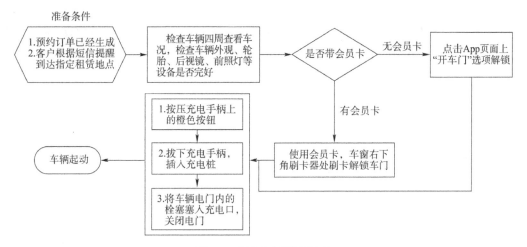

图 4-16 用户取车及认证流程

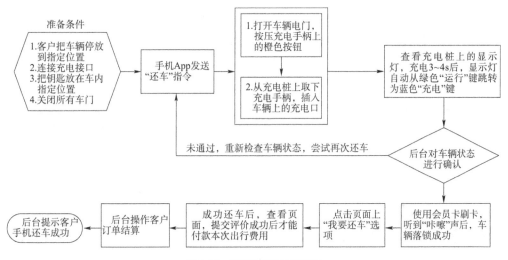

图 4-17 用户还车及认证流程

(5)支付:用车完成后,通过手机端账户来完成支付,也可以通过微信或支付宝进行账户充值来完成订单支付。只有通过 App 进行"还车"操作成功后,才表示用车结束,并停止计费。否则,该车一直为计费状态。

2)平台监控

分时租赁平台作为整个分时租赁管理系统的核心,其功能在于实时收集网络中的各类信息并加以处理,用以对整个分时租赁环节进行监控,指导并协助用户运行车辆,同时处理挖掘采集到数据信息,提高平台管控实时和智慧化水平。技术应用主要体现在以下几个方面。

(1)车辆运行监控:集成通信、信息、电子控制、网络、GNSS 和 GIS 等技术,可以实时收集新能源汽车的运行状态数据、位置数据等信息,进行监控和管理。

(2)远程车辆控制:集成了低功耗智能状态控制技术、多线程多体制通信技术以及高安全性、高可靠性智能识别技术的运行平台,具备车辆门锁状态监控、智能终端控制启动与充电、固件远程升级等功能,可以实现车联网精细化管理。

(3)在线设施调配:通过与其他充电设施公司的数据对接,实现充电站数据、充电桩数据、充电账单的实时传输,并可实现部分充电柱的充电、停止的控制,满足租赁用户自助充电的需求,并且结合车辆状态信息,能够对于突发故障或行驶异常的车辆快速响应,实现紧急救援。

3)用户管理

为了区分潜在用户、注册用户、高级用户和管理员用户,需要在后台进行用户的远程管理,具体做法如下。

(1)分时租赁系统的后台管理提供用户的一体化管理,通过对注册用户的细致划分,实现用户的统一管理。

(2)通过对用户身份的管理确定用户使用权限,划分用户使用功能、数据权限,确保不同身份用户可用车辆及网点的差异化,从而实现公务用车、集团用车等相关业务逻辑。

(3)通过对用户注册信息的审核,确保用车用户身份合法有效,保障租赁规范运营。同时提供用户信息的处理权限,方便管理人员处理用户信息等相关问题。

(4)通过对会员卡的管理,实现一人一卡,保障用户会员卡与用户身份信息绑定,确保用户可通过会员卡实现车辆租赁相关操作。

(5)通过单位管理,满足公务用车、集团用车等对公用户统一结算的需求。

(6)通过对会员等级的配置,满足租赁运营工作针对不同消费级别用户实现不同优惠政策的需要,通过对消费积分的规划,实现会员等级的自动晋升,同时可通过手动设置会员等级,实现对特殊用户群体设置相应优政策的需求。

2. 远程控制关键技术

分时租赁远程控制系统中的硬件主要包括智能远程终端(T-BOX)、车身控制器、一体化集成式智能车载导航终端,软件包括智能终端App、数据平台和控制流程等几部分。

智能远程终端(T-BOX)的作用是整车通信终端,内置3G/4G/5G、Wi-Fi等模块,车身控制器、一体化集成式智能车载导航终端等关键零部件均可通过T-BOX接入互联网。

智能车载导航终端内置GPS、Wi-Fi等模块,通过连接T-BOX创建的Wi-Fi热点接入互联网和分时租赁平台,为用户提供影音娱乐、智能导航、车辆信息查询和互联网信息咨询等服务。

车身控制模块通过CAN总线与T-BOX模块相连,并通过其接入数据平台,主要实现车辆关键数据的定期上传、用户远程控制指令执行和安全认证启动管理等相关工作。可实现远程开闭锁、识别钥匙码和远程寻车等功能,保证了车辆安全,完善了车身防盗功能。智能终端App可连接平台,通过用户身份验证实现在线约车、还车,并且可以实时对租赁车辆进行远程控制、信息查询等功能操作。中控大屏系统实现分时租赁消息推送、语音控制、车辆故障报警、车辆维护提醒、一键紧急呼叫和车联网账户登录,充分满足分时租赁用户人机界面交互需求。

随着技术的不断更新迭代,用户对交互体验高效及可靠性要求的不断提高,远程控制车载软硬件技术将向即时性、高安全性、高可靠性、深度交互和泛在连接方向发展,为用户提供实用性更好的产品服务。

复习思考题

1. 简述分时租赁的定义及特点。
2. 简述网络预约出租汽车的商业模式及特点。
3. 简述网络预约出租汽车的定价模式及特点。
4. 简述分时租赁网点布局的原则及常用方法。
5. 简述分时租赁运营调度优化的原则及常用方法。
6. 简述分时租赁运营系统平台的主要组成部分及功能。

第五章

定制客运

第一节 概 述

一、定制客运的定义

道路客运行业在我国旅客运输体系中是从业人员最多、运输量最大、通达程度最深、服务面最广的一种旅客运输方式,在综合运输体系中发挥着十分重要的作用。道路客运行业一般包含道路客运经营和客运站经营。道路客运经营是指用道路运输载运工具运输旅客的商业性交通活动,一般包括班车客运、租赁客运、旅游客运和出租客运等。

随着经济的发展,我国综合运输旅客周转量在持续上升,从2000年到2012年的十多年的时间增长了21121.99亿人公里。然而,2019年以来,综合运输旅客周转量受市场环境的影响明显下降,到2022年时,综合运输旅客周转总量为12921.4亿人公里。其中,随着高铁、航运等客运方式的发展,公路旅客周转量逐年下降,2019年公路旅客周转量为8857.1亿人公里,占比25.06%,2022年下降至2407.5亿人公里,占比减少至18.63%,如图5-1所示。公路旅客周转量的明显下降趋势表明了道路客运在城际客运尤其是长距离城际客运中必然会呈现出逐渐退出的发展状态。

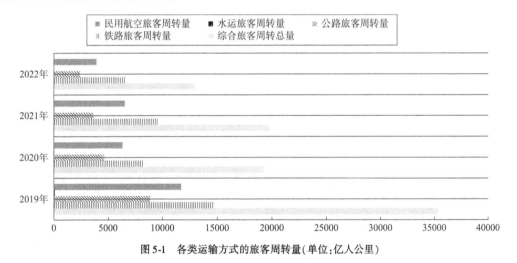

图 5-1 各类运输方式的旅客周转量(单位:亿人公里)

道路客运目前呈现出城市公共交通和公路运输"二元化"分割结构,即城市内使用公共交通、城际间使用公路运输,这种结构使公众城际出行实际上被分成三段:第一段是出发地到本地客运站;第二段是本地客运站到目的地客运站;第三段是目的地客运站到目的地。但随着人民群众对出行的要求越来越高、轨道交通运输的进一步发展,人们在选择出行方式时面对换乘复杂度相近的两种运输方式,大概率会选择耗时更少、服务更优的轨道交通,这导致公路运输经营压力越来越大。

而随着移动互联网与旅客运输的快速融合与发展,未来城际出行中"出发地到目的地"的一段式出行趋势越来越明显,而这种"一段式"出行需求的满足不再是以运输供给侧为主,而逐渐以需求侧定制为主,道路客运将成为个性化、定制化的出行服务主体,以填补部分地区及工厂企业、农村田间、城市居民住宅等地的运输空缺。同时,高铁、民航等运输需求的强劲发展,对旅客联程运输的需求更为迫切,道路客运应发挥自身"无处不到、无时不有"的特点,更多承担起多种运输方式的桥梁作用,大力发展与高铁、民航站点接驳的支线线路,以提高综合运输网络的整体效益,使公众出行更加便捷高效。"定制客运"就是在这样的趋势下应运而生。

定制客运首次被明确提出,是在 2016 年底交通运输部印发的《关于深化改革加快推进道路客运转型升级的指导意见》中:"规范发展道路客运定制服务。充分发挥移动互联网等信息技术作用,鼓励开展灵活、快速、小批量的道路客运定制服务。"定制客运的定义为:依托互联网技术,通过网站、手机 App、微信小程序等在线服务载体,将道路客运行业中具备有相应资质的企业、车辆、驾驶员等主体进行整合,向乘客提供跨区域、门到门预约化的运输服务,满足乘客定制化、个性化、多样化出行需求的"互联网+"道路客运发展新业态。

传统道路客运行业存在发车时间、地点、线路固定,只能实现站到站运输,不能充分发挥客运"门到门"运输优势,无法满足不同消费水平旅客多样化出行的需求。定制客运的出现,是顺应行业转型发展与乘客多样化出行需要的必然结果,一定程度上起到了细分旅客出行市场的目的,促进了道路客运消费分级发展,充分发挥了定制客运"门到门""小快灵"的优势。

二、定制客运的基本类型

(一)定制包车

包车客运是指以运送团体旅客为目的,将客车包租给用户安排使用,提供驾驶劳务,按照约定的起始地、目的地和路线行驶,按行驶里程或者包用时间计费并统一支付费用的一种客运方式。

定制包车属于包车客运的衍生服务,以整车定制包租的形式提供预约出行服务,车型不限,如定制返乡包车、定制机场包车等,价格提前由驾驶员和乘客通过数字应用程序商议。客运服务企业与出行需求量较大的学校、企业、旅游区双向对接,根据乘客出行需求合理确定行车线路、途经地、下车点等运行方案,实行"一车、一趟、一方案",采取"点对点、门到门"的方式组织出行。

(二)定制客运班线

1. 城际定制班线

传统的道路客运企业客运线路,有很大一部分是城际间的客运线路,其服务对象主要是城市群内的中短途城际日常客流。城际公交客运,即循固定线路、有固定班次时刻、中途可设置站点、承载旅客出行、量较大的客车出行方式,为公众提供快速、便捷的城际出行服务。

但在经济高度发达的地区,城市交通拥堵现象普遍,即使在城际高速公路上的交通拥挤现象也十分突出,不能充分发挥城际道路客运的时效性,乘客不容易准确估计到达时间。

当前,受到城市群间城际铁路专线开通的广泛影响,城际间的道路运输服务已经大面积地出现亏损,甚至停运的状态,比如在2008年京津城际铁路开通后,在北京城区至天津城区往返的城际间客运线路已经停运。可以说,与城际铁路专线重合的道路客运线路,大部分均已大幅缩水,因此城际间道路客运的定制服务,是破解道路客运企业发展难题的一个突破点。

城际间道路客运定制服务的车型以7座商务车为主,通过定制客运预约平台,向乘客提供A城市到B城市的专车运输服务,实现乘客接送"门到门",上下车地点、时间灵活。例如2022年9月7日,大同市为满足广大旅客出行需求,进一步提升大同市道路旅客运输服务水平,开通运营大同—太原定制客运快线(图5-2),此前已委托山西汽运集团雁北运输公司先后开通大同—北京、大同—灵丘定制客运快线。新开通的大同—太原定制客运快线运营车辆为20辆全新豪华9座商务车。按照运营计划,大同市内上门接送范围为:东至永和路,北至迎宾街,西至云冈区,南至高速南出口周边。太原市接送范围:太原武宿机场至太原火车站沿线。全天候循环发车,发车间隔1.5h。3条客运定制快线全部安装GPS安全监控系统,对车辆动态监控可视、可查、可控。驾驶员均为拥有10年以上驾龄的优秀驾驶员,并购置了承运人责任险。同时,采用网上购票模式,提供电子客票、扫码检票等定制服务,全面实施科学调度、信息化管理,确保优质准点、安全有序运行。

2. 城乡定制班线

长期以来,根据城乡二元结构的特性,城乡客运通常被分作两个系统,一个是以城市公共交通为主的内部,一个是以农村客运为主的外部交通,彼此相对独立。而随着经济社会的快速发展,城乡间人与人的关系越来越密切,货物交换也越来越频繁。交通作为连接彼此的纽带,特别是城乡间的客运发展要求越来越高。在这样的背景下,构建高效、畅通的城乡客运班线成为必然要求。

城乡定制客运服务是道路客运企业发展的重点定制服务模式之一。不同于城际客运路线,城乡间客运路线一般是从中心城区出发,前往周边乡镇和一些建制村。由于城乡间的客流流动趋势与城市间客流流动趋势在时间上和空间上都有很大的不同,城乡间客运线路往往会出现运行的不平衡和不稳定问题,加之城乡间客运线路所用的车辆及服务往往维持在较低水平的现状,城乡间道路客运也存在着较大的问题。为了解决城市郊区及广大农村地区的交通出行问题,很多地区开展了城乡交通一体化的相关工作,这项工作为道路运输企业开展城乡间定制服务提供了契机,也为破解城乡间道路客运组织形式提供了思路。

近年来,四川省交通运输部门全力推动乡村运输"金通工程"交通强国试点任务。"金通工程"是乡镇及建制村通客车的提质升级版,以建设美丽清新、安全绿色、便捷优质、精细管理乡村客运为主要任务,建设人民满意的乡村客运服务体系。如图5-3所示,这种"小黄车"就是乡村运输"金通工程"客运小巴,面对农村居民空间分散性和时间不确定性的双重特征出行需求,及时优化调整线路布局和车型配备,因地制宜采用班线服务、公交服务、包车服务、预约响应服务等方式,提供学生专线、菜农公交、预约用车、返岗返乡专车等个性化服务,促进城乡交通融合发展。金通工程2020年在省内部分市州进行了试点。2022年,为交通运输行业巩固拓展脱贫攻坚成果同乡村振兴有效衔接的标志性工程全面铺开,覆盖了四川21个市(州)、183个县。

图5-2 大同—太原定制客运快线

图5-3 四川"金通工程"小黄车

3. 定制公交

城市定制公交是公交多元化目标发展导向下,在早晚高峰时段为通勤出行的居民提供服务的一种公交新运营模式。它是在早晚高峰时段,运营企业通过结合城市居民通勤出行需求,为出行起讫点相同、出行时间相近、服务水平需求相似的居民群体提供量身定制的公交出行服务方式。一人一座、一站直达,具有"定人、定时、定点、定车、定价"的特点,是介于出租汽车和常规公交之间的一种绿色、便捷、舒适、高品质服务的公共交通新模式。

2022年12月中旬,武汉公交集团第四营运公司根据该企业出行需求,个性化设计了定制公交专线的候车点、发车时间、行驶路线,采用安全、准时、直达的服务模式。如图5-4所示,提供定点、定线、定车、定时、定人的服务,确保职工出行时间缩短、出行舒适度提升。

(三)其他定制客运

1. 定制机场专线

机场道路客运专线是指线路的一端在机场,另一端在机场周边城市,按照固定的线路、时间、站点、班次运行的客运班线。机场道路客运专线以运送旅客、机场工作人员以及其他需要抵离机场的人员往返机场与机场周边城市为目的,减少了旅客从机场到达市内汽车客运站再进行换乘的中间环节,提高了机场陆侧交通运输效率。

定制机场专线则是专门从事一端在机场的定制旅客运输服务,车型宜采用7座以上车型,根据客流需求可配置7座商务车、中型客车、大型客车车型。通过定制客运预约平台,开展机场定制快车、机场定制包车、机场定制大巴等服务。2022年1月15日,大元公司开通海宁市城区至萧山机场定制专线(图5-5),专线可根据市民出行的时间任意调配。机场定制专线有两种服务模式,第一种是汽车站定点发车,每天6个班次,票价为80元/人;第二种是通过定制的方式,根据乘客出行的任意时间和地点,实现上门接送,定制专线还能根据旅客出行时间、人数进行拼车,节约成本。

图5-4 武汉定制公交专线

图5-5 海宁城区—萧山机场定制专线汽车

2. 景区定制直通车

景区直通车主要运营模式包括三种,第一种是由机场直通风景区,如成都双流机场到景区;第二种是由景区直通另外一个景区,这种模式最为普遍;第三种是由出行者所在地直达景区,即景区定制直通车。

第一种模式存在着较大的随机性,无法估计去往旅游景区乘客的数量,难以高效组织运营;第二种景区到景区模式,客运公司通常将换乘费用加入景区门票中;第三种模式由组织者通过宣传将直通车信息告知出行者,而后出行者通过预约确认,组织者根据预约人数安排车辆,开通景区直通车,即景区定制直通车。

三、定制客运的发展趋势

近年来,各地行管部门纷纷鼓励道路客运企业开展定制服务,各种模式的定制客运层出不穷。2020 年,辽阳大乘实业开通了辽阳至沈阳往返线路,提供辽阳市区上门接送、沈阳定点接送服务,打开了辽宁省定制出行服务的新局面;2021 年,山东省实现定制客运服务设区市全覆盖,共有定制客运线路 175 条;2022 年倍施特科技联合贵州凯运集团,依托本地化出行平台凯运出行,在贵州黔西南州推出"镇远—凯里"首条定制客运线路。该线路首批投放 12 辆 9 座纯电动豪华商务车,车内空间宽敞,车辆内部配备 USB 充电口并随车配矿泉水。

但定制客运作为一种全新的客运服务模式,其运营模式与传统客运有较大差别。且目前国家尚未出台相关业务组织管理规范,难以约束客运企业经营服务行为,落实班线使用车辆及从业人员审核责任、服务质量监督和安全管理责任。

除了在企业、车辆、驾驶员及第三方平台运营模式上严守规定,确保安全运营外,定制客运的良好发展离不开健全的管理系统,它涉及行业管理部门(G 端)、道路运输企业(B 端)和社会公众(C 端)的整体互动,对于促进道路客运供给侧结构性改革、推动行业转型升级意义重大。

鉴于定制客运是传统道路客运的有益补充,且目前传统道路客运已经实现了"联网售票"。为了实现出行"一票制",定制客运企业未来将以道路客运联网售票平台为基础,实现定制客运线上预约,并利用平台移动互联网、云计算、大数据等现代信息成熟技术,提供集汽车票网上预订、定制客运网上预约、运力安排网上调度、出行过程网上记录、对账结算网上实现、服务质量网上评价等功能为一体的线上平台技术支撑。

从定制客运的线下运营层面看,道路运输客运企业需按照"专车"和"专线"两种模式,充分发挥市场机制作用,调整长途客运运力配置,采取客运班线剩余运力"大改小",剩余运力有序开通机场巴士、火车站巴士、校园巴士、景区巴士等方式,使道路客运形成差异化、阶梯化、定制化服务。行业管理部门应对道路客运企业实施定制客运给予支持,在开业许可、新增运力、班次调整、车辆更新、站点停靠、运价制订等方面进行政策创新。

同时,道路客运定制服务需要针对本地居民和外地居民进行宣传。针对本地居民,可通过本地熟人或社区进行广告宣传,利用好互联网时代的群优势,传播道路客运定制服务的相关信息;针对外地居民,可以利用酒店、景区等人流密集的地点进行宣传,多渠道打响道路客运定制服务的知名度。

第二节 定制客运系统需求预测

一、需求预测的基本类型

(一)时间序列预测法

1. 移动平均法

移动平均法是根据一组时间序列数据的实测值计算出其平均值,然后用该平均值作为下一期或者后几期的预测值。获得一个新的实测值后,取数量相同的一组最近实测值,求其平均值作为下一期的预测值。移动平均法主要包括三种,分别是一次移动平均法、加权移动平均法以及二次移动平均法。设待预测的时间序列为 $x_1, x_2, \cdots, x_{t-(n-1)}, \cdots, x_{t-1}, x_t$,$M^1(t)$ 表示 t 时刻的一次移动平均预测值。

一次移动平均法:

$$M^1(t) = \frac{x_t + x_{t-1} + \cdots + x_{t-(n-1)}}{n} = M^1(t-1) + \frac{x_t - x_{t-n}}{n} \quad (5-1)$$

加权移动平均法:

$$M^1(t) = \frac{\omega_1 x_t + \omega_2 x_{t-1} + \cdots + \omega_n x_{t-(n-1)}}{\omega_1 + \ldots + \omega_n}, t \geq n \quad (5-2)$$

二次移动平均法:

$$M^2(t) = \frac{M^1(t) + M^1(t-1) + \cdots + M^1(t-(n-1))}{n} = \frac{M^1(t) - M^1(t-n)}{n} \quad (5-3)$$

移动平均法的预测精度主要受平均期数 n 的影响。如果 n 取得过大,则预测值较依赖历史数据,从而产生滞后性;如果 n 取得较小,则将提高预测结果对随机因素的灵敏度,无法分析时间序列的变化趋势。一般情况下，n 取 $2\sim12$。

当时间序列稳定、波动较小且具备较好的线性变化趋势时，可以选择移动平均法进行预测。移动平均法可以反映交通流序列短期趋势的变化，而且计算量小，应用广泛。

2. 指数平滑法

一次指数平滑模型是由一次移动平均模型发展来的。移动平均法有两个主要的限制：第一是计算移动平均必须具有 n 个过去观察值。当需要预测大量的数值时，就必须储存大量数据。第二是过去观察值中每一个权数都相等估计是线性的，而早期的观察值中的权数等于零。然而对于未来发生的事情，最新观察值较早期观察值有更高的参考价值，即最新观察值较早期观察值具有更大的权数，这就是指数平滑的思想。

计算 $t+1$ 时刻的预测值 $S^1(t+1)$ 时，利用前一期的预测值 $S^1(t)$ 取代 $x_{(t-n)}$，可由一次移动平均公式(5-1)得单指数平滑公式(5-4)。

$$S^1(t+1) = S^1(t) + \frac{x_t - x_{t-n}}{n} = \left(\frac{1}{n}\right)x_t + \left(1 - \frac{1}{n}\right)S^1(t) \tag{5-4}$$

式(5-4)表示最新观察值的权数为 $1/n$，最新预测值的权数为 $1-1/n$，令 $a=1/n$，得到单指数平滑预测法的通式，见式(5-5)。单指数平滑的起始平滑点是 $S^1(2)$，可令 $S^1(2)=x_1$ 或者 $S^1(2)=(x_1+x_2+\cdots+x_m)/m$ 进行初始化。

$$S^1(t+1) = ax_t + (1-a)S^1(t) \tag{5-5}$$

与一次移动平均法转换为一次指数平滑法一样，二次或更高移动平均法可转换为二次或更高的指数平滑。而双指数则是在单指数平滑的基础上推导得出。所谓二次指数的平滑法，是对一次指数平滑后的序列数据再作一次指数平滑，其计算方法如公式(5-6)所示，式中 $S^2(t)$ 是二次指数平滑预测值，a 为平滑常数。

$$\begin{cases} S^2(t) = aS^1(t) + (1-a)S^2(t-1) \\ S^1(t) = ax_{t-1} + (1-a)S^1(t-1) \end{cases} \tag{5-6}$$

指数平滑预测法不需要存储历史数据，解决了移动平均法存在的数据存储问题，提高了预测的效率和准确度。

(二) 基于影响因素的预测方法

1. 增长率法

增长率法是根据预测对象(如综合交通需求总量)的预计增长速度进行预测的方法。通过分析历年来预测对象增长率的变化规律，对相关影响因素(如国内生产总值)的发展变化进行分析，确定预测期内预测对象的增长率。增长率预测法的实现见式(5-7)，式中 Q_t 为预测值，Q_0 为基年值，α 为确定的增长率，t 为预测年限。

$$Q(t) = Q_0(1+\alpha)^t \tag{5-7}$$

增长率法计算简单，所需数据少，其关键在于确定增长率，但增长率随选择年限的不同而存在较大差异，确定难度较大，要求预测者具备很强的主观判断能力，且预测结果粗略，适用于增长率变化不大，且增长趋势稳定的情况，较适合于近期预测。

2. 乘车系数法

乘车系数法是用区域总人口与平均每人每年乘车次数来预测客运量。乘车系数可以根据历年资料和今后变化趋势确定,但是乘车系数本身的变动趋势是难以预测的,各种偶然因素会使其发生较大波动。乘车系数法的适用于区域社会经济发展趋势稳定、其他各种影响因素发展变化稳定的情况,较适合于近期预测。乘车系数的计算方法见式(5-8)。

$$乘车系数 = \frac{区域旅客发送量}{人口数} \tag{5-8}$$

3. 运输强度法

运输强度是指一定时期内运输完成的客货换算周转量与同期国民生产总值(或工农业总产值)之比,它是预测运输与经济总值之间关系趋势的常用指标,适用于区域社会经济发展趋势稳定的情况,可应用于中长期预测。运输强度既可以用运输客货换算周转量计算,也可以用货物周转量计算。运输强度的大小,取决于各类货源和人口的地区分布。运输强度指标在规划地区运输建设方面起着重要作用。运输强度的计算方法见式(5-9)。

$$运输强度 = \frac{运输客货换算周转量}{国民生产总值} \tag{5-9}$$

4. 弹性系数法

弹性系数是指一定时期内相互联系的两个指标增长速度之比,它是衡量一个变量的增长幅度对另一个变量增长幅度的依存关系。运输量的增长与经济的增长有密切关系,所以取运输弹性系数为某一区域一定时期内运输量增长率与国民生产总值增长率之比,它可以分析预测运输业的发展与国民经济发展的适应程度,要保持持续、快速、协调地发展,二者之间则须保持恰当的比例关系。弹性系数的计算方法见式(5-10)。

$$弹性系数 = \frac{客(货)运增长量/客(货)运量}{国民生产总值增加量/国民生产总值} \tag{5-10}$$

5. 回归分析预测法

回归分析是确定两种或两种以上变量间相互依赖的定量关系的一种统计分析方法,通过寻求预测对象(交通需求量)和影响预测对象的各种因素(社会、经济指标等)之间的统计规律,建立相应的回归方程,并依据该方程进行预测。回归分析按照涉及的变量多少,分为一元回归和多元回归分析;在线性回归中,按照自变量的多少,可分为简单回归分析和多重回归分析;按照自变量和因变量之间的关系类型,可分为线性回归分析和非线性回归分析。常用的有一元线性回归模型如幂函数、指数函数,多元线性回归模型如多元线性方程等。回归分析法的通式见式(5-11),其中 Y_t 为 t 时刻的预测值,x 为引起 Y 变化的影响因素,α、β 为回归系数。

$$Y_t = \alpha + \beta_1 x_1 + \beta_2 x_2 + \cdots + \beta_n x_n \tag{5-11}$$

回归分析预测法适用于预测对象与其影响因素之间存在因果关系的情况,可进行短期预测及中长期预测。

(三)其他预测方法

1. 灰色系统预测法

灰色系统的命名是按照颜色来定义的,以往我们通常用"黑"表示信息完全未知,用"白"表示信息完全已知,那么"灰"所表示的信息明确度就介于这两者之间。那么相应的,把"灰"表示的系统称之为灰色系统。灰数、灰元、灰关系构成了灰色系统的基本框架,灰数及其运算、灰色方程是灰色系统理论的基本内容。在实际预测中,首先对某时间段的历史记录进行分析、归纳、总结,然后在此基础上建立正确的系统模型,从而做出科学、准确的预测。

灰色预测模型(Grey Model,简称灰色模型或 GM 模型)的一般表达式为 $GM(n,x)$,其含义为:用 n 阶微分方程对 x 个变量建立模型。下面以 $GM(1,1)$ 为例介绍其预测原理与建模过程。

$GM(1,1)$ 模型的预测原理为:对某一数据序列用累加的方式生成一组趋势明显的新数据序列,按照其增长趋势建立模型进行预测,之后利用累减的方法逆向还原预测序列,得到预测结果。$GM(1,1)$ 模型的建模过程如下。

(1) 定义一组原始数据为 $x^0 = (x^0(1), x^0(2), \cdots, x^0(n))$,累加 x^0 以减少原始数据的随机性,增强数据形态规律,得到新数列 $x^1 = (x^1(1), x^1(2), \cdots, x^1(n))$,其中 $x^1(k) = \sum_{i=1}^{k} x^0(i)$,$k = 1, 2, \cdots, n$;

(2) 利用均值填补空缺数据,以真实描述原本系统序列的变化规律,生成 x^1 的临均值等权数列:$z^1 = (z^1(2), z^1(3), \cdots, z^1(k))$,$z^1(k) = 0.5x^1(k-1) + 0.5x^1(k)$,$k = 2, 3, \cdots, n$;

(3) 对 x^1 建立关于 t 的白化方程(影子方程)$\frac{dx^1}{dt} + ax^1 = b$,其中 a、b 为待解系数(发展系数、灰色作用量),b 的有效区间为 $(-2,2)$,并记 a、b 构成的矩阵为灰参数 $\hat{a} = \begin{pmatrix} a \\ b \end{pmatrix} = (B^TB)^{-1}B^TY$,其中 $Y = \begin{bmatrix} x^0(2) \\ x^0(3) \\ \cdots \\ x^0(n) \end{bmatrix}$,$B = \begin{bmatrix} z^1(2) & 1 \\ z^1(3) & 1 \\ \cdots & \cdots \\ z^1(n) & 1 \end{bmatrix}$;

(4) 将灰参数 $\hat{a}$ 代入 $\frac{dx^1}{dt} + ax^1 = b$,并对 $\frac{dx^1}{dt} + ax^1 = b$ 进行求解,得 $\hat{x}^1(t) = \left[x^1(1) - \frac{b}{a}\right]e^{-at} + \frac{b}{a}$;

(5) 根据上述结果,得到预测值:$\hat{x}^0(k+1) = \hat{x}^1(k+1) - \hat{x}^1(k)$,$k = 1, 2, \cdots, n$,进一步还原数据序列:$\hat{x}^0 = [\hat{x}^0(1), \hat{x}^0(2), \cdots, \hat{x}^0(n), \hat{x}^0(n+1), \cdots, \hat{x}^0(n+m)]$。其中,$\hat{x}^0(1), \hat{x}^0(2), \cdots, \hat{x}^0(n)$ 为原始数据,$\hat{x}^0(n+1), \cdots, \hat{x}^0(n+m)$ 为预测数据。

2. 神经网络预测法

人工神经网络是由大量神经元互相连接而组成的复杂网络系统,它对非线性系统具有很强的模拟能力。神经网络的"黑箱"特性很适合预测领域的应用需要,它不需要任何经验公式,就能从已有数据中自动地归纳规则,获得这些数据的内在规律。因此,即使不清楚预测问题的内部机理,只要有大量的输入、输出样本,经神经网络"黑箱"内部自动调整后,便可建立良好的输入、输出映射模型。

BP 神经网络是神经网络中最常用的一种模型,一般由输入层、隐藏层(可以有多层)、输出层三部分构成,层与层之间是全连接的,同层的节点之间是无连接的,如图 5-6 所示。相关理论已经证明,仅含有一层隐藏层的 BP 神经网络具有逼近任意非线性连续函数的能力。

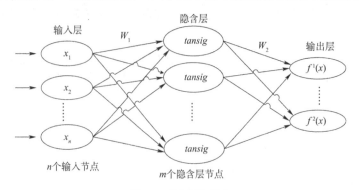

图 5-6 神经网络模型

BP 神经网络由信息的前向传播算法和误差的反向传播算法两个过程组成。首先,前向传播算法的信息传播途径 BP 神经网络中的输入层、隐藏层及输出层,得以获取所需的预测值。若获取到的预测值所对应的误差值偏大,与期望值背离,则 BP 神经网络此时通过反向传播算法将误差信息由输出层传递至隐藏层,随后再次传播至输入层,前向与反向传送过程将实现各个层级不同节点的权重与偏倚值更改,BP 神经网络中此种过程循环迭代将最终致使获取的预测值误差值符合预期,即确保误差值落于允许范围内。BP 神经网络预测模型的建模过程如下。

1)构建 BP 神经网络模型

在 BP 神经网络中,隐含层节点数的选择非常重要,它不仅对建立的神经网络模型的性能影响很大,而且是训练时出现"过拟合"的直接原因,一般利用交叉验证的方法选择隐含层节点数。

2)训练 BP 神经网络模型

BP 网络训练开始之前,首先对网络的权重 W_1、W_2 和偏置值 B_1、B_2 进行初始化,权重取 $[-1,1]$ 之间的一个随机数,偏置取 $[0,1]$ 间的一个随机数。神经网络的训练包含多次的迭代过程,每一次迭代(训练)过程都使用训练集的所有样本。每一轮训练完成后判断训练样本的预测正确率和最大训练次数是否满足设定条件,如果满足则停止训练,不满足则从前向传输进入到逆向传输阶段。

逆向传输阶段主要是利用预测误差修正神经网络的权重和偏置值。以附加动量法为例,附加动量法使 BP 神经网络在修正其权重和阈值时,不仅考虑误差在梯度上的作用,而且考虑在误差曲面上变化趋势的影响,它允许忽略网络上的微小变化特性。该方法是在反向传播法的基础上,在每一个权重和阈值的变化上加上一项正比于前次权重和阈值变化量的值,并根据反向传播法来产生新的权重和阈值的变化,带有附加动量因子的权重和阈值的调节见式(5-12),其中 k 为训练次数,mc 为动量因子(一般取 0.95 左右),lr 为学习速率(是常数),E 为误差函数。

$$\Delta X(k+1) = mc \times \Delta X(k) + lr \times mc \times \frac{\partial E}{\partial X}, 0 < lr \leq 1 \qquad (5-12)$$

二、定制客运系统的需求预测方法

定制客运系统的需求预测理论与方法主要有集聚分析(Aggregate Analysis)和非集聚分析(Disaggregate Analysis)两类。目前国内外通常采用以集聚分析思想为指导,包含交通生成(Generation)、交通分布(Distribution)、交通方式划分(Mode Split)和交通分配(Assignment)的"四阶段"交通需求预测法。

(一)交通生成

交通生成预测是"四阶段"法的第一步,其预测结果是接下来三个步骤的基础,因此其预测结果的准确性至关重要,这一阶段的误差会在后面的计算中传递和扩大。

交通生成包括交通产生和交通吸引,两者的影响因素不同,交通产生以城市居民的社会经济特性为主,交通吸引以土地使用的形态为主,故而需将生成和吸引分别进行预测。影响交通产生的主要因素包括社会发展水平,居民的职业、年龄、性别、收入及上班(学)时间制度等,可利用前文介绍的运通强度法、弹性系数法、灰色系统预测法等方法预测。交通吸引预测方法主要有两种:一是直接用用地面积等代替吸引情况;二是首先预测各交通区的就业岗位,再利用单位就业岗位的吸引率进行吸引预测。

(二)交通分布

在交通生成分析阶段,主要是预测各区域的发生和吸引交通量。而在交通分布预测阶段,则要预测这些吸引、发生交通量分布量。最常用来表示客流分布的方法是 OD 表,其中 O 表示出发地,D 则代表目的地。

进行交通分布预测的方法可分为增长率法和构造模型法两大类。增长率法的预测思想是直接利用表示现状的 OD 矩阵进行预测,适用于预测出行分布均匀、预测区域变化较小、预测周期较短的情况。构造模型法中常用的模型包括重力模型、机会模型、摘最大化模型和概率模型等。

1. 重力模型

重力模型法是模拟物理学中万有引力定律而开发出来的交通分布模型。假设预测区域间的分布量与产生量和吸引量成正比,与交通阻抗成反比。重力模型的基本形式见式(5-13),其中 t_{ij} 表示区域 i 与 j 之间的交通量,F_i 表示区域 i 的交通发生量,X_j 表示区域 j 的交通吸引量,R_{ij} 表示区域 i 与 j 之间的距离或费用,α、β、γ、K 表示模型参数,可根据最小二乘法求解得到。

$$t_{ij} = K \frac{F_i^\alpha X_j^\beta}{R_{ij}^\gamma} \tag{5-13}$$

2. 机会模型

机会模型的思想是以从某一区域到达另一区域的概率建立模型。假设出行者希望出行时间最短且其出行行为与目的地区域的活动情况相关。

例如,将小区作为目的地的概率建立模型。对于某起点区域 i 把所有可能的目的地区域 $j(1,2,\cdots,n)$,按照与起点区域 i 的距离长短排成一列,机会模型的基本形式见式(5-14),

其中 P_{ij} 表示从 i 区域出发的人选择 j 区域为目的地的概率，L 表示各个区域吸引出行的概率，V 表示从 i 区域被吸引到第 1 到第 $j-1$ 个区域的客流量之和，$P(V)$ 表示从 i 区域出发的人被吸引到第 1 到第 $j-1$ 个区域概率之和，t_{ij} 表示从区域 i 到区域 j 的分布量。

$$\begin{cases} P_{ij} = P(V_{j+1}) - P(V_j) = e^{-LV_j} - e^{-LV_{j+1}} \\ t_{ij} = (\sum_{s=1}^{j} P_{ij})(e^{-LV_j} - e^{-LV_{j+1}}) \end{cases} \tag{5-14}$$

（三）交通方式划分

交通生成和交通分布的研究对象是人，交通预测的目的是为交通设施的规划设计提供定量的规模依据，而交通设施直接承载对象是各种交通工具，而不是人。因此，明确交通工具的选择，把出行量（人数）转化成以交通工具为单位的（车等）出行量是非常必要的。这种出行者对交通工具的选择叫作交通方式划分。常用的交通方式划分模型包括离散选择模型、MD 模型和网络均衡模型。

1. 离散选择模型

离散选择模型是以出行者个人为分析对象来预测交通方式分担的微观模型，该模型研究的关键在于假定出行者个人是决定出行行为意志的基本单位和选择交通方式的基准是效用最大化，并且效用由旅客属性、交通方式属性等因素决定，同时效用与各影响因素之间呈线性相关关系。

一次基本的选择过程通常会包含决策者、备选方案集、各个方案属性以及决策准则四种要素。选择行为的主体（决策者）可以是个体、家庭、企业、政府机构等，以个体为例，其属性包括年龄、性别、收入、工作类型等；根据实际情况，备选方案集可细分为通用方案集、可行方案集以及实际考虑的方案集等；方案属性主要包括费用、时间、舒适性、安全性、可靠性等，不同的方案属性描述了各个方案在不同维度上可以提供给人们的效用；常用的决策准则主要有优势准则、下线准则、多重排序准则、效用最大化准则等。

离散选择模型根据备选方案的数量可分为二项选择模型和多项选择模型，根据备选方案特征可分为无序离散选择模型和有序离散选择模型。

2. MD 模型

MD 模型同样是以出行者个人为研究对象，借助经济学上的概念反映个人属性和交通方式属性对客运需求的作用，通过评估选择该交通方式的出行牺牲量和出行效用，以出行牺牲量最小确定各交通方式潜在交通需求的显化率，从而得出客运交通结构的分担情况。

利用 MD 模型实现交通方式划分预测时，首先分析城市居民出行特征，精确统计各交通方式的出行费用、出行时间，计算安全性、舒适性和方便性等服务因素的综合取值，构建出行牺牲量模型，确定参数取值后，针对目前城市交通的现状，预测了未来城市交通方式划分结构。

3. 网络均衡模型

网络均衡模型在静态交通规划领域应用比较广泛，类似于路阻函数的特点，随着某种交通方式客运量的提高，选择其出行的效用就会降低，诸如服务水平下降、出行时间变长等。如果效用下降以至于低于旅客的忍受极限，部分旅客就会选择其他替代交通方式出行，最终所有交通方式的出行效用几乎相等,达到客运网络均衡状态。

(四)交通分配

交通分配的目的是按照某种方法,控制分配到交通区域间各路段上的交通流量,使其尽可能地接近实际情况。常用的方法有全有全无法、容量限制法、增量分配法、多路径分配法、用户平衡法等。

全有全无方法假定路阻为常数,计算简单,但分布量分布不均,全部集中在最短路径上;容量限制法是在全有全无法的基础上,考虑了路段通行能力对出行分布量的影响,比较符合实际情况;增量分配法同样以全有全无分配法为基础,考虑了路段流量对阻抗的影响;多路径分配法通过考虑出行者出行路径的选择概率随着线路的长度增加而减少,改善了单路径分配中流量集中于最短路的不合理现象;用户平衡分配法假定所有被利用的路径具有相等且最小的阻抗,反映了用户对出行路径的选择行为,更符合实际情况,被广泛应用。

(五)组合模型

随着研究的深入,人们逐渐认识到在传统的四阶段交通需求预测方法中,各阶段独立预测存在很多局限性,而应用组合模型更为合理,因此组合模型受到了众多学者的关注。以交通分布和交通分配为例,作为两个相对独立的预测阶段,传统应用中分别采用交通分布和交通分配两种模型进行迭代求解。但是一般来说,交通分配的前提是已知未来的OD分布,交通分布的前提是已知各个预测区域的交通阻抗,出行时间受OD交通量影响,反过来又会影响到道路网的交通量。因此,有必要建立交通分布-交通分配组合模型。交通分布-交通分配模型可以大致分为单约束模型和双约束模型。

以双约束为例,设定 x_a 为路段 a 上的流量,x 为路段流量,q_{rs} 为OD对 r-s 流量,t_a 为路段 a 的出行时间,f_k^{rs} 为OD对 r-s 在路径 k 上的流量。

模型描述如下:

$$\min z(x,q) = \sum_a \int_0^{x_a} t_a(k)dk + \frac{1}{Y}\sum_{rs}(q_{rs}\ln q_{rs} - q_{rs}) \tag{5-15}$$

$$\sum_k f_k^{rs} = q_{rs}, \forall r,s \tag{5-16}$$

$$\sum_s q_{rs} = Q_r, \forall r \tag{5-17}$$

$$\sum_r q_{rs} = D_r, \forall s \tag{5-18}$$

$$f_k^{rs} \geq 0, \forall k,r,s \tag{5-19}$$

目标函数式(5-15)中的第1项保证路段流量最大程度满足用户平衡,第2项是熵模型,保证OD流量最大程度满足基于熵概念的分布模型。约束式(5-16)~(5-18)满足流量平衡,约束式(5-19)满足流量非负。

交通方式划分-交通分布模型的适用于城市规模不大、机动化水平不高、交通拥堵现象不严重或并不拥堵、交通方式为单一的路面交通。我国目前大多数城市正处在这个阶段,因此,该模型的实用性较为广泛。

第三节　线路规划关键技术

一、概述

定制客运线路规划时的车辆路径问题(Vehicle Routing Problem, VRP)的定义为：对一系列发车点和/或上客点，组织适当的行车路线，使车辆有序地通过它们，在满足一定的约束条件(如发送量、上下客时间、车辆容量限制、行驶里程限制、时间限制等)下，达到一定的目标(如路程最短、费用最小、时间尽量少、使用车辆尽量少等)，其问题描述如图 5-7 所示。

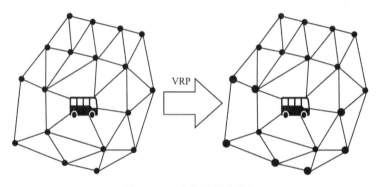

图 5-7　VRP 问题的图形描述

VRP 问题通常被描述为：在由顶点和边构成图 G 中，即 $G=(V,A)$，其中顶点的集合中的参数一般表示为 $V=\{V_i | i=0,1,2,\cdots,n\}$，而边构成的集合表示为 $A=\{(v_i,v_j) | v_i,v_j \in V, i \neq j\}$，而顶点集 V 中的参数 $v_1,v_2,\ldots,v_n$ 表示客户，这些客户构成集合 C。在集合 V 中，当 $i=0$ 时，表示该地为配送中心，由 v_0 表示。C_{ij} 表示顶点 i 与顶点 j 之间的运输费用，有 $C_{ij}=C_0 D_{ij}$，其中 D_{ij} 表示顶点 i 与顶点 j 之间的距离，C_0 表示车辆每行驶一公里所需的费用。设 q_i 为客户 i 需求量，配送中心有 m 辆车，构成集合 R，记 $R=\{g | i=1,2,3,\cdots,m\}$，其中 Q 为车容量，$q_i < Q$。

对于每一条弧 (i,j)，定义如下变量：

$$x_{ijv} = \begin{cases} 1, & \text{若车辆 } v \text{ 从顶点 } i \text{ 行驶到顶点 } j \\ 0, & \text{否则} \end{cases}$$

$$y_{iv} = \begin{cases} 1, & \text{若车辆 } v \text{ 与顶点 } i \text{ 匹配} \\ 0, & \text{否则} \end{cases}$$

标准车辆路径问题的数学模型可以表示为：

$$\min F(x) = M \sum_{i=1}^{n} \sum_{v=1}^{m} x_{0iv} + \sum_{i=0}^{n} \sum_{j=0}^{n} \sum_{v=1}^{m} x_{ijv} c_{ij} \quad (5\text{-}20)$$

s.t.
$$\sum_{v=1}^{m} \sum_{i=0}^{n} x_{ijv} \geq 1, \forall j \in C \quad (5\text{-}21)$$

$$\sum_{i=0}^{n} x_{ipv} - \sum_{j=0}^{n} x_{pjv} = 0, \forall p \in V, v \in R \quad (5\text{-}22)$$

$$\sum_{v=1}^{m} y_{iv} = 1, \forall i \in C \quad (5\text{-}23)$$

$$\sum_{i=1}^{n} q_i y_{iv} \leq Q, \forall v \in R \quad (5\text{-}24)$$

$$y_{jv} = \sum_{i=1}^{n} x_{ijv}, \forall j \in C, v \in R \quad (5\text{-}25)$$

式(5-20)中,$F(x)$表示目标函数;M表示一个无穷大的整数,通过在目标函数中引入参数M,保证算法在求解车辆路径问题时以车辆数为第一优化目标,以车辆旅行费用作为第二优化目标,即一个具有较少车辆数的解比一个具有较大车辆数但是旅行距离较短的解好;式(5-21)表示每个顶点至少被车辆访问一次;式(5-22)为流量平衡约束;式(5-23)表示顶点i只能由一辆车访问;式(5-24)为容量约束;式(5-25)表示如果顶点i被车辆v访问,那么车辆v只能从一个其他点到达顶点i。

二、线路规划的基本方法

(一)常见的车辆路径规划模型

根据研究重点的不同,VRP有多种分类方式。按任务特征分类,有上客问题、下客问题及上下客混合问题;按任务性质分类,有对弧服务问题和对点服务问题以及混合服务问题;按车辆载货状况分类,有满载问题和非满载问题;按车场数目分类,有单车场问题和多车场问题;按车辆类型分类,有单车型问题和多车型问题;按车辆对车场的所属关系分类,有车辆开放问题(车辆可不返回车场)和车辆封闭问题(车辆必须返回车场);按已知信息的特征分类,有确定性VRP和不确定性VRP,其中不确定性VRP可进一步分为随机VRP(SVRP)和模糊VRP(FVRP);按约束条件分类,有CVRP(带能力约束)、DVRP(带时间距离约束)和VRPTW(带时间窗口);按需求是否可切分分类,又可分为可切分的VRP和不可切分的VRP;按优化目标数来分类,有单目标问题和多目标问题。由于情况的不同,车辆路径问题的模型构造及算法有很大差别。

1. 确定型VRP

确定性VRP是现实中最常见的类型,它是已知客户/节点的确切需求信息和位置情况下的抽象问题。

2. 非确定性VRP

1)随机VRP

随机VRP是针对如下背景的线路规划问题:每天要访问的客户/节点的数量位置是固定的,但每个客户/节点每天的需求是不同的,并各自满足一定的可能性分布或随机分布,限于时间或资源约束,调度员无法等到获得所有信息后进行决策。

2)模糊VRP

模糊VRP是在实际的配送体系中,某些待服务的客户/节点需求信息没有或无法给出准确描述情况下的抽象问题。

3. 带时间窗 VRP

带时间窗车辆路径问题是在标准车辆路径问题的基础上,对于顶点 i 设置了一个服务时间窗 $[e_i,l_i]$,车辆对顶点的服务只能在时间窗里面完成。根据时窗的性质不同,可细分为硬时间窗 VRP 和软时间窗 VRP。

4. 可切分的 VRP

带分割车辆路径问题是标准车辆路径问题的重要的松弛问题,其描述如图 5-8 所示。在标准的车辆路径问题中,每个顾客点的配送服务只能由一辆车完成,在可切分的 VRP 中,顾客点的需求可以同时被几个车辆分割来服务,在考虑顾客点分割服务时,总的车辆数或车辆旅行费用可以得到减少。

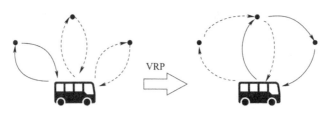

图 5-8 可切分的 VRP 问题的图形描述

5. 多车场 VRP

在标准 VRP 中,只有一个车场,所有的车辆从车场点出发访问顶点,最终回到车场点。若车辆可以从多个车场出发,顶点的访问需求可由任一车场出发的车辆完成,该问题中若将顾客点聚类分组到各个不同的车场,则对应的子问题均为独立的标准车辆路径问题。若每辆车有自己的当前位置,且与顾客顶点混合在一起,则该问题就转化为一个多车场车辆路径问题。

6. 开放 VRP

开放式 VRP 中,车辆不需要回到出发的车场,如果它们被要求回到车场,则必须沿原路返回,其描述如图 5-9 所示。

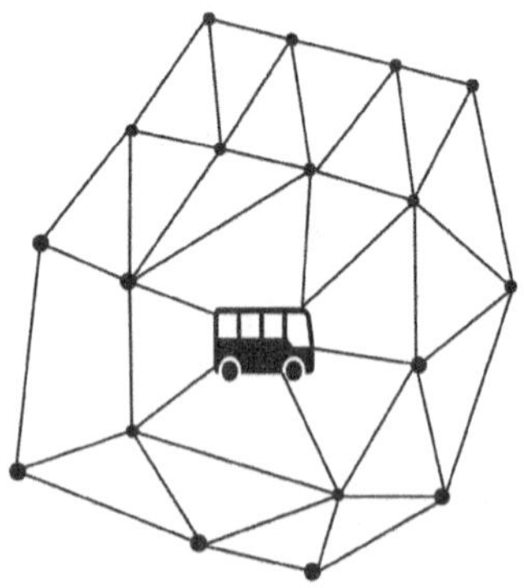

图 5-9 开放 VRP 问题的图形描述

(二) 常见的车辆路径规划算法

路径规划的算法大致分为精确算法和近似算法,其中近似算法又可以大致分为构造启发式算法、改进启发式算法和亚启发式算法。

1. 精确算法

精确型求解算法的代表性研究成果主要有 K-树法、分枝切割法、拉格朗日松弛算法、子梯度优化方法等。以分枝切割法为例,介绍算法原理。

分枝切割法是求解整数线性规划问题的一种组合优化方法。整数线性规划问题是一种将部分或全部未知量限定为整数值的线性规划问题。分枝剪枝法利用分支定界算法和割平面法来缩小解空间,其关键步骤如下:

第一步,初始化参数,令 $z^*=z_y$,z_y 表示已知的最好解;节点库 $\pi=\{n_r\}$,n_r 为根节点;

第二步,如果 $\pi=\varnothing$,转到第十步,否则继续,φ 为线性规划解得的非整数最优解;

第三步,选择节点 $\sigma\in\pi$;

第四步,运用线性规划求解节点 σ 的松弛模型,得到整数解,否则转到第六步;

第五步,如果 $z<z^*$(最大化问题)或 $z>z^*$(最小化问题),删除节点 σ,转到第二步;

第六步,检查切割面产生不等式,如果不满足约束,则产生切割面,加入原节点松弛模型,转 Step4,否则转第二步;

第七步,运用分支规则进行分支,计算新产生节点下界;

第八步,删除所有下界大于(最小化问题)或小于(最大化问题)z^* 的节点;

第九步,更新切割面库,转第二步;

第十步,结束。

2. 近似算法

1)构造启发式算法

构造启发式算法是将尚未指定路线的客户按照某些标准插入到现有的已部分形成的路线中去,以最终形成近似最优解。该算法是求解 VRP 问题最早使用的近似算法,其中较为经典的是 CW 节约算法、扫描算法、最近邻启发式算法等。下面以 CW 节约算法为例,介绍算法原理。

CW 节约算法是一种基于节约准则的车辆路线逐步构造算法。首先,初始化 n 条仅包含车场点和一个顾客点的路线集 $R_u=\{R_i | R_i=(0,j,0)\},j=1,2,\cdots,n,i\in R$。在算法迭代的每一步,根据最大节约值的原则合并两条路线,关键迭代步骤如下:

第一步,计算路线节约值: $s_{ij}=c_{i0}+c_{0j}-c_{ij},i,j=1,2,\cdots,n,i\neq j$;

第二步,按照降序将第一步中的节约值进行排序;

第三步,按照第二步中的节约值排序逐步检查分别包含边 $(i,0)$ 和 $(0,j)$ 的两条路线,若删除这两条边,以边 (i,j) 代替能够获得正的节约值且能够保持解的可行性,算法从中选择满足条件的具有最大节约值的两条路线将其合并。算法重复上述过程,直到没有可行的路线可以合并,如图 5-10 所示。

图 5-10 节约算法求解 VRP 问题的图形描述

虽然构造启发式算法简单易懂,但有时找到的解离最优解相差较远,因此该算法现已不单独用来求解 VRP 问题,而是与改进算法相结合,用在构造初始解阶段。

2)改进启发式算法

改进启发式算法可以将构造启发式算法得到的比较差的解,通过邻域的搜索进行反复改进,得到较好的解。改进启发式算法大概可以分为路线内部改进和路线间改进两种,路线内部改进是将某条路线内部的某些边和节点互换位置,而路线间改进是在相邻路线之间交换一些边和节点来改进当前的解。具有代表性的改进启发式算法有 k-opt 以及 λ-interchange 算法。下面以 k-opt 算法为例,介绍算法原理。

k-opt 算法的思想是对给定的初始回路,通过每次交换 k 条边来改进当前解,k 条边可以是路线内部的,也可以是路线之间的,2-opt 算法求解 VRP 问题的图形描述如图 5-11 所示。后续的研究者对该算法加以扩展,延伸应用到 VRP 领域,出现了 3-opt 算法和 4-opt 算法等一系列 opt 算法。

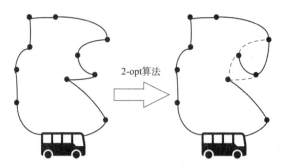

图 5-11 2-opt 算法求解 VRP 问题的图形描述

3)亚启发式算法

构造启发式算法和改进启发式算法都不允许劣质中间解的产生,而只允许解的优化结果朝好的方向单向递增,因此这两种算法都较容易陷入局部最优,为了克服这一缺点,多种亚启发式算法相继出现。亚启发式算法在优化问题的过程中允许劣质的中间解出现,能够跳出局部最优而在全局内寻优。用于求解 VRP 问题的亚启发式算法有禁忌搜索、模拟退火、遗传算法、蚁群算法等。下面以禁忌搜索算法为例,介绍算法原理。

禁忌搜索是一种现代启发式算法,由美国科罗拉多大学教授 Fred Glover 在 1986 年左右提出的,是一个用来跳脱局部最优解的搜索方法。算法基于局部搜索算法改进而来,通过引入禁忌表来克服局部搜索算法容易陷入局部最优的缺点,具有全局寻优能力。局部搜索算法又称爬山启发式算法,从当前节点开始,和周围节点值进行比较,如果优于当前节点则存为最大值并替换当前节点继续"爬山",否则将当前节点存为最大值,结束算法。禁忌搜索算法的迭代流程如图 5-12 所示,在局部搜索算法的基础上加入了禁忌表,记录已搜索的局部最优解的历史信息,以免重复搜索已搜索过的局部最优解,在一定程度上避开局部最优点,从而开辟新的搜索区域。

禁忌搜索算法的搜索速度快,效率高,适用于大规模的优化计算,但对初始解有较强的依赖性,且搜索过程中只能对一个解进行操作,往往需要使用别的启发式方法先获得一个较好的初始解。

三、线路规划的优化技术

(一)LINGO

LINGO(Linear Interactive and General Optimizer)即"交互式的线性和通用优化求解器",由美国 LINDO 系统公司(Lindo System Inc.)推出的,可构建并求解线性、非线性和整数最优化模型,内置功能强大的建模语言,提供十几个内部函数,允许决策变量是整数(即整数规划,包括

0-1 整数规划),配置建立和编辑问题的全功能环境,读取和写入 Excel 和数据库的功能和一系列完全内置的求解程序。下面以 LINGO 11.0 版为例,介绍 LINGO 软件的使用方法。

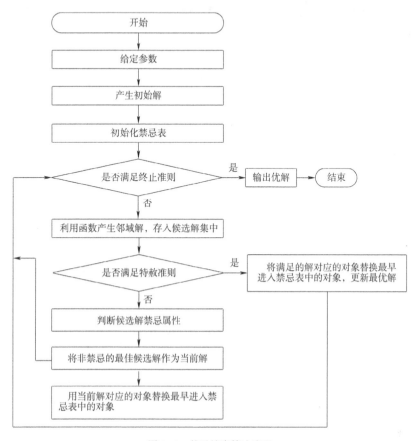

图 5-12　禁忌搜索算法流程

1. 编辑窗口

双击 Lingo11.exe 即可进入求解器编辑界面,如图 5-13 所示,外层是主框架窗口,包含菜单命令与工具条,其他所有窗口都将被包含在主窗口之中。主窗口内标题为 LINGO Model-LINGO1 的窗口是 LINGO 的默认模型窗口,用以编写模型代码。

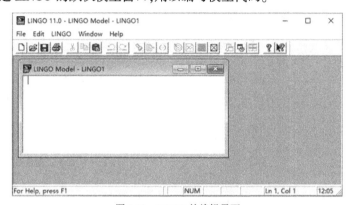

图 5-13　LINGO 的编辑界面

2.定义集

集是一群相联系的对象,这些对象也称为集成员,每个成员的特征称为属性。在线路规划问题中,集可以是顾客、车辆、站点等,属性可以视顾客上车点、目的地、车辆核载人数等。LINGO 允许将这些相关联的对象聚合成集,以便表达大规模问题。LINGO 中的集有原始集、派生集两种,原始集由一些最基本的对象组成,而派生集由一个或多个其他集组成。

定义集时,以关键字"sets:"开始,以"endsets"结束。

1)定义原始集

输入"setname [/member_list/] [:attribute_list];"语句定义原始集,其中 setname 表示集的名称,[ ]部分表示内容可选,member_list 表示集成员列表,attribute_list 表示集成员属性。例如,"vehicle/1..6/:m;"表示车辆集(vehicle)中有六辆车,每辆车有属性——核载人数(m)。

2)定义派生集

输入"setname(parent_set_list) [/member_list/] [:attribute_list];"语句定义派生集,其中 parent_set_list 表示已定义的集的列表,多个时必须用逗号隔开。例如,"link(vehicle,customer):X,st,et;"表示派生集(link)由车辆集(vehicle)和顾客集(customer)组成,其成员的属性有车辆与顾客是否匹配(X)、车辆到达顾客点服务开始的时间(st)和服务结束的时间(et)。

3.数据部分和初始部分

正式编写模型之前需要为某些集中的成员进行赋值与初始化,即输入集成员和数据的数据部分和为决策变量设置初始值的初始部分。

数据部分以关键字"data:"开始,以关键字"enddata"结束,可以指定集成员和集的属性。输入"object_list = value_list"语句进行赋值。语句中 object_list 表示对象列,包含待指定值的属性名、待设置集成员的集名,用逗号或空格隔开;value_list 表示数值列,包括要分配给对象列中的对象的值,用逗号或空格隔开。例如,"m = 30 30 50 40 80 100;"表示车辆集中 6 辆车的核载人数分别是 30 人、30 人、50 人、40 人、80 人和 100 人。

初始部分以"init:"开始,以"endinit"结束,声明规则与数据部分相同。在初始部分输入的值仅被 LINGO 求解器当作初始点使用,仅对非线性模型有效。

4.基本运算符

LINGO 中使用的基本运算符及含义见表 5-1。

LINGO 中的基本运算符及含义　　　　　表 5-1

类型	符号	含义	符号	含义
算术运算符	^	乘方	*	乘
	/	除	+	加
	-	减	-	取反函数
逻辑运算符	#not#		否定该操作数的逻辑值	
	#eq#	两个运算数相等则为 true,否则为 false	#ne#	两个运算数不相等则为 true,否则为 false

续上表

类型	符号	含义	符号	含义
逻辑运算符	#gt#	左边运算符严格大于右边则为true,否则为false	#ge#	左边运算符大于等于右边则为true,否则为false
	#lt#	左边运算符严格小于右边则为true,否则为false	#le#	左边运算符小于等于右边则为true,否则为false
	#and#	仅当两个参数都为true时结果为true,否则为false	#or#	仅当两个参数都为false时结果为false,否则为true
关系运算符	=		约束条件中描述两者的是否相等	
	≥ 或 >	约束左边表达式的值大于等于右边表达式	≤ 或 <	约束左边表达式的值小于等于右边表达式

5. 数学函数

LINGO 中常使用的标准数学函数及含义见表 5-2。

LINGO 中的标准数学函数及含义　　　　　　　　　　表 5-2

符号	含义	符号	含义
@abs(x)	返回 x 的绝对值	@sin(x)	返回 x 的正弦值,x 采用弧度制
@cos(x)	返回 x 的余弦值	@tan(x)	返回 x 的正切值
@exp(x)	返回常数 e 的 x 次方	@log(x)	返回 x 的自然对数
@lgm(x)	返回 x 的 λ 函数的自然对数	@sign(x)	如果 $x<0$ 返回 -1,否则返回 1
@floor(x)	返回 x 的整数部分。当 $x \geq 0$ 时,返回不超过 x 的最大整数;当 $x<0$ 时,返回不低于 x 的最大整数		
@smax($x_1,x_2,\cdots,x_n$)		返回 $x_1,x_2,\cdots,x_n$ 中的最大值	
@smin($x_1,x_2,\cdots,x_n$)		返回 $x_1,x_2,\cdots,x_n$ 中的最小值	

6. 变量定界函数

利用变量定界函数限制变量取值范围。LINGO 中的变量定界函数及含义见表 5-3。

LINGO 中的变量定界函数度参数　　　　　　　　　　表 5-3

符号	含义
@bin(x)	限制 x 为 0 或 1
@bnd(L,x,U)	限制 $L \leq x \leq U$
@free(x)	取消对变量 $x>0$ 的默认限制
@gin(x)	限制 x 为整数

7. 集循环函数

集循环函数便于整个集进行操作,其基本语法为:

@ function(setname[(set_index_list) [|conditional_qualifier]] :expression_list) ;

其中,@ function 表示函数名称,setname 表示待遍历的集,set_index_list 表示集索引列表,conditional_qualifier 限制集循环函数的范围,expression_list 是被应用到每个集成员的表达式列表,当用的是@ for 函数时,expression_ list 可以包含多个表达式,其间用逗号隔开。

1) @ for

利用@ for 产生对集成员的约束。例如:

@ for(vehicle(i) :@ for(customer(j) :($a(j) + tc + tz$) * X(i,j) = et(i,j))) ;

表示对任意车辆 i 和任意顾客 j,车辆 i 到达顾客 j 目的地的时间应等于车辆 i 到达顾客 j 的时间与上客、途中时间之和。

2) @ sum

利用@ sum 返回遍历指定的集成员的一个表达式的和。例如:

@ for(customer (j) :@ sum(vehicle(i) :m(i) * X(i,j)) > = n(j)) ;

表示所有任意顾客 j 的车辆的运力之和应大于或等于顾客 j 的需求。

3) @ min 和@ max

利用@ min 和@ max 返回指定的集成员的一个表达式的最小值或最大值。

(二) Netlogo

NetLogo 是一个用来对自然和社会现象进行仿真的可编程建模环境,适合对随时间演化的复杂系统进行建模。建模人员能够向成百上千的独立运行的"主体"(agent)发出指令,使探究微观层面上的个体行为与宏观模式之间的联系成为可能,这些宏观模式是由许多个体之间的交互涌现出来的。

1. 主体

Netlogo 有三类主体,分别是 turtles、patches 和 observer。turtles 代表在"世界"中可移动的主体;将"世界"分为若干网格,则每个 patch 占据一个网格;observer 代表一个全局主体。

2. 空间表达

每一个 patch 都是由一个表示位置信息的二维坐标确定,并且这个坐标一定是整数。但是对于 turtle 来说,二维坐标可以不是整数,即 turtle 不一定正好位于某一个 patch 的正中心,对于 turtle 而言,Netlogo 的空间是连续的。

3. 仿真推进

仿真推进是通过不断重复执行某一个例程实现的。模型中至少要有初始化例程和仿真执行例程。初始化例程实现对模型初始状态的设置,生成所需要的 turtles,设置他们的状态以及其他工作。仿真的执行通过例程 go 实现,在 go 例程中编写的所需要执行的各种指令,完成一个仿真步的工作。

(三) FlexSim

FlexSim 是一种在图形环境中集成了 C + + IDE 和编译器的仿真软件,其主窗口如图 5-14

所示,主要包括菜单、工具栏、对象库、模型视图以及仿真控制栏。

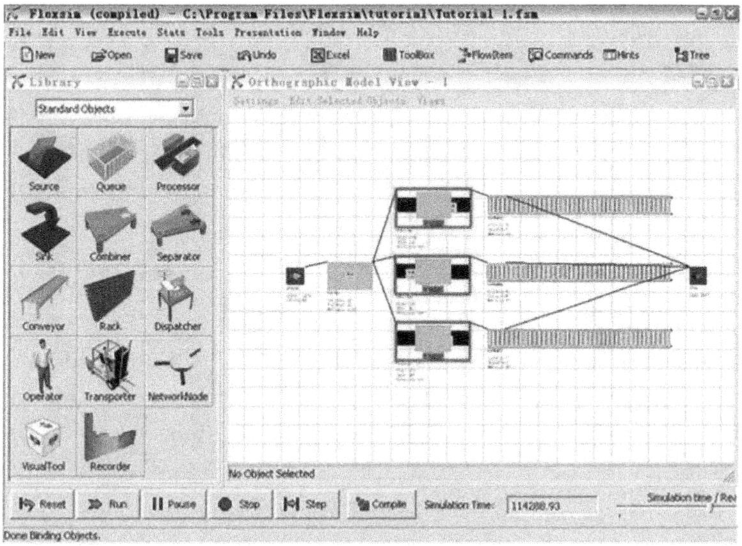

图 5-14 FlexSim 软件运行界面

1. 基本概念

一个基本的 FlexSim 仿真模型主要包括对象、连接、方法三个部分组成。FlexSim 采用对象对实际过程中的各元素建模,通过对象之间的连接定义模型的流程,而对象中的方法定义了模型中各对象所需要完成的作业。

1)对象

FlexSim 中的对象主要分为资源类(Fixed Resources)、执行类(Task Executer)、网络类(Network Node)以及图示类(Visual Object),如图 5-15 所示。其中资源类对象一般是仿真模型中的主干对象,决定了模型的流程;执行类对象可从资源类对象中获取并执行任务,如物料搬运或生产操作等,一个执行类对象可以向其他执行类对象指派任务或者管理模型中所有的执行类对象,但不参与模型中的流程指派;网络类对象一般用来设定执行类对象的行动路线;图示类对象可用在仿真模型中显示各种信息、标识、图片或图表等。

2)连接

FlexSim 模型中的对象之间是通过输入端口(input ports)、输出端口(output ports)、中心端口(center ports)三种端口来连接的。其中,输入端口、输出端口实现资源类对象之间的连接;中心端口实现资源类对象和执行类对象之间的连接。连接方式分为"s"连接和"a"连接,"s"连接仅用于中心端口之间的连接,"a"连接用于除中心端口之外的所有其他的连接。

3)方法

方法是用来完成一项任务的一系列规则集,例如 Arrival Method、Trigger Method、Flow Method、Navigation Method、Flow Item Bin Method、Task Executer Move Method 等。

2. 建模步骤

(1)构建模型布局。将仿真所需要的对象模型从对象库中拖拽到仿真视图窗口中的适当位置。

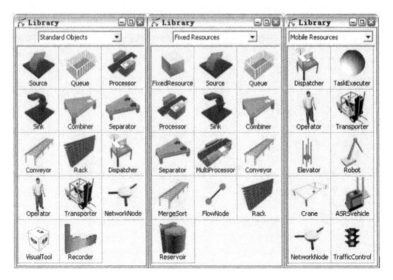

图 5-15　FlexSim 软件中的对象

（2）定义物流流程。根据连接类型，按下"a"或"s"键的同时用鼠标从一个对象拖拉到另一个对象上以连接二者。

（3）编辑对象参数。双击对象以打开对象的参数对话框，修改对象参数。

（4）编译运行仿真。

（5）分析仿真结果。

仿真之前通过菜单 Stats/Stats Collecting 选择统计对象，仿真时在对象属性对话框 Statistics 选项卡中可实时查看相应对象的统计数据和图表，点击 Stats 下的 Standard Report 或 State Report 可生成标准统计报告和状态统计报告。

第四节　运营组织与管理

一、运营模式

（一）旅客自发定制

旅客自己定制在信息平台发出个人出行信息，通过平台进行出行定制。信息平台根据旅客的需求信息，进行梳理综合，及时和申请定制人联络，确定客车的行驶路线，组织客运服务。旅客自发定制的最常见模式即定制旅游客运，通过构建多元化的旅游客运服务体系，合理调控运输服务和旅游资源，构建层次清晰、结构合理的干线、支线和个性化三级旅游客运服务网络，提高旅游城市的快捷性以及旅游景区的便捷性和通达性。

例如 2022 年 10 月，为满足市民旅游的交通问题，合肥交通集团对前期已经开行的定制旅游专线进行优化。国庆期间另开通10条旅游专线,并在市区增设中途乘车点,部分定制旅游公交线路还增设了途经人文景点,以更好满足乘客需求。旅客可以根据个人出行时间来选择班次,提前通过App或小程序选择要去的景点,选择乘车日期、乘车点、班次、车票数量,点击购票、线上支付,完成车票预订即可。另外,合肥公交集团还推出个人和团体定制业务,供乘客旅游或团建活动等出行订购。

(二)平台定制班线

信息平台主动推出一些新增班线,向特定区域、特定客源、特定人群进行发车班线定制。其中最具代表的定制客运模式即城市定制公交。一直以来,城市交通发展都在提倡"以人为本",一切要以居民出行需求和自身切实利益为重。城市定制公交的产生是公交多元化目标导向下公交模式的创新,也是交通市场压力与相关利益平衡的结果,定制公交发展未来将受城市客运交通各方的考验。城市定制公交系统的票价与服务质量高于常规公交,低于出租汽车,但对于高峰时段上下班有出行需求的乘客而言,性价比要高于常规公交和出租汽车。

例如2013年,北京公交集团上线北京定制公交平台,安全舒适的乘车服务深受市民好评,2020年,北京公交集团通过征集市民出行需求,进行大数据分析,智能匹配撮合需求,快速定制通勤路线和共享通勤路线,并上线微信小程序,以便市民预约出行。优化后共有近200条定制公交线路,覆盖亦庄、回龙观、天通苑、国贸、通州区、金融街、中关村、西二旗、黄村、长阳等职、住重点地区。2022年,定制公交新增上下车提醒、全程轨迹追踪等功能,并设置白名单,升级安全保障。

(三)团体定制

通过第三方进行客源组织。比如运输组织通过学生组织、商场、酒店的服务总台等能有效聚集客源的组织者进行长途客运定制,送车上门,其中最具代表性的是定制包车服务。定制包车客运是指以运送团体旅客为目的,将客车包租给用户安排使用,提供驾驶劳务,按照约定的起始地、目的地和路线行驶,按行驶里程或者包用时间计费并统一支付费用的一种客运方式。定制包车客运业务主要有两类,一类是以旅行社等为主要服务对象的省际旅游包车,一类是以企事业单位职工上下班接送为主的市区通勤包车。

例如2020年,四川、广东、贵州等地相继推出企业务工团体、学生团体返乡、返岗定制包车服务,如图5-16所示。包车运输采取"专人、专车、专厂(校)、专线"实现"点对点、一站式"直达方式,有需求的务工和学生团体,有以上需求的群体可以拨打客服热线或通过微信公众号及所属各车站提前预约。返乡定制包车最大的优势便是"门到门"服务,只需收拾好行李在工厂、学校或约定地点等候,便可以享受到"一站到家"。

二、运营管理

定制客运是依托新的网络技术,通过网站、微信小程序、App等渠道整合运输行业内资质良好的公司与车辆等数据,为乘客提供可靠的出行决策支持。通过统筹个体的多方面出行需求,为地点、时间与服务要求较为接近的人群提供定制化的地面班车车站、线路或线路网络服务，是介于常规班线与出租汽车之间的一种公共交通服务模式。这种客运服务模式给道路客运企业的发展提供了新的思路，道路客运企业通过开展定制服务业务，为社会提供定制客运服务，满足客运出行的新需求，实现转型升级发展。

图5-16　贵州省岑巩县开通民工返岗包车

运营管理可从以下方面进行建设。

（一）健全定制客运企业经营管理体系

公路客运的参与者主要包括客运企业及其车辆、驾驶员、客运站、出行者等，这些参与要素只有有效地连接在一起才能使得运输过程平稳有序，一旦中间某一个环节出现松动或者断裂，社会上不具有客运经营资质的各种资源将变相进入其中。而目前传统道路运输企业都具备正规道路客运体系化的车辆管理、驾驶员管理、调度管理、安全管理等管理能力，并且大多相同或相似，在合作方面不会存在较大的沟通壁垒，加之各地道路运输企业大多开始涉及定制客运业务，为合作机制的建立打下了坚实基础。定制客运源于市场和旅客的需求，传统客运企业开展定制客运服务时需在创新探索的同时，适度调整管理标准。

（1）客运企业开展定制客运服务时，需根据部分旅客个性化的需求开行一些相对灵活的班线。定制客运班线需适应定制的需要，且能够快速地综合组织和调整，根据旅客的需求及时确定发车时间、使用的车辆及提供个性化的服务。要能够实现这种经营模式，相关行业主管部门需探索实行相适应的行业管理方式方法，能够针对道路客运定制班线这一部分的经营活动给予一定自由的管理空间。

（2）相关行业主管部门需探索建立快速审批"通道"或在特定前提下实行备案管理制度，在贯彻国家相关法规的前提下探索创新针对开通道路长途客运定制班线的专项管理工作制度，要制定规范明确承运人从事客运服务的范围，明确道路客运定制班线运行的区域及线路，明确客运承运者的经营管理责任，明确定制班线所用车辆的安全管理责任，明确必须履行的管理手续。在给予开通道路客运定制班线的灵活运营空间的同时，必须履行行业管理中超载管理、服务质量监督、安全管理要求的职责。

对开通道路客运定制班线在行业管理上的适度放开，并不是放开不管理，不是任何企业、任何车辆都可以随意进行定制班线经营。适度放开只是行业管理部门为支持开行道路客运定制班线在管理有度的前提下为规范的道路长途客运提供一定的客运市场空间，是为了给群众的出行提供新的个性化的选择。道路客运定制班线可以根据客运细化市场需求为旅客提供多样化、个性化的服务,这种思路需要道路客运企业和相关行业主管部门共同探索试点,待形成健全的经营管理体系后在各地道路客运企业推广。

(二)建设基于互联网技术的定制客运管理系统

根据"互联网+"技术在其他行业的应用经验,如"互联网+"技术都有效地促进了金融行业、物流行业等行业的发展,即便是受到冲击的出租汽车行业,新产生的网约车也是极大地提升了社会公众出行的便捷性,对社会发展具有积极的作用。因此,从社会趋势而言,对于"互联网+"与公路客运的融合应当保持积极的态度。

随着互联网、物联网、云计算、大数据、人工智能等新技术的广泛应用,已涌现出一批带有互联网属性和道路客运资深经验的双重基因平台,如巴士管家、愉客行、巴巴快巴、贵州畅行等。通过这些成熟的网络平台,将各地资源、业务信息、旅客需求有机打通,为合作机制的建立提供技术服务保障。

1.运用大数据推进道路客运企业公共定制服务平台的建设

大数据是以容量大、类型多、存取速度快为主要特征的数据集合。大数据运用于道路客运企业的发展,也是最直接作用于道路客运行业供给侧结构性改革的方式,就是基于大数据的运用,即建设道路客运企业公共定制服务平台,加速实现定制客运体系集约化以及创新化的发展,实现生产资源的共享与整合,形成良好的协同发展与高效运用。同时提升行业信息化水平,促进现代信息技术在行业监管、运营领域的深度应用,全面提升定制客运企业运输供给能力、运行效率、安全性能和服务质量以及管理效率。

首先,道路客运企业公共定制服务平台是一个基于大数据运用的道路客运资源共享开放的平台,依托道路客运综合信息服务系统,与该系统实现资源共享,即高度集约化的道路客运企业在系统中上线的全国道路客运路网班线信息、智能推荐路线功能、出行信息查询功能、实时路况查询功能及服务评价反馈功能等均直接运用在公共定制服务平台上。

其次,道路客运企业公共定制服务平台从功能上来说,除了道路客运综合信息系统的服务功能以外,还应具有以下功能。

(1)定制客运班线查询预订功能。该功能是道路客运企业公共定制服务平台的基础功能,通过该功能的设置,道路客运企业才能够发布定制服务的相关服务,乘客才能够实现定制出行服务的使用。

(2)实时定位及路况查询功能。这是实现道路客运行业定制服务"点对点"定制服务的要求,在互联网环境下,该功能目前已没有任何技术障碍。

(3)服务质量评价反馈功能。这是道路客运企业公共定制服务平台的一个重要功能。当乘客发现客运企业开通的定制服务班线无法满足自己的出行需求时,可以使用互动式的需求申请功能,在平台上对道路客运企业提出服务申请。同时,客运企业可以实时地接收到客户的申请,然后根据自身运营情况来决定是否提供相应的服务。

最后,道路客运企业公共定制平台从形式上来说,应该形成网页、客户端、移动客户端三位一体的平台。

2.加强基于大数据应用的共享开放平台监管

道路客运资源共享开放工程的建设是基于大数据应用的。首先就要推动相关部门和道路客运企业，以及道路客运企业之间实现数据共享，完善大数据产业链，加速大数据以及移动网络等多个方面的深入整合，深化大数据在整体客运体系中的运用，积极开展定制客运这一新的服务模式，就涉及了平台监管问题。

从规范道路定制客运发展的角度出发，逐步将出行信息服务共享开放平台纳入行业管理，按规定接受行业管理部门监管，不得组织非营运车辆和未取得从业资格证的驾驶员从事道路定制客运，建立类似"无车承运人"的第三方道路客运承运人管理制度。如近年来国内外经常提及的出行即服务(Mobility as a Service, MaaS)就是把乘客需求放在首位，来配置运输提供商的运力和信息服务。

(三) 构建成熟的定制客运联盟运营基础

随着道路客运行业不断深化改革，中国道路运输协会牵头全国道路客运企业先后组建了全国长途客运接驳运输联盟和全国旅游集散中心联盟，通过组建联盟、搭建实体、构建平台，促进企业之间信息互通、资源互享、产品互联、营销互动，为全行业抱团取暖、创新发展起到了积极作用。成熟的联盟运营经验，为合作机制的落地提供了经验借鉴意义。

第五节 典 型 案 例

一、"米图出行"定制客运平台

"米图出行"是由青岛交运集团与腾讯公司联合开发运营的定制客运平台，利用"平台+运营"双引擎，促进"道路客运+互联网"融合发展，不仅满足了人们多样化、高效率的出行需求，为日趋衰落的道路运输行业注入了一针强心剂，更打破了数十年不变的"站到站"模式，驱动了道路客运供给侧结构性改革，为下一步打造智慧交通生态圈奠定了坚实的基础。"米图出行"虽然属于公路客运范畴，但运行线路区别于普通长途车的站到站模式，可在允许的区域内进行"门到门、门到点"服务。以首条经过审批的"黄岛—青岛"线路为例，以往的长途车起点终点固定为两个区域的汽车站，"米图出行"的第一条线路则细化为青岛西海岸新区范围内任一点至流亭机场。"米图出行"平台车辆均为7座及以上拥有公路客运资质的营运车辆，可实现拼车功能，提升了定制客运的灵活性，可一次接送同一时段内不同位置的多名乘客前往目的地。此外，"米图出行"实行的是预约出行，根据不同场景，乘客可最快预约40min后用车。

青岛交运集团与腾讯公司的合作，是"产业+互联网"模式的一次成功尝试，一方面帮助传统道路客运企业通过互联网手段完成智能出行平台的搭建，盘活存量资产，完成传统行业的转型升级，另一方面通过自身实体资源的优势，协助互联网企业完成从消费互联网到产业互联网的升级；通过腾讯对用户消费画像，利用大数据分析能力，让营销推广更精准；平台商标归运营企业所有,用户数据安全更有保障。

二、"巴士管家"客运综合服务平台

"巴士管家"是江苏大运主导建设的道路客运综合服务平台,是目前国内少数几个成规模的公路客运票务平台之一。通过与传统道路客运企业的共同探索和实践,巴士管家开创了"定制+互联网"的客运新模式,为传统道路客运企业的转型发展提供了新选项。

由于客运行业的特殊性,绝大多数汽车站点的售票都是独立分开的,没有形成一个统一的系统平台,乘客不得不在不同的平台分别购买去程和返程车票,成整个行业的一大"痛点"。为解决这个"痛点",巴士管家提出了定制客运模式,依托股东江苏大运的资源优势,在做好联网售票服务的基础上,逐步开发出了集班车小型化、固定线路拼车、延伸服务以及定制快车、定制包车业务于一体的定制客运业务,结合客运企业多年来的运营经验,尝试开发了多种细分场景下的出行服务产品,如针对商务出行人群的机场定制快车、针对学生群体的定制巴士以及针对上班族的定制班车等,帮助客运企业不断挖掘新的出行需求和市场机会。

三、"如约巴士"公交定制平台

"如约巴士"是广州政府推出的,多家等公交企业以联盟的形式委托数据中心建立的统一对外公交定制运营平台。它是一种利用信息化手段获取乘客出行需求,并按市场票价维持运营,同时,为人们提供高品质通勤服务的公共交通出行方式。这种出行方式主要基于互联网平台,由市民提出个性化出行需求来构建,并通过充分利用移动互联网的信息化手段,解决市民出行需求收集、线路定制、票款支付、电子验票、服务监控等全流程管理问题。这种"互联网+公共交通"的出行服务平台,利用互联网将公交资源和出行需求连接,高效整合管理公交的供需信息资源,进一步创新交通出行方式。这种出行方式满足了市民多样化的出行需求,对提升市民公共交通出行的服务体验,减少私家车出行量,缓解城市拥堵和提高城市空气质量有重要的作用。

相对传统公交运行,"如约巴士"不超过四个站点,保证准时准点到达,有多种票务优惠,保证一人一座,其营运车辆位置可被乘客实时查询。"如约巴士"推出的车型分为16座、33座、52座,开设840条线路,班次约30万,客流量约480万人次。互联网运行数据显示,"如约巴士"是典型的"互联网+公交",具备快速直达、准点发车、一人一座的特点,80%以上的线路为早晚高峰通勤线;80%~85%的用户在使用如约巴士前主要采用常规公交的出行方式。

"如约巴士"公交定制运营平台主要包含三个部分,分别是用户端、车载验票端以及平台端。用户端通过手机App,采集用户数据发布购票线路、实时定位车辆信息、发布上下车站点信息等,可支持用户线上购票、多元化支付、二维码验票等;车载验票端包含二维码扫描及羊城通刷卡、二维码支付等功能,用户可以通过验票终端对在用户端上购买的二维码票据进行离线验证,也可以刷羊城通刷卡,实现了100%扫码。

复习思考题

1. 简述定制客运与传统道路客运的主要区别及其在城际客运中的作用。
2. 简述定制客运有哪些基本类型及其适用对象。
3. 定制客运的发展为什么需要健全的管理系统?
4. 在交通生成预测中,交通产生和交通吸引的主要影响因素分别是什么?离散选择模型和 MD 模型在交通方式划分中的主要区别是什么?
5. 什么是车辆路径问题?车辆路径问题有哪些类别?
6. 带时间窗 VRP(VRPTW)与标准 VRP 的主要区别是什么?
7. 简述禁忌搜索算法在解决 VRP 问题时的主要优势。
8. 简述定制客运的三种主要的运营模式及特点。

第六章

需求响应式公交

第一节 概　　述

需求响应式公交(Demand Responsive Transport, DRT)是以吸引私家车通勤者或拟采用私家车通勤的乘客为目的而设计的一种公共交通方式,并通过集合个体出行需求,为出行起讫点、出行时间、服务水平需求相似的人群提供量身定制的公共交通服务。相较于公共交通服务,其平均载客量较少。

DRT 最早出现在 20 世纪 60 年代,是专家学者为弥补固定型公共交通系统的不足而寻找的一种新的公共交通服务系统,以兼具公共交通经济性和私家车的灵活性。1976 年,美国威斯康星州学者 Flusberg M. 首先提出了灵活公交系统这一构想。1990 年,《美国残疾人法案》(Americans with Disabilities Act, ADA)规定公共交通系统必须能够为残疾人等特殊群体提供出行服务,促进了 DRT 的发展。

目前,欧洲、美国等地区、国家的 DRT 已积累了数十年的发展经验,如欧盟的"先进的公共交通运营"以及波兰的 Tele Bus 需求响应型公交系统、美国威斯康星州的 Merrill-Go-Round 系统,早期主要是为了满足老弱病残等特殊群体的出行需求或客流稀疏地区的乘客出行需求,后来逐渐扩展为具有特定群体的出行需求,如就医、上学、机场及火车站出行,乘客主要通过电话或短信的方式提前预约车辆。随着计算机及互联网技术的发展,DRT 开始广泛应用于城市外围区、广大农村及偏远地区等出行需求较低、公共交通服务不完善和无公共交通服务的区域。2013 年,我国首条 DRT 线路在青岛市正式开通。2016 年前后,"灵活公交""动态公交""定制公交"等泛需求响应公交概念开始在全国各地出现。2018 年后,伴随新线路的不断开设,需求响应公交在北京、广州、成都、重庆等地逐渐向市场化、规模化、规范化发展。2020 年以来,全国各地纷纷进行需求响应公交服务试点,其发展至今已具备了一定的市场规模。据不完全统计,目前我国有超过 30 个城市开通 DRT 线路,其中以大城市居多,主要是为满足通勤需求而规划的"点对点"DRT。

一、需求响应式公交的定义

(一)特点

DRT 系统是一种绿色、便捷、舒适、高品质的公共交通服务新模式,通常具有"定人、定点、定时、定车、定价"的特点。

1. 定人

DRT 乘客的主要来源是上下班的通勤者,客源一般比较稳定,乘客通过预约一定的时间段(通常是一个星期或一个月)提前购买服务,以较低的价格来取得较稳定和较舒适的一人一座服务。

2. 定点

DRT 停靠点是预先设定好的,出发点、停靠点以及终点由运营企业根据乘客需求提前规划,在行驶过程中不能更改停靠点。运营企业为了提供更优质的服务,一般只会设置一个或少数停靠点,以更好地满足乘客"定时"的要求。

3. 定时

DRT 的发车时间和到达设定站点的时间通常是比较固定的。运营企业都会事先了解清楚,在这个时间段里面,正常情况下从发车点到达设定站点所需花费的时间是多少,并将具体到达站点的时间事先告知乘客,以设定发车时间来满足乘客的需求。正常情况下,运营企业都会按照规定的时间到达事先规定的站点。

4. 定车

DRT 一般采用 40 座以上的客车,也有采用座位较少的小型公交客车。由于采用一人一座的运营方式,保证了乘客预约出行过程中的舒适性。

5. 定价

DRT 线路的票价一般是比较稳定的,通常会为预定一定时间段的乘客提供更优惠的价格,需要乘客通过购买周票、月票或定期票等方式来稳定客源,从而为乘客预约出行提供更优质的服务。

(二)服务要素

DRT 以服务本身来进行分层,主要包括服务主体、服务对象、服务配置、服务机制、服务管理 5 个方面,共 11 个要素(图 6-1)。服务要素在于运营单位或中介服务机构通过网络、电话、短信、微信,或定点调查收集个人出行需求和联络信息,以确定 DRT 服务的乘客单元、发车时间、线路走向、停靠点等相关信息。

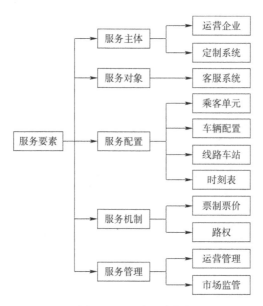

图 6-1 DRT 服务要素构成

1. 运营企业

运营企业负责运营过程中的运营计划、运营组织、运营实施和运营控制,一般可以是城市的公交公司(北京)或者客运旅游企业(武汉、济南),也可以是互联网(深圳),还可以是前者和后者的结合(贵阳)。

2. 定制系统

定制系统是运营企业为获取乘客对DRT线路、出行时间、乘车地点等出行需求信息的平台,也是乘客表达使用DRT意愿、详细定制等的平台。DRT服务需建立功能齐全的服务定制系统,充分利用固定网点、网络、电话、短信、微信等平台,为市民提供方便定制、付费、订单修改等服务,便于不同类型的人群(如消费习惯不同、不方便使用网络等)预约出行服务。

3. 客服系统

客服系统是运营企业通过网络、电话、短信等方式来回答乘客疑问,进行业务咨询,接受投诉、意见,帮助乘客更改定制方案等提高服务水平的系统。DRT需配制单独完善的客服系统,承担业务咨询、投诉、续订、线路调整等相关乘客服务功能。

4. 乘客单元

乘客单元一般指单一运营公交车辆的所有乘客,少量组合线网公交运营模式的乘客单元可以是单一运营公交车辆或是一个运营公交车队。DRT的乘客需要承诺一定的服务期限,通常不少于一个月,也可以是一个季度、6个月或年度为服务合同期,合同期长有利于定制服务线路组织架构的稳定性。定制服务可在合约期内变更乘车者。

5. 车辆配置

根据乘客规模和票价水平综合确定车辆类型。在运营初期一般采用40座以上的客车,随着服务网络化发展,也可采用小型公交客车。由于采用一人一座的运营方式,车内尽可能布置较多座位,一般采用"2+2"座位布局形式,车辆配置和内饰注重乘车的舒适性和实用性,如增加USB充电插口、放置笔记本电脑的小桌板等人性化服务设施。

6. 线路车站

车站的位置按照乘客需求预先定制。为方便乘客,车站位置尽量靠近乘客单元大多数人的出行起讫点。车站既可以设置为独立的DRT专用车站,也可以利用现有的公交站点。DRT行驶路径既可以采用固定线路,也可根据道路交通状况灵活选择并适时调整,但要确保车站的覆盖范围满足乘客需求。

7. 时刻表

DRT在每个车站的发车时间是在定制服务时预先确定的,通常根据到达目的地的期望时间和沿途交通状况推算发车时间。

8. 票制票价

为维持DRT客户群的稳定性,通常采取月票、周票或固定乘车日期等票制,乘客在签订服务合同时需预付合约期的费用。

9. 路权

DRT 对道路条件没有特殊要求,具备客车通行条件的道路均可通行 DRT。为鼓励发展 DRT 及确保其运行速度和稳定性,经交通运输管理部门允许后也可在公交专用车道内行驶。

10. 运营管理

运营商在客流市场调研的基础上,制订初步的运营计划,并根据服务预定情况编制具体的车辆运营调度方案。根据客流市场的变化,运营商可定期对运营计划进行调整。

11. 市场监管

DRT 服务由国营或私营运营商经营,并纳入城市公共交通体系,由城市公共交通行业主管部门按照有关政策、规定和标准进行监管。

二、需求响应式公交的发展趋势

(一)国外研究现状

20 世纪 70 年代美国就已经出现了定制公交这一模式。在国外,DRT 是定制公交最典型的一种形式,可以理解为定制公交的升级版。在当时,由于智能化技术尚未出现,作为一种为特殊群体服务的公共交通运输方式,这仅是一种比较原始的需求响应式公共交通服务形式,没有规划,是一种应急的运输措施。从 20 世纪 90 年代开始,随着城市的不断发展和扩大,原属于城市郊区的地方逐渐变成城市新区,人口急剧增加,市民出行量大增,对公交的需求也大增,同时,智能化交通技术开始得到应用并不断发展,需求响应式公交服务也开始尝试应用于城市郊区和偏远乡村的运输中。

到了 21 世纪,特别是近几年来,公交优先的理念深入人心,智能化交通技术发展到一定的高水平,需求响应型公交服务系统也有了突破性的进展,服务水平有了较大的提高,此类型的公交越来越受到民众的欢迎。国外许多发达城市都致力于建立能够根据乘客需求及时响应的柔性公交系统,即根据乘客需求灵活调整的需求响应型公交系统与传统的固定线路公交系统共同发展,并且前者的应用领域有逐步扩大的趋势。而在理论研究领域,学者们也在关注需求响应型公交系统以及其与传统公交系统的耦合问题。

值得注意的是,国外城市的路网环境、乘客出行需求量、出行规律等均与国内人口高度集中的超大型城市存在较大的区别,因此,有必要结合公交服务的发展趋势,研究适合我国国情和国内城市实际情况的 DRT 解决方案以及其与其他公交方式的协同问题。

(二)国内研究现状

国内由于开展 DRT 服务的时间还比较短,当我国各大城市相继发生严重的交通拥堵问题时,国内学者才大量地开始探讨如何解决交通拥堵问题。特别是在 2012 年国务院进一步明确提出各城市必须优先发展公共交通的意见后,国内学者才开始着重研究如何发展 DRT 的相关问题。

国内研究方向主要集中在DRT发展优势、存在的问题、运营模式、票价制度、系统评价以及运行方案等方面,如何吸引乘客由私家车出行转变为定制公交出行需要国内学者们从合理规划DRT线网、完善DRT组织运营等角度做出结合实际的研究。

(三) 发展优势

大力发展DRT服务是多元化公共交通体系发展的趋势,是大力发展城市公共交通系统的重要一环。面对机动车拥堵日益严重的现状,公共交通政策应促进投资省、见效快、对促进放弃私人小汽车有效的公共交通方式的发展。DRT服务在中国还处于起步阶段,是一种新型的公共交通服务模式,是"低能耗、低污染、低财政投入、低土地占用、高效率、高品质"的公共交通方式,发展潜力较大。

1. 发展多元化公共交通

固定线路公共交通服务主要包括轨道交通、快速公交和常规公交,出行费用较低,对于主要客流走廊覆盖较好,但对于非主要客流走廊,服务往往不到位,车站与出行起讫点距离远、车内拥挤、运营速度慢、候车时间长、绕行距离远、需要一次甚至多次换乘等问题普遍存在。现阶段大运量公共交通如轨道交通、快速公交的线网覆盖面也不大,还有很多服务盲区,DRT能够扩展公共交通的覆盖范围、增加公共交通线网密度。DRT服务形式多样,可满足更加个性化、人性化的出行需求。

2. 促进私人小汽车出行转向公共交通出行

在客流高峰期间,现有公共交通满载率高、车内拥挤、服务水平低,不能实现乘客享有一人一座、准点到达等高品质的服务,因此,很多市民更愿意使用私人小汽车出行。随着很多城市的道路交通状况持续恶化,高峰期行车难、打车难和停车难问题越来越突出,削弱了私人小汽车和出租汽车在速度和灵活性方面的优势。DRT可为乘客提供固定座位、一站直达等高效、优越的服务,对有车群体具有较大的吸引力,能够促进私人小汽车出行向公共交通出行转移。

3. 提高城市道路资源利用效率

DRT具有其他公共交通方式集约化的特点,可以提高交通工具的使用效率。DRT是除常规公交以外的另一种高效率利用道路资源的出行方式。此外,由于运营组织模式灵活,可避开拥堵路段甚至拥堵时段,实现错峰出行,有利于缓解高峰期交通拥堵。

4. 降低社会和个人出行成本

对社会而言,DRT可减少私人小汽车引起的拥堵、环境污染、道路和停车场用地占用等社会成本,节约能源;对个人而言,DRT可节省购置、使用和维护私人小汽车的时间和经济成本。DRT发展成网后,将形成一定规模的DRT车队,能够增加城市的就业岗位。

5. 缓解出租汽车"打车难"问题

通勤高峰期间,因出租汽车运力紧张,会出现"打车难"的问题。DRT能够吸引较多潜在的出租汽车出行者,既可提高运营车辆运送乘客的效率,又能对出租汽车高峰客流进行分流,缓解"打车难"问题。

第二节 经营模式与运营特征

一、经营模式

企业经营的首要目标是获取利润。通常情况下,DRT 的经营模式有互联网经营和特许经营两种模式。基于两种模式的经营机理,可以引用成本-效益-分析(Cost-Benefit-Analysis,CBA)方法,比较不同场景下的利润水平以及两种模式的运作逻辑和内在动力。

(一)互联网模式:市场环境的正向激励

DRT 互联网模式是指互联网企业利用互联网平台整合线下闲置车辆和驾驶员资源,提供 DRT 服务。互联网时代,企业经营逻辑和盈利模式发生根本性变化。互联网企业的经营收益主要包括票款收入和用户增值收益两大部分,据调查,目前互联网企业的票价按照 0.4～0.5 元/(人·km)计费,高于常规公交所规定的公交票价标准,70% 左右的上座率可保证票款收入和经营成本基本持平。与相对有限的票款收入相比,用户增值收益随用户规模增长具有乘数效应,是企业利润的主要来源。

互联网企业通过提供 DRT 服务,找到相似度较高的一类用户群体,培养"用户黏性",进而提供一系列衍生服务,拓展用户增值收益。若互联网企业努力提高服务品质,实现车辆满载运营,可以获得高出经营成本 C 的票款收益 B_p,同时获得更可观的用户增值收益 B_y,最终得到利润为 R_1,如图 6-2a)所示。若企业通过降低服务品质,经营成本降至 C_0,乘客数量的减少不仅带来票款收益下降,用户增值收益也会大幅缩水,最终得到的利润为 R_2,如图 6-2b)所示。由于用户增值收益与乘客数量正相关,$R_1 > R_2$,即提升品质吸引乘客比降低品质节约成本获得更多利润。基于这种正向激励的经营机理,互联网企业非常关注服务品质和用户体验,视用户认可度和忠诚度为生命线。同时,互联网经营 DRT 的票价高于特许经营 DRT,所以,通过提高服务品质来吸引乘客成为保持竞争力的必然选择。

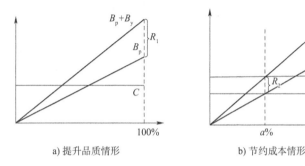

a) 提升品质情形　　b) 节约成本情形

图 6-2　互联网模式 CBA

(二)特许经营模式:受控环境的有限激励

DRT 特许经营模式是指依托公交特许经营企业整合或新增公交车辆,提供 DRT 服务。目前,多数城市公交财政补贴制度采用"定额包干",即企业完成政府线路考核要求(如发车班次服务满意度等),政府固定财政补贴额度,企业能否盈利取决于经营收入和财政补贴之和能否超过经营成本。DRT 特许经营企业的收入主要来源于票款收入和少量的附加收入。由于享受政府补贴,票价必须按照政府规定的公交票价标准执行,单纯依靠票价收入难以盈利。若特许经营企业努力提高服务品质,使票款收益 B_p 加上定额补贴 B_d,超出经营成本 C,可获得利润 R_1,如图 6-3a)所示。若企业通过降低服务品质来节省成本,经营成本降至 C_0,乘客数量的减少仅带来票款收益下降,定额补贴不受影响,最终得到的利润为 R_2,如图 6-3b)所示。由于定额补贴与乘客数量不相关,极端情况下可能存在 $R_1 < R_2$ 的情形,即企业可能通过降低服务品质节省成本获得更大利润。目前,实际调研中尚未发现这种负向激励的情况,一方面可能是因为不减少班次的情况下很难降低经营成本(即经营成本相对固定),另一方面定额补贴与顾客满意度有一定关联。不过,由于 DRT 特许经营企业业务经营范围同样受到限制,难以像互联网企业通过广泛整合衍生服务获得可观的用户增值收益。这种经营机理下,DRT 特许经营企业有一定的动力改善服务品质,但也会考虑相关成本的变化,即便做到服务最优,利润提升空间也比较有限。可见,虽然 DRT 特许经营企业获得了政府财政补贴,但其经营行为同样受到特许经营制度的制约,"微利经营"之下企业提高服务品质的动力有限。

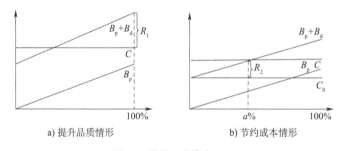

a) 提升品质情形　　　　　b) 节约成本情形

图 6-3　特许经营模式 CBA

综上所述,基于成本-效益分析框架,通过比较研究互联网经营和特许经营两种模式的经营机理,发现互联网模式下,DRT 服务本身不是主要利润来源,而是培养"用户黏性"、发掘群体性衍生需求的方式。企业在市场环境的充分激励下,追求更大用户增值收益,总体上提供了更为优质的出行服务,培育了用户市场。而特许经营模式提供 DRT 服务是企业的主要利润来源,但在受限的经营环境下,利润空间有限,企业改善服务质量的动力也有限。虽然在票价方面更有竞争优势,但受制于特许经营体制企业创新意愿和市场拓展能力受到制约,两种模式的经营机理存在显著差异。

二、运营特征

运营特征归根结底是经营机理的体现,具体表现出不同经营模式下线路布设、线路起讫点分布、附加服务等方面的异同。

(一)线路布设

两种模式的线路均选择高速、快速路为主要通道,并采用"两头密集设站、中途不设站"的不均匀设站模式,与常规公交快线、干线布设模式存在明显差异,如图 6-4 所示。DRT 通过这种"独特"的线路布设方式,将出行起讫点和服务水平要求相似的乘客聚集在一起,提供类似"门到门"的快速、可靠、舒适的公交服务。

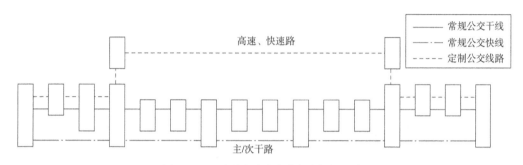

图 6-4　DRT 与常规公交线路布设方式的比较

设站方面,特许经营模式起讫点区段普遍基于既有常规公交站点设置,站距符合相关规范要求,但也增加了乘客的步行距离和时间。互联网模式起讫点区段则更贴近实际需求设站,部分站距在 100~200m(低于规范要求),以尽量缩短乘客两端的步行距离和时间。由于设站更密且不能使用既有常规公交站点,互联网 DRT 可能存在车辆违规停靠问题。

(二)线路起讫点分布

以深圳市早高峰线路为例,两种模式线路的终点分布上,南山区都是最主要的目的地,如滴滴巴士和 e 巴士分别有 43.24% 和 49.30% 线路终点位于南山区(图 6-5),其中绝大部分位于南山科技园片区。在 2017 年开通的 DRT 线路中,约有 500 条以南山科技园为起点或讫点,近年来,随着科技园片区的扩大,部分线路延长至大冲。2022 年,DRT 线路的日均承运客运量逾 1.2 万人次,其中,科技园(含大冲)客运量占比为 22.33%。聚焦科技园成为 DRT 线网的突出特征。

"聚焦科技园"现象的出现,充分体现了需求响应式公交在需求识别和快速响应方面具有的突出优势。近年来,南山科技园实现了"以高新制造业为主"向"以信息服务业、生产性服务业为主"的蜕变。根据手机数据分析,2022 年,南山科技园上市公司数量达到 200 家。2022 年,南山人才总量已达 110 万人,全区现有全职院士 68 人,占全市 79%,经市、区认定高层次人才超 1.1 万余名,国家和省、市高层次人才及团队均占全市 50% 以上,南山科技园一时成为深圳交通供需矛盾最突出的地区之一。在地铁线路规划周期漫长、常规公交线路大规模调整程序复杂的背景下,两种模式的 DRT 均快速识别和响应了南山科技园的出行需求,早高峰共计提供了 1.5 万~2.0 万人次的运输能力(按每条线路 30~40 人计),相当于新建一条轻轨线路。

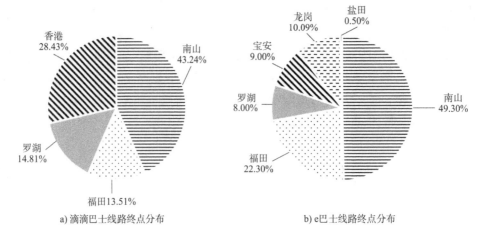

a) 滴滴巴士线路终点分布　　　　b) e巴士线路终点分布

图6-5　深圳市早高峰DRT线路终点分布

(三) 互联网平台的跨市线路

以深圳市为例,滴滴巴士线路中有28.43%开往香港[图6-5a)],另有一家互联网巴士企业也开通了部分东莞、惠州临深住宅区到深圳原特区内就业区的线路。这些跨市线路一方面为跨市通勤出行提供了快捷直达的公交服务,弥补了跨市通勤公交服务的空白;另一方面也体现出互联网模式的独特优势,即没有特许经营区域限制,比较容易实现跨市运营。都市圈一体化背景下,跨市公交出行需求将快速增长,互联网模式的DRT成为居民跨市公交出行的一种选择,为破解跨市公交一体化运营难题提供了新思路。

(四) 长线竞争

调研结果表明,DRT更倾向于提供长距离的出行适应服务:一是弥补以干线为主的常规公交线路服务的不足,实现错位竞争;二是居住外迁趋势,未来需求增长潜力大;三是互联网模式的票价与运营里程挂钩,线路越长票价越高,而固定成本分摊越低,利润更大。然而,特许经营模式受定价机制影响,票价低于互联网模式,且线路越长差距越明显(如深圳市一条50km的线路,特许经营模式票价为封顶价10元,不到互联网模式的一半)。2016年,e巴士大规模开通后,互联网模式的长线服务受到了一定冲击,部分互联网企业转向提供一些中短线服务,加剧了与常规公交的竞争。截至2021年12月底,东部公交共开行e巴士线路520条,其中,预约线路361条、定制线路159条(校园140条,企业19条)。

(五) 附加服务

总体上,两种模式提供的都是具有协议定价、预付车费、定车定人、一人一座等特征的DRT服务,但在附加服务方面仍有一定差别。互联网模式充分展现了对用户体验的关注,一方面在乘车过程中提供了如免费Wi-Fi、饮用水、靠枕、车内音乐等更周全细致的附加服务;另一方面利用微信群等方式培养"大家庭"氛围,组织开展各类衍生活动。特许经营模式则更加关注社会责任,如深圳市e巴士积极响应新能源车辆推广政策,线路全部采用新购置的新能源公交车,以降低污染排放。

三、系统优势

DRT 是针对细分出行市场的专属服务，需要具备一定的客流基础和市场竞争优势。在城市公共交通系统中，DRT 是一种新颖的运营模式，具有高效、便捷、灵活、舒适、经济的优势。

（一）高效

DRT 能够灵活调整行车路线避让拥堵路段，提供近似"门到门"的公共交通服务，节省乘客的出行时间，提高道路资源使用效率，同时确保运营收益。通常情况下，DRT 服务的单程运营时间应控制在 30~60min，较适合在大城市组团之间以及外围组团往返中心城区的区间内提供服务。

（二）便捷

DRT 运营过程中停靠车站较少，甚至不需要停靠，经允许能使用公交专用车道，还能根据交通状况选择行驶线路，确保 DRT 的运营速度可与出租汽车相当，且明显高于常规公交线路。

（三）灵活

DRT 的运营组织模式较为灵活，可以根据客流规模及出行需求量身定制，其线路和班次也是根据乘客需求制定的，可以根据客流需求变化及时调整，确保 DRT 服务与实际出行需求紧密结合。由于只是确定了车站和发车时间，没有固定的行车路线，行驶过程中可自由选择交通顺畅的路径。DRT 的潜在客流具备以下特点：

(1) 出行时间和起讫点相对固定，例如通勤客流，以确保 DRT 服务能够常态化，用稳定的服务吸引客流，并规避客流波动带来的经营风险。

(2) 出行需求相对集中，能够在相同时间和路线上形成足以支撑 DRT 服务的客流规模，从而使票款及运营收入能够涵盖工资、油耗、日常维护、车辆折旧、场站租用、税费等经营成本，确保 DRT 财务的可行性。

（四）舒适

DRT 车辆保障每位乘客均有座位，提供舒适的乘车感受，通常情况下也可配置高速无线网络，乘客上网方便。同时，在 DRT 线网布局方面，可采用独立线路的线网格局，即 DRT 线路之间不可以换乘；也可采用组合线网的运营模式，即线路之间可以换乘，且换乘点和时间是通过精心协调后制订的。因此，对出行舒适性要求较高的乘客而言，DRT 具有较强的吸引力。

（五）经济

DRT 为出行计划相对固定、对出行舒适性和时效性要求较高的人群提供服务，具有准确的市场定位。从乘客角度考虑，能够以远低于出租汽车和私人小汽车的出行成本享受近似"门到门"的交通服务。从运营商角度考虑，一方面能够确保车辆具有稳定的高上座率，另一方面由于服务时间和线路预先已经确定，可以提前制订经济可行的运营计划，提高车辆和工作人员的使用效率。从社会角度考虑，DRT 是一种优化客运交通服务的手段，能够提高客运交通的运转效率。此外，除购置车辆外，不需要投入大量资金用于基础设施建设和购置设备。

DRT 的主要竞争方式是私人小汽车、出租汽车和固定线路的公共汽车服务。前两种交通方式较为灵活,可以实时确定出行时间和目的地,多数情况下也比其他交通方式快捷,但作为日常出行,出行费用较高。

以大城市的出租汽车服务为例,完成一次 3km 左右的短距离出行需要 10 元左右,而 10km 以上的中长距离出行则需要 25 元以上,特大城市外围新区至核心区的出行费用往往可达 80 元以上。而使用私人小汽车出行,即使不考虑购置成本,还需要计入燃油、停车、车辆维修及保险费分摊等费用,综合成本甚至高于出租汽车。DRT 以经济的价格(例如 8~15 元/次)提供优质的服务,舒适性、快捷性、准点率与出租汽车和私人小汽车相当。

第三节 乘客需求分析方法

一、出行需求来源

乘客出行需求是 DRT 运营发展的基础保障,是 DRT 线网规划最重要的数据来源,构成了线网规划的数据基础。目前,乘客出行需求主要通过网站与手机 App 平台提交,提交的信息除了预设的上车地点、下车地点、拟到达时间等基本数据外,还包括日常出行方式可接受的弹性时间变化、票价支付意愿等。通过对这些信息的综合整理,以进行线网的规划制订。根据运营模式情况,DRT 出行需求的来源包括以下几种。

(1)结合常规公交运营总结需求,总结城市主要组团间的出行需求规律,依据运营经验拟定基本线路。

(2)由潜在客户在网络平台提出个性化出行需求,运营企业根据需求进行整合汇总,形成初始线路,这是目前 DRT 的主要需求来源之一,也是强调 DRT "需求响应型"的关键形式。

(3)运营企业通过线下调研深入了解拟开行线路地区的乘客出行需求,或者与人员集中的大型企业单位合作,初步拟定开行的线路。

(4)通过大数据技术,挖掘利用既有海量出行数据,分析城市出行主要的起讫点与出行交通走廊,确定 DRT 线路初始路径。

二、出行需求特点

利用互联网平台获取乘客出行需求信息成为目前需求来源的主要媒介。由于 DRT 随着"互联网+"而兴起,依托互联网与移动网络平台,使得 DRT 更加普及、便捷、高效,因此,在"互联网+"背景下 DRT 的出行需求特点也有别于传统公交的出行需求特点。

(一)精细化

由于网络平台下,交通出行信息获取便捷,因而,乘客出行需求对于乘车站点、出发和到达时刻、乘车时长等要求更加细致。

(二)主导化

传统公交中乘客处于被动地位,需要通过不确定的等待以获得公交乘车出行,而 DRT 依托网络信息传递,能够及时将需求响应情况反馈给乘客,因而,DRT 将乘客需求作为运营主导核心。

(三)多样化

由于有了互联网的推广,乘客不再获取单一的出行资讯,对于不同出行目的下的出行需求也有了不同的主张,因此,互联网的运用促进了乘客选择有个性需求的多样化公交出行体验,这也给 DRT 运营企业带来竞争压力和动力。

因此,相较传统公交而言,DRT 对于获取乘客出行需求变得不再困难,而难点则转移到如何对乘客需求进行有效整理分析,进行响应实现。

三、出行需求分析

在获得了乘客出行需求之后,需要对出行需求数据进行分析处理。将采集到的原始需求数据进行整理和计算,其目的是得到与 DRT 线网规划相关的量化数据,为规划过程提供数据支撑。数据的基本处理主要是两个方面:一方面是对上车站点、下车站点的选取,另一方面是站间距离与时耗的测算。

(一)出行需求站点聚类选取

在站点选取方面,由于乘客所提出的出行需求点是分散分布的,因此,现有研究中一般采用层次聚类法或 K-means 聚类法对需求点进行聚类操作,并以聚类中心作为上下车站点。由于在 DRT 出行需求的整理中一般不知道应该将需求划分成多少个区域,无法对 K-means 聚类法中的类别数进行确认,因而采用自下而上地凝聚的层次聚类法对出行需求进行聚类划分,以减少偏离点的遗漏,更适合线网站点的确定。考虑乘客步行可达性因素,一般聚类范围为半径 500m。

在对需求聚类生成出行点的方法中,根据处理流程的差异,可以整理为以下两种模式。

1. "先集中再聚类"模式

"先集中再聚类"模式中,针对乘客提出的上下车点的实体地址信息,通过最短路径归纳,先将该出行需求点集中至最近的既有公交、地铁站点处,在完成集中汇总之后,再检查各个既有站点,若该站点需求数量足够,则直接设置为定制公交上下车停靠点。若该站点需求数量不足,则将所有需求不足的站点汇总后进行聚类,根据聚类中心选择最近的既有站点设置为定制公交上下车停靠点。

2. "先聚类再集中"模式

"先聚类再集中"模式中,针对乘客提出的上下车点的实体地址信息,先对其进行汇总聚类,采用自下而上的凝聚方式进行聚类,聚类之后形成若干聚类区域,则一般选取其聚类中心作为出行中心,再选择聚类中心最近的既有公交地铁站点,将乘客出行需求点集中至此,并设置为 DRT 上下车停靠点。

两种 DRT 出行需求分析处理模式的流程如图 6-6、图 6-7 所示。

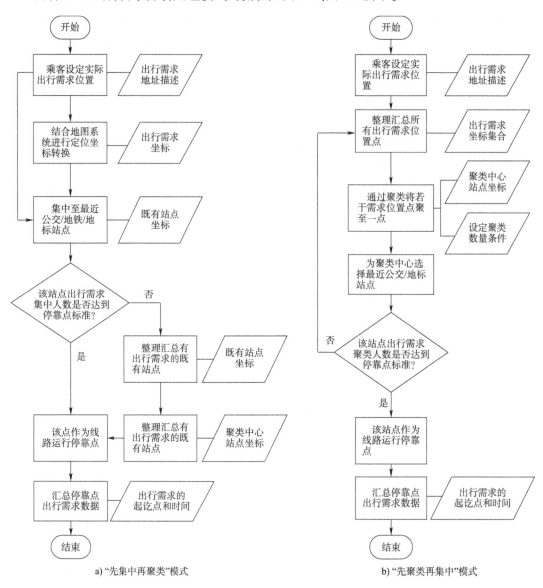

a) "先集中再聚类"模式　　　　　　　b) "先聚类再集中"模式

图 6-6　两种 DRT 出行需求分析处理模式的流程

(二) 出行需求距离与时耗

在确认出行需求的距离方面,由于乘客在发布出行需求时已经提供了出行的出发地和目的地,利用现有网络地图服务商开放平台的 API 开放工具,可以高效准确地获取出发地和目的地的经纬坐标以及对应行驶路线的距离、时间等信息,这样就在很大程度上避免了人工逐一测量、确认带来的烦琐工作量和数据误差。

该流程可以描述为:乘客提交需求,提供上下车点的实体地址信息,通过有关平台的地理编码解析服务,获得上车点地址与下车点地址经纬度,再通过行驶距离计算服务,获得需求的上车点与下车点的线路距离与线路时耗,如图 6-8 所示。

第六章 需求响应式公交

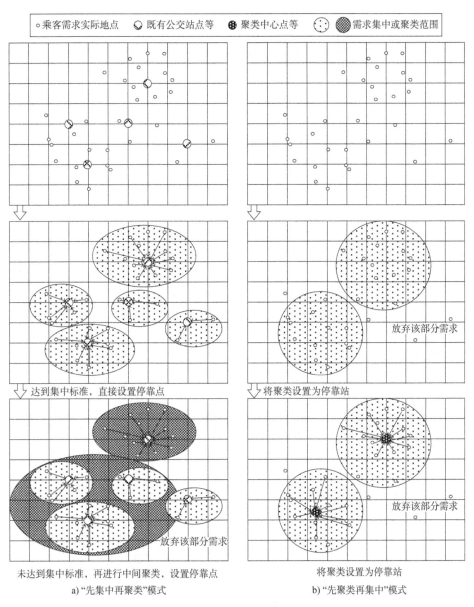

图 6-7　两种 DRT 出行需求分析处理模式示意图

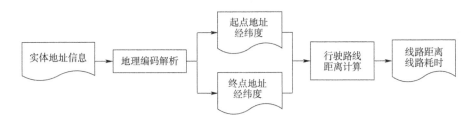

图 6-8　由起终点地址信息获取线路距离数据过程

第四节　站点及线路规划方法

一、站点选取方法

线路运行模式主要由线路站点的设置决定,其影响着行驶路线的路径选择,也影响着线网规划的约束条件和运营服务机制。按照出发站点和到达站点的数量划分,单条线路运行模式可以分为单点至单点、单点至多点、多点至单点和多点至多点 4 种。

(一)单点至单点运行模式

线路中只有首末两端的起始点和终到点两个停靠站点,乘客从同一个上车点出发,到达同一个下车点目的地。

(二)单点至多点运行模式

线路中有一个起始点和多个终到点,乘客从同一个上车点出发,下车点根据乘客出行需求选择的不同而有多个下车点,一般下车点在同一个区域范围或走廊内,以减少乘客到达目的地的步行距离。

(三)多点至单点运行模式

线路中有多个起始点和一个终到点,上车点根据乘客出行需求预约的不同而有多个上车点,一般上车点在同一个区域范围或走廊内,以减少乘客前往乘车点的步行距离,乘客在同一个下车点到达。

(四)多点至多点运行模式

线路中有多个起始点和多个终到点,根据乘客出行需求预约的不同而存在多个不同的上车点与下车点,这些上车点或下车点一般在同一个区域范围或交通走廊内,并有一定数量限制,车辆依次从多个上车点接载乘客,经过途中行驶,再依次停靠多个下车点。

DRT 线路运行模式如图 6-9 所示,其对比分析见表 6-1。

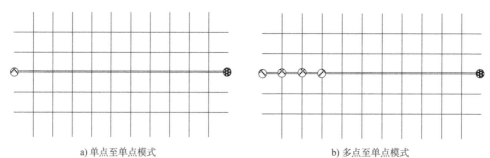

a) 单点至单点模式　　　　　　　　　b) 多点至单点模式

图　6-9

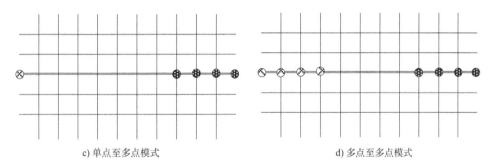

c) 单点至多点模式　　　　　　　　d) 多点至多点模式

图 6-9　DRT 线路运行模式

注：⊗ 表示出发站点；⊞ 表示到达站点；— 表示行驶路线。

DRT 线路运行模式对比分析　　　　　　　　　　　表 6-1

模式	特征	优点	缺点
单点至单点运行模式	两端客流集散点之间直达	一站直达出行时间短，保障了出行过程的准时性与舒适性	需要有足够的客流来支撑线路开通，服务范围有限
单点至多点运行模式	单一集散点至区域走廊多点停靠	扩大终点区域服务范围，有利于提升客流规模	末端停靠增加了终到区域乘客的出行等候时间
多点至单点运行模式	区域走廊多个集散点至单一目的地	汇集同一区域客流出行，有利于提升客流规模	始端停靠增加了起始区域乘客的出行等候时间
多点至多点运行模式	两大区域客流上下集散点之间直通	在客流规模非集中区域便于组织开通线路	出行时间相对较长，有一定的停站等待

目前，国内针对 DRT 线网模式的研究较少，且多局限于单出发地、单目的地的单点至单点和多出发地、单目的地的多点至单点两种 DRT 线路设计。前者满足条件的节点太少导致 DRT 线路过少，DRT 需求覆盖率低，多数市民无法享受 DRT 服务；后者限制了目的地数量，限制了车辆剩余能力的应用，也对乘客需求聚类提高了要求，不利于需求的全面响应。

二、线路规划方法

在 DRT 的线网规划过程中，一般按照"点-线-面"的方式分为以下几个层次。

（1）根据需求集中点（或起始 OD 点），确定 DRT 停靠的上下车站点。站点的设置，依赖于乘客的需求是否集中，取决于出行需求的聚类整合是否合理，需要考虑乘客步行至站点的距离和站点的服务覆盖范围，也需要考虑站点实际的地理位置与停靠条件。

（2）根据个体出行的起始 OD 点，确定逐条 DRT 线路行驶路径和经行站点。DRT 路线的布设，一般是以站点间的运行距离和运行时间为基本参考，按照运营费用最小化和运载出行需求最大化的原则进行逐步搜寻优化的，其中包括了路段的插入、删除、替换、合并与更新等步骤。由于 DRT 站点较少，多属于一站直达，因此，线路的布设很大程度上将体现运营服务的效率。然而,在目前运营现状中,线路布设依然是传统公交概念,为每条线路赋予特定的站点和运输任务。针对 DRT 的特点,下面用行车路径代替运营线路的描述思路,为线网规划提供另一个角度,见表 6-2。

行车路径与运营线路的概念差异　　　　表 6-2

类型	行车路径	运营线路
描述	根据乘客需求的起终点或上下车站点,串联各个站点所形成的车辆运营服务路线	运行车辆在运营行驶中,经行各个停靠站接载运送乘客,所形成的行驶路径
相同点	都必须在各个站点停靠,供乘客乘降,表现形式都是车辆的行驶路线	
不同点	侧重在不同停靠点之间形成的路线,适合不同站点乘客需求的分配整合	侧重首末端点的连接和行驶过程的稳定,适合需求固定统一、起终点一致的客流

(3)根据运营目标和效益评价,汇总各条线路并进行整体优化整合成网。在现有的 DRT 规划运营中,还缺乏对于线网的深入认知,对线网只是线路机械地叠加,运营现状中往往各条线路相对独立、各自为政,线路间没有有效的协调互补,只依托于客流出行要求完成端点区域的"一对一"出行需求。这不仅限制了 DRT 车辆充分利用运能的效率,也极大地降低了线网的灵活性。

DRT"点-线-面"单一体系如图 6-10 所示。

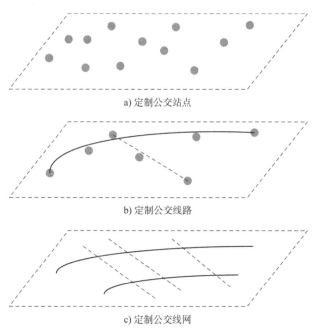

a) 定制公交站点

b) 定制公交线路

c) 定制公交线网

图 6-10　DRT"点-线-面"单一体系

DRT 是城市公共交通体系中的一种辅助客运公交服务系统,作为个性化和精细化出行需求市场的一种补充,DRT 必须要与城市主要公共交通方式相辅相成、相互配合。目前,一线城市已经形成以轨道交通为"骨架",以常规公交为"血管"的典型公共交通体系,DRT 的规划需要考虑与既有公共交通的配合。一般来说,DRT 会选取主要的地铁站点和公交站点作为客流乘降集散点。如此设置在出行上便于乘客集中,也有利于 DRT 与其他交通方式的接驳换乘。图 6-11 所示为 DRT 在城市公共交通线网层次中的定位。

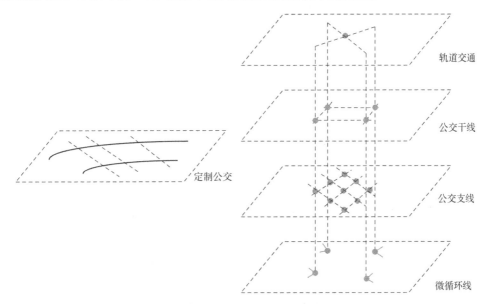

图 6-11 DRT 在城市公交线网层次中的定位

在考虑社会公共交通效益最大化的情况下,DRT 的规划运营,目的是将以私人交通方式出行的个体出行者向集约化公共交通方式转移,而不应该是与既有的公共交通方式争夺客源和市场。因此,DRT 在城市公交线网中的市场定位,应该是与常规公交不冲突的细分市场下的空白领域,其规划层面的指标细分也有所不同,见表 6-3。

DRT 与常规公交、BRT 对比　　　　　　　　　　表 6-3

指标	类型		
	常规公交	快速公交(BRT)	定制公交(DRT)
服务范围	无特殊条件	一般跨越城市组团	一般跨越城市组团
运行长度	无特殊条件	一般在 10km 以上	一般为 10~50km
站点设置	常规站点布设	大型专用站点布设	按需利用现有车站
道路条件	无特殊条件	城市主干道、主客流通道	灵活选择主干通道
速度要求	一般为 15~30km/h	一般大于 30km/h	一般大于 30km/h
发车间隔	一般为 5~30min	一般小于 15min	按需制定
运行时间	一般为 30~90min	一般为 30~90min	一般为 60min 左右
起讫点性质	常规公交场站	主要客流集散点公交场站	居住区域、工作区场站
服务时间段	全天候运营	一般为全天候运营	主要集中高峰期运营
舒适程度	无固定座位	无固定座位、载客最多	一人一座,舒适度高

第五节 典型案例

一、国外典型案例

在国外，DRT 有多种形式，包括需求响应型公交和具有定制公交特点的辅助公交。DRT 在国外各大城市出现比较早，发展也比较平缓，经过多年的摸索运营，许多城市已经有了一套成熟的、符合各自城市特点的 DRT 运营模式，其中，DRT 形式中最具有特点的就是需求响应型公交。需求响应式公交一般是指电召服务，提供"门到门"的公交服务。以下从运营背景、运营模式及经验启示 3 方面对美国纽约市的 DRT 发展案例进行分析。

(一) DRT 运营背景

纽约市是美国第一大城市，由斯泰滕岛、皇后、布朗克斯布鲁克和曼哈顿 5 个行政区组成，全市面积为 789 km^2。2022 年纽约市人口大约有 840 万人。纽约的公共交通系统尤其是地铁系统非常发达，在客运量、线路长度和车站的数量方面均保持世界前列。纽约市的公交网络遍布纽约市五大行政区，并在多处与地铁路网配合转乘，形成了完善的交通网络。

(二) DRT 运营模式

1. 纽约 DRT 的准入机制和服务模式

自美国颁布的《美国残疾人法案》生效以来，美国交通部下属公共交通署要求各地实施法案规定的诸如需求响应式公交等各项辅助公交服务，美国包括纽约的 DRT 的需求和服务都得到了快速发展。相比其他国家，美国的辅助交通发展较为迅速。2022 年，可变线路式交通服务和可变站点式交通服务最为流行，而其辅助交通服务领域则多为城郊或者农村人口相对稀少的偏远地区。

纽约市的公共汽车大部分由国营的大都会公共交通公司经营，在纽约市一些比较偏远的地区，尤其是大都会公共交通公司的公共交通车辆不运行的地方，比如农村，大部分公交运行模式是诸如 DRT 等辅助公交模式，另外，还有为残疾人等特殊人群提供的专门的需求响应服务。这些类型的 DRT 服务主要是纽约市捷运局承包给私营公司并签订营运合同，进行许可经营，由私营公司提供公交服务，同时捷运局给予其一定的补贴。

纽约的 DRT 有两种模式。一种是服务于残疾人等特殊群体的定制公交模式，由纽约公交公司(New York City Transit)进行管理，规定乘客要有陪护人员陪同。此定制公交模式体现了公共交通资源使用的公平性，其较低的价格和良好的服务越来越得到残疾人等特殊群体的欢迎，客流量不断增长。另一种是面向普通大众的定制公交服务模式。在纽约，此类客运服务主要有沿半固定的线路、按不同的时刻表为地铁车站和曼哈顿地区提供接驳集散服务，还有为居住在郊区、农村地区服务的定制公交，以及为 5 个行政区域的保健组织的医疗补助和医疗保险成员提供可靠的辅助运输服务。据估计,纽约共有 3000～5000 辆车(14～20 座/车)在运营此类服务。

2. 纽约 DRT 的票价机制

在纽约,大都会运输署是一个社会公益性部门,不以营利为目的,且纽约政府认为公共交通包括 DRT 等辅助公交具有正外部性,实行资金补贴制度,尽可能为乘客提供高品质的公交服务。

由于 DRT 的运营承包给私营公司运营,在满足大都会运输署合同的规定和服务后,私营公司更多考虑的是投资收益、降低成本。而 DRT 的特殊性,使得私营公司并未全部使用与大都会公共交通公司相同的票价系统。不同类型的 DRT 有不同的定价原则和补贴机制。

对服务于残疾人等特殊群体的 DRT 的票价有强制的规定,其票价是统一的,并且陪护人员是免费的,此类 DRT 受到政府专门的补贴。为确保此类服务的顺利发展,《美国残疾人法案》在安全、服务质量和出行费用等方面做出了细致的规定。

服务于普通大众的 DRT 的票价相对较高,但其费用比起私人小汽车和出租汽车的出行费用还是比较低的,如为地铁车站和曼哈顿地区提供集散服务的 DRT,其票价高于地铁和普通巴士,但使用交通卡可享受打折优惠。此类 DRT 总体规模较小,车辆数目、停放场地要求、初期资金投入都比较低,收益较好,再加上财政补贴,私营公司可得到预期投资回报。此种 DRT 的服务模式有利于鼓励此类客运服务市场化。

3. 纽约 DRT 的服务评价和政府监管

在城市公共交通的发展过程中,纽约政府主要扮演着扶持和监督的角色,一方面对包含 DRT 在内的公共交通的正常运行和发展加强补贴,另一方面对包含 DRT 在内的公共交通的服务进行监督。每年纽约大都会运输署组织对 DRT 的服务进行评价,评价主要通过数据统计和问卷调查的方式进行,统计的数据主要有准点率、故障间平均行驶里程、里程完成率等;问卷调查就是通过问卷的方式让乘客对相关指标进行评价,这些指标包括服务态度、安全性、车票性价比、等车时间等,乘客可以对这些指标的意见进行评价。统计数据和问卷调查的综合评价结果直接影响政府对 DRT 等公共交通的补贴,关系 DRT 私营公司的盈利水平。

(三) 经验启示

随着《美国残疾人法案》的全面推行,纽约的 DRT 得到快速发展,起到多方面的效果,得到可靠经验。

一方面,对于残疾人、老人等特殊人群来说,由于有了 DRT 提供的高品质的服务,还有低价格的票价,越来越多的残疾人、老人等出行不便的人们选择了 DRT 服务,人们对公交服务满意度的提升,促进了 DRT 的发展。我国的 DRT 可加强这方面的服务,以提高公交服务满意度。

另一方面,对于普通市民来说,特别是居住在郊区、人群比较稀疏的小区的市民,他们愿意对能保证有座位和运营速度、可靠的 DRT 服务付出更高的费用,其票价仅高于常规公交,大大低于出租汽车。DRT 提高了市民在上下班高峰期的出行效率,提高了公交的服务水平,兼顾了公交资源分配的公平,也提升了私营公司的投资收益,车辆更新加快。我国的 DRT

应该大力提高这方面的优势,以促进 DRT 的发展。

第三方面,为特定组织成员等专业化提供 DRT 服务,并提升相关运输组织的服务水平,有利于与专业化组织建立稳定的合作关系,有利于推动 DRT 服务的发展。目前,我国的 DRT 在这方面做得不够,为专业化组织提供专业服务,对我国 DRT 的发展是一大促进作用。

二、国内典型案例

随着"互联网+"在交通领域的快速发展,近年来 DRT 服务正式在我国各大城市开通。DRT 这种新的公共交通服务模式完全不同于以往的公共交通服务模式,当前的法律法规等尚未有相关的规定,而目前国家也未针对此种公交服务模式出台相关的政策,只能用传统的、国家对于客运的政策对此类服务进行监管。私营企业提供的 DRT 服务与国有企业提供的 DRT 服务是否有同等的政策,对此也未有明确的规定和说法。

DRT 在我国还处于起步阶段,其政策、规划、机构组织、运营、行业管理等方面还有许多内容需要进一步研究。虽然 DRT 是缓解城市交通拥堵的有效战略举措之一,但是它在全国范围的推广仍存在诸多的挑战,如政府及相关规划对定制公交的定位、运营补贴、票价制订机制、运营服务保障体系等。然而,由于 DRT 投资低、见效快、服务水平高,未来将会在国内多座城市得以应用,具有较好的发展前景。

(一)北京

1. 地面公交概况

北京市的地面公共交通客运一直是由一家大型公交企业集团经营,即北京公共交通控股(集团)有限公司(以下简称北京公交集团)。2021 年,北京常规公交的在册运营车辆达到 32896 辆,常规公交的运营线路有 1217 条,多样化线路 515 条。公共(电)汽车年行驶里程达到 11.39 亿 km,年客运量 22.96 亿人次。2022 年,常规公交在册运营车辆数 32783 辆,运营线路有 1299 条,年行驶里程达到 13.0945 亿 km,年客运量 17.8655 亿人次。

2. 发展历程

2011 年 4 月,北京公交集团在昌平区交通局的支持下,在天通苑和回龙观两大社区开通了可以预定专座的通勤快车服务,通过社区网站收集乘客交通需求的方式来决定提供相应的运营服务,成功开通了 4 条线路,满足了两大社区居民的出行需求。得益于两大社区开通通勤快车服务的探索和成功实践,2012 年北京公交集团决定建立电子商务服务平台发展 DRT,并于 2013 年 9 月 1 日正式运行,9 月 9 日,3 条 DRT 线路正式开始运营。此后,DRT 线路陆续开通,于同年 10 月 12 日北京公交集团已开通了 27 条 DRT 线路,有 1600 多名乘客享受到了 DRT 服务。由此,北京 DRT 的发展走上了快车道,于 2015 年 8 月 3 日又开通了 DRT 的快速直达专线,同年 12 月 7 日快速直达专线已经陆续开通 75 条线路,日均运送乘客 7000 多人次,日均发车 400 车次。2016 年,北京 DRT 已经开通了 177 条线路,日运送乘客约有 9000 人次,累计运送乘客超过 200 万人次,并且有多种形式的 DRT,分为商务班车、快速直达专线、休闲旅游专线和节假日专线 4 种形式。截至 2024 年 7 月,北京已开通 DTR 线路 600 条,快速直达专线等多样化公交专线 139 条。

3. DRT 运营模式

1）线路规划

北京 DRT 采取的是自下而上、基于需求的线路设置方式，无论是公交集团开通的，还是其他网络平台公司开通的，都是根据乘客的数量来确定的，达到条件就开通此线路。DRT 线路的开通，特别是对于商务班车和快速直达专线类型的开通，是由北京公交集团组织人员进行调查，或在公交集团定制公交网页上、App 平台上进行出行信息调查，根据响应的人数和相关数据、道路情况等综合研究，在专门网页和 App 平台进行宣传和进行新线乘客招募，当缴费人数达到车辆座位的 50% 以上，公交集团便决定在一周内开行此线路。至于沿途的上下客站点，则根据乘客的需求和道路情况决定。

2）服务监管

由于 DRT 是当前公共交通服务的一种新模式，属于一种互联网形式的公共交通创新服务，国内各大城市政府运输管理部门，包括北京市的运输管理部门，都未有针对性的规定对 DRT 服务进行监管，只是利用常规公共交通的监管手段去管理。

4. 经验启示

在北京，DRT 作为一种新的公共交通服务模式，从开始到现在也只发展了十几年的时间。在国内，北京市是发展 DRT 服务最早的城市之一，目前来说，运营的状况还比较成功，其中的一些发展经验比较适合国内各大城市的借鉴。

(1) 通过公交集团充分地调查了解，将该地区乘客的普遍出行需求和乘客各自的出行特点需求有效结合，在专门的网页和 App 平台提前进行乘客招募，加强宣传，可以为顺利开通 DRT 服务打好基础。

(2) 要实现 DRT 服务方式的多样化，不能局限于开通商务班车，要充分挖掘市民的出行需求，为市民打造适合的 DRT 服务方式，才能充分推动 DRT 的发展。

（二）深圳

1. 发展概况

2014 年 4 月 5 日，深圳巴士集团试运行首批两条 DRT 线路，拉开了深圳市 DRT 发展的序幕。之后多家互联网企业大举进军 DRT 市场，到 2016 年 9 月，深圳市共计开行 DRT 线路约 1400 条，日均客运量约 5 万人次，成为国内 DRT 发展快速的城市之一。2019 年 8 月 13 日，深圳巴士集团在盐田区率先试运行"优加巴士"，全国范围内首推公交动态出行服务。2020 年，深圳发布《深圳市交通综合治理三年行动方案及 2020 年工作计划》，其中明确指出研究推广响应式公交（Mobility as a Service，MaaS）便捷服务，针对大客流轨道 OD 开设响应式公交快线等行动。

2. DRT 经营模式

深圳 DRT 市场共有 6 家经营主体，经营模式可归纳为两类。一类是互联网企业利用互联网平台整合线下闲置车辆和驾驶员资源，提供 DRT 服务，包括小猪巴士、嗒嗒巴士、嘟嘟巴士和滴滴巴士等品牌；另一类是依托公交特许经营企业整合或新增公交车辆，提供 DRT 服务，包括深圳巴士集团开通的优点巴士及深圳东部公交集团开通的品质公交 e 巴士。其中，四家互联网企业共开通线路约 1000 条，日均客运量合计约 3.5 万人次，占总客运量的

70%。两家特许经营企业共开通线路约400条(其中95%为e巴士),日均客运量约为1.5万人次,占总客运量的30%。

3. 经验启示

作为国内DRT发展的典型代表,在互联网技术变革和市场机制双重作用下,深圳DRT迎合了居民日益增长的高品质出行服务需求,在客运市场中迅速占据一席之地。目前,DRT行业发展尚处于起步阶段,发展路径的选择尤为重要。

深圳DRT发展的经验启示有以下几点。

(1)明确DRT的功能定位,丰富公共交通服务体系,满足居民日益增长的高品质出行需求。DRT主要服务城市通勤出行,是城市公共交通服务的一种。DRT是一种需求响应型的高品质公交服务,具有快捷舒适、可靠和类似"门到门"等特征,具备与私家车竞争的服务水准。DRT线路设置和调整更灵活,能够快速识别和响应需求,有助于提升公交服务网络的应变能力。DRT与常规公交更多是补充而非竞争关系,应与常规公交错位发展、差异化经营。

(2)划清政府和市场的边界,充分发挥市场机制作用,激发企业活力,提供更有竞争力的公交服务。营造公平竞争的市场环境,鼓励多元主体参与经营。DRT经营体制与常规公交应有所区别。目前,深圳"低票价+政府补贴"的常规公交经营体制,旨在提供基本的可负担的公交出行服务,保障居民参与社会活动的基本出行条件。DRT主要满足居民高品质、个性化的出行需求,其行业规模、服务供应、票价规则应由市场决定和调节。在市场环境的正向激励下,企业有动力提供更好的服务,乘客也愿意接受相对更高的票价,行业发展可以不依靠政府补贴。政府应营造公平竞争的市场环境,既不"歧视"互联网企业,又要给特许经营企业"松绑",允许其DRT服务采用更灵活的票价制度,同时取消政府补贴和相关经营限制。

互联网模式和特许经营模式各有优势和特点,政府应鼓励互联网平台与特许经营企业开展合作,发挥互联网平台关注用户、创造价值的优势,同时利用特许经营企业线路运营方面的经验及车辆、场站配套设施资源,实现互利共赢。此外,在完善行业监管体系的前提下,可允许互联网模式提供部分跨市公共交通出行服务,快速响应都市圈一体化发展需要。

(3)落实政府管理职责,在公交优先战略的框架下为DRT发展提供有效的设施供应。加强站场和路权保障,提高DRT运行效率。DRT线路布设方式不同于常规公交,对站场和路权有特殊要求,在公共交通配套设施规划中应予以专门考虑。一是充分利用路内既有停车空间,为DRT设置专用的首末发车位,同时增加全市公交首末站供应,重点提升主要就业片区公交首末站的规模和密度,允许DRT通过合作协商等方式,使用部分常规公交首末站;二是考虑DRT密集设站和停车候客需求,为DRT设置专用停靠站点,避免占用常规公交车站停车候客,影响常规公交线路正常运行;三是结合快速公交走廊规划及HOV车道网络规划,形成覆盖主要高、快速路的路中公交路权优先体系,允许DRT使用快速公交车道、HOV车道,进一步提高DRT运送速度,拓宽有效服务时间。

(4)提升行业监管能力,规范市场经营行为,保障运营安全和乘客权益。目前,DRT作为客运行业的一种新兴业态,尚处于无行业监管的真空状态,同时陆续暴露出不少违法违规问题,比如部分平台使用无营运资质的车辆和驾驶员,部分车辆安全和保险状况达不到跨市、市内营运要求,互联网平台主体责任不明确等,容易引发经济法律纠纷,存在安全隐患。交通运输行业管理部门应从防范市场失灵的角度明确职责,守住行业发展底线。通过出台DRT经营管理办法,完善运营企业备案和安全生产管理制度,依法落实行业监管职责,规范市场经营行为,保障消费者合法权益。

(三)广州

1. DRT运营背景

2015年,广州市日均机动化出行量约2495万人次,比上年增长3.0%。空间分布方面,核心区(占全市人口超过40%)的出行量约占58.2%,比上年的58.9%有所下降,而核心区外的主城区出行量则从上年的12.6%增长到13.1%,显示核心区的出行量向外围地区有所扩散。除此以外,北部、南部、东部片区的出行量都有所上升,显示了外围地区的迅速发展。

在城市道路交通运作方面,2015年主城区城市道路工作日平均运行速度为30.64km/h,同比下降2.7%;晚高峰时段干线网平均速度为25.8km/h,同比下降3.2%,早高峰时段平均速度为30.22km/h。受制于机动车保有量的增长,必须依赖集约化公共交通出行以缓解道路拥挤压力和城市交通负担。

2015年,全市共有公交线路1178条,公交线路运营总里程20067km,其中中心城区865条、新辟2条、调整70条,运营线路里程达到13963.3km,中心城区基本形成干线公交、支线公交和微循环公交三层线网体系。

由于个性化、多样化出行需求增长,尤其是2015年以来受网约车等个性化服务迅猛发展影响,公共交通总体出行比例继续下降,2015年公共交通出行比例为55.7%,同比下降2.9%,而个体机动化出行比例由2010年的40%增加至2015年的44.3%,虽然轨道交通小幅升至17.4%,但仍然无法改变公共交通与小汽车博弈的劣势。2010—2015年广州机动化出行结构如图6-12所示。

"十三五"期间,广州公交努力建设服务覆盖面更广、结构层次更清晰的公交线网体系,大力推进中心城区公交线路优化、新建城区线网拓展以及公交资源配置优化等一系列工作。2017年上半年,全市日均公共交通客运量1371.3万人次,其中,轨道交通运营线路11条,运营里程达316.7公里,日均客运量736.5万人次;公交线路1207条,公交运力为14,468台,日均公交客流量为630.1万人次;水上巴士线路14条,日均客运量约4.7万人次。

截至2020年,共新开及优化公交线路260多条,市区公交线路总数达865条,城市建成区公交线网密度超过3.9km/km²,线路总长度由13963.3km延伸至15434.36km。并且,广州市全市公共交通客运量为4.53亿人次,日均客运量为1462万人次。其中,常规公交(含双城观光巴士)日均客运量为436万人次,轨道交通(含有轨电车)日均客运量为881万人次,出租汽车日均客运量为141万人次,水上巴士日均客运量为3万人次。从公共交通客运占比来看,常规公交客运量占29.83%,轨道交通客运量占60.26%,出租汽车客运量占

9.67%,水上巴士客运量占0.24%。

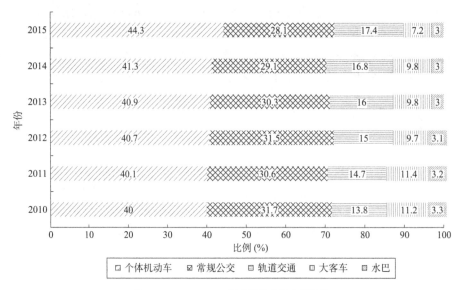

图6-12　2010—2015年广州机动化出行结构

2022年,广州都市圈交通一体化程度高,2022年大湾区城际间日均出行量542万人次,广佛肇占49%,其次为深莞惠(36%)、珠中江(15%)。中心城区绿色出行(含步行、自行车、电动自行车、常规公交、轨道交通)比例为77%,居全国超大城市前列。

2. DRT运营模式

2015年,广州市结合移动互联趋势与个性化公交服务需求,推出了"如约巴士"的DRT服务,运营企业包括广州巴士一汽、二汽、三汽、电车等市内巴士公司。乘客用户可通过网站、App、微信等方式提交线路定制需求及约车订单,在平台完成"发起需求、订购座位、在线支付、乘坐车辆"的一条龙服务,创新集约化交通出行方式。目前,"如约巴士"不接受政府公共交通补贴以及缺少行业指导政策,以市场为导向,自负盈亏和开拓市场。

2016年11月,"如约巴士"共开行运营线路443条,包括通勤线路272条、校园线路113条、旅游线路36条、商务线路19条、夜间线路3条,覆盖全市各区,平均上座率达到75%以上。

2019年增开"如约巴士"定制公交线路430条,全年服务市民447万人次,同比增加52%。同时,试点开行"扬手即停"新型"如约便民"线路7条,在大学城试点推出"按需而至"动态公交服务,在增城区推出首批"学子专车"直通车服务。促进发展乡村振兴,完成从化区3条农村客运班线公交化改造,在从化区及南沙区增开22条农村客运小型化预约线路,试点开行广东省首条公交物流专线及首条公交果蔬专线。

2022年以来,广州巴士集团先后开行"永庆坊专线""博物馆文旅如约线路""拥军优属专线""广东省红领巾巴士学堂研学专线""羊城历史文化教育线"等多条特色主题定制线路,为市民提供更加多元的出行服务。广州巴士集团在从化共运营41条公交线路,覆盖从化167个、超七成的行政村,将曾经遥远的乡村和城镇紧密地联系在一起。

(1)在停靠站点方面,三分之一的DRT线路只有首末两个站点,采用"一站直达"式的单点至单点运行模式;有过半数的站点为多个上车点、一个下车点的多点至单点运行模式,鲜有"多点对多点"运行模式如图 6-13 所示。

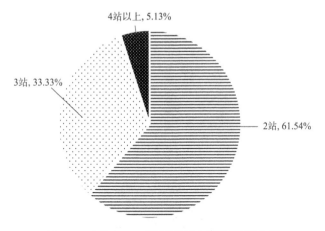

图 6-13　广州市 DRT 不同停靠站点数量的线路比例

(2)在线路运行距离方面,有六成的线路运行距离在 10～30km 之间,可以看出出行距离在 20km 左右的乘客是 DRT 的主要使用者;超过 30km 的线路占总数不到 20%,说明过长距离的运行线路不适合开行 DRT,如图 6-14 所示。

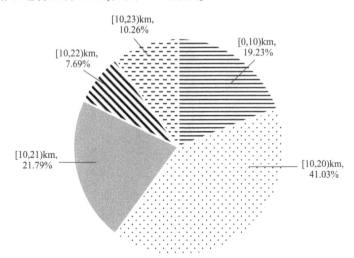

图 6-14　广州市 DRT 不同运行长度的线路比例

(3)在票价方面,四分之三线路的票价不超过 7 元,票价在 5 元以下的线路占到了总数的 65%,最低票价为 3 元,可以看出 DRT 在运营初期为了稳定客流,票价十分优惠,但这也是目前广州 DRT 难以盈利的重要原因,如图 6-15 所示。

(4)在线路运行时长方面,运行时长在 20～50min 之间的线路占到总线路的六成,超过 60min 的线路不到 15%,可见,目前 DRT 线路在考虑舒适性的情况下主要以 20～40min 的运行时长为首选,如图 6-16 所示。

(5)在起终点站性质方面,可以看出,超过七成的站点都是设置在地铁和公交站点周围。

如此设置,在出行上便于乘客集中,也有利于 DRT 与其他交通方式的接驳换乘,如图 6-17 所示。

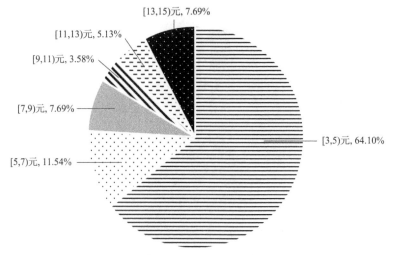

图 6-15　广州市 DRT 不同票价的线路比例

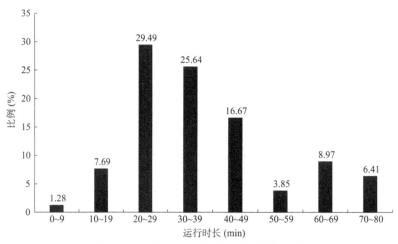

图 6-16　广州市 DRT 不同运行时长的线路比例

(6)在票价与运营里程的关系方面,可以看出,票价基本随着运营里程的增加而增加,但也存在个别极端的里程与单价存在巨大差异的线路,如图 6-18 所示。

3. 经验启示

(1)在停靠点数量方面,多数线路只有首末两个停靠点,即单纯的"单点到单点"运营,一定程度上放弃的线路沿线可能存在的客流需求,也导致线路客流极度依赖单一站点的出行需求集聚,增加了乘客前往出发站点的步行距离,降低了乘客的吸引力。

(2)在票价方面,运营里程与票价不相匹配,存在个别运营里程与票价有巨大差异的线路,票价无法有效反映运营服务的距离和乘客出行效益,说明目前对于票价的制定,运营单位主要还是依靠经验与既有运营情况进行抉择,没有考虑乘客支付意愿,票价的价格梯度不明显,低于 5 元的低价票的比例占到一半以上,没有有效表现出 DRT 出行价值。

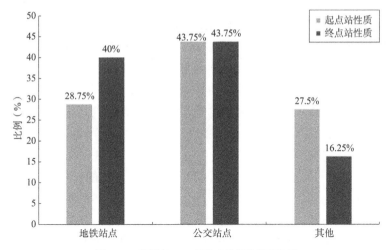

图 6-17　广州市 DRT 起终点站属性类型比例

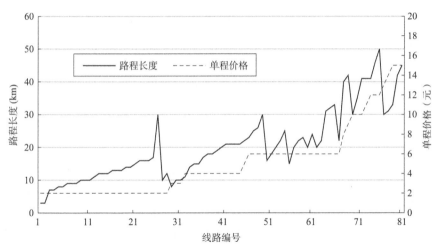

图 6-18　广州市 DRT 各线路运行路程与票价关系

（3）在线路运营时长和运行里程方面，存在部分线路运营时长小于20min和运营里程低于10km，这些线路可以由其他公共交通方式予以代替，DRT 服务于 20min 以下和 10km 以内的出行距离没有优势，可以适当减少过短距离和时间的线路安排。

（4）在车型运用方面，目前如约巴士采用的运输车辆包括既有常规公交车辆与客运车辆两种，以常规公交车辆运行为主的行驶虽然可以有效利用公交剩余运力，但常规公交座位有限、车内服务配置较低，难以满足乘客出行需要，且不适合长距离的出行要求，存在公交车空驶率较高、上座率较低等问题。

（四）香港

1. DRT 运营背景

香港的巴士服务有专营巴士、非专营巴士和公共小型巴士 3 种类别。专营巴士由香港的 5 家私营公司经营，分别为新世界第一巴士、九龙巴士、城巴、龙运巴士和新大屿山巴士，目前约有5580辆巴士,日载客量约有388万人次,是香港日载客量最多的公共交通系统;有接近750条巴士路线,是全球少数没有公营巴士服务的城市之一。

香港公共交通的巴士服务中具有DRT特点的服务模式就是非专营巴士服务,有别于专营巴士。2011年香港的公共交通系统的日载客量达到1100多万人次,而铁路和巴士服务系统的日载客量在整个公共交通日载客量中占了近70%,非专营巴士所占的比例较小。香港政府的运输政策认为要维持公共运输系统的平衡,协调各种公共运输工具的发展,确保市民获得安全、有效率和合乎经济原则的运输服务,减少恶性竞争和降低对路面交通和环境的影响,符合公众利益。

香港各类公共交通工具,包括铁路、电车、巴士、小型巴士、的士和渡轮,在2022年全年每日载客约970万人次。以车辆密度而言,每公里道路约有365辆领有牌照的车辆行走。由于地势所限,在建筑物林立的地区增辟道路已日益困难。

截至2022年12月底,九龙巴士有限公司经营365条九龙和新界区的巴士路线及68条过海路线。市区路线的收费由3.5元至14.2元,新界路线的车费由2.2元至50.5元,过海路线的车费则由10.9元至42元不等。九龙巴士有3901辆领有牌照的空调巴士(大部分是双层巴士),是东南亚规模最大的陆路客运公司之一。该公司旗下巴士平均每日载客约221万人次。

新世界第一巴士服务有限公司拥有640辆领有牌照的空调巴士,经营47条港岛线、32条过海路线及16条行走九龙和新界的路线,平均每日载客约353800人次。港岛路线的车费由3.8元至14.5元,九龙及新界路线的车费由4.1元至17.4元,过海路线的车费则由10.9元至39.8元不等。

城巴有限公司根据两项专营权分别经营两个网络的巴士服务。其中一个巴士网络包括51条港岛线、三条九龙线、七条新界线及44条过海路线,有710辆领有牌照的空调巴士,平均每日载客约352200人次。车费方面,港岛路线的收费由3.1元至15元,九龙及新界路线的车费由4.9元至18.1元,过海路线的车费则由11元至39元不等。另一个巴士网络主要提供来往市区及机场/北大屿山的巴士服务。该网络有30条路线及180辆领有牌照的空调巴士,平均每日载客约49000人次,车费由3元至58元不等。

新大屿山巴士(1973)有限公司经营26条大屿山路线及一条往返深圳湾口岸的路线,平均每日载客约65200人次,收费由3.4元至47.2元不等。该公司共有132辆领有牌照的空调巴士。

2. DRT运营模式

1)香港DRT的准入机制和服务定位

在准入机制方面,根据香港的《道路交通条例》第374章第27条规定,非专营巴士即DRT服务的营运受运输署长发出的客运营业证所规管,规定每辆获发营业证的车辆,均须领有客运营业证证明书。除专营巴士和公共小巴外,截至2022年12月底,香港还有6905辆已登记的非专营公共巴士,主要承办接送游客、学生、雇员和住客的服务。一个营业证可授权持证人经营7种公共巴士服务中的一种或多种服务,或署长所批准的任何其他类别的服务。各种服务类型见表6-4。

第六章 需求响应式公交

七种公共巴士服务类型　　　　　　　　　　　　表 6-4

代码	服务类型	批准特点	备注
A01	游览服务	属于非专线服务，其营运在营业证制度下享有较大的弹性，以便向乘客提供特设服务； 属于专线服务，其线路、停车地点、时间表等内容均须符合署长批准的服务细则或服务详情表内所订明的细则	这些服务的定义载于《公共巴士服务条例》第 230 章第 4(3) 条
A02	酒店服务		
A03	学生服务		
A04	雇员服务		
A05	国际乘客服务		
A06	居民服务		
A07	复式类型交通服务		

在服务定位方面，由于香港的道路条件有限，其公共交通发展的政策是以集体运输工具为优先，即以发展铁路和专营巴士为优先，其他的公共交通模式为辅助。而非专营巴士即 DRT 应该在此政策下发挥辅助作用。

香港的非专营巴士即 DRT 在公共交通系统的角色定位是辅助运输工具，其辅助的角色有 3 种。第一种是在一些地区由专营巴士和专线巴士提供营运服务的效益太低而无法提供服务，由非专营巴士提供服务，满足乘客需求；第二种是为特定的乘客提供特色的服务；第三种是缓解市民在上下班高峰期对专营巴士和专线小巴服务的需求。

2）香港 DRT 的票价机制

香港有关非专营巴士即 DRT 的规定，为防止经营未经批准的服务，除运输署长批准的国际乘客服务及居民服务外，一律禁止乘客在非专营巴士上以现金缴付车资。另外，新的居民服务线路未经署长批准，不得接受以现金或八达通卡缴付车费。另外，车费必须在署长批准的指定售票处或地点收取，或以乘车券、预付车资车票、月票或者其他任何经署长批准的形式缴付。香港政府对非专营巴士实行市场化动作，不给予财政补贴，制定了严密的政策来监管其运营服务。

3）香港 DRT 的服务监管

非专营巴士即 DRT 服务的营运，受署长发出的营业证所规管。香港政府规定非专营巴士即 DRT 的酒店服务、居民服务、国际乘客服务、居民服务和雇员服务必须指定服务详情表，其内容包括所有关乎营运的细节如车资、路线、服务时段、班次、巴士数目及车重、停车站等，有助于政府的监察和执法，如不依照服务详情表的内容提供服务，即构成了违反发牌条件，相关部门将根据有关法律进行查处。

根据非专营巴士违规的程度，香港政府对其进行发出警告、罚款、提出检控和进行研讯等措施。香港政府规定把一般违反营业证条件的行为按定额罚款告票制度处理。另外，为确保获准营运的非专营巴士不会造成交通阻塞，并解决活动引起的问题，香港政府会实行交通管理措施，这些措施包括规范管理获批准的非专营巴士服务上下客、设置一般交通限制以防止非专营巴士营运未经批准的服务。

3. 经验启示

由于香港的公共交通发展政策是以发展大众运输方式为主，即以铁路和专营巴士为主，其他公共交通服务模式为辅,把其他公共交通服务模式的发展控制在一定的规模,使之不影响铁路和专营巴士的服务。当 DRT 服务模式发展过快时,立即进行限制,同时,根据乘客的需求有针对性地改善常规公共交通服务,提供具有竞争力的常规公共交通服务,以达到限制 DRT 的目的。如 1998—2003 年,已登记的非专营巴士的数量由 5868 辆上升到 7206 辆,升幅达 23%,非专营服务即 DRT 服务得到快速的发展,而同期的专营巴士数量的增长才 4%,高出了 19%,香港政府随即加强对非专营巴士服务的管制,严厉处罚提供违规服务的非专营巴士,同时,有针对性地改善常规公共交通服务的水平,对个别非专营巴士活动对交通造成影响较大的地点进行各类型的管制,改善有关地点的交通状况,鼓励专营巴士服务营运商提供优惠以吸引乘客使用常规公共交通服务。这种政策有利于兼顾公共交通的公平性,合理地安排公共交通资源,让更多的市民能享受到常规公共交通的服务。

香港关于非专营巴士即 DRT 服务的一些规定可以起到非常好的借鉴:

(1)对非专营巴士即 DRT 的各服务进行分类,实行专项发牌制度,有利于提升 DRT 服务的专业化;

(2)要求非专营巴士即 DRT 服务运营商要提供说明服务详情,包括车资、路线、服务时段、班次、巴士数目及车重、停车站等内容,有利于乘客的选择和政府的监管;

(3)对非专营巴士的服务进行严格的管理,对违反各种规定的车辆和服务商进行严厉的惩罚,有利于整个公共交通市场的健康发展。

复习思考题

1. DRT 与传统公共交通相比,在服务模式上有哪些显著区别?

2. 简述 DRT 的主要经营模式,并比较不同模式在 DRT 经营中的优势和局限性。

3. 简述 DRT 如何与其他交通方式(如共享单车、网约车等)进行有效衔接和整合,为乘客提供更加便捷、高效的出行服务。

4. 比较国内外 DRT 的发展模式和经验,论述我国可以从国外的发展中借鉴哪些有益的经验,以推动我国 DRT 的健康发展。

5. 为实现资源优化配置,提高与居民出行需求匹配度的 DRT 线路规划和站点设置的主要方式及方法有哪些?

6. 简述在城市公共交通系统中 DRT 运营模式的优势。

7. 根据处理流程的差异,对需求聚类生成出行点的方法可以分为哪两种模式,两种模式的流程与分析处理方式?

8. 简述 DRT 线路运行模式及其特征、优缺点。

第七章

共享出行定制化车辆关键技术

第一节 概 述

一、定制化车辆

近年来的国内外大型车展上,除了可以看到众多的车型外,在很多厂商的展台上,也发现了汽车定制化服务的身影。比如奔驰品牌的 AMG 定制服务、smart 品牌的 BRABUS(巴博斯)专属定制服务及奥迪品牌的 Audi exclusive(奥迪专享定制服务)等。汽车定制化服务起源于 20 世纪 70 年代,当时推出的汽车定制服务是完全针对上流社会的个性化服务,为各界的达官贵人量身定做一辆仅属于自己的汽车。而随着时间的不断推移,汽车定制化服务开始慢慢融入到更多人的生活之中。据统计,截至 2015 年,美国有 85% 的汽车消费者会选择定制化汽车,而日本也有将近 80% 的消费者会选择个性化汽车定制。

所谓的汽车定制化服务,就是汽车生产企业按照用户需求(包括车身材料、车身颜色、内饰材料、内饰颜色、动力性要求、制动效果、轮辋样式、轮辋颜色及空气动力学套件等)进行定制生产与组装,从而满足用户对车辆个性化和特殊化的需求。汽车定制化服务可以大致分为 3 个级别:第一个级别就是简单地对车身颜色、轮辋样式及内饰选材等方面进行固有化的装配,比如北汽新能源的 ARCFOX LITE 车型,按照星座属性提供了 12 种车身颜色选择,同时内饰的颜色也能根据用户的需求进行定制化装配;第二个级别为大规模定制化,就是厂商进行模块化生产,用户可以根据个人需求对车辆的动力装置及车身材料等进行自主选择,比如奔驰的 AMG 车型,可以根据车主的需求对发动机排量、轮辋材质、制动系统及车身材料进行自主定义;而第三个级别为分散个性化生产,这是汽车定制服务的最高级别,其抛弃了流水线和模块化生产的固有模式,可完全按照用户的需求进行个性化生产,比如劳斯莱斯车型,就是完全按照用户的需求进行装配,真正做到了纯手工定制化生产,并保证每台劳斯莱斯车型都是独一无二的。

在我国,人们对于汽车定制化服务还有很大的误区,一般分为 2 种情况:第一种就是不理解汽车定制化服务的内涵,据不完全统计,有超过 37% 的消费者认为在 4S 店加装导航或装饰就算汽车定制化服务了,有 25% 的消费者认为汽车改装或喷绘等也算是汽车定制化服务;第二种就是认为汽车定制化服务所要花费的金钱是不值当的,因为对准备买车的用户进行调查时发现,有超过 90% 的用户希望享受到汽车定制化服务,但刚买车的用户有将近 70% 的人之所以没有选择汽车定制化服务,就是因为花费超出了预算。所以从以上的数据可以看出,人们对汽车定制化的需求还是非常渴望的。但由于对汽车文化知识的相对生疏,再加上我国的汽车定制化服务也仅属于第一个级别,所以在整体的规模和认知上还和汽车定制化文化发展程度高的国家有很大的差距,进而导致我国的汽车定制化服务一直处于停滞不前的状况。

为了打破这种局面,国内很多厂商也开始推行自己的汽车定制化服务。比如长城汽车的高端自主品牌 WEY,在 2018 年北京车展上就推出了 WEY VV7 定制版车型,该款车型是由 WEY 联合 CRD 一同打造而成的。CRD 隶属于全球顶级个性化汽车厂商 BRABUS(巴博斯),在汽车改装方面有着雄厚的技术资源和先进的理念,这次合作也开创了自主品牌与汽车个性化厂商进行合作的先河。该车在原有车型的基础上,对整车的外观及性能配件进行定制,包括减振系统、制动系统、灯光系统及整车空气套件等,从而彰显其与众不同之处。除了长城的"大手笔"投入外,上汽大通、吉利及长安等品牌,相继推出了自己的汽车定制化服务。

花同样的钱享受不同的用车感受,这才是人们最希望得到的,也是目前中国汽车文化发展的一大特点。虽然国内汽车厂商对定制化服务已经有了全新的认知,但如何将这些知识进行科学普及和宣传,是各厂商需要好好研究的课题。与此同时也希望汽车行业可以尽快推出相关规定,对整个汽车定制化服务市场进行有效的监督和管理,从而让汽车定制化服务走上正确的快速发展之路。

我国作为一个新兴的汽车大国,汽车定制化服务是必不可少的,但是一定要讲究方式方法,纯粹套用汽车发达国家的思路,在中国是很难走下去的。举个简单的例子,保时捷的定制服务已经进入中国多年,但是高昂的价格和烦琐的配置参数,注定这样的定制服务只能满足小部分人群的需求,甚至可以说是一种汽车领域的奢侈品。人们选购汽车的初衷其实只有两点,实用和炫耀,但为了达到炫耀的目的而花费过多的金钱,对于大部分消费者来说并不是他们消费的主流观念。

此外,定制化车辆与共享出行结合起来后,会有更广阔的市场前景。滴滴出行于 2020 年 11 月发布了全球首款定制网约车 D1,该车型由滴滴联合比亚迪共同设计开发,基于滴滴平台上 5.5 亿乘客、上千万驾驶员需求、百亿次出行数据,针对网约车出行场景,在车内人机交互、驾乘体验、车联网等多方面进行定制化设计。同时滴滴出行负责人表示:到 2030 年,希望去掉驾驶舱,能够实现完全意义上的自动驾驶。曹操出行推出了定制车吉利·曹操 60,该车由曹操出行负责产品定义和智能开发,吉利负责整车开发与生产。该车型加大了后排乘客空间,赋予乘客对车辆的更多控制权限,如控制空调、车内空气换新、智能灯语等,同时自研了防晕车黑科技,减少晕车乘客顾虑,保障旅途舒适感。针对驾驶员定制开发舒享座椅,163°超大躺角、座椅通风、电动四向调节腰托,可保障长时间舒适驾驶体验。

二、共享出行汽车定制化功能配置

汽车的定制化的概念最早是指在豪华、高端车型上,结合客户的个性化需求进行定制化开发,也可指针对某种特殊应用场景(如码头运输、机场摆渡、观光、矿山用车等)的特定需求进行针对性研发。

共享出行领域的汽车定制化,则可以从乘客端、驾驶人端的舒适性、安全性、便捷性等多方面需求开发定制化车辆,如图 7-1 所示。

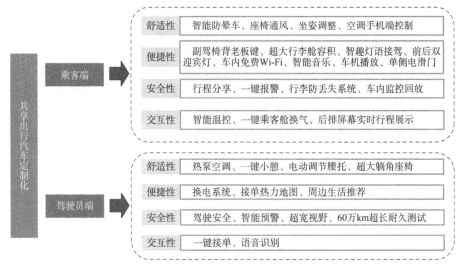

图 7-1 共享出行汽车定制化概念分析

在乘客端的舒适性方面,针对乘客晕车问题,可以在共享出行车辆最常用的行驶速度下的动力输出、制动响应、路面滤振等方面进行针对性技术设定,以降低乘客的晕车感。同时,可以对后排座椅增加坐姿调整,满足部分乘客的不同坐姿需求。乘客还可通过手机等移动设备对车内空调进行控制,选择最舒适的温度。在乘客端的便捷性方面,可在副驾椅背处设置老板键,其可快捷地将副驾座椅前移,提供更大的后排乘坐空间。同时在设计开发行李舱时,尽量加大行李舱容积,以容纳乘客更多的行李。在车辆的迎宾灯方面,通过手机等移动设备,设置特定的接驾灯语,方便乘客更快地找到车辆。此外还有如车内免费 Wi-Fi、车内音乐播放等便捷化设计。在乘客端的安全性方面,乘客可进行行程分享,在感到危险时,可在手机端、车内进行一键报警,此外,如果乘客发现行李、物品丢失,也可通过手机端来查看乘车期间的车内录像视频,迅速定位丢失物品。也可结合视频,开发行李防丢失系统。在乘客端的交互性方面,乘客可通过手机端、车内按键进行温度控制、乘客舱换气,还可在前排座椅后部设置屏幕,实时显示行程路线,也可以方便乘客增加途径点、选择路线等。

针对驾驶人端,舒适性方面的设计可包括一键小憩、电动调节腰托以及超大趟角的座椅。增加热泵空调,既能对蓄电池进行温度高效调节,确保续驶里程,还可以提高能量利用率,降低耗能。在便捷性方面,可在屏幕上显示接单热力地图,显示周边停车场、卫生间、商场等生活推荐,同时为了提高车辆利用率,可以设计开发换电系统,避免因需要等待动力蓄电池充电而耽误运行时间。在安全性方面,包括智能领航驾驶、安全预警、盲区监测、超宽视野等。同时,针对共享出行车辆运行里程长的特点,车型在研发时可进行超长运行里程的耐久设计和测试。在交互性方面,可包括一键接单、语音识别等。

共享出行中用的车辆大都以新能源汽车为主,本章针对共享出行定制化车辆的特点、功能设计等,从新能源汽车的类型、动力蓄电池系统、电驱动系统、电控系统以及新能源汽车共享出行定制化设计等方面展开论述,旨在为共享出行领域汽车定制化研发提供一定的设计思路、理论支撑,以促进我国共享出行产业健康、有序、高速发展。

第二节 新能源汽车类型

新能源汽车是指采用新型动力系统,完全或者主要依靠新型能源驱动的汽车,包括纯电动汽车、插电式混合动力(含增程式)电动汽车、燃料电池电动汽车等,如图7-2所示。新能源汽车采用非常规车用燃料,或使用常规的汽柴油燃料和电能作为动力来源,综合车辆的动力装置和控制方面的新技术,其技术原理先进、绿色低碳环保。

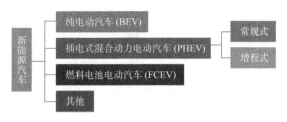

图7-2 新能源汽车类型

其中,纯电动汽车仅靠电能驱动行驶,内部没有发动机。插电式混合动力电动汽车则是在传统内燃机汽车上增加驱动电机,燃油和电能均可驱动汽车,且可外接电源对动力蓄电池充电,也称为常规插电式混合动力电动汽车。当插电式混合动力电动汽车中,发动机只负责发电,所产生的电能用于动力蓄电池充电或驱动电机,即仅由电能驱动,称为增程式混合动力电动汽车。值得注意的是,在我国新能源汽车发展进程中,存在一种汽车类型,有发动机和驱动电机,但只能加油,不能外接电源充电,称为常规混合动力汽车,我国不将其归为新能源汽车。燃料电池电动汽车是一种用车载燃料电池装置产生的电力作为动力源的汽车。车载燃料电池装置所使用的燃料为高纯度氢气或含氢燃料经重整所得到的高含氢重整气。其他类型汽车则包含天然气、甲醇等替代燃料驱动的汽车,或飞轮储能等新型储能装置汽车等。

一、纯电动汽车

纯电动汽车(Battery Electric Vehicle,简称BEV)是指驱动能量完全由电能提供的、由电能驱动的汽车,电机的驱动电能来源于车载可充电储能系统或其他能量储存装置。其是涉及机械、动力学、电化学、电机学、微电子和计算机控制等多种学科的高科技产品。纯电动汽车较内燃机汽车来说,具有结构简单、部件少且在使用过程中不产生污染废气的特点,对节能环保有突出贡献。

(一)纯电动汽车系统组成及工作原理

与传统燃油汽车不同,纯电动汽车取消了发动机,主要由动力蓄电池包、驱动电机及电机控制器、整车控制器、DC/DC变换器、充电口等组成,其基本组成结构如图7-3所示,基本工作原理如图7-4所示，可分为电力驱动系统、车载电源系统辅助系统和通信系统等。

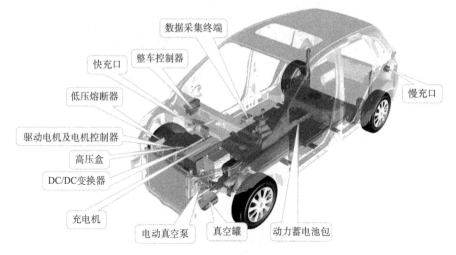

图7-3 纯电动汽车基本组成结构图

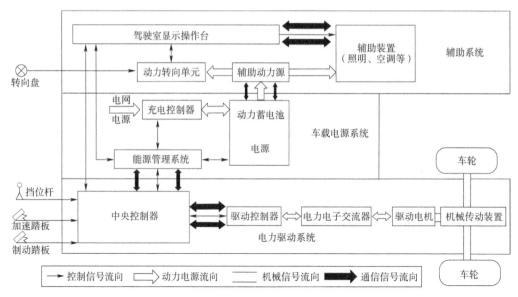

图7-4 纯电动汽车工作原理图

1. 电驱动系统

电驱动系统是纯电动汽车的"心脏"，负责将动力蓄电池的电能按照驱动电机的需求输送到驱动电机，产生驱动转矩并驱动车轮。该系统主要包括中央控制单元、驱动电机、电力电子变流器、机械传动装置和车轮等。其中，驱动电机和电力电子变流器是电驱动系统的核心。研发全速段高效运行、自动调速以及具有高可靠性的驱动电机和高效率、高功率密度以及具有良好动态特性的电力电子变流器是电驱动系统的未来发展方向之一。

1）驱动电机

驱动电机是为车辆行驶提供驱动力的电动机。其工作原理为利用通电线圈（即定子绕组）产生旋转磁场并作用于转子形成磁电动力旋转转矩。在早期研发的电动汽车上多采用直流电机,但由于采用电刷和机械换向器的结构而限制了驱动电机过载能力和转速进一步提高。在新研制的电动汽车上已基本不采用直流电机。永磁无刷直流电机以永磁体提供励磁,无需励磁电流,没有励磁损耗,不再采用容易出问题的集电环和电刷,是一种高性能的电机,因其运行效率高、无励磁损耗、运行成本低和调速性能好,在电动汽车上被广泛应用。永磁同步电机的转子转速与电磁场转速相同,结构与永磁无刷直流电机相似,不同之处在于它采用正弦波驱动,所以在具备永磁无刷直流电机优点的同时,还具有噪声低、体积小、功率密度大、控制精度高等特点。永磁同步电机在我国新能源汽车上广泛使用,例如比亚迪秦、北汽 EV 系列纯电动汽车等都是使用永磁同步电机。

2)电力电子变流器

电力电子变流器主要实现四类电能变换:AC(交流)到 DC(直流)的整流变换、DC 到 DC 的直流变换、AC 到 AC 的交流变换、DC 到 AC 的逆变变换。根据电力电子应用场合的不同,可以选择不同变换类型的变流器以及各种变换组合。DC/AC 变换器在电动汽车上应用广泛,比如将动力蓄电池的高压直流电逆变成交流电来驱动电机工作,又或者把动力蓄电池内的直流高压转变成交流高压供给空调压缩机使用等。除 DC/AC 变换器外,DC/DC 变换器也是电动汽车中的一项重要技术,它可以实现电动汽车中电能的高低压变换,一方面为汽车低电压电器供电,另一方面向低压蓄电池提供充电电流。

2. 车载电源系统

车载电源是电动汽车的能量源和动力源。纯电动汽车运行的能量全部来源于车载动力蓄电池。电动汽车使用的车载动力蓄电池类型非常多,常用的主要有铅酸蓄电池、镍氢蓄电池、锂离子蓄电池等。以目前新能源汽车常用的锂离子蓄电池为例,目前市场上的锂离子蓄电池负极材料是石墨,正极材料主要是氧化钴锂($LiCoO_2$)、氧化锰锂($LiMn_2O_4$)、磷酸铁锂($LiFePO_4$)和三元锂[$Li(NiCoMn)O_2$]等,电解质通常是有机碳酸盐的混合物。

锂离子蓄电池主要有以下几方面的特点,依次是工作电压高,单体蓄电池的工作电压为 3.6V,是镍氢蓄电的 3 倍;比能量大,可达 150W·h/kg,是镍氢蓄电池的 2 倍、铅酸蓄电池的 4 倍;循环寿命长,循环次数可达 1000 次,蓄电池组 100% 充放电循环次数可以达到 600 次以上,使用寿命为铅酸蓄电池的 2~3 倍;自放电率低仅为 6% 左右,远低于镍氢蓄电池(25%~30%);允许工作温度范围宽,低温性能好,可在 -20~55℃ 范围内工作;无记忆效应,可以根据要求随时充电,而不会降低动力蓄电池性能;动力蓄电池充放电深度对动力蓄电池的寿命影响不大,可以全充全放。

3. 辅助系统

电动汽车辅助系统主要包括辅助动力源、电动辅助转向系统、电动辅助制动系统、驾驶室显示操纵台和各种辅助装置等。辅助动力源主要由辅助电源和 DC/DC 功率变换器组成,其主要负责给电动汽车的动力转向、制动力调节控制、照明、空调、电动窗门等各种辅助装置提供所需的能源。电动辅助转向系统是由电动机对转向系统进行辅助助力。

以电动空调系统为例,纯电动汽车无法由传统燃油汽车的内燃机驱动空调压缩机,也没有内燃机余热可以利用以达到取暖、除霜的效果。对于纯电动汽车而言,车上拥有高压电源,因此,采用电动空调系统,压缩机采用电动机直接驱动制冷,成为纯电动汽车最佳的解决方案。电动空调的制热常采用以下三种方法。

（1）采用热敏电阻（PTC）加热器加热。PTC 是一种典型的具有温度敏感性的半导体电阻，超过一定的温度时，它的电阻值随着温度的升高呈阶跃性的增高。该加热方式成本低，安装方便，但是能耗高，安全系数低。

（2）采用电动机冷却液余热、PTC 辅助加热。该方式以电动机的冷却液为主要的热量来源，不足部分由 PTC 加热器来提供，因此能耗要比仅依靠 PTC 加热要低。

（3）热泵型空调系统加热。热泵是一种驱动热量由低温度介质朝向高温度介质传递的装置，纯电动汽车的热泵型空调系统便是利用了热泵的工作原理，主要包括空调压缩机、车外换热器、车内换热器和一些关键阀门等组成，其空调压缩机是由电动机直接驱动。热泵空调系统最大的优点就是制冷、制热效率高。

（二）纯电动汽车驱动系统布置形式

由于纯电动汽车电驱动和能源的多样性，纯电动汽车的驱动系统存在多种的布置结构形式，根据驱动电机安装位置和动力传动结构的不同可以分为以下几大类，如图 7-5 所示。

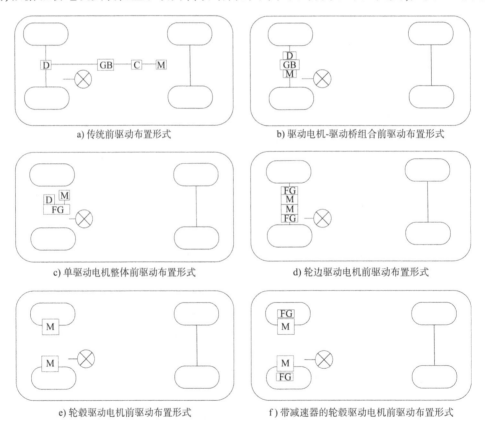

图 7-5　常见纯电动汽车驱动形式
C-离合器；D-差速器；FG-固定传动比减速器；GB-变速器；M-驱动电机

如图 7-5a）所示的布置形式与传统汽车驱动系统的布置形式一致，带有变速器和离合器。只是将发动机换成驱动电机，属于改造型电动汽车。这种布置形式可以提高电动汽车的起动转矩,增加低速时电动汽车的后备功率。如图7-5b)所示的布置形式取消了离合器和变速器,但具有减速差速机构。优点是可以继续沿用当前发动机汽车中的动力传动装置,只需要布置一组驱动电机和逆变器。如图7-5c)所示的布置形式对驱动电机的要求较高,不仅要求驱动电机具有较高的起动转矩,而且要求具有较大的后备功率,以保证电动汽车在起动、爬坡、加速超车等工况时的动力性。如图7-5d)所示的布置形式将驱动电机装到驱动轴上,直接由驱动电机实现变速和差速转换,这种传动形式同样对驱动电机有较高的要求:大的起动转矩和后备功率,不仅要求控制系统有较高的控制精度,而且要具备良好的可靠性,从而保证电动汽车行驶的安全平稳。如图7-5e)、f)与图7-5d)所示的布置形式比较类似,其均将驱动电机直接装到了驱动轮上,由驱动电机直接驱动车轮行驶。这种动力驱动系统简化了传统的机械传动系统,缩小了驱动部分占用的布设空间,为减轻整车质量、实现复杂的动力控制提供了设计研究空间。

二、插电式混合动力电动汽车

插电式混合动力电动汽车(Plug-in Hybrid Electric Vehicle,简称PHEV)是指可以使用电网对动力蓄电池进行充电的混合动力电动汽车,是在传统混合动力电动汽车基础上开发出来的一种新型新能源汽车。由于可外接充电装置,插电式混合动力电动汽车可以更多地依赖动力蓄电池驱动汽车,相比于传动的内燃机汽车和常规混合动力电动汽车,插电式混合动力电动汽车的燃油经济性得到了进一步提高。在动力蓄电池电量低时可以使用发动机继续行驶,这样就解决了纯电动汽车续驶里程不足的难题。插电式混合动力电动汽车具有噪声低、排放低、成本低、对石油燃料依赖程度低的特点。

插电式混合动力电动汽车的动力系统结构和传统混合动力电动汽车相似,包括发动机/驱动电机、发电机和动力蓄电池等。插电式混合动力电动汽车的蓄电池容量一般都比较大,可以依靠外部电网对动力蓄电池进行充电。插电式混合动力电动汽车的纯电动续驶里程较长,当动力蓄电池荷电状态(State of Charge,SOC)下降到一定程度或驱动电机功率不能满足需求功率时,可以起动发动机驱动整车。插电式混合动力电动汽车的典型结构如图7-6所示。

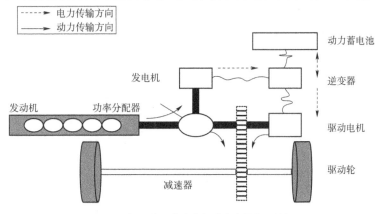

图7-6 插电式混合动力电动汽车的典型结构

根据主要动力源功率分流与合成方式不同,插电式混合动力电动汽车动力传动系统可分为串联式、并联式和混联式三种基本类型。

低速行驶时或当动力蓄电池中的电量消耗到一定程度,驱动动力由发动机带动发电机发电,电能直接由发电机输送给驱动电机,发动机不直接驱动汽车,而由驱动电机产生的动力驱动,称为串联式。在这种驱动形式下,发动机与车轮之间没有直接机械连接,实现了转速解耦,可以稳定地工作在高效工作区间,发动机燃油转化效率高,但是所有驱动车辆的能量均经过了机械能-电能-机械能的转换,能量传递效率不高。

另一种传动形式称为并联式,由发动机和驱动电机单独驱动或者两者联合驱动汽车,即驱动电机提供的动力和发动机动力均能以机械的形式传递到驱动桥,发动机和驱动电机是相互独立的,这种形式下实现了发动机驱动整车的功率可以直接以机械传动的方式传递到驱动桥而且可以实现纯电动驱动、发动机单独驱动、发动机驱动并充电、两者并行驱动等多种工作模式的灵活切换,目前这种驱动形式被广泛采用。

如果发动机发出功率的一部分通过机械方式传递到驱动桥,而另一部分驱动发电机发电,发电机产生的电能输送给驱动电机产生驱动力矩,并通过动力耦合装置传送给驱动桥,这种复杂的动力传递方式称为混联式,通常以行星排作为动力耦合机构。行星排上的太阳轮、行星架、齿圈分别与发电机、发动机、驱动电机连接,利用行星排多自由度的特点,通过发电机转速调节发动机工作转速,实现了发动机转速与驱动轮转速的解耦,保证发动机可以工作在高效区间,进而取得比较理想的车辆燃油经济性。

从动力蓄电池电量的角度看,插电式混合动力电动汽车的运行模式可以分为电量消耗模式(Charge-depleting Mode,简称CD模式)和电量维持模式(Charge-sustaining Mode,简称CS模式)。在CD模式下,车载电源能量充足,整车以电能为主要驱动能源;相反,在CS模式下,车载电源能量处于较低水平,整车以燃油为主要驱动能源,同时考虑纯电动或电助力工况的电能需求,可以为车载电源少量充电。从驱动功率源的角度看,插电式混合动力电动汽车可以分为工作在纯电动驱动模式、驱动电机为主的驱动模式和发动机为主的驱动模式三种。

三、增程式混合动力电动汽车

为了增加纯电动汽车的续驶里程,解决驾驶人的里程焦虑问题,在纯电动汽车的基础上,额外增加一套动力系统给动力蓄电池充电补能,以延长纯电动汽车续驶里程。这套动力系统被称为增程器,包含发动机和发电机。增程式混合动力电动汽车与纯电动汽车和串联式插电式混合动力电动汽车一样,采用纯电力驱动的方式工作,主要区别在于增程式混合动力电动汽车以动力蓄电池驱动为主,增程器补能为辅,增程式混合动力电动汽车典型结构如图7-7所示。

通常情况下,当动力蓄电池组有足够的能量时,增程式混合动力电动汽车驱动电机的动力全部来源于车载动力蓄电池组。在一定的行驶距离内与纯电动汽车相同,为"零排放、零油耗、低噪声"。在动力蓄电池荷电状态达到较低水平时,发动机起动作为主要动力源,补充车辆行驶所需的电能。增程式混合动力电动汽车可以通过系统的设定,使其按照以下四种不同模式进行工作。

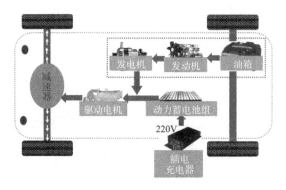

图7-7 增程式混合动力电动汽车典型结构图

(1)纯电动工作模式。在动力蓄电池组的电量充足的条件下,增程式混合动力电动汽车处于纯电动工作模式,在这种模式下相当于一辆纯电动汽车,驱动电机的动力全部来源于车载动力蓄电池组。

(2)增程模式。当动力蓄电池组电量达到预设的 SOC 最低值时,发动机起动,带动发电机发电,一部分用于驱动车辆行驶,多余的电量为动力蓄电池充电。

(3)制动模式。在车辆制动过程中,驱动电机以发电状态工作,回收的制动能量储存在动力蓄电池组中,用于提高整车能量的利用率。

(4)停车充电模式。停车时,可以通过车载充电器外接电网进行充电。

增程式混合动力电动汽车具有如下优势。

(1)增程式混合动力电动汽车能够有效地降低燃油消耗率,在增程模式下,发动机被设定在最佳的运行区间工作,输出恒定的功率和转矩,实现油-电能量转化过程,此时发动机工作效率、排放、可靠性等均处在最佳工作状态,系统具有较高的节油率。

(2)增程式混合动力电动汽车与纯电动汽车相比,行驶里程更长,而且相同行驶里程下增程式混合动力电动汽车无需配备大容量的动力蓄电池,一般动力蓄电池只需配置同级别纯电动汽车蓄电池用量的30%~40%,制造成本大幅降低。

四、燃料电池电动汽车

燃料电池电动汽车(Full Cell Electric Vehicle,简称 FCEV)是指以燃料电池系统作为单一动力源或者是以燃料电池与可充电储能系统作为混合动力源的电动汽车。燃料电池种类繁多,目前具有广泛应用前景的燃料电池包括质子交换膜燃料电池(PEMFC)、固体氧化物燃料电池(SOFC)、熔融碳酸盐燃料电池(MCFC)、碱性膜燃料电池(AEMFC)等。质子交换膜燃料电池不仅具备燃料电池的一般优势,同时还具有工作温度低、动态响应快等特点。因此,在汽车应用方面,质子交换膜燃料电池被视为替代汽车发动机的理想动力源。

目前,燃料电池电动汽车的动力系统结构主要是以燃料电池发动机系统作为主要动力源,同时配备一个辅助动力源,如蓄电池组、飞轮储能器或超大容量电容器,在车辆起动、急加速和爬陡坡时提供辅助能源,在制动时进行能量回收。燃料电池电动汽车的动力系统主要由燃料电池电堆、燃料电池升压器、动力控制单元、驱动电机、储氢罐、动力蓄电池等组成,基本结构如图7-8所示。

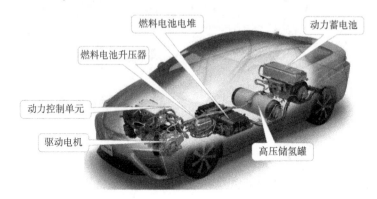

图7-8 燃料电池电动汽车的基本结构

(一) 燃料电池系统

燃料电池系统主要由燃料电池电堆、氢气供应系统、空气供应系统、冷却系统和电能转换系统构成。图7-9为某种质子交换膜燃料电池发动机系统原理图。

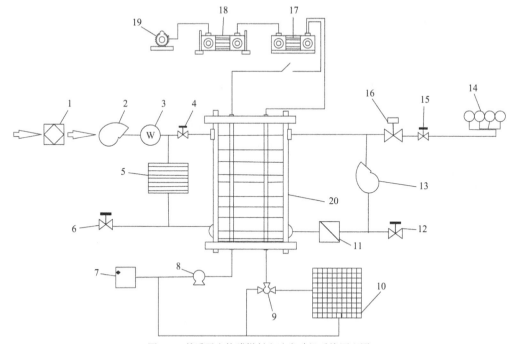

图7-9 某质子交换膜燃料电池发动机系统原理图

1-空气滤清器;2-空气压缩机;3-中冷器;4-进气截止阀;5-膜加湿器;6-背压阀;7-膨胀水箱;8-水泵;9-节温器;10-散热器;11-冷凝器;12-尾排阀;13-氢气循环泵;14-储氢罐;15-减压阀;16-喷氢阀;17-DC/DC变换器;18-DC/AC逆变器;19-驱动电机;20-燃料电池电堆

1. 燃料电池电堆

燃料电池电堆是一种能够持续地将化学能转化为电能的能量转换装置,特点是只要保持进行燃料和氧化剂的供给,燃料电池就会连续不断地产生电能。燃料电池把储存在燃料中的化学能转化为电能。如图 7-10 所示,在阳极,氢气在催化剂的作用下转变为质子,释放电子,电子通过外电路负载做功,质子通过质子交换膜传递到阴极,在阴极氧气与从质子交换膜传递过来的质子和从外电路传递过来的电子三者结合,在催化剂的作用下生成水。

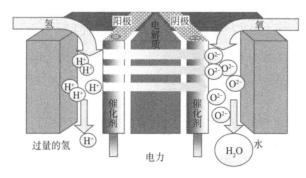

图 7-10　燃料电池单电池工作原理

2. 氢气供应系统

氢气供应系统主要由高压储氢罐、一级减压阀、喷氢阀、氢气循环泵、冷凝器、尾排阀等组成。储氢罐是气态氢的储存装置,为保证燃料电池电动汽车一次加氢之后有足够的行驶里程,通常需要多个高压储气罐来储存气态氢,一般轿车需要 2~4 个,大型客车需要 5~10 个。

高压氢气从高压储氢罐中释放出来,需要经一级减压阀减压,进而通过控制喷氢阀开度,来调节氢气进入电堆的压力。氢气进入燃料电池电堆发生反应之后,出口气体中水蒸气含量较高,通过冷凝器实现水汽分离。此外,为了提高氢气利用率,采用氢气循环泵将部分出口气体重新送回电堆氢气入口进行循环利用。随着燃料电池反应的进行,电堆氢气出口附近氢气的浓度越来越高,这时需要根据制订的排气策略,控制尾排阀开度来对氢气浓度进行调节,否则,氢气浓度过高会影响燃料电池电堆的性能及寿命。

3. 空气供应系统

空气供应系统主要由空气滤清器、空气压缩机、中冷器、膜加湿器、背压阀、进气截止阀等组成。为保证燃料电池电堆中的化学反应的持续进行,除了供给氧外,还需要根据燃料电池发动机系统的负载大小,向电堆提供适宜流量及压力的空气参与反应,可以通过改变空气压缩机的供电电压来调节其转速,进而改变空气进入电堆的空气流量以及进入电堆的空气压力大小。通常情况下,入堆空气流量与入堆空气压力之间具有互相耦合的关系,需要对空气压缩机的转速与空气背压阀开度进行协调控制,从而达到良好的控制效果。

空气经压缩机压缩之后,温度较高,需要通过中冷器进行冷却,同时空气压缩机的高流速干空气容易使得空气入口出现"膜干"现象,即质子交换膜含水量过低,造成膜的电导率过小、电池内阻增加、燃料电池性能下降。因此,为了避免出现"膜干"现象,膜加湿器利用空气出口的反应生成的水增湿电堆入口空气,保证入口空气的湿度在一定范围内。

4.冷却系统

冷却系统主要由水泵、膨胀水箱、节温器、散热器等部件组成。燃料电池电堆运行温度对燃料电池系统性能至关重要,温度既不能过高,也不能过低。在冷却系统中,水泵驱动冷却液在电堆内部循环流动,带走燃料电池电堆反应产生的大部分热量,并通过散热器将热量带到外界环境中,从而保证燃料电池电堆的工作温度始终维持在一个最佳的温度,其中通过控制节温器的开度可以实现大小循环冷却液流量的分配。当燃料电池温度高于最佳运行温度时,控制节温器开度,使得冷却液大部分流量流经散热器散热,然后流回电堆。当燃料电池电堆温度低于最佳运行温度时,通过控制节温器开度,使得冷却液大部分流量不流经散热器,而是直接流回电堆,实现电堆的快速升温。另外,冷却液因为吸收热量而产生大量气泡可以通过膨胀水箱排出,同时膨胀水箱也起到向冷却回路中补充冷却液的作用。

5.电能转换系统

燃料电池所产生的直流电,需要经过 DC/DC 变换器进行调压,才能与动力蓄电池和驱动电机相匹配。如果燃料电池发动机系统中采用的是交流电动机,那么还需要 DC/AC 逆变器将直流电转换为三相交流电。

(二)辅助动力源

目前燃料电池电动汽车上,燃料电池发动机是主要能源,另外还配备有辅助动力源。在燃料电池电动汽车起动时,辅助动力源可提供电能带动燃料电池发动机起动或带动车辆起步。车辆行驶时,由燃料电池发动机提供驱动所需的全部电能,剩余的电能储存到辅助动力源装置中。在加速和爬坡时,若燃料电池发动机提供的电能不足以满足燃料电池电动汽车驱动功率要求,则由辅助动力源提供额外的电能,从而使驱动电机的功率或转矩达到最大。在车辆制动或减速的时候,辅助动力源用来储存制动时回收的电能。辅助动力源向汽车上的各种电子、电气设备提供所需要的电能。目前辅助动力源主要有蓄电池组、超级电容器、超高速飞轮电池三种。

(三)驱动电机

燃料电池电动汽车采用的驱动电机与纯电动汽车类似,主要有直流电机、交流电机、永磁电机和开关磁阻电机等,燃料电池电动汽车的驱动电机的选型必须结合整车考虑,并综合驱动电机的特点。

第三节 动力蓄电池系统

一、蓄电池种类

根据正负极材料特性、电化学成分不同,电池常有三种分类方法。

(一)按电解液种类分类

碱性电池:碱性电池的电解质主要是以氢氧化钾水溶液为主,如碱性锌锰蓄电池(俗称碱锰蓄电池或碱性蓄电池)、镍镉蓄电池、氢镍蓄电池等。

酸性电池:酸性电池主要是以硫酸水溶液为介质,如铅酸蓄电池。

中性电池:中性电池是以盐溶液为介质,如锌锰干电池、海水激活电池等。

有机电解液电池:有机电解液蓄电池主要是以有机溶液为介质,如锂离子蓄电池等。

(二)按工作性质和储存方式分类

一次电池:一次电池又称原电池,即不能再充电使用的电池,如锌锰干电池、锂原电池等。

二次电池:二次电池即可充电电池,如铅酸蓄电池、镍镉蓄电池、镍氢蓄电池、锂离子蓄电池等。

燃料电池:燃料电池中,活性材料在电池工作时才连续不断地从外部加入电池,如氢氧燃料电池、金属燃料电池等。

储备电池:储备电池储存时电极板不直接接触电解液,直到电池使用时,才加入电解液,如镁-氯化银电池又称海水激活电池。

(三)按电池所用正、负极材料分类

(1)锌系列电池:如锌锰蓄电池、锌银蓄电池等。

(2)镍系列电池:如镍镉蓄电池、镍氢蓄电池等。

(3)铅系列电池:如铅酸蓄电池。

(4)锂系列电池:如锂离子蓄电池、锂聚合物蓄电池和锂硫蓄电池。

(5)二氧化锰系列电池:如锌锰蓄电池、碱锰蓄电池等。

(6)空气(氧气)系列电池:如锌空气蓄电池、铝空气蓄电池等。

二、动力蓄电池工作原理

(一)锂离子蓄电池的工作原理

纯电动汽车的锂离子蓄电池是其重要的能源存储设备,主要由以下几个组成部分构成:正极材料通常采用锂化合物,如磷酸铁锂($LiFePO_4$)或镍锰钴氧化物(NMC),正极材料在充放电过程中负责嵌入或释放锂离子。负极材料通常采用石墨,其具有良好的导电性和嵌锂性能,负极材料在充放电过程中负责释放或吸收锂离子,与正极材料相互嵌锂。电解质是正负极之间的介质,通常采用有机溶液或聚合物凝胶。电解质负责离子的传导,使锂离子能够在正负极之间自由移动,从而实现蓄电池的充放电功能。隔膜位于正负极之间,起到隔离正负极的作用,防止短路。隔膜通常采用聚合物材料,具有良好的离子传导性能和隔离性能。锂离子蓄电池还包括外壳和蓄电池管理系统。外壳用于保护蓄电池内部结构免受外界环境的影响。蓄电池管理系统负责监测蓄电池的工作状态、蓄电池容量、蓄电池温度等参数,并进行蓄电池的管理和保护,以确保蓄电池的安全和性能。锂离子蓄电池的主要作用是储存电能,并通过释放和吸收锂离子来实现蓄电池的充放电功能。在纯电动汽车中,动力蓄电池组提供电能给电动机驱动汽车行驶,同时通过回收制动能量将部分能量转化为电能存储,以提高能源利用效率。锂离子蓄电池具有高能量密度、长寿命、环保等优点,是纯电动汽车的动力蓄电池选用的重要类型。

下面以钴酸锂蓄电池为例来具体分析蓄电池充放电的化学反应。

正极反应:

$$LiCoO_2Li_{1-x} \leftrightarrow CoO_2 + xLi^+ + xe^-$$

负极反应:

$$LiCoO_2 + C \leftrightarrow Li_xC + Li^{1-x}CoO_2$$

锂离子蓄电池工作原理如图 7-11 所示,锂离子蓄电池的充放电机理实质上就是锂离子在正、负电极间的循环运动。在对蓄电池进行充电的时候,在蓄电池的正极上,钴离子被氧化,然后分解出锂离子。分解出的锂离子通过中间的电解液,在通过隔膜后,与外电路传递的电子结合,到达负极的锂离子会被嵌入到碳材料的孔隙,随着锂离子被嵌入的数量越来越多,锂离子蓄电池的充电容量也会越来越大。而当蓄电池放电时,嵌在负极碳层中的锂离子将会脱出回到正极,并吸收电子,回到 $LiCoO_2$ 状态。

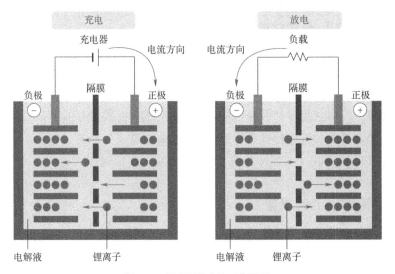

图 7-11　锂离子蓄电池工作原理

(二)动力蓄电池系统组成

动力蓄电池系统(图 7-12)主要由四部分组成:动力蓄电池箱、动力蓄电池模组、蓄电池管理系统、辅助元器件。

(1)动力蓄电池箱:支撑、固定、包围蓄电池系统的组件,主要包含上盖和下托盘,还有其他辅助器件,如过渡件、护板、螺栓等,动力蓄电池箱有承载及保护动力蓄电池组及电气元件的作用。动力蓄电池箱的主要功能有:帮助蓄电池通风散热;使蓄电池绝缘与防水;保护蓄电池免受碰撞碰。蓄电池箱安装在车辆底板下方,下壳体材质为铸铝或钢板,上壳体材质为玻璃钢,上下壳体之间有密封胶,后侧面设有高压插接器、低压插接器,上方设有维修开关。

蓄电池箱密封等级 IP67 及以上,"6"表示防护灰尘进入,"7"表示在深 1m 的水中防浸泡 30min。

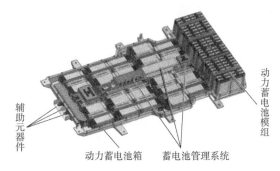

图 7-12 动力蓄电池系统组成

(2)动力蓄电池模组:动力蓄电池的作用是接收和储存充电装置的高压直流电,并为电动汽车提供高压直流电。动力蓄电池的主要组成部分包括电芯、模组和蓄电池包。电芯是蓄电池的基本单元,模组则是将多个电芯按一定方式组装在一起,而蓄电池包则是进一步将多个模组和管理系统集成在一起的完整蓄电池系统。这些组件共同构成了一个完整的动力蓄电池系统,能够满足不同应用场景下的能量需求和性能要求。

(3)蓄电池管理系统(Battery Management System,BMS):监视蓄电池的状态(温度、电压、荷电状态),可以为蓄电池提供通信、安全、电芯均衡及管理控制,并提供与应用设备通信接口的系统。蓄电池管理系统包括硬件和软件;硬件由主控盒 BMS、从控盒、高压盒、电压采集线、电流传感器、温度传感器、蓄电池内部 CAN 总线等组成;软件由监测电压、监测电流、监测温度、监测绝缘电阻、SOC 估算等程序组成。蓄电池管理系统是连接动力蓄电池和电动汽车的重要纽带,它主要的功能包括蓄电池物理参数实时监测、蓄电池状态估计、在线诊断与预警、充放电与预充控制均衡管理、热管理等。

(4)辅助元器件:是指动力蓄电池系统内部的电子电器,包括主正继电器、预充继电器、预充电阻、主负继电器、高压熔断器、加热继电器、加热熔断器、电流传感器、高压插座、低压插座,还包括密封条、绝缘材料等。主正继电器由 BMS 控制,作用是接通/断开动力蓄电池正极。预充继电器的预充动作发生在充放电初期,闭合预充继电器进行预充,预充完成后断开预充继电器,预充继电器就是控制预充回路的断开、闭合,而预充电阻的作用是限流,由 BMS 控制,作用是接通/断开动力电池预充正极。预充电阻的阻值一般为 100Ω,目的是通入小电流,预充电时检测单体电池有无短路;上电时先用小电流给电机控制器和电动压缩机控制器的电容器充电,因为电容器在充电开始时处于短路状态,直接使用大电流充电容易击穿电容器。

三、动力蓄电池管理系统

蓄电池管理系统(Battery Management System,BMS)是用来对蓄电池组进行安全监控及有效管理,提高蓄电池使用效率的装置。对于电动汽车而言,通过该系统对蓄电池组充放电的有效控制,可以达到增加续驶里程、延长使用寿命、降低运行成本的目的,并保证动力蓄电池组应用的安全性和可靠性。动力蓄电池管理系统已经成为电动汽车不可缺少的核心部件之一。本章将重点介绍动力蓄电池管理系统的构成、功能和工作原理。

(一)基本构成和功能

对蓄电池管理系统功能和用途的理解是随着电动汽车辆技术的发展逐步丰富起来的。最早的蓄电池管理系统仅仅进行一次测量参数(电压、电流、温度等)的采集,之后发展到二次参数(SOC、内阻)的测量和预测,并根据极端参数进行蓄电池状态预警。现阶段蓄电池管理系统除完成数据测量和预警功能外,还通过数据总线直接参与车辆状态的控制。

蓄电池管理系统的主要工作原理可简单归纳为:数据采集蓄电路采集蓄电池状态信息数据后,由电控单元(ECU)进行数据处理和分析,然后蓄电池管理系统根据分析结果对系统内的相关功能模块发出控制指令,并向外界传递参数信息。在功能上,蓄电池管理系统主要包括:数据采集、蓄电池状态估计、能量管理、安全管理、热管理、均衡控制、通信功能和人机接口。图 7-13 所示为蓄电池管理系统功能图。

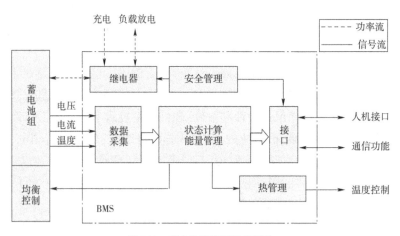

图 7-13　蓄电池管理系统功能图

(1)数据采集:蓄电池管理系统的所有算法都是以采集的动力蓄电池数据作为输入,采样速率、精度和前置滤波特性是影响蓄电池系统性能的重要指标。电动汽车蓄电池管理系统的采样速率一般要求大于 200Hz(50ms)。

(2)蓄电池状态估计:蓄电池状态估计包括蓄电池组荷电状态(State of Charge,SOC)和蓄电池组健康状态(State of Health,SOH)两方面。SOC 用来提示动力蓄电池组剩余电量,是计算和估计电动汽车续驶里程的基础。SOH 用来提示蓄电池技术状态、预计可用寿命等健康状态的参数。

(3)能量管理:能量管理主要包括以电流、电压、温度、SOC 和 SOH 为输入进行充电过程控制,以 SOC、SOH 和温度等参数为条件进行放电功率控制两个部分。

(4)安全管理:监视蓄电池电压、电流、温度是否超过正常范围,防止蓄电池组过充过放。现在对蓄电池组进行整组监控的同时,多数蓄电池管理系统已经发展到对极端单体蓄电池进行过充、过放、过温等安全状态管理。

(5) 热管理:在蓄电池工作温度超高时进行冷却,低于适宜工作温度下限时进行蓄电池加热,使蓄电池处于适宜的工作温度范围内,并在蓄电池工作过程中保持蓄电池单体间温度均衡。对于大功率放电和高温条件下使用的蓄电池,蓄电池的热管理尤为必要。

(6) 均衡控制:蓄电池的一致性差异所导致的蓄电池组工作状态是由最差蓄电池单体决定的。在蓄电池组各个蓄电池之间设置均衡电路,实施均衡控制是为了使各单体蓄电池充放电的工作情况尽量一致,提高整体蓄电池组的工作性能。

(7) 通信功能:通过蓄电池管理系统实现蓄电池参数和信息与车载设备或非车载设备的通信,为充放电控制、整车控制提供数据依据是蓄电池管理系统的重要功能之一。根据应用需要,数据交换可采用不同的通信接口,如模拟信号、PWM 信号、CAN 总线或 I^2C 串行接口。

(8) 人机接口:根据设计的需要设置显示信息以及控制按键、旋钮等。

(二) 电量管理系统

蓄电池电量管理是蓄电池管理系统的核心内容之一,对于整个蓄电池状态的控制、电动汽车辆续驶里程的预测和估计具有重要意义。但由于动力蓄电池荷电状态(SOC)成非线性,并且受多种因素影响,导致蓄电池电量估计和预测方法复杂,准确估计困难。SOC 估算精度的影响因素定性规律如下。

(1) 充放电电流:相对于额定充放电工况,动力蓄电池一般表现为大电流可充放电容量低于额定容量,小电流可充放电容量大于额定容量。

(2) 温度:不同温度下蓄电池组的容量存在着一定的变化,温度段的选择及校正因素直接影响到蓄电池性能和可用电量。

(3) 蓄电池容量衰减:蓄电池的容量在循环过程中会逐渐减少,因此对电量的校正条件就需要不断地改变,这也是影响模型精度的一个重要因素。

(4) 自放电:蓄电池内部的化学反应,产生自放电现象,使其在放置时,电量发生损失。自放电大小主要与环境温度成正比,需要按试验数据进行修正。

(5) 一致性:蓄电池组的建模和容量估算与单体蓄电池有一定的区别,蓄电池组的一致性差别对电量的估算有重要的影响。蓄电池组的电量估算是按照总体蓄电池的电压来估算和校正的,如果蓄电池差异较大将导致估算的精度误差很大。

(三) 均衡管理系统

为了平衡蓄电池组中单体蓄电池的容量和能量差异,提高蓄电池组的能量利用率,在蓄电池组的充放电过程中需要使用均衡电路。根据均衡过程中电路对能量的消耗情况,可以分为能量耗散型和能量非耗散型两大类。能量耗散型是将多余的能量全部以热量的方式消耗,非耗散型是将多余的能量转移或者转换到其他蓄电池中。

1. 能量耗散型

能量耗散型是通过单体蓄电池的并联电阻进行充电分流从而实现均衡,如图 7-13 所示。这种电路结构简单,均衡过程一般在充电过程中完成,对容量低的单体蓄电池不能补充电量,存在能量浪费和增加热管理系统负荷的问题。能量耗散型一般有两类:一是恒定分流电阻均衡充电电路,每个蓄电池单体上都始终并联一个分流电阻。这种方式的特点是可靠性高,分流电阻的值大,通过固定分流来减小由于自放电导致的单体蓄电池差异。其缺点在于无论蓄电池充电还是放电过程,分流电阻始终消耗功率,能量损失大,一般在能够及时补充能量的场合适用。二是开关控制分流电阻均衡充电电路,分流电阻通过开关控制,在充电过程中,当单体蓄电池电压达到截止电压时,均衡装置能阻止其过充并将多余的能量转化成热能。这种均衡电路工作在充电期间,特点是可以对充电时的单体蓄电池电压偏高者进行分流。其缺点是由于均衡时间的限制,导致分流时产生的大量热量需要及时通过热管理系统耗散,尤其在容量比较大的蓄电池组中更加明显。

2. 非能量耗散型

非能量耗散型电路的耗能相对于能量耗散型电路小很多,但电路结构相对复杂可分为能量转换式均衡和能量转移式均衡两种方式。

1) 能量转换式均衡

能量转换式均衡是通过开关信号,将蓄电池组整体能量对单体蓄电池进行能量补充,或者将单体蓄电池能量向整体蓄电池组进行能量转换。其中单体能量向整体能量转换,一般都是在蓄电池组充电过程中进行的,通过检测各个单体蓄电池的电压值,当单体蓄电池电压达到一定值时,均衡模块开始工作。把单体蓄电池中的充电电流进行分流从而降低充电电压,分出的电流经模块转换把能量反馈回充电总线,达到均衡的目的。

蓄电池组整体能量向单体转换,在充电过程中首先通过主充电模块对蓄电池组进行充电,电压检测电路对每个单体蓄电池进行监控。当任一单体蓄电池的电压过高,主充电电路就会关闭,然后均衡充电模块开始对蓄电池组充电。

2) 能量转移式均衡

能量转移式均衡是利用电感或电容等储能元件,把蓄电池组中容量高的单体蓄电池的电量,通过储能元件转移到容量比较低的蓄电池上,如图 7-14 所示。该电路是通过切换电感开关传递相邻蓄电池间的能量,将电荷从电压高的蓄电池传送到电压低的蓄电池,从而达到均衡的目的。此电路的能量损耗很小,但是均衡过程中必须有多次传输,均衡时间长,不适于多串的蓄电池组,且均衡中能量的判断以及开关电路的实现较困难。

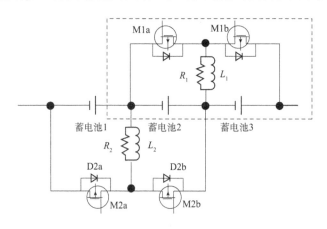

图 7-14　开关电感均衡示意图

除上述均衡方法外,在充电应用过程中,还可采用涓流充电的方式实现蓄电池的均衡。这是最简单的方法,不需要外加任何辅助电路。其方法是对串联蓄电池组持续用小电流充电。由于充电电流很小,这时的过充对满充蓄电池所带来的影响并不严重。由于已经充饱的蓄电池没办法将更多的电能转换成化学能,多余的能量将会转化成热量。而对于没有充饱的蓄电池,却能继续接收电能,直至到达满充点。这样,经过较长的周期,所有的蓄电池都将达到满充状态,从而实现了容量均衡。但这种方法需要很长的均衡充电时间,且消耗相当大的能量来达到均衡。另外,在放电均衡管理上,这种方法是不能起任何作用的。

(四)热管理系统

1. 热管理系统的结构组成

动力蓄电池热管理系统的结构组成主要包括如下部分。

(1)温度传感器:负责感知蓄电池的表面温度和内部温度,并将温度数据实时传输给热管理控制单元。

(2)热管理控制单元:处理温度传感器的信号,判断当前蓄电池温度是否在安全范围内。如果蓄电池温度超过设定的安全范围,热管理控制单元将下达指令启动冷却系统,通过循环泵和散热风扇等组件将蓄电池产生的热量快速散发,降低蓄电池温度。在特殊低温环境下,热管理控制单元会启动加热系统,通过加热蓄电池单元,提高蓄电池的工作温度,保证蓄电池的正常使用。

(3)冷却系统:利用冷却液循环、自然风吹散热、热泵空调等方式对蓄电池进行冷却降温。具体包括低温冷却器、热交换器、制冷剂循环回路等组件,通过这些组件的协同作用,将蓄电池产生的余热排出,或者直接排放到环境中。

(4)加热系统:在低温环境下,通过加热蓄电池单元提高工作温度,保证蓄电池在低温环境下的正常使用。

(5)状态显示装置:实时显示蓄电池的温度状态和工作状态,为用户提供直观的监控信息,确保用户对蓄电池状态有清晰的了解。

2. 热管理系统的功能

动力蓄电池热管理系统的主要功能是通过监测动力蓄电池组各个温度点的温度变化情况,并根据实时数据与设定阈值进行比较来控制冷却系统和加热系统工作,以保持动力蓄电池组在合适的温度范围内工作。

(1)蓄电池热管理:维持适宜温度,确保蓄电池在充放电过程中处于最佳温度范围内,以提高效率和寿命;防止过热,通过冷却措施防止蓄电池在高负荷下过热,避免热失控。

(2)电机和电控单元热管理:冷却保护,保护电机和电控单元免受过高温度的影响,维持其稳定性和性能;延长寿命,适当的温度管理可以延长这些部件的使用寿命。

(3)乘员舱热管理:舒适性,为乘客提供适宜的温度环境,提高驾乘舒适性;除霜/除雾,在冬季,快速为风窗玻璃除霜/除雾,保证驾驶视线清晰。

(4)整体能耗管理:节能,通过高效的热管理,减少因温度控制不当导致的能耗损失;提高续驶里程,特别是在冬季和夏季极端天气下,良好的热管理可以显著提高电动汽车的续驶里程。

(5) 安全性保障：防止热失控，通过监控和调节温度，防止蓄电池热失控，保障车辆安全。

(6) 保护电子器件：确保电机和电控单元在安全的温度下工作，防止因过热导致的损坏。

(五) 蓄电池热失控与热安全管理

1. 蓄电池热失控

蓄电池热失控是指在一定外界条件（如穿刺、过热、短路、过充电等）的触发下，蓄电池发生的以快速大量放热为主、可伴随其他（如短路放电、燃烧、爆炸等）物理或化学变化的剧烈反应。在动力蓄电池系统中，某一单体蓄电池发生热失控后，其剧烈的反应会产生大量的热，同时有可能产生燃烧或爆炸等剧烈反应，由此造成的高温或机械冲击，往往会成为邻近蓄电池发生热失控的触发条件，依此类推，单一蓄电池的热失控很容易在蓄电池系统中扩展开来，造成大量能量的快速释放，其危害十分巨大。蓄电池的热失控问题，有机理复杂、影响因素众多的特点，主要表现在：动力蓄电池单体的热失控与其内部的电化学体系类型、材料构成、结构形式、封装形式、容量、结构、外形、尺寸形式以及工艺状况等直接相关。蓄电池过热、过充电、外界撞击、挤压、穿刺、蓄电池短路等均可触发热失控。除此之外，环境条件、热失控触发方式及加载状态、蓄电池成组连接方式、蓄电池热管理形式、始发热失控蓄电池在动力蓄电池系统内的位置等直接影响热失控扩展过程。

因此，蓄电池的热失控机理复杂，多种因素互为前提，动力蓄电池热失控研究系统性强、难度大，已经成为动力蓄电池系统研究的重点和难点问题之一。

2. 蓄电池热失控的触发与扩展

1）蓄电池热失控触发

蓄电池热失控的触发条件主要归纳为四方面：机械滥用（如针刺、挤压等）；电滥用（如过充、短路等）；热滥用（如过热、火烧等）；异常的蓄电池老化。触发条件可以是蓄电池正常工作条件下，破坏蓄电池正常工作条件的突发型触发条件，如针刺、撞击、短路、火烧等；也可以是蓄电池在非正常工作条件下，逐步积累到一定程度而产生的累积型触发条件，如过热、过充电、异常老化等。但最终都会引发蓄电池内部材料间发生的剧烈热化学反应，放出大量热量并生成大量气体等产物。

蓄电池热失控触发蓄电池内部的材料体系构成直接相关，具体包括电解液、正极和负极材料、电解液和正/负极材料的共存体系、隔膜等。

对于蓄电池热失控触发过程的研究，常采用加速量热（ARC）等热分析手段和红外成像等测试技术，研究单体蓄电池在滥用情况下热失控触发过程中温度、电压、产热量和压力等参数的变化规律；采用X射线成像、计算机断层扫描（CT）等技术手段，研究热失控锂离子动力蓄电池内部材料的物理结构变化机理；采用红外和拉曼光谱、气相色谱、质谱等技术，研究热失控过程前后材料的化学结构变化机理和副反应产物，根据内部材料的物理化学变化、外部蓄电池产热和温度变化的对应关系确定蓄电池热失控的触发机理和过程。

2）热失控在动力蓄电池系统内的扩展

单体蓄电池的热失控反应会波及相邻蓄电池，通过热扩散、火烧甚至爆炸冲击的方式，可引发一系列周围蓄电池发生热失控反应，造成热失控反应在蓄电池系统中的扩展。在热失控扩展过程中，发生热失控的单体蓄电池周围热扩散边界条件复杂、热扩展路径及其模式复杂,热失控蓄电池与相邻蓄电池间的热、电等相互作用复杂,还需要充分考虑动力蓄电池系统物理边界的影响,散热系统的影响等因素。另外,动力蓄电池的封装形式(钢壳、铝塑膜等)、几何形状(圆柱、方形等)、物理尺寸各异,成组连接方式(串联、并联)、固定连接结构、动力蓄电池系统参数(容量、电压)等差距大,同时,动力蓄电池系统的热失控受使用工况、环境等因素影响。

当前研究热失控在动力蓄电池系统内扩展主要从试验测试和模型建立两方面入手。试验方面,通过测试热失控触发时间、触发顺序、温度场分布、热传播途径等,研究热失控过程中蓄电池特性参数(如电压、温度、内阻等)的变化特性;另外也利用计算机断层扫描和 X 射线成像技术,观察热失控中蓄电池材料、结构的变化形式。模型方面,其目标是建立准确描述动力蓄电池系统热失控的数学模型。对于物理场,常基于电化学模型和热模型构建热电耦合的动力蓄电池热失控模型,或构建更多物理场耦合的数学模型。对于维度,通过建立锂离子动力蓄电池热失控二维、三维模型,实现对热失控过程更全面的描述。对于影响因素,常在复杂影响因素中选取一种或几种,对模型进行修正,但这也会造成模型在不同研究对象和不同环境条件下的通用性稍差。

3. 蓄电池热安全管理

动力蓄电池系统热安全管理建立在蓄电池常规热管理系统的基础之上,内容包含热失控预警与防护控制、热失控后的延缓扩散控制。其目标是防止动力蓄电池系统热安全事故的发生、阻断或延缓热失控的扩展。

当前研究主要涉及安全事故预警机制、热安全控制策略、高安全结构设计等方面。

(1)在动力蓄电池系统热失控预警机制和控制策略方面,通过建立动力蓄电池系统故障树,建立电动汽车动力蓄电池系统多级预警机制,并制订相关机制的触发阈值,以实现对不同故障阶段的蓄电池系统进行分级处理。

(2)在高安全性动力蓄电池系统结构设计方面,进行结构、电气等方面的设计和改进,以提高动力蓄电池系统的安全性。例如特斯拉公司采用动力蓄电池模块间隔板隔断、动力蓄电池箱上隔板与车辆驾驶室增加隔离层、火焰方向引导等方法实现了高安全蓄电池箱的设计。北京理工大学奥运电动客车上则通过采用内外箱异常情况可快速分离、上盖板喷涂高温防火涂料等方式实现了电动商用车安全蓄电池箱的设计。

(六)蓄电池管理系统(BMS)工作过程控制策略

为确保蓄电池安全并减少静态损耗,当电动汽车停车时,有必要切断蓄电池包和转换电路的连接;当电动汽车运行时,必须闭合蓄电池与供电线路的连接;当充电时,必须闭合蓄电池与充电器的连接;当温度超过阈值时,必须通过控制相应的继电器,打开或闭合风扇或加热器来控制蓄电池的温度。典型的蓄电池管理系统(BMS)应能够检测与控制总正继电器、总负继电器、预充电继电器、充电继电器、风扇继电器及加热器继电器。一些继电器(如空调继电器)只需单独使用,控制逻辑简单,不需要考虑与其他继电器的控制序列的关系,但有些继电器(如主正继电器)应考虑与其他继电器的控制序列的关系,控制逻辑相对复杂。

为了保障电动汽车在运行与充电过程中的安全,必须根据蓄电池的状态判断蓄电池的安全性。倘若蓄电池组有安全问题,BMS 必须及时给控制器和显示器发送报警信息,以提醒整车控制器(VCU)和驾驶人采取必要的措施保证行车安全。

1. 功率控制

BMS 为低电压低功率系统,而主正继电器、主负继电器、预充电继电器和充电继电器需要高功率电流来驱动。为保证这些继电器稳定地工作,通常需要设计中间继电器。中间继电器通常不仅能够将 BMS 与高压系统隔离,使 BMS 工作更加平稳,还能满足上述继电器能够可靠开启所需的功率。图 7-15 所示为电动汽车高压继电器控制线路。转换器不能通过转换电路直接与蓄电池连接,必须在转换器的输入端连接滤波电容,否则,在连接的瞬间,它会产生一个大电流对蓄电池造成伤害。因此,在电路中有必要串联一个合适的电阻构成预充电回路,防止蓄电池在放电瞬间产生的瞬时高压对电气元件造成损害。

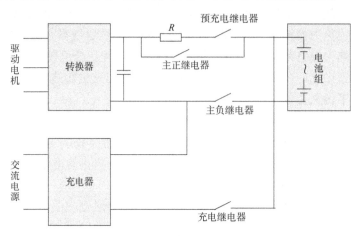

图 7-15 电动汽车高压继电器控制线路

2. 充电控制

按照国家标准规定,完整的充电流程如图 7-16 所示。在 BMS 和充电机之间握手通信以及蓄电池参数配置完成后,才能开始充电。

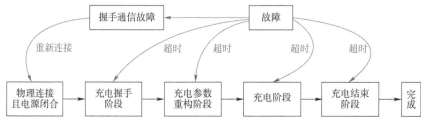

图 7-16 完整的充电流程

3. 温度控制

当温度太高或温度差异太大时,必须打开风扇进行散热或均衡温度。考虑蓄电池的温度特性和温度控制的滞后性,有必要设置温度控制阈值。不同结构的蓄电池箱对温度测量有很大的影响,因此,需要大量的测试或校正分析来定义这些阈值。

一般情况下,设置四个温度阈值:高温 1 级、高温 2 级、低温 1 级、低温 2 级。如果温度超过了高温 1 级阈值,蓄电池冷却程序开始执行,蓄电池输出功率下降。如果温度超过了高温 2 级阈值,表示蓄电池工作温度超过了极限值,必须停止蓄电池功率输出以避免热失控导致发生危险事故。在实际应用中,重新起动时的温度低于停机时的温度,这种做法可以避免蓄电池继电器的频繁切换。

4. 故障报警及控制

表 7-1 给出了蓄电池 1、2 级故障报警情况。安全报警阈值的设置与蓄电池性能、蓄电池成组方法和车辆类型有关。该表列出了磷酸亚铁锂蓄电池组的报警阈值,该蓄电池组包括 120 串蓄电池单体,蓄电池容量为 210A·h,额定电压为 384V。当检测到报警信息时,BMS 应根据不同等级和类型来处理报警信息。例如,当 SOC 太低时,驾驶人应当考虑在附近的充电站充电。当 SOC 太低并达到 2 级警报状态时,驾驶人应当立即停车。

BMS 故障类型 表 7-1

序号	故障类型	1 级故障标准	2 级故障标准
1	设置温度均衡阈值	>10℃	—
2	设置电压均衡阈值	>0.3V	—
3	温度过高阈值	>50℃(T_{max})	>55℃(T_{max})
4	蓄电池单体电压过高阈值	>3.65V	>3.75V
5	蓄电池单体电压过低阈值	<3.0V	<2.8V
6	总电压过高阈值	>432V	>438V
7	总电压过低阈值	<366V	<360V
8	充电过流故障阈值	>1℃(1min)	>1.5℃(10s)
9	放电过流故障阈值	>1.5℃(3min)	>2℃(60s)
10	SOC 太高	>100%	>100%
11	SOC 太低	<30%	<10%
12	绝缘故障	<500Ω/V,但 >100Ω/V	≤100Ω/V

第四节 驱动电机及其控制

在电动汽车上,驱动电机及其控制器是电动汽车中把电能转换成机械能的动力部件,目前常用的驱动系统有四种:直流电机(DC Motor)驱动系统,电机控制器一般采用脉宽调制(PWM)控制方式;交流感应电机(ACIM)驱动系统,电机控制器采用矢量控制或直接转矩控制的变频调速方式;交流永磁电机驱动系统,主要包含永磁同步电机(PMSM)和无刷直流电机(BDCM)驱动系统两类电机;开关磁阻(SR)电机驱动系统。

电动汽车电驱动系统的特点有如下方面。

(1)以电磁转矩为控制目标,加速踏板和制动踏板的开度是电磁转矩给定的目标值,要求转矩响应迅速、波动小。

（2）电动汽车要求驱动电机有较宽的调速范围，电机能在四象限内工作。

（3）为保证汽车的加速时间，要求驱动电机低速时有大的转矩输出和较大的过载倍数，为保证汽车能加速至最高车速，要求驱动电机高速时有一定的功率输出。

（4）驱动系统高效、可靠性好，电磁兼容性好，易于维护。

一、直流电机

直流电机因其成本低、控制简单等优点，在电动汽车及其他领域的早期应用中占据重要地位。然而，随着电动汽车技术的发展和需求的变化，现在的电动汽车逐渐转向采用交流电机等更为高效和耐用的电机系统，以满足更高的性能和效率要求。

直流电机由定子（固定不动）与转子（旋转）两大部分组成，定子与转子之间有空隙，称为气隙。其中定子部分包括机座、主磁极、换向极、端盖、电刷等装置，转子部分包括电枢铁芯、电枢绕组、换向器、转轴、风扇等部件，整体结构如图7-17所示。

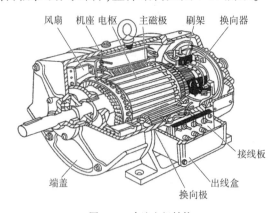

图7-17 直流电机结构

直流电动机的简化模型如图7-18a）所示。若把电刷A、B接到直流电源上，电刷A接电源的正极，电刷B接电源的负极，此时在电枢线圈中将有电流流过。位于N极下线圈ab边和位于S极下线圈cd边通以直流电流i，根据安培电磁力定律与电动机原理可知，导体中产生电磁力F的大小为：

$$F = Bli\sin\theta \tag{7-1}$$

式中：l——线圈导体ab的长度，m；

B——磁感应强度，T；

θ——B、i在空间的夹角。

由于直流电动机有换向器和电刷，保证了B与i的方向相互垂直，$\theta = 90°$。在图7-18a）的情况下，位于N极下的导体ab受力方向为从右向左，而位于S极下的导体cd受力方向为从左向右。该电磁力与转子半径之积即为电磁转矩，该转矩的方向为逆时针。当电磁转矩大于阻转矩时，线圈按逆时针方向旋转。当电枢旋转到图7-18b）所示位置时，原位于S极下的导体cd转到N极下，其受力方向变为从右向左；而原位于N极下的导体ab转到S极下，导体 ab 受力方向变为从左到右,该转矩的方向仍为逆时针方向,线圈在此转矩作用下继续按逆时针方向旋转。这样虽然导体中流通的电流为交变的,但 N 极下的导体受力方向和 S 极下导体所受力的方向并未发生变化,电动机在此方向不变的转矩作用下转动。电刷的作用是把直流电变成线圈中交变的电流。直流电机按励磁方式又可分为两类:永磁式和电励磁式。永磁式是由磁性材料提供磁场;电励磁式是由磁极上绕线圈,然后在线圈中通上直流电,来产生电磁场。

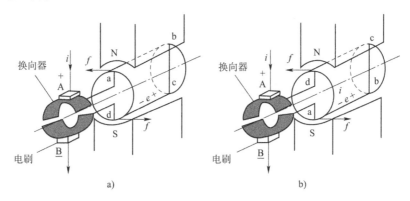

图 7-18　直流电机工作原理框图

直流电机具有成本最低、易于平滑调速、控制器简单、技术成熟等优点,但由于直流电机在运行过程中需要电刷和换向器换向,因而电机本身的效率低于交流感应电机,同时,电刷需要定期维护,造成了使用的不便。此外,电机本身的体积大、质量大,换向器和电刷制约了直流电机的转速,这些因素都限制了其在电动汽车上的广泛应用。

二、交流感应电机

交流感应电机(AC Induction Machine,ACIM),又称为交流异步电机(AC Asynchronous Machine,ACAM),相比其他类型的电机,交流感应电机具有结构简单、耐久性好、成本低、易于维护以及技术成熟等优点。因此,交流感应电机在电动汽车驱动系统的应用中具有很强的竞争力。

交流感应电机定子是用来产生旋转磁场的,它由定子铁芯、定子绕组、铁芯外侧的外壳、支承转子轴的轴承等组成;交流感应电机的转子绕组有笼型和绕线型两种类型,其中笼型转子绕组结构比较简单,仅由导条和端环构成。交流感应电机按照转子绕组结构可分为笼式交流感应电机和绕线式交流感应电机两类,如图 7-19 所示。

交流感应电机是根据电磁感应原理制成的,当 U 形磁铁以转速 n_1 逆时针旋转时,线圈中的导线将切割磁力线,从而产生感应电动势为:

$$e = Blv \tag{7-2}$$

式中:B——磁感应强度;
　　　l——导体长度;
　　　v——线圈的切割速度。

a) 笼型　　　　　　　　b) 绕线型

图 7-19　交流感应电机转子绕组类型

感应电动势方向满足右手定则,如图 7-20 箭头所示,因为线圈是闭合的导体,所以产生感应电流,电流方向如箭头所示。带电的导体在磁场中将受电磁力 F 的作用,且有 $F = Bil$,方向满足左手定则,方向如图 7-20 所示,在电磁力 F 的作用下,线圈也将逆时针方向旋转,与磁场旋转方向相同,转速为 n,且 $n < n_1$。

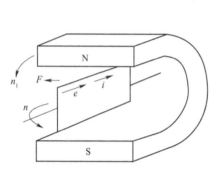

图 7-20　交流感应电机工作原理　　图 7-21　三相对称交流电波形

交流感应电机的旋转磁场是由通入定子绕组的三相对称交流电产生的,设流入三相定子绕组的电流方程为:

$$\begin{cases} i_A = I_m \sin\omega t \\ i_B = I_m \sin(\omega t - 120°) \\ i_C = I_m \sin(\omega t + 120°) \end{cases} \quad (7-3)$$

波形如图 7-21 所示,三相合成旋转磁场的位置如图 7-22 所示。

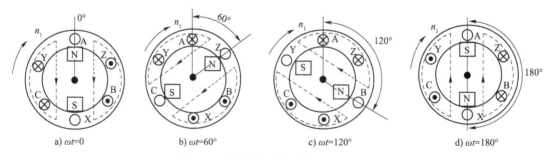

a) $\omega t = 0$　　　b) $\omega t = 60°$　　　c) $\omega t = 120°$　　　d) $\omega t = 180°$

图 7-22　不同时刻三相合成旋转磁场的位置

当 $\omega t = 0$,AX 线圈中没有电流通入,BY 线圈中的电流是从 B 端流出,Y 端流入;CZ 线圈中的电流是从 Z 端流出,C 端流入。根据右手螺旋法则,合成磁场的位置即 N 极和 S 极的位置如图 7-22a)所示,同理当 $\omega t = 60°、120°、180°$ 时,合成磁场的位置分别如图 7-22b)~ d)所示。

在定子绕组上加上三相交流电源后产生顺时针方向旋转的磁场,这个磁场使定子铁芯中产生磁通,转子绕组由于切割这个磁场而产生感应电动势,在闭合的转子绕组中将有感应电流流动。当改变相序时,电机转向将相反,这个旋转磁场的转速也叫作同步转速,其值为:

$$n_s = \frac{60f_s}{p_n} \tag{7-4}$$

式中:f——通入定子电流频率,Hz;
p_n——电机的极对数。

在交流感应电机中有一个非常重要的物理量叫转差率,其定义为旋转磁场的同步转速(n_s)与转子转速(n)之差,用 s 来表示,其值为:

$$s = \frac{n_s - n}{n_s} \tag{7-5}$$

转子转速 n 可表示为:

$$n = (1 - s)n_s \tag{7-6}$$

交流感应电机与直流电机相比,具有效率高、结构简单、坚实可靠、免维护、体积小、质量轻、易于冷却、寿命长等许多优点。交流感应电机本身比直流电机成本低,只是其逆变器比直流电机控制器成本高,但随着功率电子技术的不断进步,两者的成本差距越来越接近。从目前来看,交流感应电机系统总成本要比直流电机系统高,但由于其重量轻、效率高及能有效地实现再生制动,因而在电动汽车上使用的运营成本要比使用直流电机驱动系统时低,尤其在大功率电动汽车中更有广泛的应用。

三、交流永磁电机

永磁同步电机是用永磁体取代绕线式同步电机转子中的励磁绕组,从而省去了励磁圈、滑环和电刷,定子中通入三相对称交流电。永磁同步电机模型如图 7-23 所示,由于电机定子三相绕组接入三相对称交流电而产生旋转磁场,用旋转磁极 S、N 来模拟,根据磁极"异性相吸、同性相斥"的原理,不论定子旋转磁极与永磁转子起始时相对位置如何,定子的旋转磁极由于磁拉力拖着转子同步旋转,同步电机转速 n 可表示为:

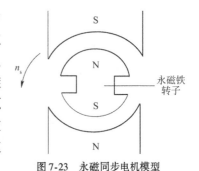

图 7-23 永磁同步电机模型

$$n = n_s = \frac{60f_s}{p_n}$$

式中:f_s——电源频率;
p_n——电机极对数;
n_s——同步转速。

从上式可以看出,电机转速与同步转速之间没有产生相对运动。

永磁电机转子分为凸装式、嵌入式和内埋式三种基本结构,如图7-24所示。在图7-24a)中,凸装式具有圆套筒型整体磁钢,每极磁钢的宽度与极距相等,可提供接近梯形的磁场分布,在小直径转子的电机中,可以采用这种径向异极的永磁环,但在大容量电机中,必须利用若干个分离的永磁体。如果永磁体厚度一致,宽度又小于一个极距,整个磁场分布接近为梯形。在图7-24b)中,不将永磁体凸装在转子表面上,而是嵌于转子表面下,永磁体的宽度小于一个极距,这种结构称为嵌入式。对于凸装式和嵌入式转子,一般是用环氧树脂将永磁体直接粘在转轴上,这两种结构可使转子做得直径小、惯量小、电感也较小,有利于改善电机的动态性能。如图7-24c)所示转子结构,其是将永磁体埋装在转子铁芯内部,每个永磁体都被铁芯包着,称为内埋式永磁同步电机。这种结构机械强度高,磁路气隙小,与外装式转子相比,更适用于弱磁。

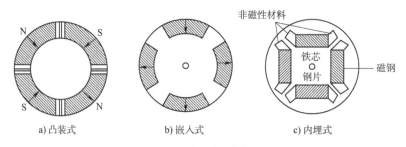

图7-24 永磁转子结构图

永磁同步电机(PMSM)因其高效率、高功率密度、良好的动态响应、低噪声和高可靠性,成为电动汽车(EV)常见驱动电机类型之一。PMSM利用永磁体减少电能转换损耗,并在较小体积内提供高功率输出,适合电动汽车的空间要求和性能需求。其无刷设计减少机械磨损,延长电机寿命,降低维护需求,因此被特斯拉、日产和宝马等电动汽车品牌广泛采用。

四、电机典型控制方法

(一)矢量控制

1. PMSM 的滞环电流控制

矢量控制技术借鉴了直流电机中电枢电流和励磁电流互相垂直、独立控制的理念,基于坐标变换理论,通过控制电机定子电流在同步旋转坐标系中的大小和方向,实现直轴和交轴分量的解耦控制,从而达到磁场和转矩的独立控制,使交流电机具备类似直流电机的控制性能。这一技术的出现对电机控制领域具有重要意义,推动了电机控制技术的发展。

后来,研究人员将矢量控制应用于三相永磁同步电机(PMSM),发现由于PMSM没有异步电机的转差率问题,矢量控制实现起来更加简便。对于三相PMSM的矢量控制技术,通常包括三个主要部分:转速控制环、电流控制环和PWM控制算法。转速控制环用于调节电机转速,实现稳定调速的目标;电流控制环则加快系统的动态响应,使定子电流更接近预定的电流矢量。

在电压源逆变器供电的控制系统中,电流控制环可以分为静止坐标系下的电流控制和同步旋转坐标系下的电流控制。在旋转坐标系下,常用的电流控制方法包括滞环电流控制和 PI 电流控制等。本节将简要介绍滞环电流控制的基本原理和仿真建模方法。

在电压源逆变器中,滞环电流控制是一种控制瞬态电流输出的方法。其基本原理是比较电流设定值和检测到的逆变器实际输出电流值。当实际电流值超过设定值时,通过改变逆变器的开关状态使电流减小;相反,当实际电流值低于设定值时,使电流增大。这样,实际电流会在设定电流波形周围呈锯齿状波动,并将偏差限制在一定范围内。因此,采用滞环电流控制的逆变器系统包括转速控制环和一个采用 Bang-Bang 控制(滞环控制)的电流闭环,从而加快动态响应并抑制内部扰动。这种方法简单且不依赖于电机参数,具有良好的鲁棒性。

然而,滞环电流控制的缺点在于逆变器的开关频率会随电机运行状况而发生变化,范围非常大且不规律,导致输出电流波形脉动较大,并产生噪声。尽管可以通过引入频率锁定环节或采用同步开关型数字实现方法来克服这些缺点,但实现起来较为复杂。实际上,由于三相之间的相互联系,电流的纹波值可以达到滞环宽度的 2 倍。

在实际应用中,如图 7-25 所示,采用了一种控制结构。以 A 相为例说明其工作原理:当反馈电流 i_a 的瞬时值与设定电流 i_a 之差达到滞环的上限值,即当 $i_{abc}^* - i_{abc} \geq HB/2$($HB$ 为滞环宽度)时,逆变器 A 相上桥臂的开关器件关断,下桥臂的开关器件导通,使电动机接入负电压 $-u_a$,电流 i_a 下降。相反,当 $i_{abc}^* - i_{abc} \leq HB/2$ 时,A 相上桥臂的开关器件导通,下桥臂的开关器件关断,使电动机接电压 $+u_a$,电流 i_a 上升。通过控制上下桥臂开关器件的交替通断,使得 $i_{abc}^* - i_{abc} \leq HB/2$,从而使 i_a 跟踪 i_a^*。理论上,这可以将偏差控制在滞环范围内。

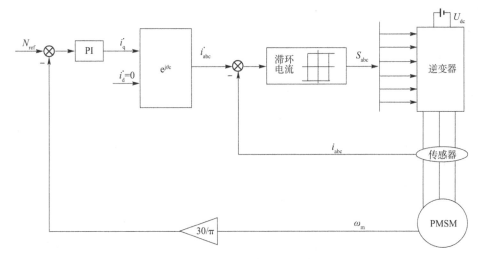

图 7-25 三相 PMSM 的滞环电流控制框图

2. PMSM 的 PI 电流控制

目前,传统的矢量控制方法主要有 $i_d=0$ 控制和最大转矩电流比控制。前者主要适用于表贴式三相 PMSM,后者主要用于内置式三相 PMSM。值得注意的是,对于表贴式三相 PMSM,$i_d=0$ 控制和最大转矩电流比控制是等价的。图 7-26 展示了采用 $i_d=0$ 控制方法的三相 PMSM 矢量控制框图。从图中可以看出,三相 PMSM 矢量控制主要包括三个部分:转速环 PI 调节器、电流环 PI 调节器和 SVPWM 算法。

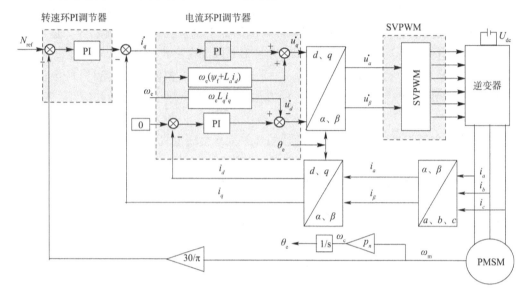

图 7-26 三相 PMSM 矢量控制框图

(二)直接转矩控制

1985 年由德国学者 M. Depenbrock 教授首次提出了基于感应电机动态模型的直接转矩控制的理论,随后日本学者也提出了类似的控制方案,不同于矢量技术,直接转矩控制不需要复杂的坐标变换,改估计转子磁通为估计定子磁通。由于定子磁通的估计只牵涉定子电阻,因而对电机参数的依赖性降低。采用直接转矩控制方法,通过检测电机定子电压、电流,借助空间矢量理论(主要是 3/2 变换原理)来计算电机的磁链和转矩,并用快速 Bang-Bang 调节器对定子磁链与电磁转矩实施控制,分别将磁链和转矩值的脉动限制在预先设定的一定容差范围内,Bang-Bang 调节器是进行比较与量化的环节,然后根据定子磁链幅值与电机转矩的滞环式 Bang-Bang 调节器输出量、定子磁链矢量空间位置形成查表所需的信息,从最优开关信号模式表中直接查出应施加的电压矢量对应的开关信号,以此来控制逆变器。控制原理如图 7-27 所示。

直接转矩控制算法的特点是,电机模型在定子坐标系下只需 3/2 变换,观测的是定子磁链,受电机参数影响小。由于是 Bang-Bang 控制,没有电流闭环,容易产生过流。在低速时,定子磁链是圆形,电流近似于正弦波,但是进入高速区后,电流波形已很不规则,谐波很大,电磁噪声大。如何保证转矩快速响应的同时,又能平滑电流的波形,是一个迫切需要解决的课题。

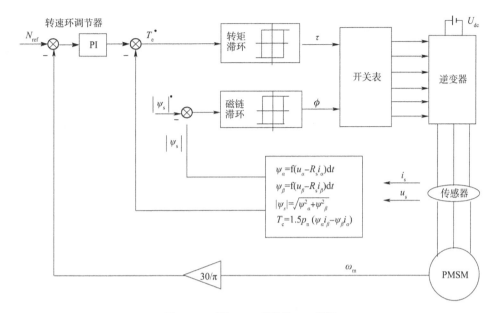

图 7-27 三相 PMSM 传统的 DTC 框图

第五节 整车电控系统及动力系统匹配

一、整车电控系统

整车电控系统是车辆所有电子控制系统的软件和硬件的总称,可以将整个电控系统理解为车辆的神经系统,这个系统可以控制车辆的运行能力,所以电控系统越强大,车辆的控制与行驶能力越出色。整车控制系统由加速踏板位置传感器、制动踏板位置传感器、电子换挡器等输入信号传感器,整车控制器(VCU)、电机控制器(MCU)、蓄电池管理系统(BMS)等控制模块和驱动电机、动力蓄电池等执行元件组成,如图 7-28 所示。控制器之间通过 CAN 网络来通信。CAN,全称为"Controller Area Network",即控制器局域网,是国际上应用最广泛的现场总线之一,在车载各电子控制装置 ECU 之间交换信息,形成汽车电子控制网络。

整车电控系统是电动汽车安全高效运行的保证,具有丰富的功能。具体功用有如下方面。

1. 驾驶人驾驶意图解析

主要是对驾驶人操作信息及控制命令进行分析处理,将驾驶人的踩下加速踏板位置信号和制动踏板位置信号,根据某种规则转化成驱动电机的需求转矩命令。因而驱动电机对驾驶人操作的响应性能完全取决于整车控制系统对节气门大小信号的解释结果,直接影响驾驶人的控制效果和操作感觉。

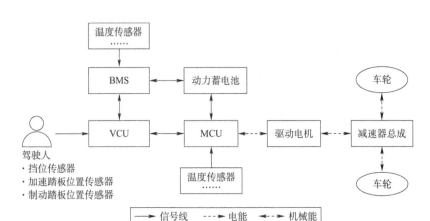

图 7-28 电控系统组成

2. 整车驱动控制

根据驾驶人对车辆的操纵输入(加速踏板、制动踏板以及挡位开关)、道路及环境状况,经分析和处理,向整车管理系统发出相应的指令,控制驱动电机的驱动转矩来驱动车辆,以满足驾驶人对车辆驱动的动力性要求;同时根据车辆状态,向整车管理系统发出相应指令,保证安全性、舒适性。

3. 制动能量回馈控制

整车控制器根据加速踏板和制动踏板的位置信息、车辆行驶状态信息以及动力蓄电池的状态信息(如 SOC)来判断某一时刻能否进行制动能量回馈。在满足安全性能、制动性能以及驾驶人舒适性的前提下,在滑行减速和制动过程中对驱动电机制动转矩进行控制,回收制动能量。

4. 整车能量优化管理

通过对电动汽车的电驱动系统、蓄电池管理系统、传动系统以及其他车载能源动力系统(如空调、电动泵等)的协调和管理,提高整车能量利用效率,延长续驶里程。在纯电动汽车中,蓄电池除了给驱动电机供电以外,还要给其他电器供电。因此,为了获得最大的续驶里程,整车控制器将对整车的能量进行管理,提高能量的利用率。

5. 充电过程控制

与蓄电池管理系统共同进行充电过程中的充电功率控制,整车控制器接收到充电信号后,禁止高压系统上电,保证车辆在充电状态下处于行驶锁止状态,并根据动力蓄电池状态信息限制充电功率,保护动力蓄电池。

6. 电控系统的上下电控制

电控系统控制整车的高压上电顺序一般为:点火钥匙 ON 挡,BMS、MCU 当前状态正常、且在之前一次上下电过程中整车无严重故障。(1)BMS、MCU 初始化完成,VCU 确认状态;(2)闭合蓄电池继电器;(3)闭合主继电器;(4)MCU 高压上电;(5)如挡位在 N 挡,仪表显示 Ready 灯点亮。

整车高压下电顺序一般为:纯电动汽车下电只需点火钥匙打到 OFF 挡,即可实现高压、低压电的正常下电。(1)点火钥匙到 OFF 挡,主继电器断开、MCU 低压下电;(2)辅助系统停止工作,包括 DC/DC 变换器、水泵、空调、暖风;(3)BMS 断开蓄电池继电器;(4)整车控制器下电(VCU)整车控制器在下电前会存储行车过程中发生的故障信息。

7. 电动化辅助系统管理

电动化辅助系统包括电动空调、电制动、电动助力转向。整车控制器应该根据动力蓄电池以及低压蓄电池状态,对 DC/DC 变换器、电动化辅助系统进行监控。

8. 车辆状态的实时监测和显示

整车控制器应该对车辆的状态进行实时检测,并且将各个子系统的信息发送给车载信息显示系统,其过程是通过传感器和 CAN 总线,检测车辆状态及其动力系统及相关电器附件相关各子系统的状态信息,驱动显示仪表,将状态信息和故障诊断信息通过数字仪表显示出来。

9. 故障诊断与处理

连续监视整车电控系统,进行故障诊断,并及时进行相应安全保护处理。根据传感器的输入及其他通过 CAN 总线通信而得到的驱动电机、动力蓄电池、充电机等信息,对各种故障进行判断、等级分类、报警显示,存储故障码,供维修时查看。故同时故障指示灯指出故障类型和部分故障码。在车辆行驶时,根据故障内容进行故障诊断与处理。

10. 远程控制

随着车联网技术的不断发展及普及,车辆需要具有远程控制功能,具体有如下方面。

(1)远程查询功能,用户可以通过手机 App 实时查询车辆状态,实时了解车辆的状况,包括剩余 SOC 值、续驶里程等。

(2)远程空调控制,无论是在炎热的夏季还是在寒冷的冬季,用户在出门前就可以通过手机指令实现远程的空调制冷、空调暖风和除霜功能。

(3)远程充电控制,用户离开车辆时将充电枪插入充电桩,并不进行立即充电,可以在家里实时查询 SOC 值,需要充电时通过手机 App 发送远程充电指令,进行充电操作。

11. 整车 CAN 总线网关及网络化管理

电动汽车 CAN 总线系统由中央控制器、蓄电池管理系统、电机控制系统、制动控制系统、仪表控制系统组成。各个控制器之间通过 CAN 总线进行通信,以实现传感器测量数据的共享、控制指令的发送和接收等,并使各自的控制性能都有所提高,从而提高系统的控制性能。它们之间的通信与信息类型为信息类和命令类。信息类主要是发送一些信息,如传感器信号、诊断信息、系统的状态。命令类则主要是发送给其他执行器的命令。

12. 底盘综合控制

底盘综合控制系统是对汽车底盘部件进行控制的系统,包括防抱死制动系统(ABS)、驱动防滑系统(ASR)、电子转向助力系统(EPS)、自适应悬架系统(ASS)和巡航控制系统(CCS)等。

ABS 通过监测车轮的转速,防止车轮出现抱死现象,进而防止车辆失去转向性能或侧翻。当车辆制动时,ABS 会持续监测每个车轮的转速,如果某个车轮即将抱死(即车轮转速接近0),系统就会启动紧急制动,释放制动力,防止车轮抱死;同时,防抱死制动系统会迅速将制动力再次施加到车轮上,直到车轮重新恢复滚动状态。

ASR 通过减少节气门开度来降低发动机功率或者由制动器控制车轮打滑来达到对汽车牵引力的控制。ASR 的传感器通过将加速踏板的位置信号及轮速信号传送至控制单元,使得伺服电动机重新调整节气门的位置,然后将该位置信号反馈至控制单元,进而及时调整制动器。

EPS 由转矩传感器、车速传感器、电动机、减速机构和 ECU 组成,是一种直接依靠电动机提供辅助转矩的动力转向系统。转向轴转动时,转矩传感器开始工作,把输入轴和输出轴在扭杆作用下产生的相对转动角位移变成电信号传给 ECU。ECU 根据车速传感器和转矩传感器的信号决定电动机的旋转方向和助力电流的大小,从而完成实时控制助力转向。

ASS 能根据悬架装置的瞬时负荷,自动地适时调节悬架弹簧的刚度和减振器的阻尼特性,以适应当时的负荷,保持悬架的既定高度。ASS 通过车轴的四个传感器与车身的三个加速度传感器采集的数据,由自适应性空气悬架的中控单元进行计算分析。计算机根据已识别的车速状况,确保最佳操控性和良好的驾驶舒适感。

CCS 是一种速度控制系统,可以根据速度需求使得汽车速度保持恒速、加速或减速,让驾驶人不用再长时间控制加速踏板,减轻疲劳,节省燃料。CCS 包括主控开关、车速传感器、执行元件和电子控制器组成。主控开关决定是否执行巡航情况和五种控制模式——SET/COAST(设置/减速)、RES/ACC(恢复/加速)和 CANCEL(取消)的选择情况。车速传感器一般安装在汽车变速器输出轴上,实时监测汽车速度。电子控制器根据来自制动踏板、车速传感器和操纵开关的信号,经处理后控制伺服装置,通过执行元件进而控制执行元件动作,动作跟随主控开关选择的控制模式。

13. 换挡控制功能

换挡控制功能关系着驾驶人的驾驶安全,正确理解驾驶人意图,以及识别车辆合理的挡位,在基于模型开发的挡位管理模块中得到很好的优化。能在出现故障时做出相应处理保证整车安全,在驾驶人出现挡位误操作时,通过仪表等提示驾驶人,使驾驶人能迅速做出纠正。

14. 防溜车功能控制

纯电动汽车在坡上起步时,驾驶人从松开制动踏板到踩加速踏板过程中,会出现整车向后溜车的现象。在坡上行驶过程中,如果驾驶人踩加速踏板的深度不够,整车会出现车速逐渐降到 0 然后向后溜车现象。因此,为了防止汽车在坡上起步和运行时向后溜车现象,在整车控制策略中增加了防溜车功能。防溜车功能可以保证整车在坡上起步时,向后溜车距离小于 10cm;在整车坡上运行过程中如果动力不足时,整车速度会慢慢降到 0,然后保持速度为 0,不再向后溜车。

二、动力系统匹配

在设计开发电动汽车的过程中,其动力系统参数匹配是决定整车性能的关键环节。动力系统匹配主要包括驱动电机、动力蓄电池、传动系统的参数确定。具体分析如下。

（一）电动汽车动力性能指标及其分析

评价电动汽车动力性能的主要指标有：最高车速v_{max}（km/h）、加速时间t_f（s）、最大爬坡度i_{max}、续驶里程s（km）。

电动汽车在行驶过程中，受到的行驶阻力有滚动阻力F_f、空气阻力F_w、加速阻力F_j和坡度阻力F_i。在行驶过程中，驱动力总是等于上述阻力之和。与普通汽车不一样的是，电动汽车的驱动力来自于驱动电机而非发动机，电动汽车的驱动力F_t由驱动电机产生的转矩T_m经传动系统传递到驱动轮上。

电动汽车行驶动力方程式为：

$$\begin{cases} F_t = F_f + F_w + F_j + F_i \\ \dfrac{T_m i_g i_0 \eta_T}{r} = Gf\cos\alpha + \dfrac{C_D A}{21.15}u_a^2 + G\sin\alpha + \delta m \dfrac{du}{dt} \end{cases} \quad (7\text{-}7)$$

式中：i_g——变速器传动比；

i_0——主减速器传动比；

η_T——传动系统效率；

G——汽车重量；

f——车轮滚动阻力系数；

C_D——空气阻力系数；

A——迎风面积；

α——道路坡度；

δ——汽车旋转质量转换系数；

u——车速；

u_a——汽车与空气相对速度（风速为零时，$u_a = u$）；

T_m——驱动电机转矩。

最高车速是指在无风条件下，在水平、良好的沥青或水泥路面上，汽车所能达到的最大行驶速度。最高车速越高，要求的驱动电机功率也越大，电动汽车的后备功率也就越大，所以电动汽车的最高车速实质上也反映了汽车的加速能力和爬坡能力。在设计过程中，电动汽车的最高车速计算公式为：

$$\begin{cases} v_{max} = 0.377r \cdot n_{max}/i_{min} \\ n_m \leq n_{max} \\ F_t(n_m) \geq \sum F(v) \end{cases} \quad (7\text{-}8)$$

式中：i_{min}——系统最小传动比；

n_m——驱动电动机的工作转速，r/min；

F_t——驱动电机以最大限流工作时车辆获得的驱动力，N；

n_{max}——主驱动电机的最高工作转速。

满足上式的车速最大值即为车辆最高车速v_{max}。

电动汽车加速时间包括汽车的原地起步加速时间和超车加速时间。加速时间越短，汽车的加速性就越好,整车的动力性也就越高。原地起步加速时间是指汽车从静止状态下,由Ⅰ挡或Ⅱ挡起步,并以最大的加速度(包括选择恰当的换挡时机)逐步换至高挡后,达到某一预定的车速或距离所需要的时间。目前,常用汽车从0加速至100km/h所需的时间来评价原地起步加速时间。超车加速时间是指汽车由某一车速开始,用最高挡或次高挡全力加速至某一更高速度所需要的时间,其主要用来表示汽车超车时的加速能力。目前常用汽车从48km/h加速至112km/h所需的时间来评价超车加速时间。电动汽车加速时间的计算公式为:

$$\begin{cases} t_f = \dfrac{1}{3.6} \int_{u_1}^{u_2} \dfrac{\delta m}{F_t - Gf - C_D A u_a^2/21.15} du \\ \quad = \dfrac{1}{3.6} \int_{u_0}^{u_n} \dfrac{\delta m}{F_t - Gf - C_D A u_a^2/21.15} du + \dfrac{1}{3.6} \int_{u_n}^{u_2} \dfrac{\delta m}{F_t - Gf - C_D A u_a^2/21.15} du \\ F_t = \begin{cases} T_m i_g i_0 \eta_T / r, u \leq u_n \\ T_v i_g i_0 \eta_T / r, u_n \leq u \leq u_2 \end{cases} \end{cases} \quad (7-9)$$

式中:u_1——加速行驶起始车速,km/h;
u_2——加速行驶终止车速,km/h;
u_n——驱动电机额定转速对应车速,km/h;
T_m——驱动电机额定转矩;
T_v——驱动电机实时转矩。

电动汽车最大爬坡度是指在满载、干燥硬实路面的条件下,以最低挡所能通过的最大坡度。车辆爬坡度的计算公式为:

$$i_{max} = \tan\alpha_{max} = \tan\left(\arcsin\dfrac{F_t - C_D A u_a^2}{mg\sqrt{1+f^2}} - \arcsin f\right) \quad (7-10)$$

电动汽车以最高车速行驶时,以最小传动比的挡位行驶,在最大爬坡度时以最大传动比的挡位行驶。电动汽车最小传动比可由最高车速求得:

$$i_{min} = 0.377 \dfrac{n_{max} r}{u_{max}} \quad (7-11)$$

式中:n_{max}——驱动电机最高转速。

确定最大传动比时,要考虑三方面的问题:最大爬坡度、附着率和车辆最低稳定车速。当主减速器i_0已知时,确定最大传动比也就是确定变速器1挡传动比i_{g1},一般电动汽车应具有爬上30%坡道的能力即$\alpha \geq 16.7°$。

$$i_{g1} = \dfrac{G(f\cos\alpha_{max} + \sin\alpha_{max})r}{T_m i_0 \eta_T} \quad (7-12)$$

在电动汽车行驶过程中,不仅驱动力和行驶阻力互相平衡,驱动电机功率和行驶阻力功率也总是平衡的。电动汽车所受运动阻力所消耗的功率有滚动阻力功率P_f、空气阻力功率P_w、坡度阻力功率P_i及加速阻力功率P_j。假定风速为0,将受力乘以行驶速度,经单位换算整理可得电动汽车功率平衡方程式(式中功率单位为kW)为:

$$P_{m} = \frac{1}{\eta_{t}} \times \left(\frac{mgfv}{3600} + \frac{mgiv}{3600} + \frac{C_{D}Av^{3}}{76140} + \frac{\delta mv}{3600} \frac{dv}{dt} \right) \quad (7\text{-}13)$$

设计中,通常从保证预期的最高车速来初步选取最低驱动功率。电动汽车在水平路面上匀速行驶时,驱动力用于克服滚动阻力和空气阻力;驱动电机功率应约等于但不小于以设计最高车速行驶时行驶阻力功率之和;驱动电机的瞬时功率 $P_{m,max}$ 应满足车辆爬坡性能要求。

最低驱动电机功率:

$$P_{m,min} = \frac{1}{\eta_{t}} \times \left(\frac{mgfv}{3600} + \frac{C_{D}Av^{3}}{76140} \right) \quad (7\text{-}14)$$

瞬时驱动电机功率:

$$P_{m,max} = \frac{1}{\eta_{t}} \times \left(\frac{mgfv}{3600} + \frac{mgiv}{3600} + \frac{C_{D}Av^{3}}{76140} \right) \quad (7\text{-}15)$$

(二)电动汽车设计实例

某电动汽车整车的动力性能指标设计要求:①最高车速 $v_{max} \geq 120\text{km/h}$;②最大爬坡度 $i_{max} \geq 30\%$;③续驶里程 $s \leq 250\text{km}$。电动汽车整车参数见表7-2。

电动汽车整车参数 表7-2

汽车参数名称	数值	汽车参数名称	数值
满载质量 m	1150kg	传动效率 η_t	0.92
轮胎半径 r	0.305m	风阻系数 C_D	0.3
滚动阻力系数 f	0.015	迎风面积 A	1.6m²
质量转换系数 δ	1.04		

已知该汽车最高车速为120km/h,则根据公式计算可得对应的驱动电机功率 P_m = 17.2kW,坡度较大时,驱动电机输出主要用于克服爬坡阻力做功,驱动电机瞬时功率应满足爬坡性能的要求。最高车速为40km/h,最大爬坡度为30%时的瞬时驱动电机功率为 P_m = 43.04kW。选择专门为电动汽车设计的22kW永磁同步电机,其主要参数为:额定电压288V,额定功率22kW,瞬时最大功率49kW,额定转速3000r/min,最高转速5000r/min,额定转矩70.8N·m,最大转矩237N·m。驱动电机的额定功率满足最高车速要求,驱动电机的瞬时最大功率满足最大爬坡性能要求。

接下来进行动力蓄电池的匹配计算,蓄电池组容量的选择一方面影响车辆行驶的续驶里程,另一方面也影响车辆的整车质量和行驶动力性。在初步设计中,采用匀速法进行续驶里程初步计算,在后续设计中应用国标中规定的工况来仿真校核续驶里程。

车辆在水平路面以速度 v = 60km/h 匀速行驶,驱动电机功率 P_m = 4.54kW,动力蓄电池数采用80AH的磷酸铁锂蓄电池平台,工作电压 U_{cell} 为3.2V,允许放电深度 η_{dis} 为0.9。在续驶里程 s 为250km时,动力蓄电池数量由下式计算可得所需动力蓄电池数 n_{cell} 为83。综合考虑动力蓄电池的老化及其不一致性,以及蓄电池包结构设计和驱动电机额定电压的匹配,确定蓄电池包单体动力蓄电池总数为90块。

$$n_{\text{cell}} = \frac{1000 P_{\text{m}} s}{C_{\text{b}} U_{\text{cell}} \eta_{\text{dis}} v} = \frac{1000 \times 4.54 \times 250}{80 \times 3.2 \times 0.9 \times 60} = 82.15 \tag{7-16}$$

然后基于国标采用 CLTC 工况来进行续驶里程的测试。在 Matlab/Simulink + Cruise 软件下建立仿真模型,考虑能量回馈,进行 CLTC 循环工况下续驶里程的仿真计算。

第六节　新能源汽车共享出行定制化设计

一、共享出行车辆车型定制化设计

共享出行定制化车辆在实际设计过程中,需要根据应用场景、运力需求、客户需求等确定车型。可配置 A0 级 2 座车、B 级 5 座车、7 座 MPV 车、10 座旅游车、45 座客车、房车等,满足不同人群的出行需求。

定制车辆需要对具体应用场景进行特殊化设计以满足特定功能。如针对路段狭窄、交通拥堵、停车困难的城市环境,采用短、窄车身设计,能够有效解决会车、行车、停车的难题;对于盘山公路、急转弯较多的景区定制车辆,对最大转向角度进行优化,选用大主减后桥,让车辆转向灵敏、爬坡能力强。

此外,共享出行定制化车辆在造型设计上要有特色,充满未来感、科技感、时尚感,从而吸引公众使用共享出行车辆。

二、共享出行车辆底盘定制化设计

(一)动力系统方面

设计共享出行车辆时,应根据使用场景选取驱动电机功率的最优解,使其既能满足使用要求,又能降低体积、质量,同时采用控制器、驱动电机、冷却系统等多合一式电驱动系统,进一步提高空间利用率。还可以设计单电机、双电机、四电机、轮边电机、轮毂电机等多种驱动形式,满足不同用户的车辆要求。在设计动力蓄电池参数时,也要与使用场景、驾驶人驾驶习惯相结合。市区使用、充电方便、用车时间短等使用需求情况下,车辆续驶里程可以设计短一些,以减少动力蓄电池容量,增加车辆储物空间。郊区、城际等环境使用,用车时间长、充电不便利等情况下,车辆续驶里程可以设计长一些,以避免用户产生里程焦虑。同时可以配置插电式、增程式、换电式、超充式的动力系统形式。还可以根据运行大数据,统计分析乘客用车模式,针对性地对共享车辆的车辆底盘参数进行优化设计,以满足多样化需求。

(二)底盘性能方面

可以配备自动泊车、坡道辅助、车辆保持、自适应巡航、主动辅助制动等驾驶辅助系统,以降低驾驶人工作强度,提升定制车辆行驶安全性。针对四轮驱动,还可以配备平移停车、四轮转向、原地掉头等先进控制系统。同时可配置空气悬架、主动悬架,实现底盘高度的调节,提高车辆的通过性。

三、共享出行车辆舒适性定制化设计

设计共享出行座舱时,要考虑用户需求和车辆技术形态。可以将座舱属性设计为单人模式的私人卧室、衣帽间,副驾驶位与后排空间连通,加大休息区域等,或副驾驶位可以旋转朝向后排座椅,创建多人模式的聊天室、咖啡厅等。针对完全自主自动驾驶汽车,可以取消驾驶位,完全释放汽车内部空间,创建轻松、舒适的休息空间。

座椅设计方面,可以设计环绕整体沙发式座椅,提高空间利用率,并提供更加欢乐的空间氛围,用户可以实现近距离、更直接的交流,形成一个融洽亲密的场所。还可以设计两排式座椅,这种布置形式的特点是类似传统汽车的内部布置形式,有前后两排座椅,这两排座椅可以是两个整体的沙发,也可以是分别两个单独的可变座椅,四个旋转座椅允许面对面的座椅配置,从传统的坐姿模式转变为对坐的乘车形式,这样可以将汽车视为多种不同的使用空间来利用,比如两排座椅相对时可以是会议室、家庭客厅等,两排座椅是传统排列方式时,就可以进行正常的手动驾驶。这种内部布置方式与传统车身内部的布置方式差距不是很大,设计过程的改动不会很多,可以作为传统车型向新能源车型转变的一种过渡形式。其中两排座椅均为整体沙发形式的时候,非常适合小车身的内部空间布置,这种座椅形式节省了单独座椅之间的空隙空间,两排座椅都可以尽可能得靠向前后两端,为中间部分留出更多的活动空间。

定制车辆内部设计不宜过于复杂,应该尽量保证便于清扫。如果车辆内饰设计过于复杂,不容易清扫,车内卫生就比较难以得到保证,这样会大幅降低定制车辆的服务水平和对潜在客户的吸引力。定制车辆可配备空气悬架、主动悬架等智能悬架系统,设计可调式防眩晕功能,提高舒适性、通过性。针对车用空调设计强效制冷模式,加大空调制冷容量,增加后排空调出风口,乘客可自主调节风量和风向,配置车载冰箱,提升乘客体验感。

四、共享出行车辆便捷性定制化设计

为了提升车辆的使用便捷性,共享出行车辆可在驾驶位、副驾驶位、前排座椅靠背、车门扶手等位置设置多维度人机交互的控制界面,提升驾驶人、乘客对车辆的控制,也可以基于动态视觉识别系统,识别驾驶人、乘客的手势,拓宽交互的维度,开发自然语义语音识别技术,提升便捷性。

面向中老年人、婴幼儿、残障人士的出行需求,定制车辆需要进行无障碍化设计。无障碍化的设计要确保安全性,对潜在的外部不安全因素进行优化设计,无障碍化设计要具有系统性,必须考虑从搭乘到离开车辆所需要的时间、空间和人为因素等多方面情况。无障碍化车辆要求明确标识,对车内乘客、车外其他交通参与者起到明显的提示作用。

共享出行汽车要配备完善的保险体系,具备驾乘险、车损险、伤害险等,发生交通事故

后,要有全方位的服务团队,不耽误用户行程计划,免除用户的使用焦虑。

定制车辆本身就是个性化和定制化的产品,因此,所提供的服务也应该满足不同乘客的个性需求。在对通勤快车的乘客调查中可以看到,在乘客希望得到的附加服务调查中,无线上网的需求最为迫切,有41%的受访乘客希望车内安装无线上网设备;有38%的乘客希望车内配备放置随身物品的设施;有11%的乘客希望乘车时收看资讯和收听音乐;10%的乘客希望提供阅读灯。此外,对于时钟、充电电源、脚踏板等也有较大需求。还可以配置电动折叠式液晶显示器,满足乘客视听需求。对于需要进行远程会议、小组讨论等需求的乘客,还可以配备投影仪,封闭空间等贴心化配置。

此外,车辆设计过程中,应注重用户体验研究,通过优化和创新提升用户的体验感,最终提高用户对产品的黏度,找到进一步影响用户体验的设计要素。充分考虑感官、行为和情感需求层次的体验,将影响用户出行的体验因素作为共享出行的重要组成部分,通过研究乘客的感官、行为和心理感受等,设计出人性化的未来公共出行工具。

五、共享出行车辆智能化定制化设计

共享出行车辆应注重车辆智能化水平的研发。比如应用无人驾驶技术,一方面省去了驾驶人不确定的情绪因素,另一方面依靠车与车之间的通信,提高定制车辆的安全性。人工智能的快速计算,无人驾驶汽车可以快速感知路边环境和规避路障碍物,准确地计算到达目的地的时间。乘客在乘坐过程中可以实时了解路况的信息,也能增加乘客心理上的安全感。利用大数据、人工智能等技术手段,优化出行体验,如智能调度、精准推荐、个性化服务等,提高出行效率和便捷性。

设计远程控制功能,在用户用车、乘车提前远程打开车载空调,提高舒适的用车环境。乘客基于5G、车载Wi-Fi、蓝牙等通信技术,用手机控制车辆的音乐、空调、导航等功能,提高便利性。同时为了提高乘客的人身安全性,利用GPS定位,北斗卫星定位等系统进行精准定位、行程轨迹上次共享,设计一键报警,更安全、更放心。还可以设计电子围栏,车辆一旦驶出预定范围,就进行平台、警务等系统联动报警。

此外可以开发智能硬件终端,实现信息上报、告警事件上报、全方位控制、GPS+惯性组合导航、5G+Wi-Fi+蓝牙多模式通信、黑匣子、多状态指示、TBOX远程配置、OTA智能升级、功耗严格管理等功能,适配市面车型,车端+云端+移动端三端互联,全面提升车辆管理效率。

更多共享出行车辆智能化设计参见本书第八章内容。

❓ 复习思考题

1. 简述纯电动汽车主要驱动形式。
2. 简述插电式混合动力电动汽车的运行模式。
3. 简述燃料电池系统的组成。
4. 简述锂离子蓄电池的工作原理。

5. 简述动力蓄电池管理系统的基本构成和功能。
6. 简述驱动电机的类型及其特点。
7. 简述驱动电机典型控制方法的控制原理。
8. 共享出行车辆底盘定制化设计主要包括哪几个方面？
9. 共享出行车辆舒适性定制化设计主要包括哪几个方面？

第八章

共享出行中的智能网联汽车技术

第八章 共享出行中的智能网联汽车技术

第一节 概　　述

智能网联汽车是指运用智能技术和网联技术辅助或代替驾驶人完成驾驶任务的车辆。智能技术包括环境感知、决策、规划和控制四方面。其中,环境感知系统的功能类似驾驶人的眼睛和耳朵,主要负责采集本车周围的环境信息;决策系统和规划系统类似驾驶人的大脑,主要负责确定车辆可行驶区域并规划路线;控制系统类似驾驶人的手和脚,主要负责执行车辆的运行。

车联网技术则常被称为车联万物(Vehicle to Everything,V2X),它是通过车车之间(Vehicle to Vehicle,V2V)、车人之间(Vehicle to Pedestrian,V2P)、车与基础设施之间(Vehicle to Infrastructure,V2I)等之间的通信来共享信息,实现多主体协同感知或控制的技术。不包括 V2X 的智能汽车称为单车智能,即不通过 V2X 来获取其他交通参与者或基础设施的信息。很多人认为 V2X 也是智能汽车获取信息的一个渠道,因此把 V2X 称为虚拟传感器。无论是否使用 V2X,智能汽车都可以按照 SAE J3016 进行智能化分级,可以粗略地分为辅助驾驶和自动驾驶。以驾驶人为主的智能网联汽车属于辅助驾驶,而以驾驶自动化系统为主或完全脱离驾驶人的智能网联汽车则属于自动驾驶(图 8-1)。

图 8-1　百度、Waymo、Uber、Cruise 的自动驾驶汽车

一、辅助驾驶

辅助驾驶已经在量产车上实现了大范围应用,通常将这些辅助驾驶系统称为先进驾驶辅助系统(Advanced Driver Assistance Systems,ADAS)。先进驾驶辅助系统是智能网联汽车的重要组成部分,它除了帮助持续改进在驾驶过程中的安全性和舒适性以外,同时也在不断实现驾驶行为的最优化,如经济驾驶和智能化车流控制。随着先进驾驶辅助系统技术的快速发展,车辆将逐步实现自动化驾驶,并最终达到自动驾驶的目标。

先进驾驶辅助系统按照环境感知系统的不同可分为自主式和网联式两种。现阶段技术较为成熟的是自主式先进驾驶辅助系统,其基于车载传感器完成环境感知,依靠车载中央控制系统进行分析决策。

自主式先进驾驶辅助系统按功能可分为避险辅助类、视野改善类、倒车/泊车辅助类、驾驶人状态监测类等。

(1)避险辅助类。避险辅助是指自动监测车辆可能发生的碰撞危险并提醒,必要时系统会主动介入,从而防止发生危险或减轻事故伤害。避险辅助类 ADAS 主要有自动紧急制动系统(Autonomous Emergency Braking,AEB)、车道保持辅助系统(Lane Keeping Assist,LKA)、自适应巡航控制系统(Adaptive Cruise Control,ACC)、车道偏离预警系统(Lane Departure Warning,LDW)等。

(2)视野改善类。视野改善的目的是提高在视野较差环境下的行车安全。视野改善类 ADAS 主要有汽车自适应前照明系统、汽车夜视辅助系统、汽车平视显示系统等。

(3)倒车/泊车辅助类。倒车/泊车辅助是指辅助驾驶人进行倒车、泊车操作,防止在该过程中发生碰撞危险。倒车/泊车类 ADAS 主要有倒车影像监视系统、全方位车身影像系统、自动泊车辅助系统等。

(4)驾驶人状态监测类。驾驶人状态监测是通过监测驾驶人自身的身体状态及驾驶行为,以保证驾驶人处于安全健康的驾车状态。驾驶人状态监测 ADAS 主要有驾驶人疲劳监测系统、禁酒闭锁系统等。

网联式先进驾驶辅助系统是基于车与外界的通信互联完成环境感知,依靠云端大数据进行分析决策,例如汽车自动引导系统等,目前处于试验阶段。网联式先进驾驶辅助系统功能主要有交通拥挤提醒、闯红灯警示、弯道车速警示、停车标志间隙辅助、减速区警示、限速交通标志警示、现场天气信息警示、违反停车标志警示、违反穿过铁路警示、过大车辆警示等。警示不仅告示车辆和驾驶人违反交通法规,而且可以通过 V2V、V2I 警示附近的车辆,从而协助防止相撞,例如车辆在十字路口的死角闯红灯或违反停车标志。

自主式和网联式融合是智能网联汽车先进驾驶辅助系统的发展趋势,目前主要以自主式先进驾驶辅助系统为主,网联式先进驾驶辅助系统正处于试验阶段。

二、自动驾驶

自动驾驶平台包括无人机、无人艇、无人潜水器和地面无人驾驶车辆。本书探讨的自动驾驶汽车是地面无人驾驶车辆的一种。从广义上讲,自动驾驶汽车是在网络环境下用计算机技术、信息技术和智能控制技术武装起来的汽车,或者说是有汽车外表和汽车性能的移动机器人。

实现自动驾驶是人类一直以来的梦想。然而,自动驾驶技术却是首先在军事应用的需求推动下得到了不断发展和完善。在这方面,美、德、意等国曾经走在世界前列。在 2000 年之前,美国卡内基·梅隆大学研制的 NavLab 系列智能车和意大利的 ARGO 实验车最具代表性,德国的 VaMoRs-P 系统也应用了很多自动驾驶车辆技术。

为激发相关技术的研究热情,推动自动驾驶汽车相关技术的发展,国内外都举办过无人驾驶汽车相关比赛,其中最具代表性的当属美国 DARPA 无人驾驶车辆挑战赛和中国智能车未来挑战赛。这些比赛的共同点是:车辆在自主行驶时,不允许任何人员乘坐在车内。从一定意义上来说,它们实现了真正的自动驾驶。2004 年至 2007 年美国共举办了 3 届 DARPA 无人驾驶挑战赛。2012 年至 2013 年美国举办了两届机器人挑战赛。参赛队伍汇聚了包括高校、企业和其他组织的研究人员,涉及技术涵盖了人工智能、计算机技术、汽车设计等方面。每一届比赛的顺利进行对自动驾驶车辆技术的发展都起到了极大的推动作用。2009 年至 2020 年中国共举办了十二届中国智能车未来挑战赛,参赛队伍由少到多,车上配置的传感器由多到少,自动驾驶汽车的速度不断提升,功能不断强化,并从试验场地走向了真实道路,从单纯的实验室研究到校企合作,自动驾驶汽车技术取得了长足的发展。第十二届中国智能车未来挑战赛不同于往届比赛,该届比赛首次将车联网技术与自动驾驶技术相融合,侧重于以单个测试任务完成时间的长短衡量制动驾驶的综合能力,本届比赛要求参赛车辆在真实复杂的动态交通环境中、在规定的时间内持续提供自动驾驶出行服务。比赛面向更加复杂的动态典型真实城市道路交通环境,考察自动驾驶车辆的交通场景识别能力,考察在真实动态交通环境中的安全性、适应性、敏捷性和智能性。比赛内容设置更加贴近实际出行服务需求。

三、车联网与车路协同

车联网使自动驾驶汽车不再是单独的移动车辆个体。通过车辆与车辆之间(V2V)以及车辆与基础设施之间(V2I)的通信,可以实现自动驾驶汽车与其他车辆、基础设施以及人之间的交互,形成一个庞大的信息网络。凭借这种优势,多个自动驾驶汽车之间可以完成编队,通过交叉口、多任务分配等多种方式的协作,从而形成一种全新的智能交通方式,为现有的交通系统注入新的血液,促进智能交通系统的进一步升级与发展。与此同时,现有的智能交通系统也可以为自动驾驶汽车在道路上行驶提供丰富的交通信息,为自动驾驶汽车早日融入现实交通,为社会与人类服务奠定良好的基础。为了实现这一目标,国内外的政府机构、科研单位与相关企业已在自动驾驶汽车的政策法规、技术研发等方面做出了很多努力,并提出了许多新的发展目标与规划。

自动驾驶汽车不仅需要实现有人驾驶与自动驾驶的无缝接合,能够进行良好的人机交互,还要具有车与车交互的功能。车联网和智能交通系统将人、车、路综合起来,用系统的观点进行考虑,并把先进的计算机、通信、控制技术运用于交通系统,能够治理城市交通拥堵,提高交通安全水平,并为自动驾驶汽车提供技术和智能化道路设施的支持,使自动驾驶汽车可预知道路环境(如交通信号灯、交叉口、匝道等)的信息。可以说,车联网和智能交通系统是自动驾驶汽车技术发展的催化剂。

智能交通系统(Intelligent Transportation System,ITS)是将先进的信息技术、通信技术、传感技术、控制技术以及计算机技术等有效地集成运用于整个交通运输管理体系,从而建立起一种在大范围内全方位发挥作用的,实时、准确、高效的运输和管理系统。它以信息的收集、处理、发布、交换、分析和利用为主线,为交通参与者提供多样性服务,即利用高科技使传统交通模式变得更加智能化,更加安全、节能、高效率。

智能车路协同系统(Intelligent Vehicle Infrastructure Cooperative System,IVICS),简称车路协同系统,是智能交通系统的最新发展方向。随着传感器技术和芯片技术的发展,在路边安装各类路侧传感器采集交通信息并通过路侧计算单元进行处理得到该路段的交通情况变得越来越普遍。车路协同系统是指通过融合路侧与车载的感知与计算实现车辆智能控制和交通智能管理的系统。车路协同是V2X的主要应用领域,车路协同系统中路侧、车端和云端的数据信息交互都是通过V2X实现的。

四、共享出行的智能汽车技术需求与技术特点

当前,随着物联网、云计算以及人工智能等新技术飞速发展,国内外各大互联网以及汽车企业纷纷加大在智能共享出行领域的发展步伐。在国外,共享出行已成为自动驾驶商业化落地、探索一体化出行平台、加速示范运行的新模式。国外各大汽车制造企业和物流公司也纷纷推出共享出行服务,如戴姆勒打造"自动代客泊车服务"、德国联邦公司投入自动驾驶电动公交汽车等。

从智能驾驶、车联网和驾驶模式三方面分析,可以发现面向共享出行需要智能驾驶汽车的12大技术需求,主要可分为如下三大类。

(1)智能驾驶:车辆感知与传感技术、高精度地图与定位技术、自动泊车与路径规划、车辆轨迹跟踪控制、车辆线控底盘技术。

(2)车联网:三网融合结构体系、车载以太网体系、智能路测系统、智能调度技术。

(3)驾驶模式:人机共驾技术、智能座舱技术、自主代客泊车技术。

第二节 智能网联汽车关键技术

一、智能车辆感知系统

对环境信息和车内信息的采集、处理与分析,即环境感知,是智能车辆自主行驶的基础

和前提。作为自动驾驶的第一个环节,环境感知是智能驾驶车辆与外界信息交互的关键,其核心在于使智能驾驶车辆更好地模拟、最终超越人类驾驶人的感知能力,准确地感知并理解车辆自身与周边环境的驾驶姿态。智能驾驶车辆通过硬件传感器获取周围的环境信息(图 8-2)。环境感知的对象主要包括路面、静态物体和动态物体等三个方面,涉及道路边界检测、障碍物检测、车辆检测、行人检测等技术。特别地,对于动态物体,不仅要检测到物体的当前位置,而且要对其轨迹进行跟踪,并且根据跟踪结果,预测物体下一步的位置。环境感知所用到的传感器一般包括激光测距仪、视频摄像头、车载雷达等。

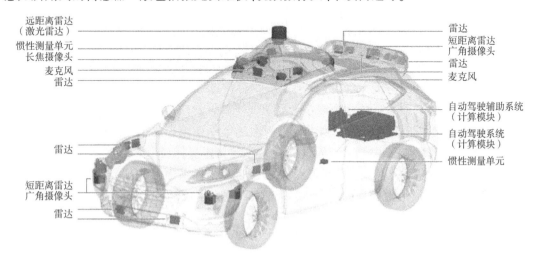

图 8-2 智能网联汽车的感知系统

由于各个传感器自身属性不同,具有各自的适应范围和局限性,单个传感器满足不了各种工况下的精确感知,车辆在各种环境下要平稳运行,就需要运用多传感器融合技术,该技术也是环境感知的关键所在。与此同时,智能驾驶车辆通过摄像头、雷达、定位导航系统等获取环境信息,数据形式包括图像、视频、点云等。如何有效地挖掘、利用这些感知数据,去除与自动驾驶无关的冗余信息,抽取并融合对行车驾驶有用的信息,是车辆自动行驶环境感知的核心问题之一。检测和识别是自动驾驶中环境感知的两大基本任务,主要是通过机器学习和计算机视觉技术来实现的,也是自动驾驶汽车智能的体现。

环境感知是硬件设备(即感知设备)和软件算法(即感知技术)的统一体。硬件设备是感知的物理基础,主要指各种车载传感器,包括激光雷达、毫米波雷达、机器视觉系统、红外传感器、超声波传感器、惯性系统、多传感器信息融合系统、多源信息交互系统等。一般而言,原始数据的质量越高,后续数据处理与分析模块的难度就越低,而获取高质量的数据离不开性能优异的车载传感器。目前应用于自动驾驶汽车的车载传感器主要有摄像头、激光雷达、毫米波雷达、超声波雷达、惯性导航。

(一)摄像头

摄像头(图 8-3)可以采集汽车周边图像信息,与人类视觉最为接近。摄像头可以拥有较广的垂直视场角、较高的纵向分辨率,而且可以提供颜色和纹理信息等。这些信息有助于自动驾驶系统实现行人检测、车辆识别、交通标志识别等相对高层语义的任务。摄像头通过采集的图像或者图像序列,经过计算机的处理分析,能够识别丰富的环境信息,如行人、自行车、机动车、道路轨道线、路牙、路牌、信号灯等。更为重要的是通过机器学习算法加持,还可以实现车距测量、道路循迹,从而实现前车碰撞预警(FCW)和车道偏离预警(LDW)。车载摄像头的优点包括:技术成熟,成本低;采集信息丰富,包含最接近人类视觉的语义信息。缺点包括:摄像头易受光照、环境影响,在黑夜、雨雪、大雾等能见度较低的情况下,识别率大幅下降;缺乏深度信息,三维立体空间感不强。

图 8-3 多目相机

摄像头根据小孔成像原理将三维世界投影在二维平面内。在理想的针孔模型中,物体投影到像平面的过程如图 8-4 所示,假设 G_w 点为三维世界坐标系中的一个点,该点通过摄像头的中心连线在像平面上生成一个投影点 G_p。在世界坐标系中,目标的点的位置坐标可以表示为 (x_w, y_w, z_w),通过摄像头的中心连线,该点在图像平面的投影点为 (x, y)。两者之间的坐标关系可以通过下式表示:

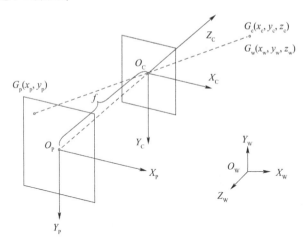

图 8-4 针孔摄像头模型投影示意图

$$\begin{bmatrix} x \\ y \\ 1 \end{bmatrix} = SMV\begin{bmatrix} R & T \end{bmatrix}\begin{bmatrix} x_w \\ y_w \\ z_w \\ 1 \end{bmatrix} \quad (8-1)$$

式中:R 和 T——从世界坐标系向摄像头坐标系 (X_C, Y_C, Z_C) 进行坐标变换过程中的旋转矩阵和平移向量;

S——比例系数;

M——摄像头的内参数矩阵；

V——用来描述由车辆运动导致摄像头姿态变化的矩阵。

矩阵[*R* *T*]合起来称为摄像头外参数矩阵，可通过对摄像头的安装位置和角度进行测量得到。

内参数矩阵 *M* 包括焦距 f_x 和 f_y 和图像中心点坐标 (C_x, C_y)，即：

$$M = \begin{bmatrix} f_x & 0 & C_x \\ 0 & f_y & C_y \\ 0 & 0 & 1 \end{bmatrix} \tag{8-2}$$

旋转矩阵 *V* 可以分解为绕各自坐标轴的二维旋转。设定 θ、ψ 和 φ 分别是摄像头坐标系 $O_C X_C Y_C Z_C$ 相对世界坐标系 $O_w X_w Y_w Z_w$ 三个轴的旋转角度，则有

$$V = V_x V_y V_z = \begin{bmatrix} 1 & 0 & 0 \\ 0 & \cos\theta & \sin\theta \\ 0 & -\sin\theta & \cos\theta \end{bmatrix} \begin{bmatrix} \cos\psi & 0 & -\sin\psi \\ 0 & 1 & 0 \\ \sin\psi & 0 & \cos\psi \end{bmatrix} \begin{bmatrix} \cos\varphi & \sin\varphi & 0 \\ -\sin\varphi & \cos\varphi & 0 \\ 0 & 0 & 1 \end{bmatrix} \tag{8-3}$$

（二）激光雷达

激光雷达（Light Detection And Ranging，LiDAR）是以发射激光束探测目标的位置、速度等特征量的雷达系统（图8-5）。其工作原理是向目标发射探测信号（激光束），然后将接收到的从目标反射回来的信号（目标回波）与发射信号进行比较，做适当处理后，就可获得目标的有关信息，如目标距离、方位、高度、速度、姿态、甚至形状等参数，从而对障碍物、移动物体等目标进行探测、跟踪和识别。激光雷达与普通微波雷达相比，由于使用的是激光束，工作频率较微波高了许多，因此有以下几个优点：分辨率高、精度高、抗有源干扰能力强、获取的信息量丰富的优点；但激光雷达也有雨雪/雾霾天气精度下降、难以分辨交通标志的含义和红绿灯颜色、易受太阳光或其他车辆的激光雷达等光线的影响、现阶段成本较高等明显缺乏。

图8-5 不同类型的激光雷达

激光扫描测量是通过激光扫描器和距离传感器来获取被测目标的表面形态。激光扫描器一般由激光发射器、接收器、时间计数器、计算机等组成。激光脉冲发射器周期地驱动激光二极管发射激光脉冲，然后由接收透镜接收目标表面反射的信号，产生接收信号，利用稳定的石英时钟对发射与接收时间差作计数，经由计算机对测量资料进行内部微处理，显示或存储、输出距离和角度数据，并与距离传感器获取的数据相匹配，最后经过相应系统软件进行一系列处理，获取目标表面三维坐标数据，从而进行各种量算或建立立体模型。激光雷达通过脉冲激光不断地扫描目标物，就可以得到目标物上全部目标点的数据，使用这些数据进

行图像处理后,就可以得到精确的三维立体图像。激光雷达测距原理如图 8-6 所示。激光雷达主要采用 905nm 和 1550nm 波长激光。目前,车载激光雷达按结构分类,包括机械式、混合固态微机电系统(Micro-Electro-Mechanical System,MEMS)式、固态光学相控阵(Optical Phased Array,OPA)/面阵闪光(Flash)式。其中市面上的车载激光雷达以机械扫描式为主,其性能较为成熟,使用最多。

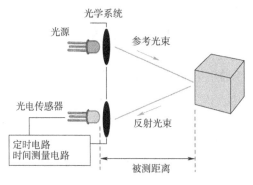

图 8-6　激光雷达测距原理

1. 机械式

机械旋转式激光雷达是发展比较早的激光雷达,目前技术比较成熟,但机械旋转式激光雷达系统结构十分复杂,且各核心组件价格也都颇为昂贵,其中主要包括激光器、扫描器、光学组件、光电探测器、接收 IC 以及位置和导航器件等。由于其硬件成本高,导致量产困难,且稳定性也有待提升。机械扫描式雷达是通过多束激光竖列而排,绕轴进行 360°旋转,每一束激光扫描一个平面,纵向叠加后呈现出三维立体图形。多线束激光雷达可分为 16 线、32 线、64 线、128 线,线束越高,可扫描的平面越多,获取目标的信息也就越详细。

2. 混合固态 MEMS 式

混合固态激光雷达工作时,单从外观上是看不到旋转的,其将机械旋转部件做得更加小巧并深深地隐藏在外壳之中。混合固态激光雷达用半导体"微动"器件(如 MEMS 扫描镜)来代替宏观机械式扫描器,在微观尺度上实现雷达发射端的激光扫描方式。MEMS 扫描镜是一种硅基半导体元器件,属于固态电子元件,但是 MEMS 扫描镜内部集成了"可动"的微型镜面。因此,MEMS 扫描镜兼具"固态"和"运动"两种属性,故称为"混合固态"。

3. 固态 OPA/Flash 式

相比于机械式激光雷达,固态激光雷达结构上最大的特点就是没有了旋转部件,个头相对较小。固态激光雷达采用相控阵原理,有许多个固定的细小光束组层,通过每个阵元点产生光束的相位与幅度,以此强化光束在指定方向上的强度,并压抑其他方向的强度,从而实现让光束的方向发生改变。固态激光雷达的优点包括:数据采集速度快,分辨率高,对于温度和振动的适应性强;通过波束控制,探测点(点云)可以任意分布。例如在高速公路主要扫描前方远处,对于侧面稀疏扫描但并不完全忽略,在十字路口加强侧面扫描,而只能匀速旋转的机械式激光雷达是无法执行这种精细操作的。从使用的技术上,固态激光雷达分为 OPA 固态激光雷达和 Flash 固态激光雷达。OPA 光学相控阵技术运用相干原理(类似的是两圈水波相互叠加后,有的方向会相互抵消,有的会相互增强),采用多个光源组成阵列,通过控制各光源发光时间差,合成具有特定方向的主光束。然后再加以控制,主光束便可以实现对不同方向的扫描。

(三)毫米波雷达

毫米波雷达(图 8-7)是工作在毫米波(Millimeter Wave)波段探测的雷达,其与普通雷达相似,通过发射无线电信号并接收反射信号来测定与物体间的距离。毫米波的频率通常为 30~300GHz(波长为 1~10mm),波长介于厘米波和光波之间,因此毫米波雷达兼有微波雷达和光电雷达的一些优点,非常适合在自动驾驶汽车领域应用。因为毫米波雷达具有较强的穿透性,能够轻松地穿过保险杠上的塑料,所以常被安装在汽车的保险杠内。毫米波雷达有如下优点:高分辨率,小尺寸;与红外、激光、电视等光学引导头相比,毫米波引导头穿透雾、烟、灰尘的能力强,测距精度受天气因素影响较小;与红外系统相对,毫米波雷达可直接测量距离和速度信息。其缺点包括:与微波雷达相比,毫米波雷达的发射机功率低,波导器件中的损耗大;行人的后向散射截面较弱,如需探测行人,雷达的探测阈值需要设置得低,进而会出现更多虚报物体;毫米波器件昂贵,现阶段不能大批量生产。

图 8-7 毫米波雷达

车载毫米波雷达通过天线发射毫米波,接收目标反射信号,经后方处理后快速准确地获取汽车车身周围的物理环境信息(如汽车与其他物体之间的相对距离、相对速度、角度、运动方向等),然后根据所探知的物体信息进行目标追踪和识别分类,进而结合车身动态信息进行数据融合,最终通过电子控制单元(ECU)进行智能处理。经合理决策后,以声、光及触觉等多种方式告知或警告驾驶人,或及时对汽车做出主动干预,从而保证驾驶过程中的安全性和舒适性,减少事故的发生。

车用毫米波雷达多采用调频连续波(Frequency Modulated Continuous Wave,FMCW),雷达发射电磁波的频率呈线性变化,因此,其回波信号也呈线性变化。通过测量当前发射频率与接受频率之差,可得到探测物体的距离。其工作时,振荡器会产生一个频率随时间逐渐增加的信号(chirp),这个信号遇到障碍物之后,会反弹回来,其时延为 2 倍的距离除以光速。返回的波形和发出的波形之间有个频率差,这个频率差是呈线性关系的:物体越远,返回的波收到的越晚,那么它跟入射波的频率差值就越大。将这两个频率相减,就可以得到两者频率的差拍频率,通过判断差拍频率的大小就可以判断障碍物的距离。毫米波的测速原理是基于 chirp 之间的多普勒效应。

雷达发射信号与回波信号进行混频得到其差值,就是一个特定频率中频信号(Intermediate Frequency,IF),该信号的频率与目标距离成正比。将该 IF 信号由模拟数字转换器(Analog-to-Digital Converter,ADC)模块采样后转换成数字信号,即可解算获得距离信息。目标距离 R 可以通过速度乘以时间得到,即:

$$R = \frac{c\tau}{2} \tag{8-4}$$

式中:c——光速;
　　　τ——电磁波往返时间。
可以得到中频信号 f_c:

$$f_c = S \cdot \tau = \frac{S \cdot 2R}{c} = \frac{2BR}{T_c c} \tag{8-5}$$

式中:S——调频频率,$S = B/T_c$;
　　　B——信号带宽;
　　　T_c——持续时间。
那么,测得的距离为:

$$R = \frac{f_c T_c c}{2B}$$

(四)超声波雷达

超声波雷达(图8-8)是通过发射并接收 40kHz 的超声波,并根据时间差算出障碍物距离的,其测量精度约为 1~3cm。超声波雷达的技术方案一般有模拟式、四线式数位、二线式数位、三线式主动数位,其中前三种在信号干扰的处理效果上依次提升。在技术难度、装配以及价格上各有优劣,总体呈递进趋势。常见的超声波雷达有两种:第一种是安装在汽车前后保险杠上的,用于测量汽车前后障碍物的倒车雷达,称为超声波驻车辅助传感器(Ultrasonic Parking Assistant,UPA);第二种是安装在汽车侧面的,用于测量侧方障碍物距离的超声波雷达,称为自动泊车辅助传感器(Automatic Parking Assistant,APA)。超声波雷达的优点包括:超声波能量消耗较为缓慢,防水、防尘;传播距离较远,穿透性强;测距方法简单,成本低;不受光线条件的影响。其缺点包括:对温度敏感;超声波散射角大,方向性较差,无法准确描述障碍物的位置。

图8-8　超声波雷达

超声波雷达在测距时,由安装在同一位置的超声波发射器和接收器完成超声波的发射与接收,由定时器计时。首先由发射器向特定方向发射超声波并同时启动计时器计时,超声波在介质传播途中一旦遇到障碍物后就被反射回来,当接收器收到反射波后立即停止计时。这样,计时器就记录下了超声波自发射点至障碍物之间往返传播经历的时间。由于常温下超声波在空气中的传播速度约 340m/s,计时器通过记录时间,就可以测算出从发射点到障碍物之间的距离。

（五）惯性导航系统

惯性导航系统（Inertial Navigation System, INS）（图 8-9）是一种不依赖于外部信息，也不向外辐射能量的自主式导航系统，是以陀螺仪和加速度计为传感器的导航参数结算系统。该系统根据陀螺仪的输出建立导航坐标系，根据加速度计输出解算出运载体在导航坐标系中的速度和位置。惯性导航系统至少包括计算机及含有加速度计、陀螺仪、压力传感器和磁力仪等类型的惯性传感器的运用。其中加速度计用来测量运动体的加速度大小和方向，经过对时间的一次积分得到速度，速度再经过对时间的一次积分即得到位移；陀螺仪用来测量运动体围绕各个轴向的旋转角速度值，通过四元数角度解算形成导航坐标系，使加速度计的测量值投影在该坐标系中，并可给出航向和姿态角；磁力仪用来测量磁场强度和方向，定位运动体的方向，通过地磁向量得到的误差表征量，可反馈到陀螺仪的姿态解算输出中，校准陀螺仪的漂移。惯性导航的优点包括：自主式导航，不依靠外界参照；环境适应性强；导航信息延迟低。其缺点包括：长期精度低；每次使用前进行的初始校准时间长；设备成本相对于其他导航系统高；缺少时间信息。

图 8-9　惯性导航系统

在实际应用中，由 GPS 或其他外界系统给出物体当前准确的初始位置以及速度，惯性导航系统可以实时从陀螺仪和加速度计中解算出速度和位移，从而不断更新物体当前位置和速度。在给定初始位置以及速度的情况下，惯性导航的优势在于不依靠外部参照就可以实现自主导航。惯性导航系统具体的解算过程包括惯性速率和惯性位置两个层面。惯性导航系统首先通过陀螺仪和加速度计记录系统当前角速度以及线加速度，然后以起始速度作为初始条件对惯性加速度进行积分从而得到系统的惯性速率，最后惯性导航系统以给定的起始位置作为初始条件，对惯性速率进行积分得到惯性位置。

（六）高精地图与定位

高精度地图是用于自动驾驶的专用地图，在整个自动驾驶领域扮演着核心角色。高精度地图由含有语义信息的车道模型、道路部件、道路属性等矢量信息，以及用于多传感器定位的特征图层构成。自动驾驶汽车在高精度地图的辅助下更容易判断自身位置、可行驶区域、目标类型、行驶方向、前车相对位置、红绿灯状态及行驶车道等信息。与此同时，还能通过超视距的感知能力，辅助汽车预先感知坡度、曲率、航向等路面复杂信息，再结合路径规划算法，让汽车做出正确决策。因此，高精度地图是保障自动驾驶安全性与稳定性的关键，在

|车辆智能共享出行技术|

自动驾驶的感知、定位、规划、决策、控制等过程中都发挥着重要的作用。

正是考虑上述原因,在生产制作高精度地图过程中,需要对采集到的交通环境图像、激光点云、GPS定位等多种传感器原始数据进行处理,其中涉及车道线识别、交通标识标牌的图像处理技术、激光点云配准技术、同步定位于建图技术以及OTA数据更新与回传等云端服务技术。

现有的汽车定位技术分为以下三类。

第一类是基于信号的定位,其采用飞行时间测距法(Time of Flight,TOF)获取汽车与卫星的距离,使用三球定位原理得到汽车的空间绝对位置。典型代表是全球导航卫星系统(Global Navigation Satellite System,GNSS),常用的全球定位系统GPS(Global Positioning System)就是GNSS的一种。

第二类是航迹递推(Dead Reckoning,DR),依靠加速度计、陀螺仪、里程计等,根据上一时刻汽车的位置和航向递推出当前时刻汽车的位置和航向。

第三类是地图匹配(Map Matching,MM),用激光雷达或摄像头采集到的数据特征和高精度地图数据库中存储的特征进行匹配,得到实时的汽车位置。在自动驾驶定位系统的实践中,通常使用多种技术融合定位的方案。

在无线通信辅助定位方面,随着智能网联汽车技术的发展,V2X车联网在高精度地图更新、辅助定位等方面发挥了巨大的作用。V2X车联网技术相当于自动驾驶的耳朵,其感知距离更远,且不易受遮挡物的影响。V2X车联网技术可以使车车和车路更好地进行协同,并可以通过相应的技术进行优化,提高自动驾驶定位精度,改善通行效率,保障交通安全。另外,在卫星定位无法正常使用特定区域,如地下停车场等,可采用Wi-Fi、射频识别(RFID)、超宽带、可见光等专用短程通信技术实现汽车室内定位。

二、智能车辆决策、路径规划与控制

智能车辆常见的决策方法有状态机、强化学习等方法。状态机使用有限状态机来管理不同的驾驶状态(如跟随、变道、停车等)。根据传感器输入和环境变化在状态之间切换。其好处是结构化且容易实现,对于复杂的驾驶任务能够进行状态管理,但状态设计和转换规则需要仔细规划。强化学习通过与环境互动来学习最优决策策略。系统通过试错学习和奖励机制改进策略,能够在复杂和变化的环境中进行自我优化,适用于需要大量数据和计算资源的情境。常见的路径规划算法有A^*算法及其变种算法。A^*算法是一种启发式搜索算法,通过结合实际成本和估计成本来找到从起点到终点的最短路径。它使用一个优先队列来选择最有希望的节点进行扩展。实际成本是从起点到当前节点的路径成本。估计成本是当前节点到终点的估计成本。该算法可以找到最优路径,并且在许多实际应用中表现良好。但是对启发式函数的选择敏感。LPA^*算法适用于动态环境,可以在环境发生变化时快速更新路径。常见的控制算法有PID以及模型预测控制算法。PID控制器通过计算控制误差的比例(P)、积分(I)和微分项(D)来生成控制信号。比例项:根据当前误差值生成控制信号,误差越大,控制信号越强。积分项:累积过去的误差,以消除长期偏差,积分项有助于消除稳态误差。微分项：根据误差的变化率生成控制信号，有助于预测未来的误差并减少过冲，适用于大多数系统的控制。但 PID 控制需要调整三个参数（P、I、D），且可能对噪声敏感。MPC 使用系统的动态模型预测未来的行为，并优化控制输入以最小化预测模型中的成本函数。控制器通过解决优化问题来计算最佳的控制动作。可以处理多变量系统和约束条件，能够处理复杂的动态行为和约束，但是计算复杂度高。

（一）强化学习与马尔科夫决策

强化学习（又称再励学习，评价学习）是一种重要的机器学习方法。强化学习虽然没有直接对训练例进行概念标记，但其内部存在对正确、错误学习方向的奖惩机制，通过定义相应的价值函数来暗示学习的方向。由于当前时刻学习的奖励（或称收益）或惩罚不能及时获取，而需要在下一时刻的学习过程中获取，因此可以将强化学习看作一种具有延迟性概念标记的学习方法。

强化学习可以用来模拟人类和动物的学习机制，算法原理为以最大化累计收益（或者最小化代价函数）为目的来寻找最优状态量到动作量的映射，即最优策略。其工作过程如图 8-10 所示，环境提供给学习者当前的状态量 S_k 和上一时刻对当前时刻（k 时刻）产生的影响，即收益 R_k（初始时刻可以假设 $R_0=0$）。学习者根据当前环境所给予的状态量 S_k 和收益 R_k 来选取动作量 A_k，动作量影响了环境的状态，下一时刻（$k+1$ 时刻）状态转移为 S_{k+1}。

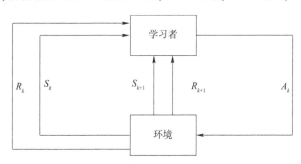

图 8-10 强化学习工作过程

强化学习作为一种试错型学习方法，通过学习者和环境之间不断重复上述交互过程，最终找到使得收益 R_k 随时间累积之和 G_k 最大化的状态到动作的映射，即最优控制策略。

$$G_k = \sum_{i=0}^{K-i-1} \gamma^i R_{k+i+1} \tag{8-6}$$

式中：K——总时间长度；

γ——折扣系数。

然而，累积收益之和的真值 G_k 不易获取，为了解决上述问题，有学者提出估计累积收益之和的两种价值函数：状态值函数 $v_\pi(s)$ 和动作值函数 $q_\pi(s,a)$，分别代表 π 策略 s 状态下的收益函数之和的期望值以及 π 策略 s 状态下采用动作量 a 的收益函数之和的期望值。

$$v_\pi(s) = E_\pi(G_k | S_k = s) = E_\pi\left(\sum_{i=0}^{\infty} \gamma^i R_{k+i+1} \middle| S_k = s\right) \tag{8-7}$$

$$q_\pi(s,a) = E_\pi(G_k | S_k = s, A_k = a) = E_\pi\left(\sum_{i=0}^{\infty} \gamma^i R_{k+i-1} \middle| S_k = s, A_k = a\right) \tag{8-8}$$

为了求解状态值函数 $v_\pi(s)$ 和动作值函数 $q_\pi(s,a)$，假设系统满足马尔科夫决策过程

(Markov Decision Process,MDP),该过程具有无后效性,即系统的下一时刻的状态仅和当前时刻的状态与动作有关,而与当前时刻更早之前的状态和动作无关。

(二) Q-Learning

Q-learning 是一种经典的强化学习算法,用于解决马尔可夫决策过程中的控制问题。它是基于值迭代的思想,Q 就是在某一个时刻的 s 状态下,采取动作 a 能够获得收益的期望,环境会根据动作反馈相应的奖赏,所以算法的主要思想就是将 s 和 a 构建成一张 Q-table 表来存储 Q 值,然后根据 Q 值来选取能够获得最大收益的动作。

Q-Learning 作为一种离策略(Off Policy)的在线学习算法,使用一个合理的策略来产生动作,根据该动作与环境交互所得到的下一个状态以及奖赏来学习得到另一个最优 Q 函数。Q-Learning 定义了 Q 函数 $Q(S_k,A_k)$,用以估计采取策略 π 时,任意状态 s 下,所有可执行的动作 a 的动作值函数 $q_\pi(s,a)$,并采用使得 $Q(S_{k+1},a)$ 值最大的动作量来更新 $Q(S_k,A_k)$,更新公式为:

$$Q(S_k,A_k) \leftarrow Q(S_k,A_k) + \beta[R_{k+1} + \gamma \max Q(S_{k+1},a) - Q(S_k,A_k)] \quad (8-9)$$

Q 函数的值以 Q 值表形式离散储存,表示为在何种状态下选择何种动作的概率矩阵,也可以理解为 Q-Learning 中学习者学习后的记忆。

Q-Learning 常用于处理离散状态空间和动作空间问题,也可以处理连续状态空间和动作空间问题,但需要将连续的状态与动作空间先进行离散化处理。离散化程度对算法使用效果有较大的影响,离散化程度过小会导致算法无法找到最优动作量,从而在收敛值附近波动。

(三) A* 算法

A* 算法是一种基于启发式搜索的路径规划算法,以 Dijkstra 算法、Floyd 算法为代表的最短路径算法虽然能够求得最短路径,但是计算量非常大。

由于在求解问题的过程中存在很多分支,求解条件的不确定性和不完备性使得最终计算得到的路径有很多条,这些路径就组成了一个图,这个图就是状态空间,启发式搜索算法就是在状态空间中搜索,同时在搜索过程中加入与问题有关的启发式信息,引导搜索朝着最优的方向前进。在启发式搜索中,对结点的估价十分重要,采用不同的估价标准会产生不同的结果。

A* 算法是建立在 Dijkstra 算法基础上的启发式搜索算法,多应用于实现道路网的最佳优先搜索。该算法的主要特点是:在选择下一个搜索结点时,通过引入多种有用的路网的信息,计算所有的候选结点与目标点之间的某种目标函数,例如最短行车距离、最短行车时间、最少行车费用等,以此目标函数值为标准来评价该候选结点是否为最优路径应该选择的结点,符合所选择的最优目标函数的候选结点将优先选择为进行下一次搜索的起点。

A* 算法的核心部分是它对每个道路结点均设计了一个估价函数,为:

$$f(s) = g(s) + h(s) \quad (8-10)$$

式中:$f(s)$——从起始结点经过结点 s 到目标结点的估计长度;

$g(s)$——从起始结点到当前结点的路径长度。

$g(s)$是已知的,具体公式为:

$$g(s) = \sum_{i=start}^{k-1} cost(s_i, s_{i+1}), k \leq goal \tag{8-11}$$

式中:$h(s)$——启发函数,是当前结点到目标结点的估计值。

A*算法一定能搜索到最优路径的前提条件为:

$$h(s) \leq cost^*(s, s_{goal}) \tag{8-12}$$

式中:$cost^*(s, s_{goal})$——当前结点到目标结点的最优距离。

满足式(8-12)的$h(s)$值越大,则扩展的结点越少。

A*算法用OPEN和CLOSED两个集合来管理道路结点。OPEN存放扩展过的道路结点的子结点,它们属于待扩展点。CLOSED存放扩展过的结点。A*算法的流程图如图8-11所示。

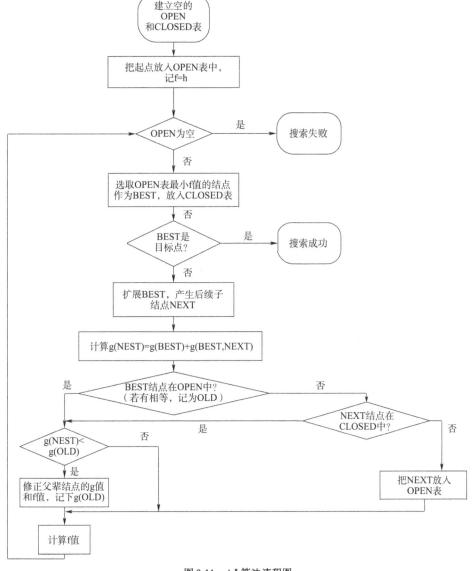

图8-11 A*算法流程图

(四)实时、增量式路径规划

基于 ARA*算法和 LPA*算法,美国卡内基·梅隆大学的 Maxim Likhachev 提出了一种实时、增量式的规划算法,即 AD*算法。AD*算法兼有实时性和增量性。它具有 ARA*算法的实时性,其在搜索过程中除了维持 OPEN 表和 CLOSED 表外,同时维持了 INCONS 表。对于任一节点 s,它除了保留它的 $g(s)$ 和 $h(s)$ 值外,还保留了 $v(s)$ 值,同时在搜索过程中通过不断地减小启发值比例因子 ε 逐渐优化所得的路径,从而保证算法的实时性。AD*算法通过引入 LPA*算法中处理动态环境下节点之间的边缘消耗改变情况的机制,保证了算法具有增量性。

(五)多项式轨迹规划算法

以三次多项式为例介绍三次多项式轨迹规划算法基本思路。要规划 t_0 到 t_1 时刻之间的路径,首先设路径一个三次多项式,具体为:

$$q(t) = a_0 + a_1(t-t_0) + a_2(t-t_0)^2 + a_3(t-t_0)^3 \tag{8-13}$$

那么速度 $v(t)$ 为:

$$v(t) = a_1 + 2a_2(t-t_0) + 3a_3(t-t_0)^2 \tag{8-14}$$

通过已知 t_0、t_1 时刻的位置和速度分别是 q_0、q_1、v_0、v_1,代入式(8-8)、式(8-9),相当于求四元一次方程组可得:

$$\begin{cases} a_0 = q_0 \\ a_1 = v_0 \\ a_2 = \dfrac{3(q_1-q_0)-(2v_0-v_1)(t_1-t_0)}{(t_1-t_0)^2} \\ a_3 = \dfrac{-2(q_1-q_0)-(v_0+v_1)(t_1-t_0)}{(t_1-t_0)^3} \end{cases} \tag{8-15}$$

通过上述结果,可计算出 n 个结点的序列的速度连续的轨迹,整个运动可分为 $(n-1)$ 段,每段连接了时刻 t_k 和 t_{k+1} 对应的点 q_k 和 q_{k+1},并且分别具有起始速度 v_k 和 v_{k+1},通过上式可计算出 $(n-1)$ 段分别的轨迹,合在一起就是总的轨迹。

(六)纵向控制

纵向控制是指对车辆在行驶方向上的控制,主要包括控制车辆的速度和加速度(图8-12)。其核心任务是使车辆在不同的驾驶条件下保持稳定、安全的行驶状态。

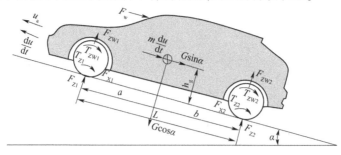

图8-12 纵向控制受力图

纵向控制主要为速度控制,通过控制制动踏板、加速踏板、节气门等实现对车速的控制。自动驾驶汽车采用节气门和制动综合控制方法实现对预定速度的跟踪,控制框图如图8-13所示。根据预定速度和自动驾驶汽车实测速度的偏差,节气门控制器和制动控制器根据各自的算法分别得到节气门控制量和制动控制量。切换规则根据节气门控制量、速度控制量和速度偏差选择节气门控制还是制动控制。未选择的控制系统回到初始位置,如按切换规则选择了节气门控制,则制动控制执行机构回到零初始位置。

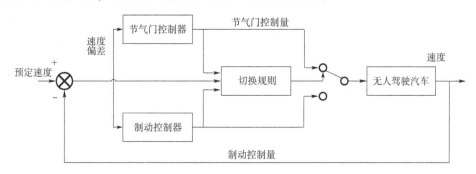

图8-13 纵向控制系统控制框图

(七)横向控制

横向控制是指对车辆在行驶方向上的横向运动进行控制,主要包括控制车辆的方向和车道保持。其核心任务是确保车辆在车道内行驶,并能够按照驾驶人的意图进行转向。横向控制受力图如图8-14所示。

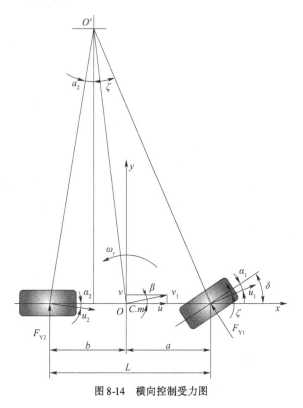

图8-14 横向控制受力图

自动驾驶汽车作为一个高度非线性的非完整运动约束系统,其模型和所处的外界环境存在不确定性以及测量不准确性,从而导致对汽车进行运动控制具有一定的难度。横向控制主要控制航向,通过改变转向盘转矩或角度的大小等,使汽车按照想要的航向行驶。依据人类驾驶的经验,驾驶人在驾驶途中会习惯性地提前观察前方道路,并预估前方道路情况,提前获得预瞄点与汽车所处位置的距离。如果汽车前方道路右转弯,驾驶人会依据道路曲率和行驶车速将转向盘向右转动一定角度,为使汽车平顺转弯,驾驶人需要不断观察汽车实际运行位置与道路中心线间的横向位移偏差和航向角偏差,并调整转向盘的转角大小来减小这些偏差,便于准确、快速地跟踪期望路径。但该过程容易受到周围环境的影响,且随车速的变化而变得更加复杂。而在自动驾驶汽车的研究中,预瞄跟踪理论同样适用。

建立自动驾驶汽车横向控制系统,首先需要搭建道路-汽车动力学控制模型,根据最优预瞄驾驶人原理与模型设计侧向加速度最优跟踪 PD 控制器,从而得到汽车横向控制系统。其次,以汽车纵向速度及道路曲率为控制器输入,预瞄距离为控制器输出,构建预瞄距离自动选择的最优控制器,从而实现汽车横向运动的自适应预瞄最优控制,如图 8-15 所示。

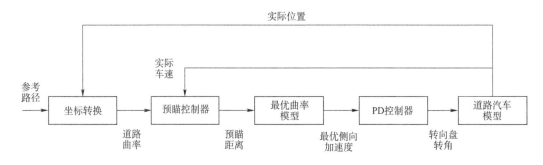

图 8-15　横向控制流程图

(八) 模型预测控制

模型预测控制(Model Predictive Control,MPC)是一种特殊的控制方法。在每一个采样周期,通过求解一个有限时域开环最优控制问题来获得其当前的控制序列。系统的当前状态视为最优控制问题的初始状态,求得的最优控制序列中,只执行第一个控制动作。这是其与使用优先求解控制律的控制方法的最大区别。模型预测控制原理如图 8-16 所示,k 轴为当前状态,左侧为过去状态,右侧为将来状态。也就是说,模型预测控制实际上是一种与时间相关的、利用系统当前状态和当前的控制量,来实现对系统未来状态的控制。而系统未来的状态是不确定的,因此,在控制过程中要不断地根据系统状态对未来的控制量做出调整。而且相较于经典的 PID 控制,它具有优化和预测的能力。也就是说,模型预测控制是一种致力于将更长时间跨度甚至于无穷时间的最优化控制问题,分解为若干更短时间跨度或者有限时间跨度的最优化控制问题,并且在一定程度上仍然追求最优解。本质上模型预测控制是要求解一个开环最优控制问题,它的思想与具体的模型无关,但是实现的过程则与模型有关。

模型预测控制分为三个组成部分。

第一部分,预测模型。预测模型能够结合系统现在的控制输入以及过程的历史信息,来预测控制系统未来的输出值,因此需要一个描述系统动态行为的模型作为预测模型。预测模型应具有表现控制系统将来动态行为的功能,就像在系统仿真时一样,可以任意地给出系统未来的控制策略。通过观察控制系统在不同控制策略下输出的变化情况,来比较控制策略的优劣。

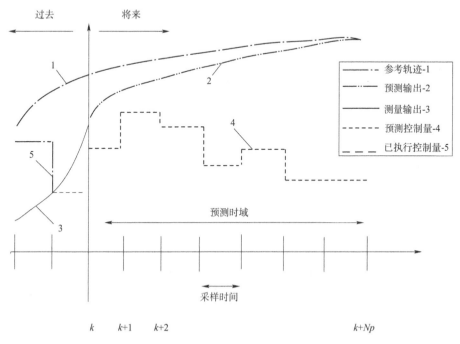

图 8-16 模型预测控制原理

第二部分,反馈校正。利用预测模型进行预估系统的输出值,仅仅是一种理想情况。在实际过程中,可能会因为存在模型失配和干扰等不确定因素,使得基于模型的预测结果不能与实际情况相切合。因此,需要在预测过程中,增加对系统输出值的测量,并与模型预估值进行比较,从而得出模型的预测误差,然后利用预测误差对模型的预测量做修正。因为模型增加了反馈校正,所以预测控制具有较强的抗扰动能力和克服系统不确定性的能力。预测控制不仅是基于模型的,还增加了反馈控制,因此预测控制属于闭环优化控制。

第三部分,滚动优化。预测控制需要通过某一性能指标的最优求解来确定未来的控制动作。这一性能指标与控制系统未来的行为有关,由未来的控制策略决定。但是,预测控制的优化与一般的离散最优控制算法不同,其不是采用一个固定的全局最优目标,而是利用滚动式的有限时域内的优化策略。也就是说,优化过程不是单次离线完成的,而是多次在线进行的。在任意的采样时刻,优化性能指标只应用在自该时刻起到未来的有限时间区间,当进行到下一个采样时刻时,该优化区间会同时向前。因此,预测控制不是去优化一个全局的性能指标,而是在每一个时刻都有一个局部优化性能指标。

三、车辆网联技术

(一)网联协同信息交互

车用无线通信技术(Vehicle to Everything,V2X)是将车辆与一切事物相连接的新一代信息通信技术,其中 V 代表车辆,X 代表任何与车交互信息的对象,主要包含车、交通路侧基础设施、人和网络。具体信息模式包括:车与车之间(V2V)、车与路侧基础设施(如红绿灯、交通摄像头和智能路牌灯)之间(V2I)、车与人之间(V2P)、车与网络之间(V2N)的交互。

V2X 将"人-车-路-云"等交通参与要素有机地联系在一起,不仅可以支撑车辆获得比单车感知更多的信息,促进自动驾驶技术创新和应用,还有利于构建一个智慧的交通体系,促进汽车和交通服务的新模式新业态发展,对提高交通效率、节省资源、减少污染、降低事故发生率、改善交通管理具有重要意义。

1. V2V

V2V(Vehicle to Vehicle)是指通过车载终端进行车辆间的通信。车载终端可以实时获取周围车辆的车速、位置、行车情况等信息。车辆间也可以构成一个互动的平台,实时交换文字、图片和视频等信息。将 V2V 技术应用于交通安全领域,能够提高交通的安全系数,作用是减少交通事故,降低直接和非直接的经济损失,以及减少地面交通网络的拥塞。当前面车辆检测到障碍物或车祸等情况,它将向周围发送碰撞警告信息,提醒后车所面临的潜在危险。

2. V2I

V2I(Vehicle to Infrastructure)是指车载设备与路侧基础设施(如红绿灯、智能路牌等)进行通信,路侧基础设施也可以获取附近区域车辆的信息并发布各种实时信息。V2I 通信主要应用于道路危险状态提醒、限速提醒、信号灯提醒、滤波同行。

3. V2P

V2P(Vehicle to Pedestrian)是指通过手机、智能穿戴设备(智能手表等)等实现车与行人信号交互,再根据车与人之间速度、位置等信号做出判断。当有一定概率的碰撞隐患时,车辆通过仪表及蜂鸣器、手机通过图像及声音,提示前方车辆或行人。V2P 通信主要应用于避免或减少交通事故。行人检测系统可以在车辆、基础设施中或与行人本身一起实现,以向驾驶人、行人或两者提供警告。当车内警报系统变得越来越普遍(例如盲点警告、前向碰撞警告)时,在车内警告路上有行人存在也是切实可行的。而对于路上的行人来说,最简单和最明显的行人警告系统则是手持设备,如手机、智能手表等。

4. V2N

V2N(Vehicle to Network)允许在车辆和 V2X 管理系统以及 V2X 应用服务器之间进行广播和单播通信,通过使用蜂窝网络来实现。车辆能够接收到有关道路上发生的交通事故的广播警报,或原计划路线上的拥挤或排队警告灯。V2V 和 V2I 都是近距离通信,而 V2N 技术可实现远程数据传输。随着 5G 时代的到来,V2N 的通信能力会进一步加强,更有助于自动驾驶信息的获取与传输。

(二)网联协同感知

通过车载传感器对周边及本车环境信息进行采集和处理,包括交通状态感知和车身状态感知,但与外界如道路的其他参与者并不存在信息交互。V2X 网联通信是利用融合现代通信与网络技术,实现智能驾驶车辆与外界设施与设备之间的信息共享、互联互通和控制协同。

相比传统雷达,V2X 通信传感系统有以下几点优势:系统通信范围可达 300~500m,远超雷达探测范围,不仅能连接前方障碍物,还可覆盖周围建筑物和车辆,极大拓展了驾驶人的视野范围;驾驶人能在前车制动初期获得更多信息,有足够时间预判和规避危险,避免追尾;所有物体接入互联网,通过实时信号显示,即便视野受阻,也能掌握视野外物体的状态,降低盲区带来的潜在风险;采用 5.9Hz 频段通信,能够确保安全性和私密性,并有望在世界范围内规范化,成为类似 SOS 救援频道的公共资源。图 8-17 所示为典型路侧感知技术方案示意图。

(1)覆盖面更广。300~500m 的通信范围相比雷达探测范围要远得多,不仅是前方障碍物,而且身旁和身后的建筑物、车辆都相互连接,大大拓展了驾驶人的视野范围,驾驶人能获得的信息也就更多,也更立体。因此,在前车制动初期就能有效甄别,并进行提示,如果距离过近,系统会再次提醒,对预判和规避危险也有足够的反应时间,避免出现跟车追尾的情况。

(2)有效避免盲区。由于所有物体都接入互联网,每个物体都会有单独的信号显示,因此即便是视野受阻,通过实时发送的信号也可以显示视野范围内看不到的物体状态,降低了盲区出现的概率,就充分避免了因盲区而导致的潜在伤害。

(3)对于隐私信息的安全保护性更好。由于这套系统将采用 5.9Hz 频段进行专项通信,相比传统通信技术更能确保安全性和私密性。

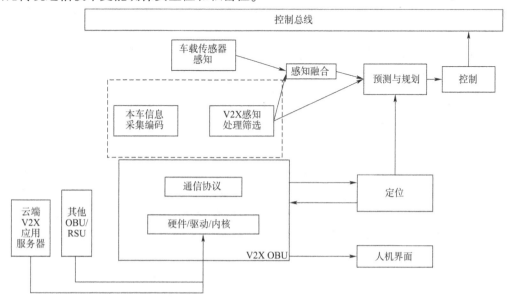

图 8-17 典型路侧感知技术方案示意图

(三)网联协同控制

以智能网联汽车交叉口通行协同控制为例,智能网联汽车交叉口通行协同控制技术是一种以 V2X 技术为前提,在智能网联化的交叉口环境下,综合车载传感器获取的车辆行驶状态信息和智能路测获取的交通流信息,协同控制车辆在交叉口行驶的技术。网联化交叉口通行系统控制技术能够较好地提高交通运行的安全性和效率,减少汽车行驶的能耗,是解决城市交通拥堵问题的有效手段之一。

智能网联汽车交叉口通行协同控制系统主要由信息采集单元、信息交互单元、路测控制单元、车辆控制单元和车辆执行单元组成,如图 8-18 所示。在系统工作期间,车辆的自动紧急制动系统将同时开启,车辆控制单元需要在第一时间接收到车距信息,并做出是否紧急制动的判断,防止由于信号传递不稳定或数据包丢失造成的交叉口事故。

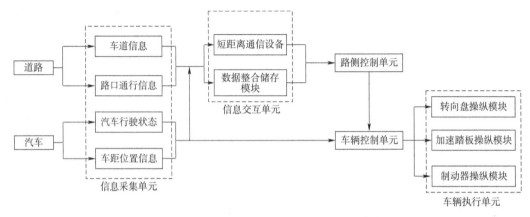

图 8-18　智能网联汽车交叉口通行协同控制系统组成

智能网联汽车交叉口通行协同控制技术主要包括智能路侧控制器的集中式控制、车载控制器的分布式控制以及协同对车辆动力学的控制。假设 n 个智能网联汽车通过交叉口,其总体架构如图 8-19 所示。

根据总体架构可知,智能路侧通过设定好的交通信号配对和即将需要通过交叉口的车辆位置、速度信号,根据交通优化控制方式,对车辆通过时间进行集中控制,并转化为车辆的通行控制;车载传感器实时监测车距,对车辆通行进行控制并将数据实时传递给智能路侧,根据能耗经济性,采取最优控制方式,对车辆通行进行控制。

(四)车路协同

车路协同系统(Cooperative Vehicle Infrastructure System,CVIS)是基于无线通信、传感探测等技术获取车辆和道路信息,通过车-车、车-路通信实现信息交互和共享,从而实现车辆和路侧设施之间智能协同与协调,实现优化使用道路资源、提高交通安全、缓解拥堵的目标。近些年,智能汽车和无线通信技术的快速发展和应用,实现了车路协同技术在交通领域的发展。车路协同是智能交通系统(ITS)的重要子系统,也是欧、美、日等交通发达国家和地区的研究热点之一。

车路协同(CVIS)是将交通组成部分(人、车、路、环境),利用先进的科学技术(包括现代通信技术、检测感知技术以及互联网等)以实现信息交互的交通大环境,通过对全路段、全时间的交通动态信息采集与融合技术来提升车辆安全、道路通行能力以及智能化管理程度,达到加强道路交通安全、高效利用道路有限资源、提高道路通行效率与缓解道路拥堵的目标,形成安全、高效、环保、智能的交通环境(图8-20)。

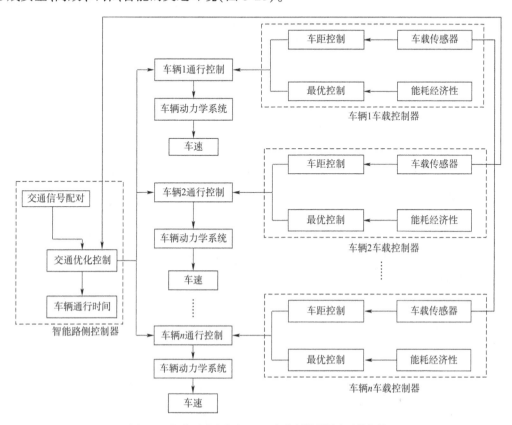

图8-19 智能网联汽车交叉口通行协同控制技术总体架构

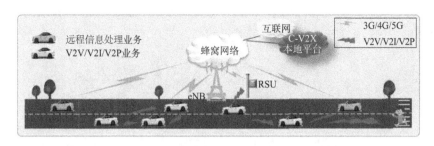

图8-20 车路协同

系统是由路侧单元、车载单元、中心管理服务器、视频控制系统、信号控制系统组成,各部分通过DSRC、4G网络、视频网、信号专网建立连接。其中,路侧单元(Road Side Unit, RSU)是可以检测自身状态信息、感知周围交通环境(包括交通流信息、道路几何特性、路面特殊事件交通信号控制器状态等信息)以及装配有无线通信模块和存储模块;车载单元(On Board Unit,OBU)主要是实现获取车辆状态信息、对车辆周围环境的感知(包括其他车辆、障碍物等)、安全预警和车载控制等功能,并能车-车、车-路通信,通过车载界面为驾驶人提供判断依据;中心管理服务器负责整个系统的通信、监控、下发数据与信息交互管理等。

(五)通信机制

V2X 通信技术目前有专用短程通信技术(Dedicated Short Range Communications,DSRC)与基于 LTE 车联网无线技术两大路线。DSRC 发展较早,目前已经非常成熟,不过随着 C-V2X 技术的应用推广,未来在车联网领域也将有广阔的市场空间。

1. DSRC 通信

专用短程通信(DSRC)是一种高效的无线通信技术,它可以实现在特定区域内(通常为数十米)对高速运动下的移动目标的识别和双向通信,例如实时传输图像、语音和数据信息,将车辆和道路有机连接。它是针对智能交通系统领域(ITS)中,车辆和道路基础设施间的信息交换而开发的一种适用于短距离的快速移动的目标识别技术。它可以提供高速的无线通信服务,并且能保持传输延时短和系统的可靠性。其在延迟、移动性、通信距离方面有着无可替代的优势,特别适用于车辆安全应用。目前全球范围内的大多车路项目的研究,均采用 DSRC 技术建立车辆网络。

DSRC 是基于 IEEE 制订和完善的 WAVE/802.11p 协议簇。IEEE802.11p 具有易部署、成本低、技术成熟,即 Ad-hoc 模式下支持 V2V 通信的优势。其定义了汽车与其他实体进行无线通信的物理层与 MAC 层,在这个标准协议之上是 IEEE1609,其定义了 MAC 层一直到应用层的通信协议栈。DSRC 可以在车辆数量不是很多的情况下,完成交通管理通信服务。

2. LTE-V 通信

LTE-V 是基于第四代移动通信技术的扩展技术,它是专为车辆与车辆间通信协议设计的 V2X 标准,其网络架构如图 8-21 所示。LTE V2X 针对车辆应用定义了两种通信方式:集中式(LTE-V-Cell)和分布式(LTE-V-Direct)。其中集中式是利用基站作为集中式的控制中心和数据信息转发中心,由基站完成集中式调度、拥塞控制和干扰协调等,可以显著提高 LTE-V2X 的接入和组网效率,保证业务的连续性和可靠性。分布式是车与车直接通信,针对道路安全业务的低时延高可靠的传输要求,节点高速运动、隐藏终端等挑战,进行了资源分配机制增强。

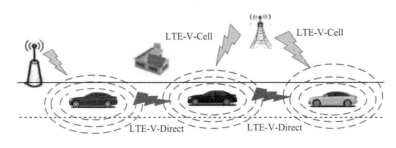

图 8-21 LTE-V 通信形式

3. 5G 通信

第五代移动通信技术(5G)是多种新型无线接入技术和现有蜂窝移动通信技术集成后

的解决方案的总称,其中包括无线接入网、核心网以及相关支撑系统的完整技术体系,具体通过集成多种新型无线接入技术、提供极限速率体验来满足不同应用领域用户的特殊需求。5G无线空口关键技术包括全频谱接入、先进的调制编码、新型多载波、灵活双工和频谱共享、新型多址、大规模天线、终端直通等关键技术。5G对网络关键技术也提出要求,如超密集异构网络、自组织网络、信息中心网络、内容分发网络、移动云计算、情景感知技术、软件定义网络(SDN)及网络功能虚拟化(NFV)等技术。

由于5G具有更高的可靠性、更高的速率、更宽的带宽、更低的时延,因此5G符合自动驾驶应用的特定需求,虽然谷歌和特斯拉等公司在自动驾驶上已经取得了显著的效果,但如果没有5G网络的支持,L5级全自动驾驶将无法实现。5G提供的1Gb/s超高带宽和低至1ms的超低时延,能将车载智能感知终端和云端通过5G-V2X实现信息交互,进而支持自动驾驶的实现。

(六)路侧单元

路侧单元(Road Side Unit,RSU),是ETC系统中,安装在路侧,采用DSRC(Dedicated Short Range Communication)技术,与车载单元(On Board Unit,OBU)进行通信,实现车辆身份识别、电子扣分的装置,如图8-22所示。RSU用于V2I通信,是实现智慧道路、车路协同的关键设备,其一般设置在路侧,与附近过往车辆进行双向通信、交互数据。

图8-22 路侧单元

(七)交通大数据

交通大数据平台如图8-23所示。根据数据来源分布,智能交通系统中的大数据划分如下几种。

(1)交通流数据(固定检测器)。传统固定检测器获取的交通流数据为智能交通系统的传统应用提供了基础数据支撑。以北京市为例,基于微波雷达、超声波、感应线圈、视频监控等检测器,北京市公安局公安交通管理局建立了交通信息采集、处理、发布系统,北京市道路交通流预测预报系统等。

(2)交通流数据(移动检测器)。通过固定检测器与移动检测器的数据融合,获取更加准确的交通流数据。以北京市为例,北京市公安局公安交通管理局开展了"北京市道路交通流综合分析与数据质量评价体系研究"的项目,对固定检测器、移动检测器等获取的多源数据进行研究,优化交通数据质量。

（3）位置数据(移动检测)。先进的移动通信技术拓展了交通移动检测的应用范围,由传统的交通流数据获取推广到位置数据的获取,使得基于位置的服务成为可能。基于公共交通智能卡的数据,实现出行者出行行为的分析,为公共交通基础设施建设和运营服务管理提供支持。基于出租汽车车载终端的数据,研究出行距离、出行时间和道路偏好对驾驶人路径选择的影响,进而实现路径的预测。应用智能手机,可实现出行轨迹、出行方式、出行范围、出行总量的获取。此外,车联网的出现大大提高了城市交通信息综合获取的水平,丰富了交通数据来源和发布途径。海量位置数据的处理和分析,为交通出行行为分析、公共交通系统优化、车辆优先控制等提供了支撑。

（4）非结构化视频数据。非结构化视频数据一方面可用于宏观态势监控,以柳州市为例,建设高空高清视频监控系统,掌控多交叉口或较大区域的交通宏观态势。一方面,通过视频处理模块,提供交通流特征参数及其他参数,以卡口系统、电子警察系统等为例,还可应用于车辆类型识别、交通状态识别等。

（5）多源的互联网、政务网数据。互联网、政务网为智能交通系统提供了广泛的数据来源与发布途径。以社交网络为代表的互联网可为智能交通系统提供交通事件的视频等数据。另外,互联网也可成为交警非现场执法、公共交通系统优化的重要数据来源。政务网为城市决策者和管理者提供了安全稳定的信息交互平台。通过政务网,可为智能交通系统接入城市路网结构、气象变化、特大活动、突发事件、应急救援等数据。

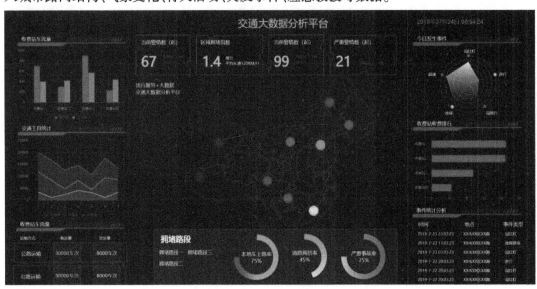

图8-23 交通大数据平台

四、深度学习与人工智能技术

(一)机器学习

机器学习是人工智能的一个分支,旨在使计算机通过数据学习和改进性能。机器学习的方法种类繁多，下面简要介绍几种常见的方法及其基本原理。

监督学习有回归和分类。回归用来预测连续的数值输出。通过训练模型找出输入特征与目标值之间的关系。常见算法有线性回归、岭回归等。分类是将输入数据分类到预定义的类别中。目标是确定数据属于哪个类别。常见算法有支持向量机（SVM）、决策树、随机森林、k 近邻（k-NN）等。

无监督学习有聚类和降维。聚类是将数据分组，使得同一组内的数据点尽可能相似，不同组之间的数据点尽可能不同。常见算法有 k 均值聚类（k-means）、层次聚类（Hierarchical Clustering）、DBSCAN 等。降维用于减少数据的特征数量，同时尽可能保留原始数据的主要信息。常见算法有主成分分析（PCA）、线性判别分析（LDA）等。

半监督学习是结合少量标记数据和大量未标记数据进行学习。适用于获取标记数据成本高昂的情况。常见方法有半监督支持向量机（Semi-Supervised SVM）、自训练（Self-training）等。

强化学习通过与环境交互学习最优策略。根据环境状态选择动作，并通过奖励信号进行学习。常见算法有 Q-Learning、Deep Q-Networks（DQN）等。

深度学习利用多层神经网络自动学习数据中的特征表示。适用于处理复杂的输入数据，如图像、语音和文本。常见的模型有卷积神经网络（CNN）、循环神经网络（RNN）、长短期记忆网络（LSTM）、生成对抗网络（GAN）。

自监督学习利用数据自身的结构生成标签进行训练。无需外部标记，模型通过对比学习、自监督任务等方式进行训练。常见应用有语言模型（如 BERT、GPT）、自监督图像表示学习等。

机器学习在人工智能领域具有举足轻重的地位，如果一个智能系统不具有学习能力，那它就不能称为一个真正的智能系统。机器学习通过算法，让机器可以从外界输入的大量的数据中学习到规律，从而进行识别判断。机器学习的发展经历了浅层学习和深度学习两次浪潮。深度学习可以理解为神经网络的发展，神经网络是对人脑或生物神经网络基本特征进行抽象和建模，可以从外界环境中学习，并以与生物类似的交互方式适应环境。神经网络是智能学科的重要部分，为解决复杂问题和智能控制提供了有效的途径。神经网络曾一度成为机器学习领域备受关注的方向。

机器学习的目标就是在一定的网络结构基础上，构建数学模型，选择相应的学习方式和训练方法，学习输入数据的数据结构和内在模式，不断调整网络参数，通过数学工具求解模型最优化的预测反馈，提高泛化能力、防止过拟合。

（二）神经网络与深度学习

随着神经科学、认知科学的发展，我们逐渐了解到人类的智能行为都和大脑活动有关，人的大脑是一个可以产生意识、思想和情感的器官，不仅如此，大脑还具有非常强大的学习能力，它能够学习和处理各种各样的信息，对于不同的外界信号，它都能产生相应的反应。总之，大脑是一个非常强大的学习体。人工神经网络（Artificial Neural Network，ANN）简称神经网络，是一种受人脑神经网络工作方式启发的构造的一种数学模型。和目前计算机的结构不同，人脑是一个高度复杂、非线性、并行的信息加工、处理系统。人脑神经网络可以将声音、视觉等信号经过多层的编码,从最原始的底层特征不断加工、抽象,最终得到原始信号的语义编码。神经网络图如图8-24所示。

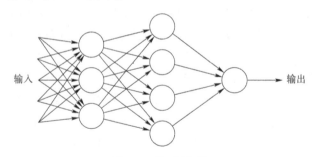

图8-24 神经网络图

神经网络研究经历几次浪潮。第一波神经网络研究浪潮被称为控制论,其主要是从线性模型出发,输出和输入是简单的线性关系。线性模型有很多局限性,比如它无法学习异或函数,因此,导致神经网络热潮的第一次退潮。神经网络研究的第二次浪潮在很大程度上伴随一个被称为联结主义或并行分布处理浪潮。联结主义的中心思想是:当网络将大量简单的计算单元连接在一起时,就可以实现智能行为。这种思想同样适用于生物神经系统中的神经元,因为它和计算模型中的隐藏单元起着类似的作用。神经网络研究的第二次浪潮一直持续到20世纪90年代中期,在这期间,机器学习的其他领域取得很大进步,包括核方法和图模型都在很多重要任务上实现很好的效果。接下来神经网络出现了第二次衰退,这次衰退一直持续到2006年。在这期间,神经网络在某些任务上还是取得了令人深刻的表现。加拿大高级研究所(CIFAR)通过其神经计算和自适应感知(NCAP)研究计划帮助维持神经网络研究。该计划联合了分别由 Geoffrey Hinton、Yoshua Bengio 和 Yann LeCun 领导的多伦多大学、蒙特利尔大学和纽约大学的机器学习研究小组。这个多学科的 CIFAR NCAP 研究计划还囊括了神经科学家、人类和计算机视觉专家。近年来,随着大规模并行计算以及 GPU 设备的普及,计算机的计算能力得以大幅提高。此外,可供机器学习的数据规模也越来越大。在计算能力和数据规模的支持下,计算机已经可以训练大规模的人工神经网络。各大科技巨头公司都投入巨资研究深度学习,神经网络迎来第三次高潮。神经网络研究的第三次浪潮始于2006年的突破。Geoffrey Hinton 表明,名为深度信念网络的神经网络可以使用一种称为贪婪逐层预训练的策略来有效地训练。其他 CIFAR 附属研究小组很快表明,同样的策略被用力训练许多其他类型的深度网络,并能系统地帮助提高在测试样例上的泛化能力。神经网络研究的这一次浪潮普及了"深度学习"这一术语的使用,强调研究者现在有能力训练以前不可能训练得比较深的神经网络,着力于深度的理论重要性上。此时,深度神经网络的第三次发展浪潮仍在继续,尽管深度学习的研究重点在这一段时间内已经发生了巨大变化。第三次浪潮已经开始着眼于新的无监督学习技术和深度模型在小数据集的泛化能力,但目前更多的兴趣点仍是比较传统的监督学习算法和深度模型充分利用大型标注数据集的能力。

(三)人工智能在智能车辆产业上的应用

(1)计算机视觉:该技术试图创建能够从图像或者多维数据中获取"信息"的人工智能

系统。在汽车制造业中,计算机视觉是应用最广最成熟的技术之一。比如在工业机器人生产线上,计算机视觉可以帮助生产机械获得更加精确的测量数据,保证生产线的高精度。

(2)大数据分析:该技术指对各种不同来源的非结构化或者结构化数据进行分析,从中挖掘信息,观察和追踪发生的事情,从而帮助人类决策和判断。在汽车制造业生产线上,操作人员利用大数据分析系统可以学习并预测生产线状态,提前进行设备维护,防止在车辆生产时候出现故障。

(3)机器人:该技术涵盖了机器人的设计、建造运作等。得益于人工智能技术的进步,机器人技术有了更广泛和灵活的应用,可以实现柔性生产和精确抓取等复杂操作。汽车生产线上的机械臂利用强化学习技术,提高了精确度,强化了协作关系,提高了车辆的良品率。

(4)语音识别与自然语言处理:自然语言处理(NLP)是让系统理解并明白人类写作、说话方式的核心技术,而语音识别技术则是自然语言处理的眼睛与耳朵。它们的结合使用可以完成文字抽取,信息归纳,语音转文字等多项任务,在相关的文件处理、售后服务以及汽车的交互功能中广泛应用。

(5)云计算:云计算是利用网络将本地任务上传至云端服务器进行处理,从而实现本地设备无法实现的功能的技术。包括车载电脑的路径规划手机互动、车辆自检、行车数据记录及分析等功能均有云计算的支持。

(6)AR/VR:增强现实与虚拟现实是基于虚拟和现实环境,并结合视觉识别、机器学习、深度学习等多种前沿技术的集合体。此项技术能为车企打造虚拟场景以提高产品的设计、研发效率,同时为车辆本身的智能化升级提供支持。

第三节　共享出行中的智能安全

一、自动紧急制动系统(AEB)

(一)AEB 系统概述

自动紧急制动系统(Autonomous Emergency Braking,AEB)是通过自动制动来避免碰撞或者降低碰撞可能性的一种主动安全技术,属于先进驾驶辅助系统 ADAS 的范畴。AEB 的工作原理是通过车辆前摄像头与毫米波雷达配合,实时监测车辆前方行驶环境,当与前车相对速度达到阈值时,会发出报警音或介入车辆制动系统。其中相对车速(又称 TTC)是 AEB 功能的关键参数之一。FCW 也是通过预设阈值决定是否启动,不过 FCW 阈值比 AEB 阈值更大,所以一般情况下,车辆会先报警后制动。

近年来,欧盟新车安全评鉴协会(NCAP)、美国高速公路安全管理局(NHTSA)、日本新车安全评价协会(J-NCAP)、中国新车安全评价协会(C-NCAP)等汽车测评机构开始关注自动紧急制动(AEB)系统在汽车上的应用,并相继将 AEB 系统纳入新车主动安全评价规程。

Euro NCAP 研究表明，AEB 可以避免 27% 的碰撞事故。AEB 能够很大程度上避免追尾事故或降低追尾事故的发生可能性，保护驾乘人员安全，因此，AEB 已经成为主动安全领域研究的热点。中国在《汽车安全性能评价规程》中对 AEB 系统的测试和评分有明确要求。中国政府正在推动相关法规，推动 AEB 系统的普及，以提高道路安全性（图 8-25）。

图 8-25　AEB 制动测试

（二）AEB 系统软硬件架构

汽车 AEB 系统主要由行车环境信息采集单元、电子控制单元和执行单元等组成，如图 8-26 所示。

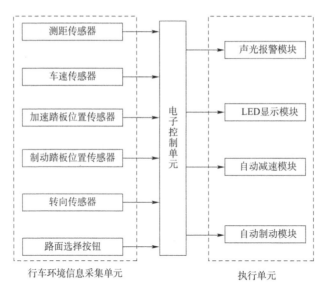

图 8-26　汽车 AEB 系统组成

1. 行车环境信息采集单元

行车环境信息采集单元由测距传感器、车速传感器、加速踏板位置传感器、制动踏板位置传感器、转向传感器、路面选择按钮等组成，对行车环境进行实时监测，获得相关行车信息。测距传感器用来检测本车与前方目标的相对距离以及相对速度，常见的测距技术有超声波测距、毫米波雷达测距、激光测距、红外线测距和视频传感器测距等；车速传感器用来检测本车的速度；加速踏板位置传感器用来检测驾驶人在收到系统提醒报警后是否及时松开加速踏板，进行减速措施；制动踏板位置传感器用来检测驾驶人是否踩下制动踏板，进行制动措施；转向传感器用来检测车辆目前是否正处于弯道路面行驶或者处于超车状态，系统凭此来判断是否需要进行报警抑制;路面选择按钮是为了方便驾驶人对路面状态信息进行选择,从而方便系统对报警距离的计算。需要采集的信息因系统不同而不同。所有采集到的信息都将被送往电子控制单元。

2. 电子控制单元

电子控制单元接收行车环境信息采集单元的检测信号后,综合收集到的数据信息,依照一定的算法程序对车辆行驶状况进行分析计算,判断车辆所适用的预警状态模型,同时对执行单元发出控制指令。

3. 执行单元

执行单元可以由多个模块组成,如声光报警模块、LED显示模块、自动减速模块和自动制动模块等,不同系统会有不同模块组成。它用来接收电子控制单元发出的指令,并执行相应的动作,达到预期的预警效果,实现相应的车辆制动功能。当系统检测到存在危险状况时,首先进行声光报警,提醒驾驶人;当系统发出提醒报警之后,如果驾驶人没有松开加速踏板,系统就会发出自动减速控制指令;在减速之后系统检测到危险仍然存在时,说明车辆行驶处于极度危险的状况,需要对车辆实施自动强制制动。

(三) AEB系统功能

AEB通过毫米波雷达、激光雷达、单目/双目摄像头等传感器来探测前方目标信息,并根据前方目标信息(如目标车速、相对距离等)实时计算碰撞危险程度。当系统计算的碰撞危险程度达到临界报警点时,表明存在与前方目标碰撞的可能性,系统首先会通过声音、图像等方式向驾驶人发出预警,提醒驾驶人做出避撞操作,同时预先填充制动油路油压以在有制动需要时可以获得更快更高的制动效果;如果驾驶人没有对预警做出正确反应,系统会进行部分制动,同时通过轻微振动制动踏板或转向盘等额外的方式向驾驶人发出警告。当系统计算的碰撞危险程度达到临界制动点时,表明与前方目标碰撞几乎无法避免,系统会进行自动全力制动来缓解碰撞,其工作过程如图8-27所示。

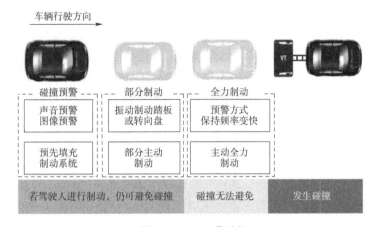

图8-27 AEB工作过程

AEB系统主要适用于两车追尾工况,弥补紧急情况下驾驶人制动速度过慢或者制动力不足的缺陷。主要通过两种方式来提高安全:通过提前辨别危险情况并警告驾驶人来避免事故;通过主动制动车辆,降低不可避免事故的严重程度。

(四)AEB 关键技术

1. 车辆识别

前方车辆检测识别是判断安全车距的前提,车辆检测的准确与否不仅决定了测距的准确性,而且决定了是否能够及时发现一些潜在的交通事故。车辆识别算法是 AEB 系统的关键技术之一。

识别算法用于确定图像序列中是否存在车辆,并获得其基本信息,如大小、位置等。摄像头跟随车辆在道路上运动时,所获取道路图像中车辆的大小、位置和亮度是在不断变化的。根据车辆识别的初始结果,对车辆大小、位置和亮度的变化进行跟踪。由于车辆识别时需要对所有图像进行搜索,所以算法的耗时较大。而跟踪算法可以在一定的时间和空间条件约束下进行目标搜索,还可以借助一些先验知识,因此计算量较小,可以满足 AEB 预警的实时性。

目前用于识别前方运动车辆的方法主要有基于特征的识别方法、基于机器学习的识别方法、基于光流场的识别方法和基于模型的识别方法等。

基于特征的识别方法是在车辆识别中最常用的方法之一,又叫作基于先验知识的方法。对于行驶在前方的车辆,其颜色、轮廓、对称性等特征都可以用来将车辆与周围背景区分开来。因此基于特征的车辆检测方法就以这些车辆的外形特征为基础从图像中检测前方行驶的车辆。当前常用的基于特征的方法主要有使用阴影特征的方法、使用边缘特征的方法、使用对称特征的方法、使用位置特征的方法和使用车辆尾灯特征的方法等。

基于机器学习的识别方法一般需要从正样本集和负样本集提取目标特征,在训练处识别车辆区域和非车辆区域的决策边界,最后使用分类器判断目标。通常的检测过程是对原始图像进行不同比例的缩放,得到一系列的缩放图像,然后在这些缩放图像中全局搜索所有与训练样本尺度相同的区域,再由分类器判断这些区域是否为目标区域,最后确定目标区域并获取目标区域的信息。机器学习的方法无法预先定位车辆可能存在的区域,因此只能对图像进行全局搜索,这样检测过程的计算复杂度高,无法保证检测的实时性。

基于光流场的识别方法通过分析由于摄像头、运动目标或两者在同时运动过程中产生的光流场来识别车辆。光流场是指图像中所有像素点构成的一种二维瞬时速度场,其中的二维速度矢量是景物中可见点的三维速度矢量在成像表面的投像。在存在拥堵路段运动目标的场景中,通过分析光流可以检测目标数量、目标运动速度、目标相对距离以及目标表面结构等。

基于模型的识别方法是根据前方运动车辆的参数来建立二维或三维模型,然后利用制订的搜索算法来匹配查找前方车辆。这种方法对模型依赖度高,但是车辆外部形状各异,难以通过仅建立一种或少数几种模型的方法来对车辆实施有效的检测,如果为每种车辆外形都建立精确的模型又将大幅增加检测过程中的计算量。

2. 行人识别

行人会有运动变化,无法被视作刚体,所以行人的姿态、穿着和尺度大小以及周围环境的复杂性、是否遮挡等都会对行人识别带来不同程度的难度。目前行人识别方法主要有基于特征分类的行人识别方法、基于模型的行人识别方法、基于运动特征的方法、基于形状模型的方法、基于模型匹配的方法以及基于统计分类的方法等。

基于特征分类的识别方法着重于提取行人特征,然后通过特征匹配来识别行人目标,是目前较为主流的行人识别方法,主要有基于 HOG 特征的行人识别方法、基于 Haar 小波特征的行人识别方法、基于 Edgelet 特征的行为识别方法、基于形状轮廓模板特征的行人识别方法、基于部件特征的行人识别方法等。基于模型的行人的行为识别方法是通过建立背景模型识别行人,常用的基于背景建模的行人识别方法有混合高斯法、核密度估计法和 Codebook 法。基于运动特征的行人识别就是利用人体运动的周期性特征来确定图像中的行人。该方法主要针对运动的行人进行识别,不适合识别静止的行人。比较典型的算法有背景差分法、帧间差分法和光流法。基于形状模型的行人识别主要依靠行人形状特征来识别行人,避免了由于背景和摄像机运动带来的影响,适合于识别运动和静止的行人。基于模板匹配的行人识别是通过定义行人形状模型,在图像的各个部位匹配该模型以找到目标,建立的行人形状模型主要有线性模型、轮廓模型以及立体模型等。基于统计分类的行人识别是从样本中训练得到行人分类器,利用该分类器遍历图像各窗口进行判别,训练是离线进行的,不占用识别时间,分类器具有鲁棒性。

3. 传感器融合

目前 AEB 中主要采用两种融合技术,即视觉与激光雷达的融合技术以及视觉和毫米波雷达的融合技术。

总体来讲摄像头方案成本低,可以识别不同的物体,在物体高度与宽度测量、车道线识别、行人识别准确度等方面有优势,是实现车道偏离预警、交通标志识别等功能不可缺少的传感器,但作用距离和测距精度不如毫米波雷达,并且容易受到光照、天气等因素的影响。毫米波雷达受光照和天气因素影响较小,测距精度高,但难以识别车道线、交通标志灯元素。另外,毫米波雷达通过多普勒偏移原理能够实现更高精度的目标速度探测,同时通过视觉可以获得充分的语义信息,而激光雷达则可以获得准确地位置信息,所以融合两种方法可以得到更好的效果。下面介绍两种融合方法。

(1)空间融合。建立精确的雷达坐标系、三维世界坐标系、摄像机坐标系、图像坐标系和像素坐标系之间的坐标转换关系,是实现多传感器数据空间融合的关键,雷达与视觉传感器空间融合就是将不同传感器坐标系的测量值转换到同一个坐标系中。由于前向视觉系统以视觉为主,只需将雷达坐标系下的测量点通过坐标系转换到摄像机对应的像素坐标系下即可实现多传感器的空间同步。根据以上转换关系,可以得到雷达坐标系和摄像机像素坐标系之间的转换关系。由此,即可完成空间上雷达监测目标匹配至视觉图像,并在此基础上,将雷达检测对应目标的运动状态信息输出。

(2)时间融合。雷达和视觉信息除在空间上需要融合外,还需要传感器在时间上同步采集数据,实现时间的融合。根据毫米波雷达功能工作手册,其采样周期为 50ms,即采样帧速率为 20 帧/s,而摄像机采样帧速率为 25 帧/s。为了保证数据的可靠性,以摄像机采样速率为基准,摄像机每采一帧图像,选取毫米波雷达上一帧缓存的数据,即完成共同采样一帧雷达与视觉融合的数据,从而保证了毫米波雷达数据和摄像机在数据时间上的同步。

二、车道保持辅助系统(LKA)

(一)LKA 系统概述

随着科技的进步和用户对安全和舒适要求的提高,自动驾驶、车联网已成为最新研究方向。博世公司 2015 宣布正研发可用于高速公路的自动驾驶技术,并指出高速公路辅助系统,主要指自适应巡航(ACC)、车道保持系统(LKA)、自动紧急制动等辅助驾驶系统,其中 ACC 和 LKA 为高速公路自动驾驶的最基本两部分;奥迪公司开展 4 个阶段的自动驾驶开发工作,其中第 1、2 阶段就是开发和完善 ACC 和 LKA 等功能。作为自动驾驶的重要一部分,LKA 往往放置于开发前期,首先通过 LKA 实现对驾驶人辅助,并通过逐步完善,逐步向自动驾驶迈进。LKA 可大致分为车道保持(LK)和车道中心保持(LC)两类,区别在于控制系统控制目标和控制系统干预程度,车道偏离保持系统控制目标以较少的干预将车辆保持在车道内,车道中心保持策略的控制目标为车道中心线附近,相较于车道保持系统干预较多。LKA 工作系统框图如图 8-28 所示,摄像头采集图像信息并将车辆相对车道线信息发送给 LKA 控制器,LKA 控制器结合驾驶人设置计算目标控制量,通过电子助力转向系统实现被控车辆转向修正,进而实现偏离修正和中心线保持。

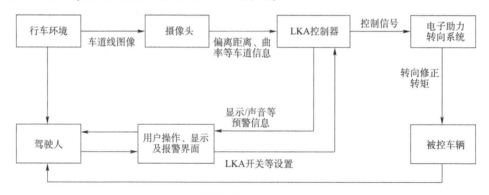

图 8-28 LKA 系统框图

(二)LKA 系统软硬件架构

车道保持系统主要由感知层、信息处理层、决策层和执行层四部分组成。其总体结构如图 8-29 所示。

感知层:即信息采集系统包括各种传感器和图像处理模块,是 LKA 车道信号和车辆状态信号的来源。

信息处理层:接收感知层采集的各种信号并进行数据处理,得到车辆与车道线的相对位置关系,然后向决策层各模型传递处理后的信号。

决策层:主要由车道偏离预警算法、驾驶人操作状态辨识算法和车道保持主动控制算法三部分组成,该层通过判断车辆的运动状态和获取车辆位置信息确定是否向执行层发送命令,它决定 LKA 的工作状态。

执行层:执行决策层的命令,利用转向系统控制车辆运动,修正其运动轨迹使之回到原行驶车道。

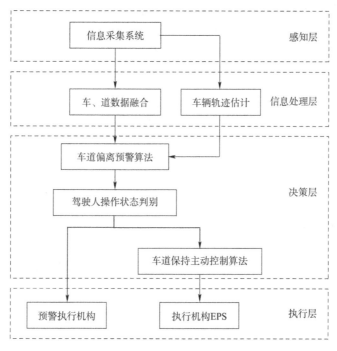

图 8-29　LKA 系统总体框图

(三) LKA 系统功能

LKA 一般包括车道偏离预警 LDW、车道偏离预防 LDP 和车道居中控制 LCC 三项子功能。

车道偏离预警 LDW：在车辆发生无意识偏离车道时，通过声音、视觉和振动等方式向驾驶人发出警示。

车道偏离预防 LDP：为 LDW 功能的拓展，在车辆发生无意识偏离车道，开在快要驶离原有车道之前时，通过施加适当的转向干预修正车辆位置，LDP 首先是一项安全功能，而不是舒适性功能。

车道居中控制 LCC：监控汽车与行车道中央的相对位置，主动辅助驾驶人保持在车道中心线附近行驶，减少驾驶人的转向负担，LCC 侧重于舒适性功能。

(四) LKA 系统关键技术

1. 车道线识别

车道线是用来管制和引导交通的一种标线，由标画于路面上的线条、箭头、文字、标记和轮廓标识等组成。车道线识别是智能辅助驾驶系统中必不可少的环节，快速、准确地检测车道线在协助智能车辆路径规划和偏移预警等方面尤为重要。目前较为常见的车道线检测方案主要有基于传统计算机视觉的车道线检测、基于深度学习的车道线检测、基于激光雷达的车道线检测。

1) 基于传统计算机视觉的车道线检测

基于传统计算机视觉的车道线检测主要依赖于高度定义化的手工特征提取和启发式的

方法。国内外广泛使用的检测方法主要分为基于道路特征和道路模型两种方法。基于道路特征的检测方法主要利用车道线与道路之间的物理结构差异对图像进行后续的分割和处理,突出道路特征,实现车道线检测;基于道路模型的车道线检测方法主要利用不同的道路图像模型(直线、抛物线、复合型),对模型中的参数进行估计与确定,最终与车道线进行拟合。

2)基于深度学习的车道线检测

随着深度学习的兴起,卷积神经网络(CNN)将视觉理解推向一个新的高度。把车道线检测看作分割问题或分类问题,利用神经网络去代替传统视觉中手动调节滤波算子。

3)基于激光雷达的车道线检测

基于传统视觉的方法存在诸多缺陷:对光照敏感、依赖于完整并且较为统一的车道线标识、有效采样点不足以及车道线被水覆盖时视觉系统会失效等。激光雷达的有效距离比传统视觉高,有效采样点多,并且可以穿透水面,基本上解决了传统视觉中的大部分问题,但基于激光雷达的车道线检测成本较高。

这里介绍一种基于反射强度信息的车道线检测方法。该方法主要基于激光雷达反射强度信息形成的灰度图,或者根据强度信息与高程信息配合,过滤出无效信息,然后对车道线进行拟合。不同物体的回波强度见表8-1。

不同物体回波强度   表8-1

物体介质	回波强度(dBz)	可能的物体分类
沥青、混凝土	5~8	道路、房屋等
特性涂层	12~30	车道线
植被、金属	45~150	树木、车辆等

在激光雷达获取的点云中,通过反射强度值,可以区分出道路和车道线。在激光雷达获取的道路环境的三维点云中,检测每一个激光层采集到的可行驶区域的回波强度是否发生变化,如果发生变化,将变化点提取并进行标记。

与此同时,通过对点云数据中有高程数据的点进行滤波,一定程度上可以确定出可行驶区域,同时剔除一些和车道线的回波强度接近的物体。通过对提取的车道线点云进行聚类和去噪,再利用最小二乘法进行拟合,最终提取出车道线。

2. 车辆侧向控制

1)LDW控制策略

基础LDW控制策略较为简单,即在车辆面临偏离车道危险时,LDW系统将在低于DLC(偏移车道线距离)或TLC(偏移时间)的阈值时向驾驶人发出警示。这种控制策略只关注车轮与车道线的距离,而不对车辆和车道进行预测。因此在弯道较多的公路上,即使驾驶人不想转向也不是注意力不集中,但也会在行车道曲线相交或道路狭窄段发生一个车轮接触到车道线的情况。这种情况下,LDW发出的警示对驾驶人来说是一种负担。高级的LDW会根据车轮加速度、行车道曲率、与车道线的侧滑角、行车道宽度、左右车道线类型、行车道中的位置、加速踏板的位置、制动踏板的位置、转向灯、转向盘转角等识别驾驶人意图,推迟或抑制警报,从而为驾驶人提供符合预期的系统行为。

2) LDP 控制策略

LDP 为高级 LDW 的功能拓展,当车辆偏离车道,LDW 首先会发出警示,如果确定驾驶人没有采取任何措施,则会主动转向干预。LDP 首先是一个安全系统,而不是一个舒适系统,除 EPS 外,LDP 还可以通过对单侧制动进行干预,控制车辆返回车道。为避免错误干预,LDP 也应在确定驾驶人未采取任何措施后再进行干预,因此驾驶人意图识别为 LDP 控制功能的最大挑战。

3) LCC 控制策略

相较于 LDP 仅在车辆即将偏离车道时施加辅助转向力矩,LCC 持续施加辅助转向力矩,以保证车辆偏离车道中心的距离始终在一定范围内。

第四节　共享出行中的驾驶辅助

一、驾驶人监控系统

(一)驾驶人监控系统概述

驾驶人监控系统(Driver Monitor System,DMS)是指驾驶人在行驶过程中,全天候监测驾驶人的疲劳状态、危险驾驶行为的信息技术系统。在发现驾驶人出现疲劳、打哈欠、眯眼睛及其他错误驾驶状态后,DMS 系统将会对此类行为进行及时的分析,并进行语音灯光提示,起到警示驾驶人,纠正错误驾驶行为的作用。DMS 一般分为主动式 DMS 和被动式 DMS。

被动式 DMS 基于转向盘转向和行驶轨迹特征来判断驾驶人状态。主动式 DMS 系统一般基于摄像头和近红外技术,从眼睑闭合、眨眼、凝视方向、打哈欠和头部运动等,检测驾驶人状态。

2006 年,雷克萨斯 LS460 首次配备主动 DMS,摄像头安装在转向柱盖的顶部,带有六个内置近红外 LED。但汽车制造商对主动 DMS 一直不太感兴趣,认为一方面增加了整车的成本,另一方面消费者并不一定为此买单。但是,近年来一系列的安全事故大大提高了 DMS 在自动辅助驾驶系统尤其是 L2/L3 功能上的重要性。从 2018 年开始,随着 L2 系统的量产和 L3 系统的即将量产,主动式 DMS 系统开始逐渐在市场上得到广泛应用。

(二)驾驶人行为识别算法

1. 计算机视觉行为识别方法

基于计算机视觉的识别算法,是目前已经投入商用的重要方法。这种方法不需要在人体上加装传感器,成本相对低廉且架设简单;具有更好的适应性,可以针对多种行为进行分析;图像数据更为直观,包含的信息也更多。结合以上几个优点,这种基于计算机视觉的识别方法也变得越发流行。常见方法包括基于局部图形特征和姿态估计技术的识别,例如通过眼睛的对称性、PERCLOS 算法或嘴部像素位置识别打哈欠等行为。深度学习技术也被应用到这一领域,通过结合人脸识别和图像分类网络,能更有效地识别驾驶人的疲劳状态。然而,这些方法主要基于车载单一摄像头的数据,尽管在实验室环境中表现良好,但在实际道路环境下面临数据噪声和环境变化等挑战。此外,大部分研究仅限于识别单一动作或状态,特别是疲劳驾驶的识别。

2. 基于深度学习的算法整体框架

将 CNN 用于驾驶人行为识别算法当中,主要针对车载监控系统场景下的驾驶人行为识别。显然,这是一个视频场景下的问题,而将视频的每一帧进行单独分析,即将视频问题转化为单张图像的问题,是处理该种问题的最简单,最直接的方法,也是应用最广的方法。算法整体框架流程如图 8-30 所示。

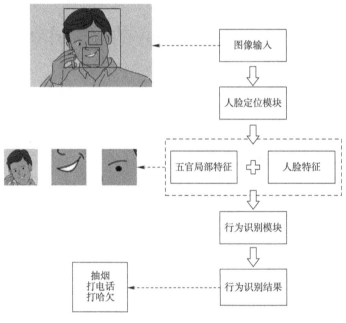

图 8-30 算法整体框架

首先经过监控摄像头获取单帧原始图像,如图 8-30 左侧所示。随后将原始图像经过人脸定位模块的处理,得到人脸范围及五官定位,提取出驾驶人左眼、嘴巴,以及人脸周围的图像进行下一步处理。结合人脸的局部图像和人脸周围图像,判断该驾驶人的行为,包括正常驾驶、打电话、抽烟、闭眼以及打哈欠这五种情况。人脸识别模块的应用可以有效定位驾驶人所在位置,也就是算法的整体兴趣区域,通过这一操作可以有效地过滤掉一些背景,即减少识别的噪声。

基于单张图像的识别方案其核心就是将对连贯动作的判断转化为对动作状态的判断,进而转化为图像分类问题(如对抽烟动作的判断,转化为烟是否在嘴中的分类),所以行为识别模块本质上就是一组图像分类模型。行为识别模块分别处理人脸局部或人脸周围图像,最终可以得到驾驶人的行为状态判断结果,可包括是否闭眼、是否打哈欠、是否抽烟以及是否打电话。因此,行为识别模块被设计为四个分类模型的组合,其整体框架如图 8-31 所示,四个分类网络模型接收不同的图像输入,得到各自的判断输出,并组合得到对图像的最终行为识别结果。四个分类网络模型相互独立,每个网络对输入图像进行二分类判断,对一种行为进行识别。如图 8-31 所示,经过行为识别算法最后得到的结果为 1000,表示该图像为打电话。

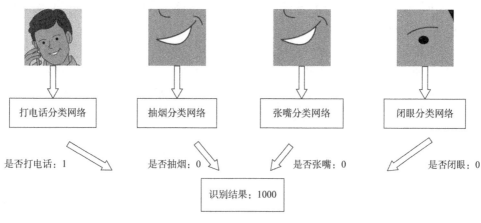

图 8-31 行为识别模块框架

(三)分心疲劳驾驶监控

当驾驶人分心驾驶时,驾驶人注意力从道路转移到其他方面,对视野边缘区域的观察次数减少,降低了对前方道路区域的感知能力,导致车辆出现大幅度或频繁的偏离车道,车道保持能力下降。分心驾驶对驾驶车辆的影响主要体现在三个方面:驾驶人生理特征、视觉特征和车辆运行状态。

基于生理信号检测的方法是指通过使用驾驶人生理指标的变化规则来判断驾驶人的分心程度。常见的生理信号包括脑电图、心电图、皮肤电导率和皮肤温度。这些生理信号特征可以显示出良好的识别效果,但是由于该方法的侵入性强,在实践中的使用受到限制。生理信号特征可以用作分心检测指数的一部分,与其他指标结合以确定驾驶人的分心状态。

分心驾驶对驾驶人视觉特征具有较大的影响,学者使用不同的指标来评估驾驶人分心程度。瞳孔直径是反应认知分心的重要指标,瞳孔直径随着认知负荷的增加而扩大。驾驶人视野也是认知分心的重要指标,随着认知分心的增加,驾驶人的视野将变小,固定点将更集中在道路前方,并且仪表板和后视镜上的观察次数将减少,观察信号灯和周围区域的能力降低。当驾驶人处于视觉分心时,驾驶人对视线偏离前方道路比例增加,对于前方道路区域的注释比例显著降低。当驾驶人处于认知分心时,注意点集中在前方道路区域,对后视镜和车内仪器的注视次数明显减少。分心驾驶也会对驾驶人的眨眼情况有影响,当驾驶人处于认知分心时,单位时间内眨眼次数变少,对周围环境的观察减少。随着认知分心的增加,眼睛闭合度增加,同时,驾驶人会增加头部的动作,这被认为是一种安全补偿行为,以便获得更大的视野,眼睛闭合度是认知分心驾驶的表征指标。视觉分心会显著降低驾驶人的眨眼速度和幅度。眨眼频率和眨眼持续时间与认知负荷高度相关,研究表明,驾驶人处于认知分心时,眨眼频率和眨眼持续时间增加。

分心驾驶对车辆运行状态的影响主要体现在对车辆横向控制及纵向控制，视觉分心和综合分心对驾驶人车辆横向操作影响较大，会削弱驾驶人车辆保持能力、转向盘控制能力和车辆稳定性。认知分心对车辆横向操作能力影响较小，当驾驶人处于认知分心时，会减少对车辆的操控，使车辆状态保持原状。分心对车辆的纵向控制主要反应在车速、跟车距离、加速度等指标上，当驾驶人发生分心驾驶时，会出现车速降低、车速波动性增加、跟车距离增大、纵向加速度波动性增大等情况。

视觉行为特征是反映驾驶人分心状态的重要指标。基于驾驶人视觉特性的检测方法是指根据驾驶人的视线角度和面部特征确定驾驶人是否有视觉干扰。通常，视觉分心可以通过偏离前方道路的持续时间或单位时间的偏离的次数来判断。视线偏离为驾驶人视野偏离与驾驶相关的区域（Field Relevant for Driving，FRD），驾驶人的视线可以通过头部位置或眼睛获得。如果驾驶人的视线偏离 FRD 时间太长或太频繁，则认为驾驶人处于视觉分心态，FRD 的视线偏差是所有视觉分心检测算法的基础。

二、人机交互系统

汽车发展经历了机械时代、电子时代、软件时代，进入互联网大数据时代，车联网、智能汽车的概念逐渐被熟知，汽车不再只是一种代步工具，而逐渐变为人们的移动生活空间。功能强大的车载系统和自动驾驶技术带来更智能、更复杂的人机交互关系，也更需要贴心、便捷、安全的交互设计。

（一）人机交互系统概述

交互设计所设计的是人与机器之间交互沟通过程，通过人类语言和机器语言的翻译转化，寻找数字信号模型与人类心智模型的最佳匹配方式。它深刻地影响着人类的生活，如经典的计算机 WIMP 人机交互信息界面，已经改变了人们的工作学习方式。汽车人机交互是近年来交互研究的热点细分领域，与其他交互过程尤为不同的是其操作环境复杂，确保安全成为汽车交互设计的第一原则。

汽车人机交互设计涉及多个学科，设计过程中需要考虑多方面因素，包括人机工程学、汽车造型设计、人机交互设计、汽车人机工程学、认知心理学、服务设计等。

目前，各大车企都在研发自己的车载系统，如宝马的 iDrive 系统、奥迪的 MMI 系统、奔驰的 COMAND 系统、荣威的 inka Net 系统，这些系统主要可以分为三类：基于 QNX 系统的前装车载系统、基于 Windows CE 系统的传统车载系统及基于安卓系统的新型车载系统。现阶段车载系统和智能自动驾驶的界面设计研究主要集中在工程技术层面，而从人因工程学和人机交互体验角度出发的研究较少，缺乏充分的可用性调研及标准，在设计时主要依靠设计师自身的经验，同时参考发展较为成熟的计算机/网页交互设计。但是，汽车乘坐驾驶场景与计算机使用场景大不相同，又因为汽车作为移动交通工具的特殊性，这样的设计过程带来安全隐患。

（二）人机交互系统软硬件架构

汽车人机交互系统由硬件系统和软件系统两大部分组成。硬件系统包括转向盘、制动、仪表板、中控系统等硬件设备及其物理操控按钮；软件系统则是各个硬件系统中的嵌入系统，狭义的智能汽车人机交互界面主要指液晶仪表、中控大屏等设备的交互信息界面，提供车辆信息、实时路况等行车信息，导航、定速巡航、自适应巡航、自动驾驶和 HUD 等辅助驾驶信息以及音乐、电台等互联娱乐信息。

（三）人机交互系统技术

1. 人机工效学技术

汽车人机工程学是其中较为复杂、综合的一个领域，并且与普通老百姓最为息息相关。汽车人机工程学包含了人机尺寸工程、人机动态感知、人机心理学等多领域，是典型的交叉学科。目前在人机尺寸工程领域开展的研究最为深入，并且已经嵌入汽车整车研发流程，也就是所说的整车人机布置。国外从20世纪60年代就开展相关研究，并且随着改革开放，国内汽车行业以市场换技术的方针，各大主机厂纷纷在国内设立合资企业，客观意义上将国外的技术，特别是研发体系流程带入国内。尤其以泛亚技术中心为代表，作为国内最早的合资研发中心，为国内输送了全套的 GM 研发流程，直至今日仍影响深远。

智能网联时代的新型汽车具有其独特的生态体系，其交互过程既不同于传统汽车，也不同于手机等移动终端，在设计时应当遵循以下几个原则。

符合普遍认知，减少记忆负担。汽车操作系统不同于专业软件，使用者文化背景各不相同，设计中既要减少汽车与其他设备之间的差异，也要减少不同汽车操作系统之间的差异，符合大众普遍认知。同时，由于汽车交互的暂态非沉浸式特点，尽量保证用户注意力短暂转移回到界面后仍能流畅进行操作，触发动作符合用户使用习惯，特别是隐藏的触发器更应具有较强学习性和记忆性。

为不同操作习惯的用户设计。汽车更新换代较慢，用户的操作习惯一旦形成较难改变，需要为各种使用习惯的用户设计完成任务的操作路径。

2. 人机交互界面

从以人为中心的角度出发，通过驾驶人主要的交互行为，可以将当下的汽车驾驶舱内人机交互界面划分为：主驾驶界面、辅助驾驶界面、车内外信息交互与娱乐界面、移动设备与车的整合交互界面。主驾驶界面主要是驾驶人操纵转向盘、查看前方路况、踩踏加速踏板、制动踏板、离合器踏板等的基本操作；辅助驾驶界面包括查看仪表板信息、操作刮水器、灯光控制、智能驾驶系统（如自适应定速巡航）、停车辅助、帮助保持车道、保持稳定速度的同时又与前车保持安全距离、警告各种潜在危险等辅助驾驶操作；车内外信息交互与娱乐界面包括收听广播音乐、车内娱乐、电话、GPS 导航以及在线收发邮件和短信等，用户可以获得汽车当前状态的信息，汽车传感器获得的信息以及通过网络整合的信息（如天气和交通状况）。

随着人机交互系统的深入发展，现今可以见到诸如 HUD 平视显示系统（即抬头显示）、多功能转向盘、转向盘换挡拨片等比较便捷的配置，使驾驶者尽量减少手离开转向盘的时间，减少视线偏离路面状况，这无疑是种进步，而这些装置已经一定程度的应用在汽车市场中。但是增加了这样的配置之后，往往同样一种功能会有两个按键或操控方式可以同时执行，这样就更多增加了驾驶界面的按钮。按键的增多就会在面临选择的时候发生迟疑，分散驾驶者的注意力，甚至下达错误的指令。再如一些仅在特殊情况使用的按钮按键非常影响驾驶者的操作,例如夏天的时候在20℃以上的天气状况时,暖风按钮就没有实际功能意义。

3. 虚拟现实技术

虚拟现实(VR)也泛指"计算机模拟仿真"或者"虚拟世界"。为了建立这个虚拟环境,高性能计算机将大量的数据转化为立体的三维图像,给观察者像在现实世界中同样的视觉感受——虚拟世界看上去是真的。实际上这样的虚拟环境可以独特地取代许多领域和运用的现实环境,如果它适用于模拟一个详细定义的现实环境。

1) 造型设计

在汽车设计阶段,厂商可以利用VR技术得到1∶1的仿真感受,对车身数据进行分层处理,根据不同的部位和需要达到的不同感受选用材质,设置不同的光照效果,达到高度仿真的目的。然后还可以对该模型进行动态实时交互,改变配色、轴距、背景以及查看细节特征结构。从多个角度全面观察,并实时进行调整,从而使整个评审过程简单、明了,使抽象的概念具象化、模糊的印象清晰化。

除了造型,汽车的外观设计还包括了材质和色彩。厂商通过光影和环境反射可以真实展示实车纹理,并实时反映某纹理是否适合在此零件上运用,或可能出现的工艺瑕疵等。在这个过程中我们可以直观判断设计纹理样板是否与整体效果协调一致,设计师可以第一时间看到效果。

2) 人机交互

除了外观和材质,在汽车内部的人机交互部件设计也同样可以让虚拟现实技术发挥作用。包括座椅、转向盘、变速器操作杆、指示灯、后视镜、刮水器、车门手柄、多媒体娱乐以及空调等都可以利用虚拟现实技术进行设计。

设计师可以借助VR数据手套设计开发。开闭件的合理性、上下车的便利性以及人机界面操作的合理性与便捷性,都可以有效地在虚拟现实中获得直观真实的感受。借助虚拟工具,人们可以坐在汽车的座椅上,看到真实的驾驶室布置,观察各式各样的仪表板、变速器操纵杆及附属装置,可以检查座椅的高低是否合适、仪表的按键是否在手可及的范围内、手指操作是否方便,以及车内采光效果如何等,从而进行更细致专业的调整。

4. 智能座舱

1) 智能座舱概述

智能座舱主要涵盖座舱内饰和座舱电子领域的融合创新,是汽车产业数字化、智能化发展的新型趋势,它从消费者需求及应用场景角度出发构建了一套全新的人机交互体系,其目标在于提高座舱内的安全性、舒适性和可操作性。对于智能座舱,目前没有标准化的定义,业内主要有两种不同的定义方法。其中第一种将智能座舱定义为智能服务系统,从终端消费者需求及应用场景出发,智能座舱能主动洞察和理解用户需求,又能满足用户需求。在这一阶段的智能座舱发展形态中,乘客不仅无需担忧驾驶和出行,还能在智能座舱中获得舒服的体验。另一种将智能座舱定义为智能移动空间。在这种具有未来感的定义下,汽车将彻底告别仅仅作为出行工具的角色,目标是实现座舱与人、车、路的智能交互,这种形态的智能座舱将更加智能化和人性化,业内将其看作是汽车和房间组合而成的一个全新的产品品类。现代智能座舱如图8-32所示。

a) 特斯拉 Model3　　　　　　　　b) 蔚来 ES6

图 8-32　现代智能座舱

2) 智能座舱关键技术

智能座舱是由不同的座舱电子组成的完整体系,其关键技术主要由四部分组成。第一部分是机械技术,包括可变化车体技术和内饰机构技术。未来汽车可根据不同模式进行伸缩折叠是一种趋势,座舱需要可以根据乘客对于不同场景的使用需求,实现内饰空间的不断调整变化。第二部分是电子硬件技术,包含芯片技术、显示屏技术、专用电器总成以及传感器技术四大技术。第三部分是软件技术,主要有操作系统和各种应用软件。汽车智能化发展必然会趋向于一机多屏,通过操作系统实现一个车机芯片控制各屏的软件。第四部分是两大支撑技术,分别是人工智能技术和云计算技术。未来智能算法的准确性决定了不同品牌智能座舱的差异化,是影响车内体验的关键。

第五节　共享出行中的自主代客泊车技术

一、自主代客泊车概述

随着我国汽车保有量的迅速增长,城市道路拥堵、空气污染和停车难等问题日益严重。当前,停车位的增长速度远远赶不上汽车数量的增加,导致车位利用率低、寻找车位困难,并进一步加剧了交通拥堵和环境污染。自主代客泊车技术(AVP)的出现,为解决这些问题提供了重要手段。

自主泊车系统是由自动泊车系统(APA)演变而来。APA 系统要求驾驶人将车辆行驶至提示的泊车起始位置后,系统再自动泊车。与 APA 不同,自主泊车系统(AVP)能够在距离空余车位较远的地方就开始规划路线,实现全程自动驾驶和泊车,无需人工干预。AVP 技术依赖超声波雷达、激光雷达、摄像头、高精度地图及车载通信功能,分为两个阶段:从下车点到空余车位的自主驾驶阶段和在车位旁的自动泊车阶段。

AVP 作为 L4 级别自动驾驶技术,适用于低速行驶、封闭停车场环境,并且基础设施可以配备传感器,因而被视为自动驾驶发展的重要里程碑。AVP 系统可以分为长距(室外)和短距(室内)两种类型。目前,短距 AVP 技术已相对成熟,而长距 AVP 则有待进一步发展。总体而言,自主泊车技术在缓解停车难题和改善用户"最后一公里"驾驶体验方面具有巨大潜力。

进入停车场,并在停车场内自动寻找车位,是 AVP 功能的核心。在没有任何控制的情况下,车辆如何在停车场内自动、准确地寻找到可停的车位,是 AVP 的重点和难点。目前寻找车位的方案有两种技术路线,一种是纯车端路线,即让车辆在停车场内边行驶边搜索车位,一旦搜索到可用的车位,就停下来准备泊入车位;另一种是车-场端结合的路线、即停车场内安装设备,将可用的车位信息和停车场内其他信息如障碍物等,发送给车辆,车辆将场端给定的车位作为终点,规划好行驶路径,直接开到终点。

在寻找车位的过程中,涉及路径规划、车位识别、避障、字符识别等功能。对于纯车端方案,路径规划即车辆自行规划搜索车位的前进路线,需要结合周边场景,边前进边规划;对于车-场端结合的方案,路径规划指规划从当前位置到目标停车位的路径,然后车辆直接按该路径行驶即可。车位识别功能需要车辆能够自主识别各种类型的车位。通常会从不同的维度来划分车位类型,维度包括车位方向、车位标线、车位字符等。避障是指车辆在寻找车位过程中,识别出周边所有的障碍物,并能及时通过加减速、转向或停车等工作,避开障碍物,确保安全、高效行驶。障碍物主要包括静态障碍物和动态障碍物,在车-场端结合的方案中,障碍物还可以由场端的设备实时传输给车辆,提升避障的准确率和效率。字符识别是指车辆能够识别在行驶过程中遇到的标识牌、地面、立柱等标注的字符,如直行与转向箭头、道路线、斑马线、车位号、特殊车位标识等,车辆需要通过这些字符标识,决策自己的行驶动作,并确认车位可用性。寻找并确认车位后,开始自动泊入车位,通过规划泊入路径并控制车辆按路径完成泊入车位的工作。根据泊车方式,可以分为平行式泊车、垂直式泊车和斜列式泊车。平行式泊车是指车辆与车位平行,垂直式泊车是指车辆与车位垂直,斜列式泊车是指车辆与车位呈一定角度。

自主代客泊车技术旨在解决因车辆保有量增加和人们消费水平提高所带来的城市停车难题。在城市地区,特别是商业区和旅游景点,停车位紧张且密集的停车环境对驾驶人技术要求较高,停车事故发生率逐年上升。自主代客泊车技术不仅能够改造停车区域,提高车位利用率,还能改变驾驶习惯,降低因停车导致的安全问题。这项技术能够节省驾驶人寻找车位的时间和燃油,缓解交通拥堵,减少尾气排放,并改善环境质量。此外,全自动泊车过程减轻了驾驶人的心理压力,缩小了停车位的尺寸需求,使停车场设计更为紧凑,同时强大的感知系统和精准控制大幅降低泊车事故的发生率,确保整个泊车过程更加安全高效。

二、自主代客泊车系统

自主代客泊车系统按照功能结构一般可以分为网络通信、地图感知以及决策规划等系统,亦可以分为场端与车端结构,具体如图 8-33 所示。

图 8-33 中,由感知模块与离线地图获知周围环境,输入到决策模块,同时进行行为规

划,最后将规划路径提供给运动控制模块。感知部分中高精度离线地图一般为3D地图与语义地图;车载传感器一般为GPS、摄像机、超声波雷达或声呐雷达等。路径规划部分一般可以分为全局规划、局部规划、停车规划三个阶段,主要算法有基于几何法与基于地图法。

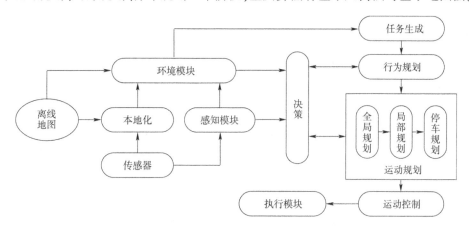

图8-33 自主代客泊车系统示意图

自主代客泊车系统的结构布置大致分为车端AVP系统、场端AVP系统、融合AVP系统三种方案,每种方案都存在着自身的优点和缺点。

车端AVP系统方案在不改变停车基础设施的情况下通过在车辆上搭载传感器,提升车辆的智能性,使车辆完成自主代客泊车功能。通过提升车辆的智能化,使车辆完成自主泊车功能。一方面,由于科技的发展车辆自身已经变得越来越智能化,成熟的智能驾驶车辆可以避免对基础设施的改变和投资。另一方面,搭载相关的传感器(如超声波传感器和摄像头)的车辆通过相应传感定位基础可以完成自主泊车功能。但是,使用智能车辆完成泊车时面临着如下挑战:(1)传感器如何布置。(2)在停车场环境不断变化的情况下,如何始终保证可靠和精确的定位。(3)一旦车辆在停车后重新初始化后,如何保证环境中被遮挡的部分没有障碍物,例如轮胎、车底、保险杠下面的部分。这种方案优点是车辆可以自由选择停车场,普通停车场就可以满足泊车要求。而缺点是比较依赖高精地图,需要提前采集好停车场地图才可以进行泊车操作,且车辆成本较高。

场端AVP系统方案是通过改造停车场基础设施完成车辆自主泊车。这种方法在场端布置相应感知和定位传感器,通过传感器向车辆发送信息和控制命令,传输信息更快,车辆仅需具备电子控制和远程互联功能即可,这对车辆要求较低,廉价成本的汽车也可拥有AVP功能,适用范围更广。但是集成传感器需要对基础设施进行更改和投入大量资金,对停车场改造成本较高,并且场地固定。而车端AVP则是将传感器都安装在车辆上,普通停车场就可以满足泊车要求。并且如何布置场端传感器,如何统一使车辆制造商之间接受控制信息的接口得到统一,是此方法的难点。

融合AVP系统方案是同时改造车辆和停车基础设施,使两者实现相互支持。在改造停车基础设施时,不会提升车辆的感知性能,但是可以增加停车系统的冗余性,提升车辆的安全性。

三、平行泊车案例

泊车规划算法主要分为几何方法和数值优化方法。为优化资源和时间消耗，几何路径规划算法更为适用。通过选择合适的曲线，几何方法能够规划出无碰撞的安全路径。

（一）平行泊车的两圆弧相切规划算法

最简单的平行泊车几何路径规划算法是两圆弧相切法。车辆通过两段相切的圆弧倒车入位，该方法模仿人类驾驶人的泊车经验。逆向推导路径，从终点到起始点计算无碰撞路径，再将路径反向，得到从起始点到终点的泊车路径。

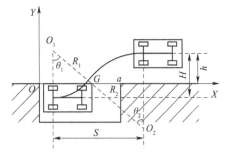

图 8-34　两圆弧相切的平行泊车

整个泊车过程如图 8-34 所示，车辆从终点位置开始规划，转动中心为 O_1，对应的圆弧段角度为 θ_1，半径为 R_1。当行驶到 G 点时，改变转向，即 G 是两段圆弧的切点。新的转动中心为 O_2，对应的圆弧段角度为 θ_2，半径为 R_2。泊车开始前，起始点的 x 坐标无法确定，但是通过雷达探测可以得到车辆与过道边界的距离 h，则起始点的 y 坐标可以获得，设定好终点位置后，就可以知道起始点与终点位置的纵向距离 H，我们需要求出起始点与终点位置的水平距离为 S，从而确定起始点位置。

由几何关系可知，两段圆弧段的角度相等，即 $\theta_1 = \theta_2$，我们直接使用 θ 来表示这两个角度。由泊车起始点与终点的位置关系，可以得到下列两个关系式：

$$S = (R_1 + R_2)\sin\theta \tag{8-16}$$

$$H = (R_1 + R_2)(1 - \cos\theta) \tag{8-17}$$

变换可得：

$$\left(\frac{S}{R_1 + R_2}\right)^2 + \left(1 - \frac{H}{R_1 + R_2}\right)^2 = 1 \tag{8-18}$$

消去角度 θ，可得：

$$R_1 + R_2 = \frac{S^2 + H^2}{2H} \tag{8-19}$$

则

$$S = \sqrt{2H(R_1 + R_2) - H^2} \tag{8-20}$$

从式（8-15）可知，S 与两段圆弧的半径大小有关。这两个半径还是未知参数，需要求解。最小车位与第一段圆弧半径有关，转弯半径越小，需求的车位尺寸也越小，所以为了提高泊车成功率，一般将半径 R_1 设置为后轴中心点的最小转弯半径。

当半径时 $R_1 = R_{\min}$，则半径 R_2 为：

$$R_2 = \frac{S - R_{\min} \cdot \sin\theta}{\sin\theta} \tag{8-21}$$

在分析平行泊车的最小车位时，若车位符合最小车位要求，车辆从终点驶离时不会碰撞障碍物,即 R_1 对应的弧线段规划路径是安全的。然而,需计算 R_2 对应的弧线段规划的路径是否发生碰撞,特别是离车位障碍点最近的一段。如果车辆不与障碍点 a 碰撞,则该路径也是安全的。R_2 若满足避障约束条件则表示规划路径是安全可行的:

$$R_2 > R_{O_{2a}} + W/2 \tag{8-22}$$

式中:$R_{O_{2a}}$——圆心 O_2 到障碍点 a 的距离;
　　　W——车辆宽度。

上述约束条件如果不满足,则说明使用两圆弧相切的方法无法得到一条无碰撞的泊车路径,需要寻找下一个车位或者调整车辆起始点位置,使得式(8-22)成立。

当 R_1 和 R_2 都确定并且满足规划要求,可以计算出圆弧段角度 θ 为:

$$\theta = \arcsin \frac{S}{R_1 + R_2} \tag{8-23}$$

平行泊车两圆弧相切方法规划的路径表达式如下:

$$\begin{cases} x_1 = x_{01} + R_1 \sin\theta_1 \\ y_1 = y_{01} - R_1 \cos\theta_1 \end{cases}, 0 \leq \theta_1 < \arcsin \frac{S}{R_1 + R_2} \tag{8-24}$$

$$\begin{cases} x_2 = x_{02} - R_2 \sin\theta_2 \\ y_2 = y_{02} + R_2 \cos\theta_2 \end{cases}, 0 \leq \theta_2 < \arcsin \frac{S}{R_1 + R_2} \tag{8-25}$$

当第一段圆弧段角度小于 θ 时,使用式(8-24)来求解后轴中心点 E 的坐标;当角度大于等于 θ 时,路径表达式则使用式(8-25)。

(二)平行泊车的圆弧切直线规划算法

两圆弧相切的规划算法简单但有不足之处。首先,转向变化角度大,需从一个最大转向角到反方向的最大转向角,对车辆的电动助力转向(EPS)系统要求高,且轮胎磨损严重。此外,起始位置与终点位置的纵向距离 H 较大时,难以完成泊车操作。改进的方法是使用圆弧切直线的规划,中间插入一段直线,车辆无需大角度原地转向,减轻对 EPS 系统的压力,减少轮胎损耗,并且使泊车操作更容易完成。

泊车过程如图 8-35 所示。

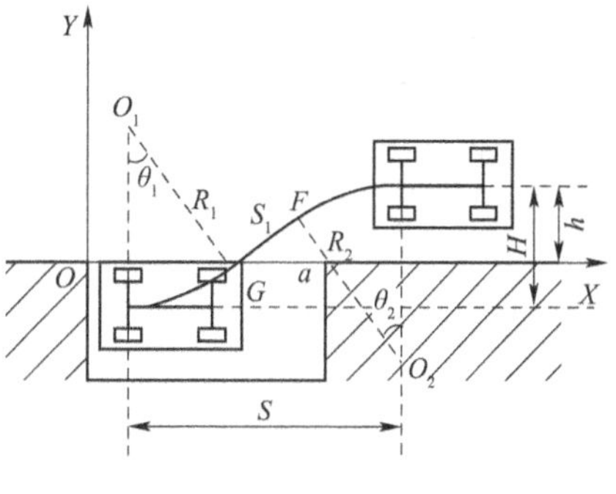

根据几何关系,可得:

图 8-35　圆弧切直线的平行泊车

$$H = (R_1 + R_1)(1 - \cos\theta) + S_1 \sin\theta \tag{8-26}$$

$$S = (R_1 + R_2)\sin\theta + S_1 \cos\theta \tag{8-27}$$

为了减小对泊车环境的要求,圆弧切直线方法中的两段圆弧半径 R_1 和 R_2 都采用最小转弯半径 $R_{\min}$,并且 θ 一般取 $\pi/4$,则直线段 S_1 长度为:

$$S_1 = \frac{H - 2R_{\min}(1 - \cos\theta)}{\sin\theta} \tag{8-28}$$

碰撞约束条件和两圆弧相切一样,需要判断 R_2 对应的圆弧段车辆是否和车位障碍点 a 发生碰撞。判断条件如下:

$$R_2 > R_{O_{2a}} + W/2 \tag{8-29}$$

平行泊车的圆弧切直线算法的路径点坐标表达式如下：

R_1 对应圆弧段路径：

$$\begin{cases} x_1 = x_{O1} + R_{\min}\sin\theta_1 \\ y_1 = y_{O1} - R_{\min}\cos\theta_1 \end{cases}, 0 \leqslant \theta_1 < \frac{\pi}{4} \tag{8-30}$$

直线段路径：

$$\begin{cases} x_3 = x_G + s \cdot \cos\dfrac{\pi}{4} \\ y_3 = y_G + s \cdot \sin\dfrac{\pi}{4} \end{cases}, 0 \leqslant s < S \tag{8-31}$$

R_2 对应圆弧段路径：

$$\begin{cases} x_2 = x_{O2} - R_{\min}\sin\theta_2 \\ y_2 = y_{O2} + R_{\min}\cos\theta_2 \end{cases}, 0 \leqslant \theta_2 < \frac{\pi}{4} \tag{8-32}$$

复习思考题

1. 简述人工智能的定义及其与智能驾驶之间的关系。
2. 简述人工智能技术在智能驾驶领域的主要应用内容。
3. 简述智能网联汽车的感知系统组成。
4. 驾驶辅助与自动驾驶之间的区别与联系是什么？
5. 智能驾驶与车联网之间的关系是什么？
6. 简述激光雷达、毫米波雷达、摄像头作为智能驾驶的感知传感器的特点。
7. 智能汽车通常包含哪几部分？各部分完成什么任务？
8. 列举三种常见的驾驶辅助系统，并说明其功能。

第九章

大数据平台技术与安全监管

第一节 概 述

一、共享出行大数据平台技术发展背景

随着共享出行方式的推广,共享出行规模日益增长,积累了海量的运营数据,依托多元大数据的分析及挖掘,为城市交通政策的制定、城市交通运行的优化、安全监管、乘客出行体验、驾驶员管理和商业决策等方面提供有力支持,对于提高城市交通运输效率和服务质量具有重要意义,主要体现在以下几个方面。

(1)交通规划和城市交通管理优化。通过分析网约车数据,掌握城市不同区域的出行需求和流量分布规律,为城市规划部门进行交通规划和优化,提高交通效率,减少拥堵提供支撑。

(2)出行服务优化,提升乘客出行体验。通过分析乘客的出行偏好和习惯,优化车辆调度和服务范围,提高乘客的出行体验,增加用户满意度。通过数据分析,可以更好地满足用户的出行需求,提供更高效、便捷的出行服务。

(3)提升驾驶员管理和安全监控水平。可以利用数据分析来监控驾驶员的行为和安全状况,及时发现并解决安全隐患,提高乘客的安全保障。监控交通安全状况,及时发现并解决交通安全隐患,提高乘客的安全保障。通过数据分析,可以识别交通事故多发区域,采取有针对性的安全措施。

(4)支撑交通运输政策的制定。政府部门可以通过共享出行数据掌握城市出行的特征及问题,制定更科学合理的交通运输政策,比如网约车的规模、准入细则等,促进城市交通的可持续发展。

(5)环保和节能减排。通过数据的挖掘有助于了解不同区域的出行模式和需求,从而推动绿色出行方式的发展,减少碳排放,提高能源利用效率。例如,可以通过数据分析优化车辆调度,减少空驶里程,降低能源消耗。

(6)支持运营优化及商业决策。通过收集和分析大量的用户出行数据,平台可以了解用户的出行习惯、路线特点等信息,从而更好地规划车辆调度,优化车辆的投放和调度,确保在高峰时段和热点区域有足够的车辆供用户使用,提升出行体验。通过对历史数据进行分析,共享出行平台可以预测用户在不同时间段的需求量,为运营企业提供更加精确的运营方案。例如,在节假日或周末等出行高峰期,平台可以提前预测需求量的增加,从而增加车辆的投放,满足用户的出行需求。也可以用于商业用途,比如帮助商家选择合适的店铺位置、预测人流量等,可以更好地了解消费者的出行习惯和行为,为商业决策提供支持。

二、共享出行安全监控发展背景

共享出行给大家带来方便的同时,也产生了诸多安全问题。这就需要大数据平台与终

端技术来支撑共享出行中的安全监控。共享出行中的安全监控主要涉及两个方面：一是实时监控乘客的安全,避免乘客受到侵害;二是实时监控驾驶员的驾驶状态,避免驾驶员因分心、疲劳、反映不及时等引发交通事故。在这个过程中,终端收集和记录车内信息和车辆行驶信息,并将关键信息上报大数据平台,大数据平台根据终端上次的关键信息对大量运营车辆进行监管。

1. 乘客安全保护方面

2018年8月24日,浙江乐清市一名女孩乘坐网络预约出租汽车后失联。8月25日上午,网络预约出租汽车驾驶员犯罪嫌疑人落网并交代了乘客已被其杀害的犯罪事实。事件在全国范围内引起广泛关注,并促进了共享出行运营方规范平台管理流程,加强运营过程中的安全监控。2018年8月27日,广州、重庆、东莞、武汉等多地都对平台运营方进行了约谈。深圳市网信办、深圳市公安局、深圳市交通运输委联合约谈平台运营方深圳分公司相关负责人,责令平台于9月底前完成四项全面整改工作,否则将对其采取联合惩戒、撤销经营许可证、App下架等措施。2018年8月31日,交通运输新业态协同监管部际联席会议召开第二次会议,决定自9月5日起,在全国范围内对所有网约车顺风车平台公司开展进驻式全面检查。会议指出,确保网约车行业安全发展事关人民群众切身利益、事关经济社会发展大局。

2. 驾驶员监控方面

主动安全智能防控终端能够在驾驶员具有不合理驾驶行为时预先给驾驶员进行警告并实时上报监管部门,可以有效减少由于驾驶员超速、超载、疲劳驾驶等行为引发的事故。因此,主动安全智能防控系统对与提高道路运输车辆的安全性具有非常重要的意义。为了提升我国道路运输行业安全保障水平,早在2004年5月1日公安部颁布的《道路交通安全法》,在《实施条例》中要求,用于公路营运的载客汽车、重型载货汽车、半挂牵引车应当安装、使用符合国家标准的汽车行驶记录仪。2011年6月,交通运输部发布《道路运输车辆卫星定位系统终端通讯协议及数据格式》(JT/T 808)、《道路运输车辆卫星定位系统平台技术要求》(JT/T 809),将行驶记录仪与卫星定位终端有机结合,形成政府监管平台,对车辆行驶速度、时间、里程以及有关车辆行驶的其他状态信息进行记录。传统的行驶记录仪只能记录车辆的行驶状态、轨迹,政府和企业平台无法主动管理且手段单一,考核主要依靠人工进行,工作量大,难以做到实时、动态、有效地监控和管理。

为进一步提升我国道路运输行业安全科技保障水平,有效遏制和减少重特大事故发生,2018年8月,交通运输部办公厅下发《关于做好重点营运车辆全面推广和试点应用智能视频监控报警技术相关工作的通知》,鼓励各地安装智能视频监控报警、防碰撞和整车整船安全运行监管技术装备,并采取"以奖代补"形式,首先开展"两客一危"车辆车载集成终端换装升级工作。为了贯彻交通运输部文件精神,2018年10月,陕西省交通运输厅下发《关于开展陕西省"两客一危"车辆车载集成终端换装升级工作的通知》(陕交函〔2018〕742号),要求加快推进全省"两客一危"营运车辆终端换装工作,切实保障和促进道路运输行业安全生产。2018年,湖南衡阳"6·29"等重特大交通事故发生后,交通运输部发布交运办115号文件,要求各省、自治区、直辖市汲取事故教训,综合采取人防和技防相结合的方式,切实纠正驾驶员疲劳驾驶、行车接打手机等隐患,有效遏制和减少重特大事故的发生,按照党中央、国务院有关安全生产工作部署,在道路客货运输领域推广应用智能视频监控报警技术,全面提升道路运输安全保障水平。

第二节 大数据平台

一、大数据的概念

如今,我们生活在一个数字化的世界里,大数据的应用也变得越来越广泛,它深度改变着我们的生产生活方式。大数据在各行各业都发挥着自己的作用,这些行业也从大数据中获取了当下真正有价值的信息,从而极大地提高了生产效率,在交通行业更是如此。

随着我国社会经济和城镇化的快速发展,随着机动车保有量的不断提高,交通拥堵日益严重,出行的交通能耗、交通时间成本日益增加,交通问题已经成为与每个城市居民出行密切相关的社会问题。在此背景下,以 Uber、滴滴出行等服务为典型代表的"共享出行"方式为人们提供了全新的更便捷和舒适的出行体验。这些服务平台作为公共交通的有益补充,可以在一定程度上帮助缓解城市交通出行压力。

而这些服务平台就是基于大数据来运作的,以滴滴出行为例:滴滴平台每天产生超过 70TB 数据(相当于 7 万部电影),每日处理超过 90 亿次路径规划请求,日均定位数据超过 130 亿。滴滴在自己的大数据平台上,通过收集到的出行大数据,可以实现区域热力图、OD 数据分析、城市运力分析、城市交通出行预测、城市出行报告以及信号灯动态配时等,同时还能在公共出行服务,比如实时路况、实时公交、预计到达时间(Estimated Time to Arrival, ETA)、城市运力补充等方面,发挥巨大价值。

(一)大数据的发展

从文明之初的"结绳记事",到文字发明后的"文以载道",再到近现代科学的"数据建模",数据一直伴随着人类社会的发展变迁,承载了人类基于数据和信息认识世界的努力和取得的巨大进步。然而,直到以电子计算机为代表的现代信息技术出现后,其为数据处理提供了自动的方法和手段,人类掌握数据、处理数据的能力才实现了质的跃升。信息技术及其在经济社会发展方方面面的应用(即信息化),推动数据(信息)成为继物质、能源之后的又一种重要战略资源。

"大数据"作为一种概念和思潮由计算领域发端,之后逐渐延伸到科学和商业领域。大多数学者认为,"大数据"这一概念最早公开出现于 1998 年,美国高性能计算公司 SGI 的首席科学家约翰·马西(John Mashey)在一个国际会议报告中指出:随着数据量的快速增长,必将出现数据难理解、难获取、难处理和难组织等四个难题,并用"Big Data(大数据)"来描述这一挑战,在计算领域引发思考。

2007 年,数据库领域的先驱人物吉姆·格雷(Jim Gray)指出大数据将成为人类触摸、理解和逼近现实复杂系统的有效途径,并认为在实验观测、理论推导和计算仿真等三种科学研究范式后,将迎来第四范式——"数据探索",后来同行学者将其总结为"数据密集型科学发现",开启了从科研视角审视大数据的热潮。2012 年,牛津大学教授维克托·迈尔-舍恩伯格(Viktor Mayer-Schnberger)在其畅销著作《大数据时代(*Big Data:A Revolution That Will Transform How We Live,Work,and Think*)》中指出,数据分析将从"随机采样""精确求解"和"强调因果"的传统模式演变为大数据时代的"全体数据""近似求解"和"只看关联不问因果"的新模式,从而引发商业应用领域对大数据方法的广泛思考与探讨。

大数据于 2012、2013 年达到其宣传高潮,2014 年后概念体系逐渐成形,对其认知亦趋于理性。大数据相关技术、产品、应用和标准不断发展,逐渐形成了包括数据资源与 API、开源平台与工具、数据基础设施、数据分析、数据应用等板块构成的大数据生态系统,并持续发展和不断完善,其发展热点呈现了从技术向应用、再向治理的逐渐迁移。

(二)大数据的定义与特征

1. 定义

经过多年来的发展和沉淀,人们对大数据已经形成基本共识:大数据现象源于互联网及其延伸所带来的无处不在的信息技术应用以及信息技术的不断低成本化。大数据泛指无法在可容忍的时间内用传统信息技术和软硬件工具对其进行获取、管理和处理的巨量数据集合,具有海量性、多样性、时效性及可变性等特征,需要可伸缩的计算体系结构以支持其存储、处理和分析。

想要认知大数据,可从以下几个方面从总体上有一个概括性的了解。

(1)大数据来源。大数据的来源众多,可以源自多领域、多行业、不同层次,甚至不同的应用。如大数据可以来自互联网、政府、企业和个人等方面。

(2)大数据构成。结构化、半结构化和非结构化数据构成了大数据集,非结构化数据成为组成大数据的主要部分。

(3)数据量庞大。大数据是海量数据,从 TB 级别跃升到 PB 级别。

(4)增长快。由于大数据的来源众多,其数据量的增长要比传统快得多。

(5)关联性复杂。庞大的数据集中隐藏着非常复杂的关联,数据之间彼此的相关性呈现出多种关系。

(6)应用价值高。从大数据的基本特征可以看出,需要发现并解析大数据的价值所在,并洞悉大数据的发展趋势。在当今以大数据为代表的技术创新下,这些原本看起来很难收集和应用的数据开始容易被利用起来,预示着大数据会逐步为人类创造更多的价值。

2. 特征

从大数据概念中可以看出大数据具有的几个基本特征,业界将其归纳为 5 个"V"。

(1)大量(Volume),海量数据。

(2)高速(Velocity),处理速度快,一般要在秒级时间范围内给出处理结果,这个速度要求是大数据处理和传统的数据处理最大的区别。

(3)多样(Variety),数据来源复杂,数据类型繁多。如文档、视频、图片、地理位置信息等等。

(4) 真实性(Veracity)，大数据是客观的。数据分析的结果具有客观和真实性。

(5) 价值(Value)，大数据价值密度相对较低，或者说是浪里淘沙却又弥足珍贵。随着互联网以及物联网的广泛应用，信息感知无处不在，信息海量，但价值密度较低，如何结合业务逻辑并通过强大的机器算法来挖掘数据价值，是大数据时代最需要解决的问题。

大数据的价值本质上体现为：提供了一种人类认识复杂系统的新思维和新手段。就理论上而言，在足够小的时间和空间尺度上，对现实世界数字化，可以构造一个现实世界的数字虚拟映像，这个映像承载了现实世界的运行规律。在拥有充足的计算能力和高效的数据分析方法的前提下，对这个数字虚拟映像的深度分析，将有可能理解和发现现实复杂系统的运行行为、状态和规律。

(三) 大数据的核心思想

大数据的诞生标志着人类在寻求量化和认识世界的道路上前进了一大步，过去难于计量、存储、分析和共享的很多事物都被数据化了，拥有大量且不一定非常精确的数据为我们观察和理解世界打开了一扇新的大门。我们可以从三个维度来理解大数据及其价值。

首先，从横向来看反映的是事物之间的联系，多重的关联向我们展现出了以前不曾有过且丰富多彩的数据世界，事物之间的相关和联系能够更加客观真实地增强我们的认知，使我们对事物的认识更加深刻和全面。

其次，再看纵向呈现的是事物之间的变化及其趋势，动态的变化使我们能够通过数据观察到事物的状态，其变化则能进一步把握发展的方向，和预测未来变化的趋势。

最后，从局部和整体看，由于大数据具体而全面，能够客观地反映事物的整体，使我们能够全面掌握事物的真实状态，以便客观地观察和把握事物的现状。由此可见大数据与传统数据不同，为我们展现出很高的应用价值。

1. 客观反映整体

在传统数据时代，由于没有全数据，只能用局部数据来反映整体，力求用最少的样本数据得到最为精准的结论。事实上，从真实和客观性上来讲，这是具有一定偏差的。如我们常用统计学方法，通过抽样和一定的概率运算得到的结果来预估全局和整体，并不完全客观与真实。随着大数据的发展，数据处理能力有了很大的提高，技术不再成为限制。数据总量相较以前有了大幅度的增加，而且这个总量在未来会越来越多，即样本会无限接近于总体。用全数据代替随机样本，是为了能将影响结果的所有可能性都涵盖，为的不是精准，而是全面、客观和真实。

但是，统计抽样依然会做，在某些特定的领域，通常会使用样本分析法，比如，市场监管系统每年都要进行质量抽检，具体做法是针对不同的产品类型制定不同的抽检方案。在方案中要明确抽检的方法，批次和数量等，检验完成后，依据检验的结果来判定整体产品质量的优劣。但这已经不是主要方式了，逐渐地我们会去拥抱大数据。

2. 从相关性看事物之间的联系

事物之间是普遍联系的，联系的事物反映了客观世界，我们是通过观察事物之间的相互关联来获取客观的认识。大数据时代，通过关注数据间线性的相关关系，以及更为复杂的非线性相关关系，可以帮助人们看到很多以前不曾注意的联系，还可以掌握以前无法理解的复杂模式与形态,相关关系甚至可以超越因果关系,成为了解这个世界的更好视角。

人们可以通过大数据技术挖掘出事物之间的相关关系,获得更多的认知与洞见,运用这些认知与洞见就可以帮助我们捕捉现在和预测未来。如从网上挖掘数据信息,从不同种类的数据中提取感兴趣的信息,然后进行分析,并把此信息进行关联,解析出有用的信息。比如,某个人在网上浏览信息,以其浏览信息的记录通过数据分析,就可挖掘出其喜欢阅读的信息类型和相关信息类型,那么与此信息类型关联的信息就会动态不断地呈现在其面前,以此极大地方便了其阅读并有效减少了搜索时间。使用相关性的思维方式来思考问题,解决问题,是人类认知的一种重要方式。

3. 实现可预测

大数据的核心功能之一就是预测。大数据预测就是把算法运用到海量的数据上来预测事件发生的可能性。也就是说,预测是在大数据集中挖掘历史数据和相关数据,运用一定的数学方法进行科学的加工整理,揭示其规律性,预测和推测事件发生的可能性和未来发展变化情况。要实现准确可靠的预测需遵循以下几个主要原则:首先是连贯性,就是从时间上考察事件的发展和变化,其各个阶段具有连续性;其次是类推性,就是根据过程的结构和变化所具有的模式和规律,可以推测出将来发展变化情况;再次是相关性,各种事物之间存在直接或间接的联系,因此存在着相互影响、相互制约、相互促进的关系;最后是客观性,信息必须是客观的,才能反映真实的状态,预测结果才能切合实际。

依据在大数据上进行预测分析的方法和原则,就可以预测或推测事件未来发生的可能性和发展变化,比如政府部门按照统一标准,动态采集相关政务数据,在形成的政务大数据基础上挖掘并分析监管业务的状态及变化趋势,为领导预判和决策指挥提供及时、准确、全面的信息支撑,以有效提升政府监管和服务能力。当然,大数据可以预测的范围比较广,之所以实现可预测,关键在于其是建立在海量大数据的基础之上的。

4. 智能化和高效率

我们知道,计算机技术的发展极大地推动了自动控制、人工智能的水平和机器学习等新技术的发展,特别是机器人的研发及应用,深度融合大数据出现使其具有了自我学习的功能。机器学习是一种通过计算机系统从数据中自动获取知识和经验,并利用这些知识和经验进行模式识别、预测和决策的技术。其核心思想是使用数据来训练计算机算法,使其能够自动地从数据中学习并改进自身的性能。通过分析和解释大量的输入数据,机器学习算法可以识别数据中的模式和趋势,并生成可以应用于新数据的预测模型。机器学习是指:如何使用计算机模拟和实现人类获取知识(学习)过程、创新、重构已有的知识,从而提升自身处理问题的能力,机器学习的最终目的是从数据中获取知识以改善自身性能的行为。

大数据时代的到来,为提升机器智能带来契机,因为大数据将有效推进机器思维方式由自然思维转向智能思维,这是大数据推动思维方式转变的关键所在。众所周知,人脑之所以具有智能、智慧,就在于它能够对周围的数据信息进行全面感知并按照逻辑进行判断、分析和归纳总结,获得对有关事物或现象的认识与见解。同样,在大数据时代,随着物联网、云计算、可视技术等的突破发展,机器依托大数据系统也能够自动地搜索所有相关的数据信息,进而以类似"人脑"一样主动、立体、逻辑地分析数据、做出判断、提供洞见,那么,无疑也就具有了类似人类的智能思维能力和预测未来的能力。比如,由谷歌公司开发的阿尔法国际象棋软件存储了海量的专业棋局,模仿了人类大师的下棋方式,在与人对弈过程中不断深度学习,进而战胜世界冠军,这是典型的立足于大数据在人工智能研究方面取得的重大成果。

"智能、智慧"是大数据时代的显著特征,同样带来了事物处理的高效率。譬如智能机器能提高产出效率和销售效率,原因是大数据能够让我们知道市场的需求,人的消费趋向。如前文提到的由谷歌公司开发的阿尔法国际象棋软件,在与人的对弈过程中展现出了极高的计算效率就是很好的例证。

大数据和智能化由于更加关注处理事务效率的提高,所以让决策更科学更加高效。在当今快速变化的时代,我们无不追求效率,预测就是效率、变革就是效率、创新就是效率,效率就是价值,而这一切离不开对大数据的认知与应用。

(四)大数据的现状与趋势

全球范围内,研究发展大数据技术、运用大数据推动经济发展、完善社会治理、提升服务和监管能力正成为趋势。下面将从大数据应用、治理体系和大数据技术三个方面对当前大数据的现状与趋势进行介绍。

1. 大数据应用

目前已有众多成功的大数据应用,但就其效果和深度而言,当前大数据应用尚处于初级阶段,根据大数据分析预测未来、指导实践的深层次应用将成为发展重点。

按照数据开发应用深入程度的不同,可将众多的大数据应用分为三个层次。

第一层,描述性分析应用,是指从大数据中总结、抽取相关的信息和知识,帮助人们分析发生了什么,并呈现事物的发展历程。如美国的 DOMO 公司从其企业客户的各个信息系统中抽取、整合数据,再以统计图表等可视化形式,将数据蕴含的信息推送给不同岗位的业务人员和管理者,帮助其更好地了解企业现状,进而做出判断和决策。

第二层,预测性分析应用,是指从大数据中分析事物之间的关联关系、发展模式等,并据此对事物发展的趋势进行预测。如微软公司纽约研究院研究员 David Rothschild 通过收集和分析赌博市场、好莱坞证券交易所、社交媒体用户发布的帖子等大量公开数据,建立预测模型,对多届奥斯卡奖项的归属进行预测。2014 年和 2015 年,均准确预测了奥斯卡共 24 个奖项中的 21 个,准确率达 87.5%。

第三层,指导性分析应用,是指在前两个层次的基础上,分析不同决策将导致的后果,并对决策进行指导和优化。如无人驾驶汽车分析高精度地图数据和海量的激光雷达、摄像头等传感器的实时感知数据,对车辆不同驾驶行为的后果进行预判,并据此指导车辆的自动驾驶。

当前,在大数据应用的实践中,描述性、预测性分析应用多,决策指导性等更深层次分析应用偏少。一般而言,人们做出决策的流程通常包括:认知现状、预测未来和选择策略这三个基本步骤。这些步骤也对应了上述大数据分析应用的三个不同类型。不同类型的应用意味着人类和计算机在决策流程中不同的分工和协作。例如:第一层次的描述性分析中,计算机仅负责将与现状相关的信息和知识展现给人类专家,而对未来态势的判断及对最优策略的选择仍然由人类专家完成。应用层次越深,计算机承担的任务越多、越复杂,效率提升也越大,价值也越大。然而,随着研究应用的不断深入,人们逐渐意识到前期在大数据分析应用中大放异彩的深度神经网络尚存在基础理论不完善、模型不具可解释性、鲁棒性较差等问题。因此,虽然应用层次最深的决策指导性应用,当前已在人机博弈等非关键性领域取得较好应用效果,但是,在自动驾驶、政府决策、军事指挥、医疗健康等应用价值更高,且与人类生命、财产、发展和安全紧密关联的领域,要真正获得有效应用,仍面临一系列待解决的重大基础理论和核心技术挑战。在此之前,人们还不敢、也不能放手将更多的任务交由计算机大数据分析系统来完成。这也意味着,虽然已有很多成功的大数据应用案例,但还远未达到我们的预期,大数据应用仍处于初级阶段。

未来,随着应用领域的拓展、技术的提升、数据共享开放机制的完善,以及产业生态的成熟,具有更大潜在价值的预测性和指导性应用将是发展的重点。

2. 治理体系

大数据治理体系远未形成,特别是隐私保护、数据安全与数据共享利用效率之间尚存在明显矛盾,成为制约大数据发展的重要短板,各界已经意识到构建大数据治理体系的重要意义,相关的研究与实践将持续加强。

随着大数据作为战略资源的地位日益凸显,人们越来越强烈地意识到制约大数据发展最大的短板之一就是:数据治理体系远未形成,如数据资产地位的确立尚未达成共识,数据的确权、流通和管控面临多重挑战;数据壁垒广泛存在,阻碍了数据的共享和开放;法律法规发展滞后,导致大数据应用存在安全与隐私风险;等等。如此种种因素,制约了数据资源中所蕴含价值的挖掘与转化。

其中,隐私、安全与共享利用之间的矛盾问题尤为凸显。一方面,数据共享开放的需求十分迫切。近年来人工智能应用取得的重要进展,主要源于对海量、高质量数据资源的分析和挖掘。而对于单一组织机构而言,往往靠自身的积累难以聚集足够的高质量数据。另外,大数据应用的威力,在很多情况下源于对多源数据的综合融合和深度分析,从而获得从不同角度观察、认知事物的全方位视图。而单个系统、组织的数据往往仅包含事物某个片面、局部的信息,因此,只有通过共享开放和数据跨域流通才能建立信息完整的数据集。

然而,另一方面,数据的无序流通与共享,又可能导致隐私保护和数据安全方面的重大风险,必须对其加以规范和限制。例如,鉴于互联网公司频发的、由于对个人数据的不正当使用而导致的隐私安全问题,欧盟制定了"史上最严格的"数据安全管理法规《通用数据保护条例》(General Data Protection Regulation,GDPR),并于2018年5月25日正式生效。GDPR生效后,Facebook和谷歌等互联网企业即被指控强迫用户同意共享个人数据而面临巨额罚款,并被推上舆论的风口浪尖。2020年1月1日,被称为美国"最严厉、最全面的个人隐私保护法案"——《加利福尼亚消费者隐私法案》(California Consumer Privacy Act,CCPA)正式生效。CCPA规定了新的消费者权利,旨在加强消费者隐私权和数据安全保护,涉及企业收集的个人信息的访问、删除和共享,企业负有保护个人信息的责任,消费者控制并拥有其个人信息,这是美国目前最具典型意义的州隐私立法,提高了美国保护隐私的标准。在这种情况下,过去利用互联网平台中心化搜集用户数据,实现平台化的精准营销的这一典型互联网商业模式将面临重大挑战。

近年来,围绕大数据治理这一主题及其相关问题,国际上已有不少成功的实践和研究探索工作,诸如在国家层面推出的促进数据共享开放、保障数据安全和保护公民隐私的相关政策和法规,针对企业机构的数据管理能力评估和改善,面向数据质量保证的方法与技术,促进数据互操作的技术规范和标准等。然而,考察当前的研究和实践,仍存在三个方面的主要问题。

一是大数据治理概念的使用相对"狭义",研究和实践大都以企业组织为对象,仅从个体组织的角度考虑大数据治理的相关问题,这与大数据跨界流动的迫切需求存在矛盾,限制了大数据价值的发挥;二是现有研究实践对大数据治理内涵的理解尚未形成共识,不同研究者从流程设计、信息治理和数据管理应用等不同视角,给出了大数据治理的不同定义,共识的形成尚有待时日;三是大数据治理相关的研究实践多条线索并行,关联性、完整性和一致性不足。比如,国家层面的政策法规和法律制定等较少被纳入大数据治理的视角;数据作为一种资产的地位仍未通过法律法规予以确立,难以进行有效的管理和应用;大数据管理已有不少可用技术与产品,但还缺乏完善的多层级管理体制和高效管理机制;如何有机结合技术与标准,建立良好的大数据共享与开放环境仍需要进一步探索。缺少系统化设计,仅仅在已有的相关体系上进行扩展和延伸,可能会导致数据治理的"碎片化"和一致性缺失等。

当前,各界已经普遍认识到了大数据治理的重要意义,大数据治理体系建设已经成为大数据发展重点,但仍处在发展的雏形阶段,推进大数据治理体系建设将是未来较长一段时间内需要持续努力的方向。

3. 大数据技术

大数据规模高速增长,现有技术体系难以满足大数据应用的需求,大数据理论与技术远未成熟,未来信息技术体系将需要颠覆式创新和变革。

近年来,数据规模呈几何级数高速成长。据国际信息技术咨询企业国际数据公司(IDC)的报告,2020年全球数据存储量达到44ZB,到2030年将达到2500ZB。当前,需要处理的数据量已经大大超过处理能力的上限,从而导致大量数据因无法或来不及处理,而处于未被利用、价值不明的状态,这些数据被称为"暗数据"。据国际商业机器公司(IBM)的研究报告估计,大多数企业仅对其所有数据的1%进行了分析应用。

目前,大数据获取、存储、管理、处理、分析等相关的技术已有显著进展,但是大数据技术体系尚不完善,大数据基础理论的研究仍处于萌芽期。首先,大数据定义虽已达成初步共识,但许多本质问题仍存在争议,例如,数据驱动与规则驱动的对立统一、"关联"与"因果"的辩证关系、"全数据"的时空相对性、分析模型的可解释性与鲁棒性等;其次,针对特定数据集和特定问题域已有不少专用解决方案,是否有可能形成"通用"或"领域通用"的统一技术体系,仍有待未来的技术发展给出答案;其三,应用超前于理论和技术发展,数据分析的结论往往缺乏坚实的理论基础,对这些结论的使用仍需保持谨慎态度。

推演信息技术的未来发展趋势,较长时期内仍将保持渐进式发展态势,随技术发展带来的数据处理能力的提升将远远落后于按指数增长模式快速递增的数据体量,数据处理能力与数据资源规模之间的"剪刀差"将随时间持续扩大,大数据现象将长期存在。在此背景下,大数据现象倒逼技术变革,将使得信息技术体系进行一次重构,这也带来了颠覆式发展的机遇。例如,计算机体系结构以数据为中心的宏观走向和存算一体的微观走向,软件定义方法论的广泛采用,云边端融合的新型计算模式等;网络通信向宽带、移动、泛在发展,海量数据的快速传输和汇聚带来的网络的 Pb/s 级带宽需求,千亿级设备联网带来的 Gb/s 级高密度泛在移动接入需求;大数据的时空复杂度亟需在表示、组织、处理和分析等方面的基础性原理性突破,高性能、高时效、高吞吐等极端化需求呼唤基础器件的创新和变革;软硬件开源开放趋势导致产业发展生态的重构。

(五)大数据的处理模式

当前大数据分析处理系统的发展趋势主要有两个方向:一种是以 Hadoop 和 MapReduce 为代表的批处理(Batch Processing)系统,另一种是为各种特定应用开发的流处理(Stream Processing)系统。批处理是先存储后处理(Store-then-process),而流处理则是直接处理(Straight-through Processing)。

1. 批处理

批处理首先要对数据进行存储,然后再对这些静态数据进行集中的处理。如:互联网中的社交网络产生的大量的文本、图片、音视频等不同形式的数据,对这些数据进行批量处理分析,可以发现人与人之间隐含的关系;一些大型搜索引擎的广告分析系统,通过对广告相关数据的批量处理可以提高广告的投放效果来增加点击量。图 9-1 所示是大数据批处理模型。

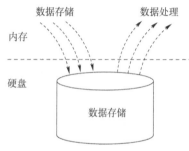

图 9-1 大数据批处理模型

批处理模式中使用的数据集通常符合下列特征:有界,批处理的数据集代表数据的有限集合;持久,数据通常始终存储在某种类型的持久存储位置中;大量,批处理操作通常是处理极为海量数据集的唯一方法。

批处理非常适合需要访问全套记录才能完成的计算工作。例如,在计算总数和平均数时,必须将数据集作为一个整体加以处理,而不能将其视作多条记录的集合,这些操作要求在计算进行过程中数据维持自己的状态。

需要处理大量数据的任务通常最适合用批处理操作进行处理。无论直接从持久存储设备处理数据集,或将数据集载入内存,批处理系统在设计过程中就充分考虑了数据的量,可提供充足的处理资源。由于批处理在应对大量持久数据方面的表现极为出色,因此,经常被用于对历史数据进行分析。

大量数据的处理需要付出大量时间,因此,批处理不适合对处理时间要求较高的场合。

典型的批处理框架就是 Apache Hadoop。Hadoop 是首个在开源社区获得极大关注的大数据处理框架,其原生的 MapReduce 引擎,主要采取的"分而治之"的分布式计算模式。

MapReduce 将一个分布式计算过程拆解成两个阶段:Map 阶段,由多个可并行执行的 Map Task 构成,主要功能是将待处理数据集按照数据量大小切分成等大的数据分片,每个分片交由一个任务处理;Reduce 阶段,由多个可并行执行的 Reduce Task 构成,主要功能是对前一阶段中各任务产生的结果进行规约,得到最终结果。MapReduce 详细执行流程如图 9-2 所示。

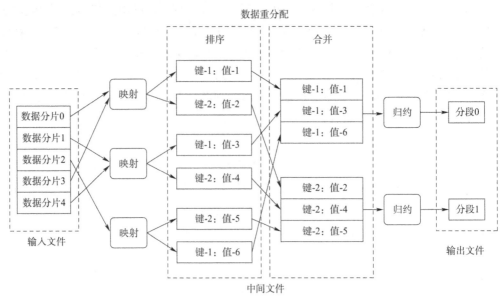

图 9-2　MapReduce 详细执行流程

2. 流处理

流处理的理念是数据的价值会随着时间的流逝而不断减小。新的数据出现时刻和顺序也不能确定,所以,对于流式数据不再进行存储,而是直接进行数据的实时计算。因此,尽可能快地对最新的数据做出分析并给出结果是所有流数据处理模式的共同目标。需要采用流数据处理的大数据应用场景主要有网页点击数的实时统计、传感器网络和金融中的高频交易等。

流处理的处理模式是将数据视为流,源源不断的数据组成了数据流。当新的数据到来时就立刻处理并返回所需的结果。图 9-3 所示是流处理中基本的数据流模型。

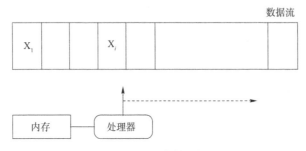

图 9-3　基本的数据流模型

流处理中的数据集是"无边界"的,这就产生了几个重要的影响:

(1)完整数据集只能代表截至目前已经进入系统中的数据总量;

(2)工作数据集也许更相关,在特定时间只能代表某个单一数据项;

(3)处理工作是基本事件的,除非明确停止,否则没有"尽头",处理结果立刻可用,并会随着新数据的抵达继续更新。

流处理系统可以处理几乎无限量的数据,但同一时间只能处理一条(真正的流处理)或很少量(微批处理,Micro-batch Processing)数据,不同记录间只维持最少量的状态。虽然大部分系统提供了用于维持某些状态的方法,但流处理主要针对副作用更少、更加功能性的处理(Functional Processing)进行优化。

此类处理非常适合某些类型的工作负载。有近实时处理需求的任务很适合使用流处理模式。分析服务器或应用程序错误日志以及其他基于时间的衡量指标是最适合的类型,因为对这些领域的数据变化做出响应对于业务职能来说是极为关键的。流处理很适合用来处理必须对变动或峰值做出响应,并且关注一段时间内变化趋势的数据。

常用的流处理框架如下。

1)Apache Storm

Apache Storm 是一种侧重于极低延迟的流处理框架,也许是要求接近实时处理的工作负载的最佳选择。该技术可处理非常大量的数据,通过比其他解决方案更低的延迟提供结果。

Storm 的流处理可对框架中名为拓扑(Topology)的有向无环图(Directed Acyclic Graph,DAG)进行编排。这些拓扑描述了当数据片段进入系统后,需要对每个传入的片段执行的不同转换或步骤。

拓扑包含 Stream、Spout 和 Bolt。

①Stream:普通的数据流,这是一种会持续抵达系统的无边界数据。

②Spout:位于拓扑边缘的数据流来源,例如可以是 API 或查询等,从这里可以产生待处理的数据。

③Bolt:代表需要消耗流数据,对其应用操作并将结果以流的形式进行输出的处理步骤。Bolt 需要与每个 Spout 建立连接,随后相互连接以组成所有必要的处理。在拓扑的尾部,可以使用最终的 Bolt 输出作为相互连接的其他系统的输入。

2)Apache Samza

Apache Samza 是一种与 Apache Kafka 消息系统紧密绑定的流处理框架。虽然 Kafka 可用于很多流处理系统,但按照设计,Samza 可以更好地发挥 Kafka 独特的架构优势和保障。该技术可通过 Kafka 提供容错、缓冲以及状态存储。

Samza 可使用 YARN 作为资源管理器。这意味着默认情况下需要具备 Hadoop 集群(至少具备 HDFS 和 YARN),但同时也意味着 Samza 可以直接使用 YARN 丰富的内建功能。

对于已经具备或易于实现 Hadoop 和 Kafka 的环境,Apache Samza 是流处理工作负载一个很好的选择。Samza 本身很适合有多个团队需要使用(但相互之间并不一定紧密协调)不同处理阶段的多个数据流的组织。Samza 可大幅简化很多流处理工作,可实现低延迟的性能。如果部署需求与当前系统不兼容,也许并不适合使用,但如果需要极低延迟的处理,或对严格的一次处理语义有较高需求,此时依然适合考虑。

二、主流大数据技术与算法

(一)大数据的核心技术

大数据发展至今已经拥有了一套相当成熟的技术树,不同的技术层面有着不同的技术架构,而且每年还会涌现出新的技术名词。虽然技术架构十分庞杂,但核心技术都可以笼统归结为三个过程:取数据、算数据、用数据。也可以分为四个方面:大数据采集、大数据预处理、大数据存储、大数据分析,共同组成了大数据生命周期里的核心技术。

1. 大数据采集

大数据采集处于大数据生命周期中第一个环节,是大数据分析至关重要的一个环节,也是大数据分析的入口。大数据采集是指从传感器和智能设备、企业在线系统、企业离线系统、社交网络和互联网平台等获取数据的过程。

在互联网行业技术快速发展的今天,数据采集广泛应用于互联网及分布式领域(常见的摄像头、麦克风等都可以成为数据采集的工具),此外还集合了信号、传感器、激励器、信号调流、数据采集设备和软件应用等。

大数据采集技术通过射频识别(Radio Frequency Identification,RFID)、射频数据、传感器数据、社交网络数据、移动互联网数据等方式获得各种类型的结构化、半结构化、非结构化的海量数据。

因此,大数据采集技术也面临着诸多挑战。一方面,数据源的种类多,数据的类型繁杂,数据量大,并且产生的速度快;另一方面,需要保证数据采集的可靠性和高效性,同时还要避免重复数据。

传统的数据采集来源单一,且存储、管理和分析数据量也相对较小,大多采用关系型数据库和并行数据仓库即可处理。

而在大数据体系中,传统数据分为业务数据和行业数据,传统数据体系中没有考虑过的新数据源包括内容数据、线上行为数据和线下行为数据3大类。大数据体系中,数据源与数据类型的关系如图9-4所示。

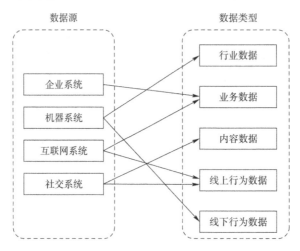

图9-4 数据源与数据类型的关系

1)特点

与传统的数据采集技术相比,大数据采集技术有以下两个特点。

(1)大数据采集通常采用分布式架构。大数据采集的数据流量大,数据集记录条数多,传统的单机采集方式,在性能和存储空间上都无法满足需求。

(2)多种采集技术混合使用。大数据不像普通数据采集那样单一,往往是多种数据源同时采集,而不同的数据源对应的采集技术通常不一样,很难有一种平台或技术能够统一所有的数据源,因此大数据采集时,往往是多种技术混合使用,要求更高。

2)方法

根据数据源的不同,大数据采集方法也不相同。但是为了能够满足大数据采集的需要,大数据采集时都使用了大数据的处理模式,即 MapReduce 分布式并行处理模式或基于内存的流式处理模式。针对 4 种不同的数据源,大数据采集方法有以下几大类。

(1)数据库采集。传统企业会使用传统的关系型数据库 MySQL 和 Oracle 等来存储数据。随着大数据时代的到来,Redis、MongoDB 和 HBase 等 NoSQL 数据库也常用于数据的采集。企业通过在采集端部署大量数据库,并在这些数据库之间进行负载均衡和分片,来完成大数据采集工作。

(2)系统日志采集。系统日志采集主要是收集公司业务平台日常产生的大量日志数据,供离线和在线的大数据分析系统使用。高可用性、高可靠性、可扩展性是日志收集系统所具有的基本特征。系统日志采集工具均采用分布式架构,能够满足每秒数百 MB 的日志数据采集和传输需求。

(3)网络数据采集。网络数据采集是指通过网络爬虫或网站公开 API 等方式从网站上获取数据信息的过程。网络爬虫会从一个或若干初始网页的 URL 开始,获得各个网页上的内容,并且在抓取网页的过程中,不断从当前页面上抽取新的 URL 放入队列,直到满足设置的停止条件为止。这样可将非结构化数据、半结构化数据从网页中提取出来,存储在本地的存储系统中。

(4)感知设备数据采集。感知设备数据采集是指通过传感器、摄像头和其他智能终端自动采集信号、图片或录像来获取数据。大数据智能感知系统需要实现对结构化、半结构化、非结构化的海量数据的智能化识别、定位、跟踪、接入、传输、信号转换、监控、初步处理和管理等。其关键技术包括针对大数据源的智能识别、感知、适配、传输、接入等。

2. 大数据预处理

由于所要进行分析的数据量的迅速膨胀(已达 G 或 T 数量级),以及各种原因导致了现实世界的数据集中常常包含许多含有噪声、不完整、甚至是不一致的数据,对数据采集到的数据对象必须进行预处理。

数据预处理主要包括:数据清理、数据集成、数据变换、数据归约。大数据预处理是大数据生命周期中的一个重要步骤,尤其是在对包含噪声、不完整,甚至是不一致数据挖掘时,更需要进行数据的预处理,以提高数据挖掘对象的质量。

所谓噪声数据是指数据中存在错误、或异常的数据;不完整数据是指感兴趣的属性没有值;而不一致数据则是指数据内涵出现不一致情况。而数据清理是指消除数据中所存在的噪声,以及纠正其不一致的错误;数据集成则是指将来自多个数据源的数据合并到一个、构成一个完整的数据集;数据变换是指将一种格式的数据转换为另一种格式的数据;最后数据归约是指通过删除冗余特征来消除多余数据。

包含不完整、有噪声和不一致的数据对大规模数据库来讲是非常普遍的情况。不完整数据的产生有些属性的内容有时没有、有些数据当时被认为是不必要的、由于误解或检测设备失灵导致相关数据没有记录下来、与其他记录的内容不一致而被删除、历史记录或对数据的修改被忽略、遗失数据等原因。噪声数据的产生有数据采集设备有问题、数据录入过程中发生了人为或计算机错误、数据传输过程中发生错误、由于命名规则和数据代码不同而引起的不一致等原因。

1) 数据清理

数据清理(Data Cleaning)的主要思想是通过填补缺失值、光滑噪声数据,平滑或删除离群点,并解决数据的不一致性来"清理"数据。如果用户认为数据是脏乱的,他们不太会相信基于这些数据的挖掘结果,即输出的结果是不可靠的。常见的数据清理方法有以下几种。

(1) 缺失值的处理。由于现实世界中,获取信息和数据的过程中,会存在各类的原因导致数据丢失和空缺。针对这些缺失值的处理方法,主要是基于变量的分布特性和变量的重要性(信息量和预测能力)采用不同的方法。主要分为以下几种:

①删除变量,若变量的缺失率较高(大于80%),覆盖率较低,且重要性较低,可以直接将变量删除;

②定值填充,工程中常见用-9999进行替代;

③统计量填充,若缺失率较低(小于95%)且重要性较低,则根据数据分布的情况进行填充,数据符合均匀分布,用该变量的均值填补缺失,对于数据存在倾斜分布的情况,采用中位数进行填补;

④插值法填充,包括随机插值、多重差补法、热平台插补、拉格朗日插值和牛顿插值等。

⑤模型填充,使用回归、贝叶斯、随机森林、决策树等模型对缺失数据进行预测。

(2) 离群点处理。异常值是数据分布的常态,处于特定分布区域或范围之外的数据通常被定义为异常或噪声。异常分为两种:"伪异常",由于特定的业务运营动作产生,是正常反应业务的状态,而不是数据本身的异常;"真异常",不是由于特定的业务运营动作产生,而是数据本身分布异常,即离群点。

对于检测离群点的方法有以下几种:

①简单统计分析,根据箱线图、各分位点判断是否存在异常,例如pandas的describe函数可以快速发现异常值;

②基于绝对离差中位数(MAD),这是一种稳健对抗离群数据的距离值方法,采用计算各观测值与平均值的距离总和的方法,放大了离群值的影响;

③基于距离,通过定义对象之间的临近性度量,根据距离判断异常对象是否远离其他对象,缺点是计算复杂度较高,不适用于大数据集和存在不同密度区域的数据集;

④基于密度,离群点的局部密度显著低于大部分近邻点,适用于非均匀的数据集;

⑤基于聚类,利用聚类算法,丢弃远离其他簇的小簇。

而对于离群点的具体处理手段有:

①根据异常点的数量和影响,考虑是否将该条记录删除,信息损失多;

②若对数据做了log-scale对数变换后消除了异常值,则此方法生效,且不损失信息;

③平均值或中位数替代异常点,简单高效,信息的损失较少;

④在训练树模型时,树模型对离群点的鲁棒性较高,无信息损失,不影响模型训练效果。

(3)噪声处理。噪声是变量的随机误差和方差,是观测点和真实点之间的误差。通常的处理方法有:

①对数据进行分箱操作,等频或等宽分箱,然后用每个箱的平均数,中位数或者边界值(不同数据分布,处理方法不同)代替箱中所有的数,起到平滑数据的作用;

②另外一种做法是建立该变量和预测变量的回归模型,根据回归系数和预测变量,反解出自变量的近似值。

2)数据集成

数据分析任务多半涉及数据集成。数据集成将多个数据源中的数据结合成、存放在一个一致的数据存储,如数据仓库中。这些源可能包括多个数据库、数据方或一般文件。由于描述同一个概念的属性在不同数据库取不同的名字,在进行数据集成时就常常会引起数据的不一致和冗余。命名的不一致常常也会导致同一属性值的内容不同。同样使用大量的数据冗余不仅会降低数据处理的速度,而且也会误导进程。因此,除了进行数据清理之外,在数据集成中还需要注意消除数据的冗余。此外,在完成数据集成之后,有时还需要进行数据清理以便消除可能存在的数据冗余。

3)数据变换

数据变换包括对数据进行规范化、离散化、稀疏化处理,达到适用于数据处理的目的。数据变换的方法有以下几种。

(1)规范化处理。数据中不同特征的量纲可能不一致,数值间的差别可能很大,不进行处理可能会影响到数据分析的结果,因此,需要对数据按照一定比例进行缩放,使之落在一个特定的区域,便于进行综合分析。特别是基于距离的挖掘方法,聚类,KNN,SVM一定要做规范化处理。

(2)离散化处理。数据离散化是指将连续的数据进行分段,使其变为一段一段的离散化区间。分段的原则有基于等距离、等频率或优化的方法。数据离散化的原因主要有以下几点:模型需要,比如决策树、朴素贝叶斯等算法,都是基于离散型的数据展开的。有效的离散化能减小算法的时间和空间开销,提高系统对样本的分类聚类能力和抗噪声能力;离散化的特征相对于连续型特征更易理解;可以有效地克服数据中隐藏的缺陷,使模型结果更加稳定。

4)数据归约

数据归约技术可以用来得到数据集的归约表示,它小得多,但仍接近地保持原数据的完整性。这样,在归约后的数据集上挖掘将更有效,并产生相同(或几乎相同)的分析结果。一般有如下策略。

(1)维度归约。用于数据分析的数据可能包含数以百计的属性,其中大部分属性与挖掘任务不相关,是冗余的。维度归约通过删除不相关的属性,来减少数据量,并保证信息的损失最小。

(2)维度变换。维度变换是将现有数据降低到更小的维度,尽量保证数据信息的完整性。常用的几种有损失的维度变换方法,可以提高实践中建模的效率。

①主成分分析(PCA)和因子分析(FA),PCA 通过空间映射的方式,将当前维度映射到更低的维度,使得每个变量在新空间的方差最大,FA 则是找到当前特征向量的公因子(维度更小),用公因子的线性组合来描述当前的特征向量;

②奇异值分解(SVD),SVD 的降维可解释性较低,且计算量比 PCA 大,一般用在稀疏矩阵上降维,例如图片压缩,推荐系统;

③聚类,将某一类具有相似性的特征聚到单个变量,从而大大降低维度;

④线性组合,将多个变量做线性回归,根据每个变量的表决系数,赋予变量权重,可将该类变量根据权重组合成一个变量。

3. 大数据存储

目前,大数据主要来源于搜索引擎服务、电子商务、社交网络、音视频、在线服务、个人数据业务、地理信息数据、传统企业、公共机构等领域。因此,数据呈现方法众多,可以是结构化、半结构化和非结构化的数据形态,这不仅使原有的存储模式无法满足数据时代的需求,还导致存储管理更加复杂。为了有效应对现实世界中复杂多样性的大数据处理需求,需要针对不同的大数据应用特征,从多个角度、多个层次对大数据进行存储和管理。

大数据存储技术指用存储器,以数据库的形式存储采集到的数据的过程,包含三种典型路线。

1)基于 MPP 架构的新型数据库集群

采用 Shared Nothing 架构,结合 MPP 架构的高效分布式计算模式,通过列存储、粗粒度索引等多项大数据处理技术,重点面向行业大数据所展开的数据存储方式。其具有低成本、高性能、高扩展性等特点,在企业分析类应用领域有着广泛的应用。

较之传统数据库,其基于 MPP 产品的 PB 级数据分析能力,有着显著的优越性。自然,MPP 数据库,也成为企业新一代数据仓库的最佳选择。

2)基于 Hadoop 的技术扩展和封装

基于 Hadoop 的技术扩展和封装,是针对传统关系型数据库难以处理的数据和场景(针对非结构化数据的存储和计算等),利用 Hadoop 开源优势及相关特性(善于处理非结构、半结构化数据、复杂的 ETL 流程、复杂的数据挖掘和计算模型等),衍生出相关大数据技术的过程。

伴随着技术进步,其应用场景也将逐步扩大,目前最为典型的应用场景是通过扩展和封装 Hadoop 来实现对互联网大数据存储、分析的支撑,其中涉及几十种 NoSQL 技术。图 9-5 所示为 Hadoop 数据存储方法。

3)大数据一体机

这是一种专为大数据的分析处理而设计的软、硬件结合的产品。它由一组集成的服务器、存储设备、操作系统、数据库管理系统以及为数据查询、处理、分析而预安装和优化的软件组成,具有良好的稳定性和纵向扩展性。

4. 大数据分析

大数据分析技术包括改进已有数据挖掘和机器学习技术;开发数据网络挖掘、特异群组挖掘、图挖掘等新型数据挖掘技术;突破基于对象的数据连接、相似性连接等大数据融合技术;突破用户兴趣分析、网络行为分析、情感语义分析等面向领域的大数据挖掘技术。

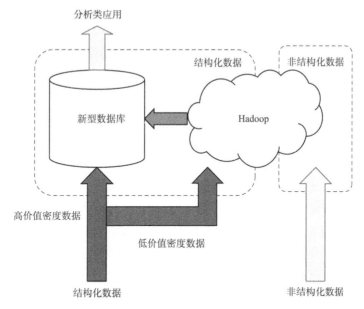

图9-5 Hadoop数据存储方法

数据挖掘就是从大量的、不完全的、有噪声的、模糊的、随机的实际应用数据中,提取隐含在其中的、人们事先不知道的、但又是潜在有用的信息和知识的过程。

数据挖掘涉及的技术方法很多,有多种分类法。根据挖掘任务不同,可分为分类或预测模型发现、数据总结、聚类、关联规则发现、序列模式发现、依赖关系或依赖模型发现、异常和趋势发现等;根据挖掘对象不同,可分为关系数据库、面向对象数据库、空间数据库、时态数据库、文本数据源、多媒体数据库、异质数据库、遗产数据库以及环球网Web;根据挖掘方法不同,可粗分为机器学习方法、统计方法、神经网络方法和数据库方法。

数据挖掘主要过程是:根据分析挖掘目标,从数据库中把数据提取出来,然后经过ETL组织成适合分析挖掘算法使用宽表,然后利用数据挖掘软件进行挖掘。传统的数据挖掘软件,一般只能支持在单机上进行小规模数据处理,受此限制,传统数据分析挖掘一般会采用抽样方式来减少数据分析规模。

目前常用的软件,从可视化分析、数据挖掘算法、预测性分析、语义引擎、数据质量管理等方面,对杂乱无章的数据进行萃取、提炼和分析。

1)可视化分析

可视化分析是借助图像化手段,清晰并有效传达与沟通信息的分析手段,主要应用于海量数据关联分析,即借助可视化数据分析平台,对分散异构数据进行关联分析并做出完整分析图表的过程,具有简单明了、清晰直观、易于接受的特点。

2)数据挖掘算法

图像化是将机器语言翻译给人看,而数据挖掘就是机器的母语。分割、集群、孤立点分析还有各种各样五花八门的算法让我们精炼数据,挖掘价值。这些算法一定要能够应付大数据的量,同时还具有很高的处理速度。

3）预测性分析

预测性分析可以让分析师根据图像化分析和数据挖掘的结果做出一些前瞻性判断。

4）语义引擎

预测性分析可以让分析师根据图像化分析和数据挖掘的结果做出一些前瞻性判断。

5）数据质量管理

数据质量管理是管理的最佳实践，透过标准化流程和机器对数据进行处理可以确保获得一个预设质量的分析结果。

（二）主流大数据算法

随着大数据时代的到来，大数据逐渐成为学术界和产业界的热点，已在很多技术和行业得到广泛应用，从大规模数据库到商业智能和数据挖掘应用，从搜索引擎到推荐系统，推荐最新的语音识别、翻译等。大数据算法的设计、分析和工程涉及很多方面，包括大规模并行计算、流算法、云计算等。由于大数据存在复杂、高维、多变等特性，如何从真实、凌乱、无模式和复杂的大数据中挖掘出人们感兴趣的知识，迫切需要更深刻的机器学习理论进行指导。

目前，主流大数据算法包括：智能推荐系统算法、智能分类系统算法、回归算法、自然语言处理算法、聚类算法。

1. 智能推荐系统算法

1）基于流行度的算法

基于流行度的算法非常简单粗暴，类似于各大新闻、微博热榜等，根据 PV、UV、日均 PV 或分享率等数据来按某种热度排序来推荐给用户。

这种算法的优点是简单，适用于新注册的用户。缺点也很明显，它无法针对用户提供个性化的推荐。基于这种算法也可做一些优化，如加入用户分群的流行度排序，例如把热榜上的体育内容优先推荐给体育迷，把政要新闻推给热爱谈论政治的用户。

2）协同过滤算法

协同过滤算法（Collaborative Filtering, CF）是很常用的一种算法，在很多电商网站上都有用到。CF 算法包括基于用户的 CF（User-based CF）和基于物品的 CF（Item-based CF）。

(1) 基于用户的 CF 原理如下：

①分析各个用户对 item 的评价（通过浏览记录、购买记录等）；

②依据用户对 item 的评价计算得出所有用户之间的相似度；

③选出与当前用户最相似的 N 个用户；

④将这 N 个用户评价最高并且当前用户又没有浏览过的 item 推荐给当前用户。

(2) 基于物品的 CF 原理大同小异，只是主体在于物品：

①分析各个用户对 item 的浏览记录；

②依据浏览记录分析得出所有 item 之间的相似度；

③对于当前用户评价高的 item，找出与之相似度最高的 N 个 item；

④将这 N 个 item 推荐给用户。

3）基于模型的算法

基于模型的方法有很多，用到的诸如机器学习的方法也可以很深，这里只简单介绍下比较简单的方法——Logistics 回归预测。可以通过分析用户的行为与使用记录得到用户的记录表,从而得到用户属性与行为的非强关联关系,通过大量测试与经验,可以调整属性的组合,拟合出最准确的回归函数。

基于模型的算法由于快速、准确,适用于实时性比较高的业务,如新闻、广告等,而若是需要这种算法达到更好的效果,则需要人工干预反复地进行属性的组合和筛选,也就是常说的 Feature Engineering。而由于新闻的时效性,系统也需要反复更新线上的数学模型,以适应变化。

4)基于内容的算法

利用 word2vec 一类工具,可以将文本的关键词聚类,然后根据 topic 将文本向量化,如可以将德甲、英超、西甲聚类到"足球"topic 下,将 lv、Gucci 聚类到"奢侈品"topic 下,再根据 topic 为文本内容与用户作相似度计算。

因此,基于内容的推荐算法能够很好地解决冷启动问题,并且也不会囿于热度的限制,因为,它是直接基于内容匹配的,而与浏览记录无关。然而,它也会存在一些弊端,比如过度专业化的问题。这种方法会一直推荐给用户内容密切关联的 item,而失去了推荐内容的多样性。

5)混合算法

现实应用中,其实很少有直接用某种算法来做推荐的系统。在一些大的网站如 Netflix,就是融合了数十种算法的推荐系统。我们可以通过给不同算法的结果加权重来综合结果,或者是在不同的计算环节中运用不同的算法来混合,达到更贴合自己业务的目的。

2. 智能分类系统算法

1)朴素贝叶斯分类

朴素贝叶斯分类是基于贝叶斯定理与特征条件独立假设的分类方法,发源于古典数学理论,拥有稳定的数学基础和分类效率。朴素贝叶斯分类是一种十分简单的分类算法,当然简单并不一定不好用。通过对给出的待分类项求解各项类别的出现概率大小,来判断此待分类项属于哪个类别,而在没有多余条件的情况下,朴素贝叶斯分类会选择在已知条件下,概率最大的类别。

朴素贝叶斯算法在执行文本分类等工作时会有很好的效果,比如朴素贝叶斯算法常被使用于垃圾邮件的过滤分类中。

2)SVM 算法

支持向量机(Support Vector Machine,SVM)是一种监督式学习的方法,可广泛地应用于统计分类以及回归分析。支持向量机属于一般化线性分类器,它能够同时最小化经验误差与最大化几何边缘区,因此,支持向量机也被称为最大边缘区分类器。

同时,支持向量机将向量映射到一个更高维的空间里,在这个空间里建立有一个最大间隔超平面,在分开数据的超平面的两边建有两个互相平行的超平面,分隔超平面使两个平行超平面的距离最大化。假定平行超平面间的距离或差距越大,分类器的总误差越小。

SVM 算法虽然存在难以训练和难以解释的问题,但是在非线性可分问题上的表现十分优秀,在非线性可分问题中常选择 SVM 算法。

3) KNN 算法

K-近邻(k-Nearest Neighbor,KNN)算法同样是一个比较简单的分类、预测算法。对选取与待分类、待预测数据的最相似的 K 个训练数据,通过对这 K 个数据的结果或者分类标号取平均、取众数等方法得到待分类、待预测数据的结果或者分类标号。

KNN 算法相比其他算法也更加简单,并且易于理解、实现,无需估计参数与训练,适合对稀有事件进行分类和多分类方面的问题。在这类问题方面,KNN 算法的表现比 SVM 更好。

4) 人工神经网络算法

人工神经网络简称神经网络或类神经网络,是一种模仿生物神经网络结构和功能的数学模型或计算模型,用于对函数进行估计或近似。神经网络由大量的人工神经元联结进行计算。大多数情况下,人工神经网络能在外界信息的基础上改变内部结构,是一种自适应系统。

人工神经网络在语音、图片、视频、游戏等各类应用场景展现出了优异的性能,但是存在需要大量的数据进行训练来提高准确性的问题。

3. 回归算法

1) 线性回归

它是广泛为人所知的模型技术之一。线性回归常被选用在线性预测模型中,在这个模型中,因变量是连续的,自变量可以是连续或离散的,回归线的性质是线性的。

线性回归使用最佳拟合直线建立因变量(Y)和一个或多个独立变量(X)之间的关系(也成为回归线),它可用方程式:$Y = a + b \times X + e$ 来表示,这里 a 为截距,b 为斜率,e 为误差项。这个方程式能基于给定的预测变量来预测目标变量的值。

2) 多元回归

如果自变量的幂大于 1,则回归方程是多项式回归方程。在这种回归技术中,最佳拟合线并不是直线。它是一条拟合数据点的曲线。

3) 逐步回归

当我们处理多个自变量时常使用这种形式的回归。在这种技术中,独立变量的选择是借助于自动过程完成的,其不用涉及人的干预。它的专长是通过观察统计值,如 R 平方,t 统计和 AIC 度量来辨别重要变量。逐步回归基本上适合回归模型,通过基于指定标准一次一个地添加/删除共变量。该建模技术的目的是利用最小数量的预测变量来最大化预测能力。它是处理更高维度数据集的方法之一。

4) Ridge 回归

Ridge 回归是当数据受多重共线性(自相关变量高度相关)时常使用的技术。在多重共线性中,即使最小二乘估计(OLS)是无偏的,它们的方差很大,这偏离了观察值远离真实值。通过对回归估计增加一定程度的偏差,Ridge 回归减小了标准误差。

5) Lasso 回归

与 Ridge 回归类似,Lasso(最小绝对收缩和选择算子)也惩罚回归系数的绝对大小。此外,它能够减少变化性和提高线性回归模型的准确性。Lasso 回归与 Ridge 回归的区别在于,它使用的是绝对值惩罚函数而不是平方惩罚函数。这使惩罚(或等价地约束估计的绝对值的和)值导致一些参数估计精确地为零。使用更大的惩罚会让估计进一步的收缩到绝对零。这导致在给定的 n 个变量中作变量选择。

6) Elastic Net 回归

Elastic Net 是 Lasso 和 Ridge 回归技术的混合模型。它是用 L1 和 L2 作为正则化训练的。当有多个相关的特征时,Elastic Net 是有用的,Lasso 可能随机选择其中一个,Elastic Net 很可能选择两个。在 Lasso 和 Ridge 之间折中的实际优点是它允许 Elastic Net 继承一些 Ridge 的稳定性。

4. 自然语言处理算法

1) 隐马尔可夫模型

隐马尔可夫模型原本是通信领域一个著名的模型,用于通信的编解码上。

2) 条件随机场

在隐马尔可夫模型中,观察层只与对应的一个隐含层有关系,实际情况往往并非如此,比如词性标注、翻译、句法分析等,某一个观察层的状态往往与多个隐含层以及相邻观察层的状态有关。条件随机场便是能处理这种复杂 Seq2Seq 的模型。

每个隐马尔可夫模型都可以转化为条件随机场模型。隐马尔可夫模型主要用于语音识别等方面,其他方面用条件随机场效果较好。

5. 聚类算法

1) k-means 聚类算法

算法步骤如下:

(1) 首先,选择一些类/组,并随机初始化它们各自的中心点。中心点是与每个数据点向量长度相同的位置。需要提前预知类的数量(即中心点的数量)。

(2) 计算每个数据点到中心点的距离,数据点距离哪个中心点最近就划分到哪一类中。

(3) 计算每一类中心点作为新的中心点。

(4) 重复以上步骤,直到每一类中心在每次迭代后变化不大为止。也可以多次随机初始化中心点,然后选择运行结果最好的一个。

2) 均值漂移聚类

均值漂移聚类是基于滑动窗口的算法来找到数据点的密集区域。其是一个基于质心的算法,通过将中心点的候选点更新为滑动窗口内点的均值,来定位每个组/类的中心点。然后,对这些候选窗口进行相似窗口进行去除,最终形成中心点集及相应的分组。具体步骤如下。

(1) 确定滑动窗口半径 r,以随机选取的中心点 C 半径为 r 的圆形滑动窗口开始滑动。均值漂移类似一种爬山算法,在每一次迭代中向密度更高的区域移动,直到收敛。

(2) 每一次滑动到新的区域,计算滑动窗口内的均值来作为中心点,滑动窗口内的点的数量为窗口内的密度。在每一次移动中,窗口会向密度更高的区域移动。

(3) 移动窗口,计算窗口内的中心点以及窗口内的密度,直到没有方向在窗口内可以容纳更多的点,即一直移动到圆内密度不再增加为止。

(4)步骤1~3会产生很多个滑动窗口,当多个滑动窗口重叠时,保留包含最多点的窗口,然后根据数据点所在的滑动窗口进行聚类。

3)基于密度的聚类方法

与均值漂移聚类类似,DBSCAN 也是基于密度的聚类算法。具体步骤如下。

(1)首先确定半径 r 和 min Points。从一个没有被访问过的任意数据点开始,以这个点为中心,r 为半径的圆内包含的点的数量是否大于或等于 min Points,如果大于或等于 min Points 则改点被标记为 central point,反之则会被标记为 noise point。

(2)重复(1)的步骤,如果一个 noise point 存在于某个 central point 为半径的圆内,则这个点被标记为边缘点,反之仍为 noise point。重复步骤(1),直到所有的点都被访问过。

4)用高斯混合模型得最大期望聚类

使用高斯混合模型(GMM)做聚类首先假设数据点是呈高斯分布的,相对应 K-Means 假设数据点是圆形的,高斯分布(椭圆形)给出了更多的可能性。用两个参数来描述簇的形状:均值和标准差。所以,这些簇可以采取任何形状的椭圆形,因为在 x,y 方向上都有标准差。因此,每个高斯分布被分配给单个簇。

因此聚类之前,首先应找到数据集的均值和标准差,一般采用最大期望(EM)的优化算法。

具体步骤如下。

(1)选择簇的数量(与 K-Means 类似)并随机初始化每个簇的高斯分布参数(均值和方差)。也可以先观察数据给出一个相对精确的均值和方差。

(2)给定每个簇的高斯分布,计算每个数据点属于每个簇的概率。一个点越靠近高斯分布的中心就越可能属于该簇。

(3)基于这些概率我们计算高斯分布参数使得数据点的概率最大化,可以使用数据点概率的加权来计算这些新的参数,权重就是数据点属于该簇的概率。

(4)重复迭代(2)和(3),直到在迭代中的变化不大。

5)凝聚层次聚类

层次聚类算法分为两类:自上而下和自下而上。凝聚层次聚类(HAC)是自下而上的一种聚类算法。HAC 首先将每个数据点视为一个单一的簇,然后计算所有簇之间的距离来合并簇,直到所有的簇聚合成为一个簇为止。

具体步骤如下。

(1)首先我们将每个数据点视为一个单一的簇,然后选择一个测量两个簇之间距离的度量标准。例如我们使用 average linkage 作为标准,它将两个簇之间的距离定义为第一个簇中的数据点与第二个簇中的数据点之间的平均距离。

(2)在每次迭代中,我们将两个具有最小 average linkage 的簇合并成为一个簇。

(3)重复步骤(2),直到所有的数据点合并成一个簇,然后选择我们需要多少个簇。

6)图团体检测

当数据可以被表示为网络或图示,可以使用图团体检测方法完成聚类。在这个算法中图团体(graph community)通常被定义为一种顶点(vertice)的子集,其中的顶点相对于网络的其他部分要连接的更加紧密。

具体步骤如下。

(1)首先初始分配每个顶点到其自己的团体,然后计算整个网络的模块性 M。

(2)第 1 步要求每个团体对(community pair)至少被一条单边链接,如果有两个团体融合到了一起,该算法就计算由此造成的模块性改变 ΔM。

(3)第 2 步是取 ΔM 出现了最大增长的团体对,然后融合。然后为这个聚类计算新的模块性 M,并记录下来。

(4)重复第 1 步和第 2 步——每一次都融合团体对,这样最后得到 ΔM 的最大增益,然后记录新的聚类模式及其相应的模块性分数 M。

(5)重复第 1 步和第 2 步——每一次都融合团体对,这样最后得到 ΔM 的最大增益,然后记录新的聚类模式及其相应的模块性分数 M。

第三节 云 计 算

一、云计算的概念

(一)云计算定义

云计算是一种基于互联网的计算方式,通过这种方式共享软硬件资源。云计算是分布式计算、并行计算、网格计算、效用计算、网络存储、虚拟化、负载均衡、热备份冗余等传统计算机和网络技术发展融合的产物,它彻底地改变了整个 IT 产业结构和运行方式。它为大数据的存储和处理提供了新的能力,与人工智能、大数据、物联网甚至通信等技术也密不可分。

云计算一般有长短两种定义。

(1)长定义。云计算是一种商业计算模型。它将计算机任务分布在大量计算机构成的资源池上,使各种应用系统能够根据需要获取计算能力、存储空间和信息服务。

(2)短定义。云计算是通过网络按需提供可动态伸缩的廉价计算服务,这种资源池称为"云"。

云计算应用涉及多个领域,包括商业,技术,政府,医疗保健,智能电网,智能交通网络,生命科学,灾难管理,自动化,数据分析以及消费者和社交网络。随着云服务的出现,用于创建,部署和交付这些应用程序的各种模型。从体量巨大、结构繁多的海量数据中,快速获得有价值信息的能力,就是大数据技术。云计算在存储和计算上都体现了以数据为核心的理念。云计算,为大数据提供了有力的工具和途径,与此同时,大数据也为云计算提供了可有效利用的数据资源。

(二)云计算基本原理

云计算的基本原理是,通过使计算分布在大量的分布式计算机上,而非本地计算机或远程服务器中,企业数据中心的运行将更与互联网相似。这使得企业能够将资源切换到需要的应用上,根据需求访问计算机和存储系统。基于网络和虚拟化技术,通过虚拟化技术,云计算提供商可以在一台物理服务器上运行多个虚拟机,每个虚拟机可以独立地运行不同的操作系统和应用程序。由此,用户可以通过互联网访问这些虚拟机上的资源和服务,而无需购买和维护大量的硬件设备。

云计算把普通的服务器或者个人计算机连接起来,使其获得成本更低的高性能和高可用性计算机的功能,从而提高工作效率和计算资源的利用率。其模式可以简单理解为不论服务的类型,或者是执行服务的信息架构,通过因特网提供应用服务,让使用者通过浏览器就能使用,不需要了解服务器在哪里,内部如何运作。

与传统计算模式的区别主要在于资源管理和维护,在云计算模式下,用户只需关注自身的业务需求和所使用的服务。云计算首先提供了弹性的服务,用户可以根据需要随时扩展或缩减计算资源,无需进行大量的硬件投入,实现更高的灵活性和可扩展性;其次提供了强大的计算和存储能力,可轻松处理大规模的数据集和高并发任务;最后,云计算还显著降低了IT成本。与此同时,用户的数据和应用程序在云端运行,云计算也可能面临来自网络攻击和云服务提供商内部人员的安全威胁;其次,由于网络延迟和带宽限制,云计算服务的响应时间和处理速度可能会受到一定的影响,影响应用程序的性能;最后,对于一些特定行业或组织而言,将数据和业务迁移到云端可能需要时间和资源的投入。

云计算应用涉及多个领域,包括商业、技术、政府、医疗保健、智能电网、智能交通网络、生命科学、灾难管理、自动化、数据分析以及消费者和社交网络。随着云服务的出现,用于创建,部署和交付这些应用程序的各种模型。

随着技术的不断进步,云计算领域将迎来一系列新的技术变革。随着物联网(IoT)和5G技术的普及,边缘计算正逐渐成为云计算的重要补充;人工智能与云计算的深度融合,通过云计算平台,AI应用可以实现大规模的数据训练和计算,从而提升算法的准确性和效率;随着企业对云计算的依赖程度不断加深,混合云和多云策略逐渐成为主流;随着全球气候变化和环境问题的日益严重,可持续性和绿色云计算将成为未来的重要趋势,为企业提供绿色、环保的IT解决方案,帮助企业实现可持续发展目标。

这是一种革命性的举措,这就好比是从古老的单台发电机模式转向了电厂集中供电的模式。它意味着计算能力也可以作为一种商品进行流通,就像煤气、水电一样,取用方便,费用低廉。最大的不同在于,它是通过互联网进行传输的。

云计算的蓝图已经呼之欲出:在未来,只需要一台笔记本或者一个手机,就可以通过网络服务来实现我们需要的一切,甚至包括超级计算这样的任务。从这个角度而言,最终用户才是云计算的真正拥有者。云计算的应用包含这样的一种思想,把力量联合起来,给其中的每一个成员使用。

(三)云计算部署模式

云计算的本质是将各种计算资源和应用程序汇总起来放到网上,然后向用户提供服务。对众多资源的整合涉及云计算资源的部署类型,根据存放地方不同可以分为公有云、私有云、混合云和社区云四类。公有云是存放在一个公共的地方,称作云服务商,一般都是某个大企业；私有云是存放在企业内部,满足自身业务需求；混合云则是二者结合起来,公有云服务体量大的业务,私有云负责数据的安全；社区云是由一个特定社区独占使用,该社区由具有共同关切(如使命、安全要求、政策等)多个组织组成。

1. 公有云

公有云一般由第三方大公司承建和运营,并以一种即付即用、弹性伸缩的方式为政府或公众用户提供服务,包括硬件和软件资源。用户可以通过互联网按需自助服务,即通过 Web 网页注册账号,填写 web 表单信息,按需付费,且根据需要随时取消服务,并对使用服务的费用进行实时结算。业界有名的公有云厂商有：Amazon AWS、Microsoft Azure、Google Cloud、阿里云、腾讯云、百度云等。

公有云关注盈利模式,具有强大的可扩展性和较好的规模共享经济性。但是,所有定制者共享相同的基础设施,配置有限,安全保护和可用性差。公有云的优势在于它们可能比企业云更大,因此,可以根据需求无缝扩展。

2. 私有云

私有云是某个企业根据自身需求在自家的数据中心上部署的专有服务,提供对数据安全性和服务质量的最有效控制。因此,私有云的使用仅限于某个企业的成员、员工和值得信赖的合作伙伴。私有云也有内部部署和外部托管两种部署模式。

(1) 内部部署。内部部署私有云(也称为内部云)部署在企业数据中心的防火墙内。该模型提供了更加标准化的流程和保护,但在大小和可扩展性方面受到限制。IT 部门还需要为物理资源承担资金和运营成本。这最适合需要对基础设施和安全性进行全面控制和可配置性的应用。

(2) 外部托管。这种类型的私有云由外部托管的云服务商提供,其中云服务商搭建专有云环境并充分保证隐私。最适合由于共享物理资源而不选择公有云的企业。

私有云关注信息安全,客户拥有基础设施,并可以控制在基础设施上部署应用程序。内部用户通过内部网络或专有网络使用服务,私有云的使用体验较好,安全性较高,但投资门槛高,当出现突发性需求时,私有云因规模有限,将难以快速地有效扩展。业界有名的私有云厂商有 VMware、深信服、华为云和青云等。

3. 混合云

混合云融合了公有云和私有云优点,是近年来云计算的主要模式和发展方向。出于安全考虑,企业更愿意将数据存放在私有云中,但是同时又希望可以获得公有云的计算资源,在这种情况下,混合云被越来越多地采用,它将公有云和私有云进行混合和匹配,以获得最佳的效果,这种个性化的解决方案,达到了既省钱又安全的目的。

混合云兼顾性价比与安全,在公有云中创建网络隔离的专有云,用户可以完全控制该专有云的网络配置,同时还可以通过 VPN/专线连接到内部私有云,实现公有云与私有云的连接,兼顾公有云和私有云的优点。

4. 社区云

社区云是指在一定的地域范围内,由云计算服务提供商统一提供计算资源、网络资源、软件和服务能力所形成的云计算形式,其也可视作公有云范畴内的一个组成部分。基于社区内的网络互连优势和技术易于整合等特点,通过对区域内各种计算能力进行统一服务形式的整合,结合社区内的用户需求共性,实现面向区域用户需求的云计算服务模式,其目的是充分发挥云计算的优势。由于共同费用的用户数比公有云少,这种选择往往比公有云贵,但隐私性、安全性和政策遵从度都比公有云高。

(四)云计算特点

1. 超大规模

云计算具有相当大的规模,谷歌云计算平台已拥有上百万台服务器,亚马逊、IBM、微软、华为、阿里、腾讯等云服务也拥有几十万台服务器。云计算能赋予用户前所未有的计算能力。

2. 虚拟化

云计算都会采用虚拟化技术,用户并不需要关注具体的硬件实体,只需要选择一家云服务商,注册一个账号,登录到它们的云控制台,去购买和配置需要的服务(比如云服务器、云存储、CDN 等),再为这些应用做一些简单的配置之后,就可以让这些应用对外服务了,这比传统的在企业的数据中心去部署一套应用要简单方便得多。而且,用户可以随时随地通过自己的 PC 或移动设备来控制自己的资源,这就好像是云服务商为每一个用户都提供了一个互联网数据中心(Internet Data Center,IDC)一样。

3. 按需分配服务

云计算是一个庞大的资源池,用户按需购买,就像自来水、煤气和电一样计费。云计算也是同样的道理,用户可以根据自己的需要来购买服务,甚至可以按使用量来进行精确计费,也就是通过自助式 web 界面购买和配置 CPU、内存、磁盘、带宽、防火墙等计算资源,无需与每个服务商进行人工交互。这些自助式的服务将用户从实施中分离出来,需要多少购买多少,不需要了可以随时取消。

4. 广泛网络访问

消费者可以使用网络通过 api、rest、vpn 和 https 等标准机制访问各种资源,用户在任意位置使用各种终端获取和使用服务,所请求的资源来自云,而不是固定有行的实体。应用在云中某处运行,但用户无须了解应用运行的具体位置,只需要一台计算机、Pad 或手机,就可以通过网络来获取云服务带来的超强计算能力服务。

5. 高可靠性

使用云计算比使用本地计算机更加可靠,因为云端使用数据多副本容错机制、计算节点同构可互换措施、镜像和灾备方案、分布式集群技术等措施来保障服务的高可用,以最大限度地减少发生灾难时的停机时间。

6. 服务可以度量

所有云服务和资源都可以被度量,云计算系统能够自动地控制、监控、优化、报告和取消资源的使用,为服务商和消费者提供透明的使用情况统计和实时结算等服务。

7. 可动态伸缩

通过虚拟化技术将一台服务器虚拟成多台服务器,虚拟化技术可以用来对计算资源进行虚拟化和管理,可以实现服务器虚拟化、存储虚拟化、网络虚拟化和桌面虚拟化。对于云服务商来说,资源能够灵活配置、弹性扩容、等量伸缩和快速下发;对于消费者来说,服务商可以提供的资源通常看起来像是无限的,可以随时任意数量购买资源。

8. 极低成本

云计算的特殊容错措施使得可以使用极其廉价的计算机节点来构成云;自动化管理使数据中心管理成本大幅降低,公用性和通用性使资源的利用率大幅提升,设施可以建在电力资源丰富的地区,从而大幅降低资源成本。因此,云计算具有前所未有的性价比。

二、云计算平台架构

云计算通过网络把多个成本相对较低的计算实体整合成一个具有强大计算能力的完美系统,即为云计算平台。云计算系统提供非常简单的图形界面或 API(应用编程接口)接口,为用户根据需求实现随时随地便捷地从可配置计算资源共享池中获取所需的服务器、网络、存储、应用程序和服务等资源。这些资源能够被快速申请、配置、发布、使用、释放和管理,把这一强大的计算能力分布到终端用户手中,使管理资源的工作量和与服务商的交互减小到最低限度。

目前,公认的云架构划分为基础设施层、平台层和软件服务层三个层次,对应名称为基础设施即服务(Infrastructure as a Service,IaaS)、平台即服务(Platform as a Service,PaaS)和软件即服务(Software as a Service,SaaS),如图 9-6 所示。

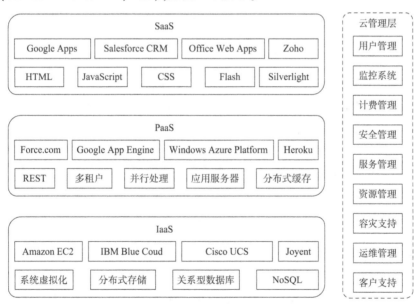

图 9-6 云计算的架构

(一)IaaS

基础设施即服务 Iaas 是云的基础。它由服务器、网络设备、存储磁盘等物理资产组成。这层作用是为给上面的中间件层或者用户准备其所需的计算和存储等资源,如服务器、网络设备、存储设备等,将这些物理设备通过虚拟化层采用相应技术形成动态资源池。在使用

IaaS 时,用户并不实际控制底层基础架构,而是控制操作系统、存储和部署应用程序,还在有限的程度上控制网络组件的选择。

通过 IaaS 这种模式,用户可以从供应商那里获得其所需要的计算或者存储等资源来装载相关的应用,并只需为其所租用的那部分资源进行付费,而同时这些基础设施烦琐的管理工作则交给 IaaS 供应商来负责。

对于企业而言,IaaS 的巨大价值通过云爆发(Cloud Bursting)概念实现。云爆发是指当业务瞬间增长,需要大量的计算资源时,将任务负载扩展到云环境的过程。云爆发促成的资本节约潜力巨大,因为企业无需额外投资利用率很低的服务器,那些服务器一年中只有两三次使用70%的容量,其余时间仅有7%～10%的负荷。

IaaS 主要有以下四种技术。

(1)虚拟化:也可以理解它为基础设施层的"多租户",因为通过虚拟化技术,能够在一个物理服务器上生成多个虚拟机,并且能在这些虚拟机之间能实现全面的隔离,这样不仅能降低服务器的购置成本,而且还能同时降低服务器的运维成本,成熟的 X86 虚拟化技术有 VMware 的 ESX 和开源的 Xen。

(2)分布式存储:为了承载海量的数据,同时也要保证这些数据的可管理性,所以需要一整套分布式的存储系统。

(3)关系型数据库:基本是在原有的关系型数据库的基础上做了扩展和管理等方面的优化,使其在云中更适应。

(4)NoSQL:为了满足一些关系数据库所无法满足的目标,比如支撑海量的数据等,一些公司特地设计一批不是基于关系模型的数据库。

(二)PaaS

平台即服务 PaaS 是中间层,又被称为平台层,它把软件开发环境当作服务提供给用户,平台层主要为应用程序开发者设计,面向广大互联网应用开发者,把分布式软件开发、测试、部署、运行环境以及复杂的应用程序托管当作服务,使得开发者可以从复杂低效的环境搭建、配置和维护工作中解放出来,将精力集中在软件编写上,从而大大提高软件开发的效率,平台层是整个云计算系统的核心层,包括并行程序设计和开发环境。这层是承上启下的,它在下面的基础设施层所提供资源的基础上提供了多种服务,比如缓存服务和 REST 服务等,而且这些服务即可用于支撑显示层,也可以直接让用户调用。

通过 PaaS 这种模式,用户可以在一个提供 SDK(Software Development Kit,即软件开发工具包)、文档、测试环境和部署环境等在内的开发平台上非常方便地编写和部署应用,而且不论是在部署,还是在运行的时候,用户都无需为服务器、操作系统、网络和存储等资源的运维而操心,这些烦琐的工作都由 PaaS 云供应商负责。而且 PaaS 在整合率上非常惊人,比如一台运行 GoogleApp Engine 的服务器能够支撑成千上万的应用,也就是说,PaaS 是非常经济的。PaaS 主要面对的用户是开发人员。

1. 优势

一般来说,与现有的基于本地的开发和部署环境相比,PaaS 平台主要在下面这六方面有非常大的优势。

(1)友好的开发环境:通过提供 SDK 和 IDE(Integrated Development Environment,集成开发环境)等工具来让用户不仅能在本地方便地进行应用的开发和测试,而且能进行远程部署。

(2)丰富的服务:PaaS 平台会以 API 的形式将各种各样的服务提供给上层的应用。

(3)精细的管理和监控:PaaS 能够提供应用层的管理和监控,比如能够观察应用运行的情况和具体数值(比如吞吐量 Throughput 和响应时间 Response Time 等)来更好地衡量应用的运行状态,还有能够通过精确计量应用使用所消耗的资源来更好地计费。

(4)伸缩性强:PaaS 平台会自动调整资源来帮助运行于其上的应用更好地应对突发流量。

(5)多租户(Multi-Tenant)机制:许多 PaaS 平台都自带多租户机制,不仅能更经济地支撑庞大的用户规模,而且能提供一定的可定制性,以满足用户的特殊需求。

(6)整合率和经济性:PaaS 平台整合率非常高,比如 PaaS 的代表 GoogleApp Engine 能在一台服务器上承载成千上万的应用。

2. 多样性

PaaS 层的技术比较多样性,下面是常见的五种。

(1)REST:通过 REST(Representational State Transfer,表述性状态转移)技术,能够非常方便和优雅地将中间件层所支撑的部分服务提供给调用者。

(2)多租户:就是能让一个单独的应用实例可以为多个组织服务,而且能保持良好的隔离性和安全性,并且通过这种技术,能有效地降低应用的购置和维护成本。

(3)并行处理:为了处理海量的数据,需要利用庞大的 X86 集群进行规模巨大的并行处理,Google 的 MapReduce 是这方面的代表之作。

(4)应用服务器:在原有的应用服务器的基础上为云计算做了一定程度的优化,比如用于 GoogleApp Engine 的 Jetty 应用服务器。

(5)分布式缓存:通过分布式缓存技术,不仅能有效地降低对后台服务器的压力,而且还能加快相应的反应速度,最著名的分布式缓存例子莫过于 Memcached。

对于很多 PaaS 平台,比如用于部署 Ruby 应用的 Heroku 云平台,应用服务器和分布式缓存都是必备的,同时 REST 技术也常用于对外的接口,多租户技术则主要用于 SaaS 应用的后台,比如用于支撑 Salesforce 的 CRM 等应用的 Force.com 多租户内核,而并行处理技术常被作为单独的服务推出,比如 Amazon 的 Elastic MapReduce。

(三)SaaS

软件即服务 SaaS 是一种以互联网为载体,以浏览器为交互方式,把服务器端的程序软件传给远程用户来提供软件服务的应用模式。在这种模式下,用户不需要再花费大量投资用于硬件、软件和开发团队的建设,只需要支付一定的租赁费用,就可以通过互联网享受到相应的服务,而且整个系统的维护也由厂商负责。

由于 SaaS 层离普通用户非常接近,所以,在 SaaS 层所使用到的技术,大多耳熟能详,下面是其中最主要的五种。

(1)HTML:标准的 Web 页面技术,现在主要以 HTML4 为主,但是即将推出的 HTML5 会在很多方面推动 Web 页面的发展,比如视频和本地存储等方面。

(2) JavaScript:一种用于 Web 页面的动态语言,通过 JavaScript,能够极大地丰富 Web 页面的功能,最流行的 JS 框架有 jQuery 和 Prototype。

(3) CSS:主要用于控制 Web 页面的外观,而且能使页面的内容与其表现形式之间进行优雅地分离。

(4) Flash:业界最常用的 RIA(Rich Internet Applications)技术,能够在现阶段提供 HTML 等技术所无法提供的基于 Web 的富应用,而且在用户体验方面,非常不错。

(5) Silverlight:来自业界巨擘微软的 RIA 技术,虽然其现在市场占有率稍逊于 Flash,但由于其可以使用 C++ 来进行编程,所以,对开发者非常友好。

在 SaaS 层的技术选型上,由于通用性和较低的学习成本,大多数云计算产品都会比较倾向 HTML、JavaScript 和 CSS 这对黄金组合,但是在 HTML5 被大家广泛接受之前,RIA 技术在用户体验方面,还是具有一定的优势,所以,Flash 和 Silverlight 也将会有一定的用武之地,比如 VMware vCloud 就采用了基于 Flash 的 Flex 技术。

三、云计算关键技术

(一) 虚拟化技术

虚拟化是云计算最重要的核心技术之一,它为云计算服务提供基础架构层面的支撑,是 ICT 服务快速走向云计算的最主要驱动力。可以说,没有虚拟化技术也就没有云计算服务的落地与成功。随着云计算应用的持续升温,业内对虚拟化技术的重视也提到了一个新的高度。与此同时,我们的调查发现,很多人对云计算和虚拟化的认识都存在误区,认为云计算就是虚拟化。事实上并非如此,虚拟化是云计算的重要组成部分但不是全部。

从技术上讲,虚拟化是一种在软件中仿真计算机硬件,以虚拟资源为用户提供服务的计算形式,旨在合理调配计算机资源,使其更高效地提供服务。它把应用系统各硬件间的物理划分打破,从而实现架构的动态化,实现物理资源的集中管理和使用。虚拟化的最大好处是增强系统的弹性和灵活性,降低成本、改进服务,提高资源利用效率。

从表现形式上看,虚拟化又分两种应用模式:一是将一台性能强大的服务器虚拟成多个独立的小服务器,服务不同的用户;二是将多个服务器虚拟成一个强大的服务器,完成特定的功能。这两种模式的核心都是统一管理,动态分配资源,提高资源利用率。在云计算中,这两种模式都有比较多的应用。

(二) 分布式数据存储技术

云计算的另一大优势就是能够快速、高效地处理海量数据。在数据爆炸的今天,这一点至关重要。为了保证数据的高可靠性,云计算通常会采用分布式存储技术,将数据存储在不同的物理设备中。这种模式不仅摆脱了硬件设备的限制,同时扩展性更好,能够快速响应用户需求的变化。

分布式存储与传统的网络存储并不完全一样,传统的网络存储系统采用集中的存储服务器存放所有数据,存储服务器成为系统性能的瓶颈,不能满足大规模存储应用的需要。分布式网络存储系统采用可扩展的系统结构,利用多台存储服务器分担存储负荷,利用位置服务器定位存储信息,它不但提高了系统的可靠性、可用性和存取效率,还易于扩展。

在当前的云计算领域,Google 的 GFS 和 Hadoop 开发的开源系统 HDFS 是比较流行的两种云计算分布式存储系统。

GFS(Google File System)技术:谷歌的非开源的 GFS(Google File System)云计算平台满足大量用户的需求,并行地为大量用户提供服务。使得云计算的数据存储技术具有了高吞吐率和高传输率的特点。

HDFS(Hadoop Distributed File System)技术:大部分 ICT 厂商,包括 Yahoo、Intel 的"云"计划采用的都是 HDFS 的数据存储技术。未来的发展将集中在超大规模的数据存储、数据加密和安全性保证以及继续提高 I/O 速率等方面。

(三)编程模式

从本质上讲,云计算是一个多用户、多任务、支持并发处理的系统。高效、简捷、快速是其核心理念,它旨在通过网络把强大的服务器计算资源方便地分发到终端用户手中,同时保证低成本和良好的用户体验。在这个过程中,编程模式的选择至关重要。云计算项目中分布式并行编程模式将被广泛采用。

分布式并行编程模式创立的初衷是更高效地利用软、硬件资源,让用户更快速、更简单地使用应用或服务。在分布式并行编程模式中,后台复杂的任务处理和资源调度对于用户来说是透明的,这样用户体验能够大大提升。MapReduce 是当前云计算主流并行编程模式之一。MapReduce 模式将任务自动分成多个子任务,通过 Map 和 Reduce 两步实现任务在大规模计算节点中的高度与分配。MapReduce 是 Google 开发的 java、Python、C + + 编程模型,主要用于大规模数据集(大于 1TB)的并行运算。MapReduce 模式的思想是将要执行的问题分解成 Map(映射)和 Reduce(化简)的方式,先通过 Map 程序将数据切割成不相关的区块,分配(调度)给大量计算机处理,达到分布式运算的效果,再通过 Reduce 程序将结果汇整输出。

(四)大规模数据管理

处理海量数据是云计算的一大优势。如何处理则涉及很多层面的东西,因此,高效的数据处理技术也是云计算不可或缺的核心技术之一。对于云计算来说,数据管理面临巨大的挑战。云计算不仅要保证数据的存储和访问,还要能够对海量数据进行特定的检索和分析。由于云计算需要对海量的分布式数据进行处理、分析,因此,数据管理技术必需能够高效的管理大量的数据。

Google 的 BT(Big Table)数据管理技术和 Hadoop 团队开发的开源数据管理模块 HBase 是业界比较典型的大规模数据管理技术。

BT 数据管理技术:BT 是非关系的数据库,是一个分布式的、持久化存储的多维度排序 Map。BT 建立在 GFS,Scheduler,Lock Service 和 MapReduce 之上,与传统的关系数据库不同,它把所有数据都作为对象来处理,形成一个巨大的表格,用来分布存储大规模结构化数据。Bigtable 的设计目的是可靠的处理 PB 级别的数据,并且能够部署到上千台机器上。

开源数据管理模块 HBase:HBase 是 Apache 的 Hadoop 项目的子项目,定位于分布式、面向列的开源数据库。HBase 不同于一般的关系数据库,它是一个适合于非结构化数据存储的数据库。另一个不同的是 HBase 基于列的而不是基于行的模式。作为高可靠性分布式存储系统,HBase 在性能和可伸缩方面都有比较好的表现。利用 HBase 技术可在廉价 PC Server 上搭建起大规模结构化存储集群。

(五) 分布式资源管理

云计算采用了分布式存储技术存储数据,那么自然要引入分布式资源管理技术。在多节点的并发执行环境中,各个节点的状态需要同步,并且在单个节点出现故障时,系统需要有效的机制保证其他节点不受影响。而分布式资源管理系统恰是这样的技术,它是保证系统状态的关键。

另外,云计算系统所处理的资源往往非常庞大,少则几百台服务器,多则上万台,同时可能跨越多个地域,且云平台中运行的应用也是数以千计。如何有效地管理这批资源,保证它们正常提供服务,需要强大的技术支撑。因此,分布式资源管理技术的重要性可想而知。

全球各大云计算方案/服务提供商们都在积极开展相关技术的研发工作。其中,Google 内部使用的 Borg 技术很受业内称道。另外,微软、IBM、Oracle/Sun 等云计算巨头都有相应解决方案提出。

(六) 信息安全

调查数据表明,安全已经成为阻碍云计算发展的最主要原因之一。数据显示,32% 已经使用云计算的组织和 45% 尚未使用云计算的组织的 ICT 管理,将云安全作为进一步部署云的最大障碍。因此,要想保证云计算能够长期稳定、快速发展,安全是首要需要解决的问题。

事实上,云计算安全也不是新问题,传统互联网存在同样的问题,只是云计算出现以后,安全问题变得更加突出。在云计算体系中,安全涉及很多层面,包括网络安全、服务器安全、软件安全、系统安全等。因此,有分析师认为,云安全产业的发展,将把传统安全技术提到一个新的阶段。

现在,不管是软件安全厂商还是硬件安全厂商,都在积极研发云计算安全产品和方案,包括传统杀毒软件厂商、软硬防火墙厂商、IDS/IPS 厂商在内的各个层面的安全供应商都已加入云安全领域。相信在不久的将来,云安全问题将得到很好的解决。

(七) 云计算平台管理

云计算资源规模庞大,服务器数量众多并分布在不同的地点,同时运行着数百种应用。如何有效地管理这些服务器,保证整个系统提供不间断的服务是巨大的挑战。云计算系统的平台管理技术,需要具有高效调配大量服务器资源,使其更好协同工作的能力。其中,方便地部署和开通新业务、快速发现并且恢复系统故障、通过自动化、智能化手段实现大规模系统可靠的运营是云计算平台管理技术的关键。

对于提供者而言,云计算可以有三种部署模式,即公共云、私有云和混合云。三种模式对平台管理的要求大不相同。对于用户而言,由于企业对于 ICT 资源共享的控制、对系统效率的要求以及 ICT 成本投入预算不尽相同,企业所需要的云计算系统规模及可管理性能也大不相同。因此,云计算平台管理方案要更多地考虑到定制化需求,能够满足不同场景的应用需求。

包括 Google、IBM、微软、Oracle/Sun 等在内的许多厂商都有云计算平台管理方案推出。这些方案能够帮助企业实现基础架构整合、实现企业硬件资源和软件资源的统一管理、统一分配、统一部署、统一监控和统一备份,打破应用对资源的独占,让企业云计算平台价值得以充分发挥。

(八) 绿色节能技术

节能环保是全球的时代大主题。云计算也以低成本、高效率著称。云计算具有巨大的规模经济效益,在提高资源利用效率的同时,节省了大量能源。绿色节能技术已经成为云计算必不可少的技术,未来,越来越多的节能技术还会被引入云计算中来。

碳排放披露项目(Carbon Disclosure Project, CDP)发布了一项有关云计算有助于减少碳排放的研究报告。报告指出,迁移至云的美国公司每年就可以减少碳排放 8570 万 t,这相当于 2 亿桶石油所排放出的碳总量。

第四节 车 载 终 端

一、车载终端简介

车联网由车载终端、基础设施以及交通管理与控制实体三部分组成。其中,车载终端是对车辆行驶速度、时间、里程、发动机转速等有关车辆行驶的多源信息进行完整准确记录、处理、存储并可通过接口实现数据输出的嵌入式终端产品。车载终端是车辆监控管理系统的前端设备,也可以称为车辆调度监控终端(TCU 终端)。利用车载终端,监控中心可以随时查看车辆状况,实时追踪车辆位置,以便对现有车辆进行动态管理。车载终端性能的好坏直接关系到整个智能交通系统性能的优劣,在智能交通系统中发挥着举足轻重的作用。

(一) 车载终端的发展

车载终端的发展经过机械式、模拟电子式阶段,目前正向数字化方向迈进。它的研究和发展随着电子技术、微计算机技术、嵌入式技术及智能技术等的进步而不断深入。

世界上最早使用的带有记录功能的车载终端装置是欧盟于 1970 年推广的纸盘模拟式记录装置。它通过速度传感器测量记录车辆当前速度,并在圆形坐标记录纸上以机械指针的形式记录车辆行驶参数。

20 世纪 70 年代后,随着电子技术以及集成化模块技术和电子设备的广泛应用,车载终端的发展进入了模拟电子式阶段。模拟电子式车载终端使用电测原理,通过相应的传感器把被测的物理信号变为电信号然后测量,其响应时间比机械式车载终端大幅降低,测量后以二值数字形式显示被测信号,测量精度较高,所以应用范围广泛。在20世纪80年代,德国博世研发出车载CAN总线通信协议,并在1993年成为ISO汽车标准通信协议,很好地解决了车载通信复杂、实时性不高的难题。

20世纪90年代初,美国、德国先后开发出数字式车载终端装置,可以监督驾驶员的超时与超速行为。日本将大规模集成电路与新型的存储介质广泛用于车载终端存储模块,并且建立了以动态路径诱导系统为核心的通用交通管理系统(Universal Traffic Management System,TMS)。数字式车载终端是以计算机技术、微机电、信息技术以及材料学等理论为基础,能够实现信号的感应、检测、处理、通信以及控制等任务,主控系统根据控制算法具有自学习、自校正、自适应等功能。

目前,数字车载终端主机包括核心处理系统模块、控制面板模块、数据存储及运算等模块,可实现自检、数字显示、数据上传与下载、记录存储等功能。有数据表明,在运输车辆上安装车载终端后,能够对驾驶员发挥监督和警示作用,交通事故率降低37%~52%。

(二)车载终端的类型

从国内外各种车载终端的发展与应用现状来看,车载终端主要分为以下几个类型:具有"汽车黑匣子"功能的行车记录仪;家庭及商用车辆安装使用的,具有导航、娱乐、车辆自身状态监测等功能的车载终端;对车辆的行驶速度、行进路线等进行监管、指挥的调度终端;应用于特种车辆及货物运输的物流监管系统。

(三)车载终端的功能需求分析

车载终端的主要任务是能够提供尽可能多的辅助驾驶信息,在设计过程中遵循如下原则。

(1)车载终端所提供的信息必须能够保证精准、可靠、实时性高。如果驾驶员不能及时地获取到周围准确可靠的路况以及车况信息,就可能会造成判断失误,甚至引发交通事故,造成不可预知的严重后果。

(2)车载终端所提供的信息要详细丰富。随着汽车行业的飞速发展,汽车上的功能模块越来越多,为了能够方便行车,驾驶员需要获取的车载信息量也随之增加,包括车辆速度、发动机转速、冷却液温度、汽车耗油量、车灯以及车门工作状态等车身信息。除此之外,本系统设计车载终端还能为驾驶员提供车外的环境信息,利用安装在车辆前、后、左、右四个方向的摄像头同时采集车辆四周图像,并进行一定的处理之后进行实时显示,使驾驶员可以随时了解车辆所处的环境,有效避开车辆周围的障碍物,方便进行停车、倒车、变道等操作。

(3)车载终端信息显示界面要尽可能地直观、简洁、美观。方便驾驶员在行车过程中清晰读取到所需要的车载信息,进行安全、舒适驾驶。

(4)为方便今后对车载终端进行功能扩展,在进行硬件及软件设计时,系统需要具备一定的扩展性及兼容性,以满足人们对车载终端越来越多的性能需求。

(5)在保证以上性能需求的同时,所设计的车载终端要尽可能地降低成本。

(四)车载终端运行流程

车载终端系统的组成结构必须具备以下三个层次:嵌入式硬件平台、嵌入式操作系统和嵌入式应用程序。

以某危险品公路运输在途监测的基于嵌入式 Linux 的车载终端系统为例,该车载终端系统依据其功能需求和总体组成结构,搭载 ARM Cortex-A8 处理器、嵌入式 Linux 为操作系统。其工作流程如图 9-7 所示。

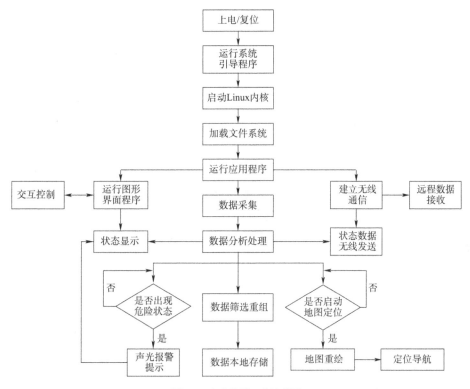

图 9-7 车载终端工作流程图

(1)当车载终端系统上电或者复位时,系统开始运行存储固化于 Flash 中的系统引导程序(Bootloader),完成部分硬件设备的初始化,准备好系统运行所需要的软硬件环境,最后加载嵌入式 Linux 的内核代码,启动系统内核。

(2)Linux 内核启动后完成处理器、页表、系统时钟、内存、中断等的初始化,然后完成文件系统和各种驱动程序的加载,最后运行应用程序,开始车载终端系统的正常工作。

(3)车载终端系统正式运行后,开始进行车载终端图形界面的绘制和各种设备端口(如串口)的初始化设置,然后通过端口接收下端无线传感网络上传的各种状态数据,包括采集各个传感器采集的状态数据完成运输车辆和危险品货物的在途监控、采集 GPS 定位数据完成车辆定位和行驶导航功能。

(4)系统接收各种状态数据后对数据帧进行解析,从中提取有效的状态数据信息并进行处理运算,根据不同数据所表示的状态的安全界限来判断运输车辆与危险品货物的运行情况和安全状态,并将各种状态数据转换为实际的物理数据,通过图形界面程序(GUI)在显示屏上直观地呈现。当发生危险或出现潜在的危险时,通过声音、灯光进行报警。

(5)在数据处理分析完成后进行数据的筛选、封装处理,然后通过车载终端的本地嵌入式数据库进行本地实时存储,同时,通过 GPRS 模块将状态数据传输到远程监控中心,完成与监控中心的信息交互。

二、车载终端的硬件、软件与通信

(一)车载终端硬件架构

硬件系统的设计是整体系统设计的第一步,是智能车载终端系统开发的基础,是软件程序运行的实物载体。硬件系统设计的好坏,直接影响着整个系统的稳定性、实时性以及测量数据的精确性。

以某危险品公路运输在途监测的基于嵌入式 Linux 的车载终端系统为例,介绍车载终端硬件架构。该车载终端的硬件平台由多个硬件模块组成,具体包括:中央处理模块(ARM Cortex-A8 处理器)、存储模块(SDRAM、NAND Flash 和 SD Flash)、GPS 模块、GPRS 模块(随着通信技术的发展,采用更先进的技术)、报警模块(扬声器、PWM 蜂鸣器、灯光报警器)、外围接口模块(USB 接口、串口、SD 卡接口、LCD 接口等)、人机交互模块(LCD 显示器、触摸屏、键盘、LED)、数据采集模块(底层无线传感网络)、车载电源模块等。车载终端系统硬件平台总体结构框图如图 9-8 所示,各个外围设备通过相应的接口或控制器与中央处理器相连。

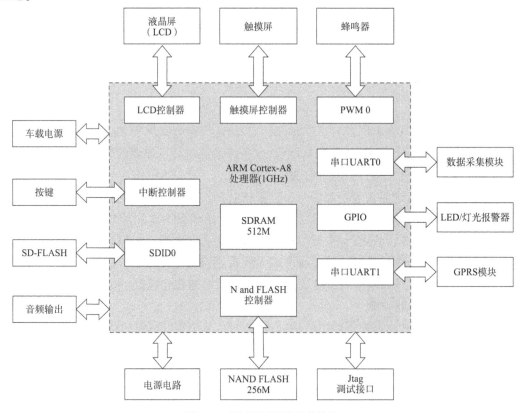

图 9-8 系统的硬件平台总体结构

(二)车载终端软件架构

软件是嵌入式系统的灵魂,一个软件系统性能的好坏很大程度上取决于程序结构是否合理,合理地安排程序结构有利于提高程序的可靠性和运行速度,在整个系统设计中非常关键。

车载终端系统的软件设计主要包括车载终端操作系统选型、车载终端操作系统设计开发和车载终端系统应用程序设计开发三部分。

1. 车载终端操作系统选型

车载终端系统作为一个典型的嵌入式平台,必须具备功能完善的嵌入式操作系统才能使其正常工作。随着嵌入式技术的广泛应用,嵌入式操作系统种类也越来越多,常见的有Vxworks、WINCE、C/OS-Ⅱ、嵌入式Linux等。一般而言,在选择嵌入式操作系统时应考察操作系统的可靠性、可移植性、可利用资源、系统定制能力、成本、应用领域等,进行综合的比较选择。综合比较多种嵌入式操作系统,嵌入式Linux以其开源免费、功能强大、人机交互功能支持完善、内核高效稳定、文件管理和网络通信机制完善等优势,能够更好地满足车载终端系统的功能需求。

2. 车载终端操作系统设计开发

车载终端操作系统的设计实际指的是针对车载终端系统的特点进行嵌入式Linux系统的设计开发,具体包括车载终端操作系统内核的裁剪与移植、车载终端根文件系统的设计与构建和车载终端系统设备驱动程序的开发等,如图9-9所示。

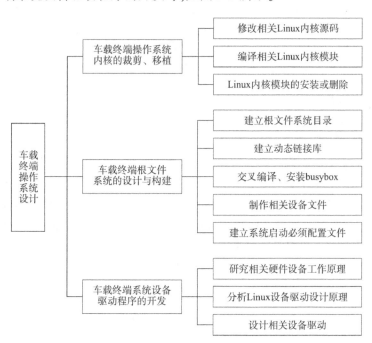

图9-9 车载终端操作系统设计

3. 车载终端系统应用程序设计开发

应用程序的设计开发,主要指在上述嵌入式硬件平台和嵌入式操作系统之上开发与车载终端系统的各个功能相匹配的应用程序软件,具体工作是根据车载终端系统的功能需求来编写具体的应用程序,实现车载终端的监控任务,主要包括身份认证、数据采集、数据处理、数据存储、状态显示、预警报警、远程交互、地图定位等功能。包含上述功能的车载终端应用程序结构图如图 9-10 所示。

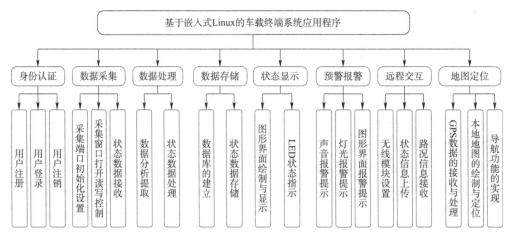

图 9-10　车载终端应用程序结构图

身份认证是指驾驶员及管理员账户的注册、注销和登陆等;数据采集是指接收底层无线传感网络采集的各种危险品货物及其运输车辆的状态数据,主要包括车载终端系统采集端口(串口)的初始化设置和读写控制、状态信息数据帧的识别提取等,其中状态数据包括危险品货物的温度、湿度、油气浓度、火焰状态和罐内压强,以及运输车辆的车辆姿态和连续运行时间等;数据处理是指从数据采集模块所采集的数据中提取出所需的车辆及货物的状态信息数据并进行分析和处理;数据存储是指将数据处理模块所提取出的数据进行必要的处理后,通过建立嵌入式数据库进行数据的本地存储,以便于事后分析;状态显示是指通过图形界面框架 QT/E 绘制的图形界面和 LED 状态指示灯等实时显示运输车辆和危险品货物的各种状态,包括温度、湿度、压力、车辆姿态、油气浓度、火焰状态和行驶时间等;预警报警是指根据各个状态量的安全界限及状态紧急情况对经数据处理后的相关状态数据做出评价判定,并采取声音、灯光和图形界面等方式进行本地的提示、预警或报警;远程交互是指车载终端通过 GPRS 模块(网络)同远程监控中心的信息传输,主要包括 GPRS 无线模块的设置、经数据处理后的状态数据的远程上传和远程监控中心发送的相关信息如天气状况等的接收;地图定位是指接收 GPS 数据后提取出在途车辆的位置信息,并在绘制本地地图后完成在车载地图的标定指示,同时实现车辆的行驶路线的建议功能。

(三) 车载终端通信技术

随着车联网的不断发展,智慧出行、智能交通相关技术研究深入,对于车辆通信提出了 V2X 的通信场景与应用。车载终端作为车辆中的智能设备,承载相关的通信功能,自然在 V2X 通信中起到重要的作用。V2X 通信是车联网中实现环境感知、信息交互与协同控制的重要关键技术。V2X 包括多种通信类型与用途,总体分为四种类型,分别是 V2V(车辆之间直接通信)、V2P(车辆与持有智能手机的驾驶员通信)、V2I(车辆与公路基础设施通信)和 V2N(车辆与外界网络通信)。

在 V2X 通信中，不同的场景负责不同功能。车与车的通信重点关注车辆间的数据共享，例如监测其他运行车辆的速度、位置等信息，多用于辅助自动驾驶，提升汽车安全性。V2P 代表的是车载终端与驾驶员的智能设备间通信，目前，各大移动系统厂商也提供了相应的技术支持，谷歌公司的 Android AUTO 技术、苹果公司的 Car Play 技术等，移动设备与车载终端进行互联，丰富车载终端的功能，为驾驶员提供更智能的汽车服务。车辆与交通基础设施进行交互，可用于获取交通指示设备的信息，车辆依据接收的信息结合自身的车辆状态来辅助车辆的安全驾驶。车载终端与外部网络的交互，能够让车辆通过移动网络与云端的服务器相连，进而能够实现导航、娱乐、防盗等应用功能。车载终端中不同的场景使用不同的通信网络，各个网络下也有不同类型的通信协议进行数据传输。

三、车载终端的功能

（一）先进驾驶辅助系统

先进驾驶辅助系统（Advanced Driver Assistance Systems，ADAS）在多传感器信息融合的基础上（摄像机、雷达等），为驾驶员提供碰撞警告、高级停车辅助、车道保持辅助、离开车道警告、换道辅助和驾驶员状态监视等功能，达到方便驾驶和避免事故发生的目的。

ADAS 系统通常是采用专用的芯片架构，将传感器、处理器、显示器、扬声器等等设备安装在车辆固定位置，构建一个完整的车载辅助驾驶系统。

（二）车载疲劳驾驶预警系统

车载疲劳驾驶预警系统（DMS）能够在驾驶员驾车行驶过程中，全天候监测驾驶员的疲劳状态、驾驶行为等。在发现驾驶员出现疲劳、打哈欠、眯眼睛及其他错误驾驶状态后，预警系统将会对此类行为进行及时的分析，并进行语音灯光提示，达到警示驾驶员、纠正错误驾驶行为的目的。

疲劳驾驶预警系统就是指一旦驾驶员精神状态下滑或进入浅层睡眠，该系统会依据驾驶员精神状态指数分别给出：语音提示，振动提醒，电脉冲警示，警告驾驶员已经进入疲劳状态，需要休息，并同时自动记录相关数据，以便日后查阅、鉴定。其作用就是监视并提醒驾驶员自身的疲劳状态，减少驾驶员疲劳驾驶潜在危害。

（三）故障诊断

汽车故障诊断仪是车辆故障自检终端。汽车故障诊断仪又称汽车解码器，是用于检测汽车故障的便携式智能汽车故障自检仪，用户可以利用它迅速地读取汽车电控系统中的故障，并通过液晶显示屏显示故障码，迅速查明发生故障的部位及原因。

（四）车辆远程管理

车辆远程管理有车辆远程查询、车辆远程控制和远程升级（Over-the-Air，OTA）技术等。车联网是以车内网、车际网和车载移动互联网为基础，按照约定的通信协议和数据交互标准，在 V-X 之间进行无线通信和信息交换，是能实现智能化交通管理、智能动态信息服务和车辆智能化控制的一体化网络。

1. 车辆远程查询

车辆远程查询即可通过手机 App 查询车辆灯光、胎压、发动机等功能的健康状况,掌握车辆整体状态,及时发现故障并到店维修,保证安全驾驶。同时,还可通过手机 App 查询车辆的门窗闭合状态、油耗、续航里程等信息。此外,还能帮助寻车,帮助车主快速查询车辆位置。

2. 车辆远程控制

车辆远程控制时,先执行客户端程序,向汽车进行控制信号的发送,构建起一个远程服务,再利用该远程服务中的各类控制功能,成功将操纵指令发送出去,指挥汽车中所有应用程序的各种运行。此方式即建立在远程服务基础上的远程控制,利用远程控制软件在计算机间构建了一条有序的数据、信息交换通道,控制端通过此通道可以向汽车发送控制指令,操纵汽车完成所有工作。在控制端会对远程被控制端的执行结果进行显示,程序运行所需资源都由被控计算机提供。

3. OTA 技术

OTA 是一项基于短消息机制,通过手机终端或服务器(网上)方式实现 SIM 卡内业务菜单的动态下载、删除与更新,使用户获取个性化信息服务的数据增值业务,是通过移动通信的空中接口对 SIM 卡数据及应用进行远程管理的技术。早期其被广泛应用在手机行业中,终结了手机软件升级需要连接电脑、下载软件、再安装更新的烦琐操作。近年来,随着汽车网联技术不断发展,汽车 OTA 也成为行业热词。通过 OTA 技术对汽车进行远程升级,不仅可以持续为车辆改善终端功能和服务,让车主拥有更便捷、更智能的用车体验,而且还可以被用于快速修复漏洞,帮助实施汽车召回。

汽车 OTA 又分为 SOTA(软件 OTA)和 FOTA(固件 OTA)两种升级方式。SOTA 又称软件升级,是在操作系统的基础上对应用程序进行升级,是指那些离用户更近的应用程序、UI 界面和车载地图、人机交互界面等功能。FOTA 又称固件更新,用户可以通过特定的刷新程序进行 FOTA 升级,影响的是孔子系统、动力系统等。

(五)电动汽车远程服务与管理

电动汽车远程服务与管理系统是对电动汽车信息进行采集、处理和管理,并为联网用户提供信息服务的系统。其车载终端为安装在电动汽车辆上,采集整车及系统部件的关键状态参数并发送到企业平台的装置。

电动汽车远程服务与管理系统由公共平台(包括国家监管平台和地方监管平台)、企业平台和车载终端组成。车载终端连接到企业平台,可以采用企业自定义的通信协议。企业平台采集的数据应包括公共平台需要的参数。终端数据发送频率应不低于公共平台要求的数据采集频率。企业平台按照平台交换协议,将车载终端采集的数据及相关统计信息传输给公共平台。公共平台对企业平台提供的车辆信息进行管理,提供监管服务,并向车辆管理、质量监督等部门提供相关信息。电动汽车远程监控系统总体结构如图 9-11 所示。

(六)Wi-Fi 热点

Wi-Fi 是一种创建于 IEEE802.11 标准的无线局域网络,可以将个人计算机、手持设备

（如Pad、手机）等终端以无线方式互相连接的技术，由Wi-Fi联盟（Wi-Fi Alliance）所持有。车载Wi-Fi是面向公交、客车、私家车、游轮等公共交通工具推出的特种上网设备，Wi-Fi终端通过无线接入互联网获取信息、娱乐或移动办公的业务模式。车载Wi-Fi设备是指装载在车辆上的通过3G/4G/5G to Wi-Fi、无线射频等技术，提供3G Wi-Fi热点的无线路由器。

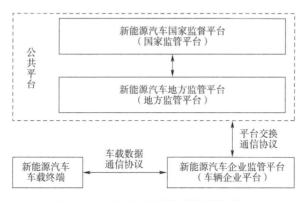

图9-11　电动汽车远程监控系统总体结构图

（七）行车数据采集

行车数据是指汽车在运行过程中产生的一系列参数，比如发动机起动与关闭时间、发动机温度、转速、节气门开度、持续工作时间、蓄电池电压、变速器挡位以及换挡模式、车辆的行驶速度、转向角度、制动系统工作状态、各附属件运行状态，等等。对于电动汽车来说，还有电机运行状态、动力蓄电池电压、电控系统运行状态等。车载终端可实现行车数据的采集。

（八）行车轨迹记录

行车轨迹记录的首要条件是安装一个GPS定位仪，通过终端机接收信号返回到接收机上并保存在服务器里面的数据库里，接着再通过客户端软件，从数据库里提取数据并在客户端软件上面显示出来，这样就能看到车辆的行驶轨迹了。

（九）平台通信

目前，汽车上用到的通信协议种类较多，包括以下几种类型。

1. CAN通信

CAN通信采用双线传输，是目前车载模块应用最广泛、最主流的一种通信方式。高速CAN最高速度可达1M/s，其中，500kb/s的高速CAN广泛应用于动力、底盘等局域网络中。

2. LIN通信

LIN通信采用单线传输，主流速度在19.6kb/s，主要应用于车辆部分高级传感器单元的通信。例如，超声波雷达传感器、蓄电池传感器、发电机控制等。

3. FlexRay通信

FlexRay通信双线传输，通过双通道最高速度可达20M/s，部分品牌的驾驶辅助系统相关模块应用该通信协议。

4. MOST光纤通信

MOST光纤通信速度可达150M/s，豪华品牌多媒体娱乐系统应用该通信协议。优点是可完全杜绝车辆电磁干扰,而且速度最快。缺点是成本比较高,且采用环形网络,一个模块出现问题,整个网络通信将会中断。

5. K 通信

K 通信单线传输,速度较慢,只应用于部分品牌防盗相关信息传递。

6. 以太网通信

以太网通信部分品牌应用于通过诊断仪为多媒体娱乐系统主机系统及导航地图更新。

四、驾驶行为管理与监控

(一)驾驶行为采集

生活中常见的不良驾驶行为有超速行驶、疲劳驾驶、频繁制动、不规范使用灯光等。在道路运输行业,车辆需要进行北斗定位监测,除上述不良驾驶行为之外,还有恶意关闭定位终端的不良驾驶行为。

正常状态下,驾驶员不断分析处理周围环境信息及行驶轨迹;而在疲劳状态下驾驶车辆,车辆部件所表现出的状态完全不同,基于驾驶行为的监测方法可以有效实现对疲劳状态的检测。

随着各种分布式数据库的诞生,海量数据的存储越来越廉价,大量的车辆行驶数据蕴含丰富的车辆时空轨迹信息、驾驶员驾驶行为信息以及城市交通信息。存储和处理这些数据并从中挖掘出对驾驶员、物流车队和城市交通管理有价值的信息,再进一步构建车联网数据分析平台,是实现智能交通的重要途径,也是实现智慧城市的关键环节。

车辆行驶数据通过采集设备读取车辆 CAN 总线获取,在进行数据封装后通过移动网络发送至数据库。车辆 CAN 总线的数据主要包括两部分:GPS 轨迹信息以及 OBD 数据。

1. GPS 数据采集

GPS 信息刻画了车辆的时空行驶轨迹,这些轨迹可以表示车辆的移动模式,为一大批基于位置的社交网络、智能交通和城市计算应用提供了帮助。在这样的背景下,轨迹数据挖掘逐渐成为一项重要的研究课题,吸引了计算机科学、社会科学以及地理科学等领域的关注。

配有 GPS 设备的汽车会以固定的频率将当前车辆所处的经纬度和时间戳发送给后台数据库。大量的行驶记录所产生的时空轨迹数据可以被进一步用于城市资源分配、交通分析并改善交通运输网络。一条 GPS 轨迹由车辆在地理空间中移动而产生,通常由一系列按时间排序的位置点组成。例如,$p_1 \rightarrow p_2 \rightarrow \cdots \rightarrow p_n$ 表示坐标点 p_i 经时序排列后组成的一条轨迹。

2. OBD 数据采集

OBD(On-Board Diagnostic)是一种车载自诊断系统,配备有 OBD 设备的车辆可以对车辆行驶数据进行采集。OBD 数据不仅反映了车辆内部硬件的状态,可以检测车辆安全性,同时,例如转向、加速、制动等驾驶行为信息也被采集,可以被进一步用来进行驾驶行为分析。通过驾驶行为分析,可以了解驾驶员驾驶特点,改善驾驶经济性、安全性和环保性。OBD 一般位于车辆离合踏板和转向盘之间的隐蔽位置,实质是一个物理接口。OBD 接口并不能提供数据存储功能,与飞机上的黑匣子还是有本质区别的,但是,通过外接设备可以实现获取总线数据以及进行故障诊断等功能。通过采集 OBD 数据，可以获取有关车辆状态以及驾驶员驾驶行为相关的信息，例如加速、离合、制动等，并能进一步用于驾驶员驾驶风格和驾驶行为的分析。

（二）数据存储和分析

数据存储的意义在于日后可以对大数据量的数据进行离线分析，例如车辆轨迹回放、车辆业务模式挖掘、轨迹挖掘、油耗分析、报表生成等。数据存储包括两部分信息：车辆的 GPS 数据和 OBD 数据。

数据库的选型需要考虑不同车辆数据的字段不同，且要适应日后新增字段。传统的关系型数据库在数据库建表的时候就要确定所有的列，如果字段是动态增加的，那么数据表的列只能以文本形式将所有数据存储到一列中，这样会导致日后数据查询效率低下。Hbase、Cassandra 等非关系型数据库比较适合大数据字段不确定的数据存储场景，且这些数据库都具有很好的扩展能力，可以应付日益庞大的数据量且能保证高效的查询。

Apache HBase 是一个高可靠性、高性能、面向列、可伸缩的分布式存储系统，其构建在 HDFS 之上弥补了 HDFS 不能实现毫秒级响应的缺陷。HBase 是 Google Bigtable 的开源实现。HBase 具有良好的水平扩展能力，适合海量数据存储的场景，由于其属于 Hadoop 生态圈，所以与计算模块能很好地兼容。

MongoDB 是一个基于分布式文件存储的开源数据库系统。在高负载的情况下，添加更多的节点可以保证服务器性能。MongoDB 旨在为 Web 应用提供可扩展的高性能数据存储解决方案。MongoDB 将数据存储为一个文档，数据结构由键值（Key Value）对组成，文档类似于 JSON 对象。字段值可以包含其他文档、数组及文档数组。离线数据分析系统需要将历史数据经过离线批量计算之后将计算结果存储至数据库并将相关数据呈现在 Web 端。计算结果的存储需要一个灵活、可扩展的数据库来支持。由于不同车辆的字段有区别，且报表需求也会在日后面临变更，所以，采用 MongoDB 这种面向文档的非关系型数据库是最合适的。

（三）驾驶行为管理与监控

1. 驾驶行为管理

驾驶行为管理模块可由三个部分组成，如图 9-12 所示。

首先，对车辆的状态进行实时监控，能够根据车辆的加速度信息，发动机的运行状态、节气门的位置等数据信息进行分析，获取这些异常的事件，能够保证一定的准确率，降低误报的概率；其次，能够将感知的数据上报给监

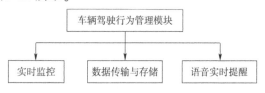

图 9-12 驾驶行为管理模块

控中心，以及保存到自身的存储器中，供事后分析用，上报的方式可以是通过总线方式在线读取，也可以通过 GPRS 远程发送给全国的任意一个服务器中；最后，能够在驾驶室内给驾驶员实时的提醒，告知其不良的驾驶习惯。

2. 驾驶行为监测

车辆驾驶行为实时监测系统主要由两部分组成：督导设备终端和信息监控终端，两者之

间通过无线网络实现数据相互传输。驾驶行为督导设备终端安装在车上,充分利用车上已有的电源、摄像头等资源,不改变车辆原有电路或硬件结构。SD 卡和 GPS 模块集成在设备终端内,充分考虑设备的便利性、占用空间小等特点。驾驶行为信息监控终端部署在固定服务器上,便于与车载终端实现无线传输。

督导设备终端利用摄像头来采集驾驶员驾驶过程中的图像,由于对驾驶行为的识别算法是基于手部姿势的,故摄像头一般安装在驾驶员正上方位置。采集到图像数据后,车载设备终端便对图像进行分析和处理,先对图像进行灰度化处理和均值滤波,识别图像中的椭圆,以定位转向盘区域,对驾驶员的肤色和转向盘位置与设定的阈值进行对比,建立 0-1 特征矩阵,连续违规驾驶行为达到驾驶行为规则库中的帧数时,便利用音频设备对驾驶员进行报警,同时记录当前的行车信息(包括 GPS 数据、系统时间、图像等)至 SD 卡中。SD 卡是驾驶行为信息的缓存介质,对这些信息需要通过无线网络传输到信息监控终端,以实现驾驶信息的后期的存储、分析和数据挖掘。

信息监控终端主要功能有:车辆和设备信息管理;车辆违规驾驶行为实时监控;对车载终端设备终端进行控制和管理;驾驶行为数据存储与查询。系统采用 C/S 模式架构,并部署相对应的 MYSQL 数据库来实现数据的存储与查询。信息监控终端不仅能实时地获取违规驾驶的车辆信息、图像、行车地点等信息,并对这些信息进行存储和查询,还能对车载设备终端进行远程升级、主动请求车内图像、配置系统参数等控制,从而实现对驾驶行为的监控和管理。

复习思考题

1. 简述大数据平台安全监管的发展背景和意义。
2. 简述大数据平台定义及其特征。
3. 简述主流大数据分析技术与主要算法内容及特点。
4. 简述云计算的定义及其部署方式。

第十章

自动驾驶车辆共享出行

第一节 自动驾驶分级

一、SAE 自动驾驶分级

当前,国际主流的自动驾驶分级标准是由美国汽车工程学会(Society of Automotive Engineers,SAE)提出的。此分级标准是针对道路机动车辆驾驶自动化水平的。

车辆动态驾驶任务(Dynamic Driving Task,DDT)包括三个子任务,分别是纵向控制、横向控制、目标和事件监测及响应(Object and Event Detectionand Response,OEDR)。

SAE 自动驾驶分级按照自动化程度从低到高,汽车被划分为 L0~L5 共六个等级。给一辆汽车定级主要依靠以下五个要素:

(1)车辆系统是否完成纵向控制或横向控制;
(2)车辆系统是否同时完成纵向控制和横向控制;
(3)车辆系统是否完成 OEDR;
(4)车辆系统是否完成动态驾驶任务支援(DDT Fallback);
(5)车辆系统的执行是否有条件限制。

(一)L0 级

L0 级完全无自动驾驶功能。由驾驶员执行全部 DDT 操作,车辆辅以一些主动安全系统,如自动紧急制动系统(Autonomous Emergency Braking,AEB)、前方碰撞预警系统(Forward Collision Warning,FCW)、车道偏离预警系统(Lane Departure Warning,LDW)等。主动安全系统不属于驾驶自动化范畴,原因是这些功能无法支持连续执行部分或全部 DDT 操作,仅能在具备潜在危险的情况下提供短暂干预。

AEB 通过雷达测出车辆与前车或障碍物的距离,之后利用数据分析模块将测出的距离与警报距离、安全距离进行比较,小于警报距离时进行警报提示。当小于安全距离时,会在驾驶员没有来得及踩制动踏板的情况下,自动紧急制动。

FCW 通过雷达系统时刻监测前方车辆,判断本车和前车之间的距离、方位及相对速度,当存在潜在碰撞危险时对驾驶者进行警告。FCW 系统本身不会采取任何制动措施去避免碰撞或控制车辆。

LDW 通过预警的方式辅助驾驶员降低因车道偏离而发生交通事故的概率。该系统提供智能车道偏离预警,在驾驶员无意识(如驾驶员未打转向灯)偏离原车道时,能在偏离车道一定时间之前发出警报,为驾驶员提供更多反应时间,从而减少了因车道偏离引发的碰撞事故。需要注意的是,LDW 并不直接控制车辆的转向,而是提供警告和提示,让驾驶员自行纠正车辆的行驶轨迹。一些高级驾驶辅助系统,如车道保持辅助系统可以进一步与车辆的转向系统进行协作,实现自动化的车道保持功能。

(二)L1 级

L1 级自动驾驶也被称为驾驶员辅助(Driver Assistance),由自动驾驶系统在特定运行设计域(Operational Design Domain,ODD)条件下,控制车辆横向运动或纵向运动以完成 DDT 任务,系统不可以同时进行车辆横向控制和纵向控制。在 L1 级自动驾驶下,驾驶员负责完成 OEDR 和 DDT fallback 任务。根据定义,ODD 指在系统功能设计时,对功能执行环境的限制,包括环境、地理条件、道路情况、前方是否为可行驶区域等。

OEDR 是一个连续性活动,对于驾驶自动化而言,OEDR 还包括与系统动作或结果相关的驾驶事件,如未经诊断的自动驾驶系统错误或者状态的变化。

DDT fallback 指的是当发生系统失效或即将退出 ODD 时,驾驶员或系统执行的动作,最终结果视重新回到驾驶员控制车辆的状态或者让车辆进入到风险最小化的状态。

自适应巡航控制(Adaptive Cruise Control,ACC)即在车辆行驶过程中,安装在车辆前部的车距传感器(如雷达)会持续扫描车辆前方道路,同时轮速传感器会采集车速信号。当与前车之间的距离过小时,ACC 控制单元可以通过与制动防抱死系统(Antilock Brake System,ABS)、发动机控制系统协调动作,让车辆适当制动,并让发动机的输出功率下降,从而让车辆与前车始终保持安全距离。自适应巡航控制系统在控制车辆制动时,通常会将制动减速度限制在不影响舒适的程度,当需要更大的减速度时,ACC 控制单元会发出声光信号通知驾驶员主动采取制动操作。

车道保持辅助(Land Keeping Assist,LKA)即系统能辅助驾驶员将车辆保持在车道线内行驶,是一项在车道偏移预警(Lane Departure Warning,DLDW)基础上发展而来的横向运动控制功能。LKA 的具体功能是通过环境感知传感器识别车辆相对于车道中央的位置,并在驾驶员无意间偏离车道时,向驾驶员发出警报或通过自动转向干预让车辆重新回到车道内。LKA 一般包括三项子功能:LDW、车道偏离预防(Lane Departure Prevention,LDP)和车道居中控制(Lane Centering Control,LCC)。

(三)L2 级

L2 级自动驾驶也被称为部分自动驾驶(Partial Driving Automation)。在特定 ODD 条件下,自动驾驶系统同时对车辆进行横向控制和纵向控制,完成 DDT 操作;同时,由驾驶员对自动驾驶系统的运行进行监督,完成 OEDR 和 DDT fallback 操作。其基本功能是 LKA + ACC,尤其适用于高速路和拥堵路况。高级功能如:

(1)特定条件下支持驾驶员"脱手",并保持车辆在居中车道行驶;

(2)自动变道;

(3)自动导航并进出匝道(Navigate on Autopilot,NOA)。

目前,特斯拉的 Autopilot、小鹏汽车的 XPILOT、通用汽车的 Super Cruise 都属于典型的 L2 级自动驾驶系统。

(四)L3 级

L3 级自动驾驶系统也被称为有条件自动驾驶(Conditional Driving Automation)。在特定 ODD 条件下,由自动驾驶系统负责完成包括 OEDR 在内的 DDT 操作。在系统发出请求时,人类驾驶员需要进行回应,完成 DDT fallback 操作。简单说,L3 级自动驾驶系统可以在特定环境中实现自动加减速和转向,不需借助人类驾驶员进行操作,驾驶员可以不监控汽车周边环境,但是需要随时准备对车辆进行接管,以应对自动驾驶系统本身处理不了的路况和场景。但是,L3 级自动驾驶存在一个难点,即"接管"悖论,当 L3 级自动驾驶系统不能工作时,人类驾驶员如何接管车辆这一问题不好确定。

(五)L4 级

L4 级自动驾驶也被称为高度自动驾驶(high driving automation)。在有限 ODD 条件下,由系统负责包括 OEDR 在内的 DDT 操作,并完成 DDT fallback 任务。自主代客泊车、无人驾驶出租汽车、无人驾驶巴士和低速无人配送车是典型的 L4 级自动驾驶应用。

(六)L5 级

L5 级自动驾驶也被称为完全自动驾驶(Full Driving Automation)。系统特征是没有条件限制、由系统完成包括 OEDR 在内的 DDT 操作以及 DDT fallback 操作。与 L4 级自动驾驶相比,L5 级自动驾驶能够在任意条件下由系统实现相同功能。

二、我国自动驾驶分级

1. 相关标准

2021 年 8 月 20 日,由工业和信息化部提出、全国汽车标准化技术委员会归口的《汽车驾驶自动化分级》(GB/T 40429—2021),由国家市场监督管理总局、国家标准化管理委员会批准发布(国家标准公告 2021 年第 11 号文),于 2022 年 3 月 1 日起实施。

该标准为《国家车联网产业标准体系建设指南(智能网联汽车)》规划的分类和编码类推荐性国家标准项目(体系编号 102-3),规定了汽车驾驶自动化分级遵循的原则、分级要素、各级别定义和技术要求框架,旨在解决我国汽车驾驶自动化分级的规范性问题,大体与 SAE 自动驾驶分级一致。该标准基于以下 6 个要素对驾驶自动化等级进行划分:

(1)是否持续执行动态驾驶任务中的目标和事件探测与响应;
(2)是否持续执行动态驾驶任务中的车辆横向或纵向运动控制;
(3)是否同时持续执行动态驾驶任务中的车辆横向和纵向运动控制;
(4)是否持续执行全部动态驾驶任务;
(5)是否自动执行最小风险策略;
(6)是否存在设计运行范围限制。

2. 各级名称及定义

在汽车驾驶自动化的 6 个等级之中,L0～L2 级为驾驶辅助,系统辅助人类驾驶员执行动态驾驶任务,驾驶主体仍为驾驶员;L3～L5 级为自动驾驶,系统在设计运行条件下代替人类执行动态驾驶任务,当功能激活时,驾驶主体是系统。各级名称及定义如下。

(1)0 级驾驶自动化(应急辅助,Emergency Assistance)。系统不能持续执行动态驾驶任务中的车辆横向或纵向运动控制,但具备持续执行动态驾驶任务中的部分目标和事件探测与响应的能力。

(2) 1级驾驶自动化(部分驾驶辅助, Partial Driver Assistance)。系统在其设计运行条件下持续地执行动态驾驶任务中的车辆横向或纵向运动控制,且具备与所执行的车辆横向或纵向运动控制相适应的部分目标和事件探测与响应的能力。

(3) 2级驾驶自动化(组合驾驶辅助, Combined Driver Assistance)。系统在其设计运行条件下持续地执行动态驾驶任务中的车辆横向和纵向运动控制,且具备与所执行的车辆横向和纵向运动控制相适应的部分目标和事件探测与响应的能力。

(4) 3级驾驶自动化(有条件自动驾驶, Conditionally Automated Driving)。系统在其设计运行条件下持续地执行全部动态驾驶任务。

(5) 4级驾驶自动化(高度自动驾驶, Highly Automated Driving)。系统在其设计运行条件下持续地执行全部动态驾驶任务并自动执行最小风险策略。

(6) 5级驾驶自动化(完全自动驾驶, Fully Automated Driving)。系统在任何可行驶条件下持续地执行全部动态驾驶任务并自动执行最小风险策略。

第二节 无人驾驶出租汽车

无人驾驶出租汽车(Robotaxi)是指L4级别自动驾驶出租汽车服务,它通过自动驾驶系统和各种传感器,包括激光雷达、摄像头、超声波等,实时感知周围环境并进行路径规划和决策,从而实现自主驾驶。它不需要驾驶员直接操作,能够提供安全、高效、舒适的出行服务。

随着信息通信技术与汽车、交通运输等领域的融合发展,"无人化""智能化"成为未来城市交通出行的主要发展趋势。Robotaxi作为当前最具商业价值和可持续运营模式的应用场景之一,国内外政府、自动驾驶企业等纷纷布局包括Robotaxi在内的高级别自动驾驶应用服务。特别地,2020年受新型冠状病毒感染疫情影响,人们的出行方式逐渐发生转变,无人驾驶出租汽车可以减少人与人之间的接触,将疾病传播的风险降至最低,同时实现便捷、安全、绿色的出行,或将成为城市交通出行的重要交通工具。

Robotaxi的概念历经市场的多年探讨与摸索,目前更随自动驾驶技术的场景突破成为热点,进入商业化尝试的加速阶段,从路测到划区域试点运营,从不允许载人出行到常规载客出行,从免费试乘到常态化收费运营,从车内有安全员到限定条件下无人化,从企业的单点尝试到形成战略联盟,从完全市场化摸索到逐步政策支持下合规化。Robotaxi商业化探索从技术、资本、生态、模式、政策等多维度全面开花。

一、发展历程

一般而言,Robotaxi需分别经过有安全员/无安全员下道路测试、示范应用、示范运营、商业化运营等多个阶段的探索。

1. 国内

在国内,2016 年,百度 Apollo 项目在北京进行自动驾驶出租汽车的测试,这是中国自动驾驶出租汽车探索的里程碑之一。百度作为中国知名的互联网企业,很早就启动了自动驾驶汽车关键技术的研发,基于百度的高精度地图技术和 Apollo 自动驾驶技术平台,百度与国内外汽车企业、互联网企业、科技公司开展了自动驾驶汽车开发的广泛合作,开辟了"1 + N"的合作模式,在自动驾驶 + 共享出行的商业领域进行了持续的布局。2018 年 5 月,百度与盼达用车合作的自动驾驶汽车在重庆启动试运营,6 台搭载了百度 Apollo 开放平台 Valet Parking 产品的自动驾驶汽车,在重庆两江新区互联网产业园"百度-盼达自动驾驶示范园区"投入为期约 1 个月的定向试运营,市民可用手机 App 召唤汽车,搭载自动驾驶系统的汽车可以识别红绿灯、避让障碍物和行人,自行开到指定地方等候,还车时可自动停车和充电。

当前,Robotaxi 的商业化探索进程以城市为单位,各企业积极参与,如雨后春笋般开展。我国 30 多个城市自 2021 年先后布局了相关产业及其商业化尝试,部分一二线先行城市已经取得了商业落地的阶段成果。国内的 Robotaxi 多采用网络平台下单的形式,满足用户在指定运营路段或区域内的出行服务体验,通常具有指定的上下车站点。此外,受我国政策影响,目前的 Robotaxi 需配有安全员,以应对突发状况,实现在特殊情况下的自动驾驶出租汽车接管。

目前北京、重庆、武汉、深圳、长沙等多个城市已经实现商业化试点。随着长达两年三个阶段的探索,2023 年 7 月 7 日,北京开放智能网联乘用车"车内无人"商业化试点,至此,Robotaxi 商业化步入快车道。同时,2023 年 7 月 8 日,上海浦东新区首批发放无驾驶人智能网联汽车道路测试牌照。

国内参与 Robotaxi 服务的企业主要由萝卜快跑、享道出行、小马智行、文远知行、如祺出行、滴滴出行等企业领衔。其中,萝卜快跑是覆盖城市最多、地区最广的企业,共计提供 11 个城市的 Robotaxi 服务。小马智行在广州南沙、北京亦庄进行收费运营,而在深圳、上海地区仍处于免费体验阶段。在广州南沙,小马智行借助如祺出行平台,开展混合经营,现仍处于免费阶段。文远知行的 Robotaxi 分别在广州黄埔和北京亦庄开展运营,其中黄浦区已开始收费。滴滴、享道出行的 Robotaxi 则基于各自的网约车平台进行运营。滴滴出行 Robotaxi 已经实现了广州花都区的收费运营和上海嘉定区的免费运营,而享道出行 Robotaxi 也实现了上海嘉定区和苏州相城区的免费运营。

2. 国外

国际上,自 2018 年以来,许多公司和地区陆续宣布自动驾驶出租汽车服务计划。本田、通用汽车和 Cruise 宣布计划携手开发自动驾驶技术,把适用于多场合的自动驾驶汽车投入量产以实现在全球市场的部署;在迪拜,首辆自动驾驶出租汽车已于 2018 年 10 月开始正式上路测试。2018 年,大众集团、英特尔旗下的 Mobileye 公司和以色列 Champion Motors 共同宣布计划在以色列部署自动驾驶电动汽车叫车服务,为接下来的全球推广做准备。这项服务于 2019 年初开始,到 2022 年全面投入运作,从最初的几十辆汽车发展至数百辆自动驾驶电动汽车。Mobileye 为此服务提供 L4 级自动驾驶"套件",即几乎在任何情况下都可以启用汽车的自动驾驶模式。与全球其他正在进行的项目有所区别,此项目并非一个试点项目,而是一个由机器运行的完整的商业用车服务。Mobileye 联合其他两家公司部署的自动驾驶叫车服务从以色列为起点向全球推广。

2018 年 12 月,谷歌旗下自动驾驶公司 Waymo 正式在美国推出付费无人网约车服务,在全球率先开启自动驾驶技术的商业化进程。Waymo 用了 9 年的时间,探索出清晰的无人驾驶技术路线和商业模型。网约车、物流、私家车和公共交通,这是 Waymo 确立的 4 个无人驾驶技术部署应用的目标领域。Waymo 作为 Alphabet 旗下的自动驾驶汽车公司,在 2017 年 4 月已经在凤凰城开展 Early Rider 计划,向部分乘客提供 Robotaxi 试运营服务,并于 2018 年 12 月,将该计划升级为 Waymo One,正式向乘客收费,逐步实现手机 App 的叫车服务。2019 年,Waymo 在凤凰城服务区内每周可以提供 1000～2000 次的 Robotaxi 乘车体验,其中,5%～10% 依靠完全无人的自动驾驶汽车,并于 2020 年 10 月对外宣布在凤凰城向公众开放没有安全员的无人驾驶出租汽车服务。2023 年 8 月,美国加州公共事业委员会(California Public Utilities Commission,CPUC)批准 Cruise 和 Waymo 在旧金山提供全天候(每周 7 天、每天 24 小时)无人驾驶出租汽车收费服务。图 10-1 所示为 Waymo 车辆准备载客。

图 10-1　Waymo 车辆准备载客

美国网约车公司 Lyft 与 Uber 此前的竞争焦点都围绕着两家公司的主业,也就是网约车业务展开。但是,随着自动驾驶领域的全面爆发,两家公司都纷纷加大投入发展自动驾驶出租汽车。2017 年,Lyft 与科技公司 Nu Tonomy 合作,配有安全员的无人驾驶车辆为波士顿海港区的乘客提供服务。2019 年,Uber 在美国匹兹堡推出了无人驾驶出租汽车服务,并计划在未来逐步扩大覆盖范围。

二、发展政策

Robotai 发展初期,由于自身发展或引入的 Robotaxi 相关技术尚未成熟,各国普遍停留在道路测试阶段,不完善的监管制度也倾向于一刀切,对 Robotaxi 的商业化持谨慎态度。如今,以美国头部玩家 Waymo 和 Cruise 为代表,在 Robotaxi 领域的技术能力不断提升、方案不断成熟,技术可靠性得到一定程度的印证,已经具备尝试商业化的基础。另外,在"碳中和"愿景的指引下,多国政府从政策端积极主导推动包含 Robotaxi 在内的本国未来共享出行模式的发展,通过增发自动驾驶测试牌照、开放更多自动驾驶测试区域、甚至允许在特定区域内进行全无人自动驾驶的测试运营等政策动作,给予 Robotaxi 更大空间。

2023 年 11 月,我国四部委发布《关于开展智能网联汽车准入和上路通行试点工作的通知》,正式对包括 L4 级别自动驾驶车型的准入规范、使用主体、上路通行、暂停与退出、数据安全与网络安全等方面提出具体要求,同时规定汽车生产企业和使用主体可组成联合体申报,并要求各参与主体明确权责划分。

2023年12月,交通运输部发布《自动驾驶汽车运输安全服务指南(试行)》(以下简称《指南》),首次明确定义了高级别自动驾驶车辆载客经营活动的行业标准,规范化引导并约束Robotaxi商业化运营。从2022年8月交通运输部运输服务司发布关于《自动驾驶汽车运输安全服务指南(试行)》(征求意见稿),到《自动驾驶汽车运输安全服务指南(试行)》正式发布,自动驾驶相关政策进一步完善。具体来看,《指南》明确了自动驾驶应用场景和人员配备等核心要素。这意味着,交通运输行业正式"接纳"包括Robotaxi在内的自动驾驶汽车。

《指南》包括适用范围、基本原则、应用场景、自动驾驶运输经营者、运输车辆、人员配备、安全保障和监督管理八部分。在"人员配备"这一部分,《指南》指出:"从事城市公共汽电车客运、道路旅客运输经营的自动驾驶汽车应随车配备1名驾驶员或运行安全保障人员(以下统称'安全员')。从事道路货物运输经营的自动驾驶汽车原则上随车配备安全员。从事出租汽车客运的有条件自动驾驶汽车、高度自动驾驶汽车应随车配备1名安全员;从事出租汽车客运的完全自动驾驶汽车,在确保安全的前提下,经所在区市人民政府同意,在指定区域运营时可使用远程安全员,远程安全员人车比不得低于1∶3。"根据《汽车驾驶自动化分级》(GB/T 40429—2021),对于可以实现L4级别的自动驾驶出租汽车即Robotaxi为高度自动驾驶,需配备1名安全员。值得注意的是,货车、卡车等从事道路货物运输经营的车辆可不配备安全员,意味着继货运车实际实现车上"真无人"之后,出租汽车也有望实现车上"真无人"。

第三节　无人驾驶巴士

无人驾驶巴士(Robobus)是指L4级别自动驾驶公交车。Robobus与Robotaxi类似,其技术方面主要依靠自动驾驶技术的发展,但由于其具有线路固定的特点,使其能够更好地应用于一些固定场景,如校园内、大型赛事接驳等。用于固定路线的Robobus较Robotaxi而言,商业化落地相对更容易。

一、发展历程

1. 国内

2019年9月,国家智能网联汽车(武汉)测试示范区正式揭牌,其中,百度、海梁科技、深兰科技拿到全球首张自动驾驶商用牌照。无论是百度、深兰科技还是海梁科技,他们主要都是集中在公交车和出租汽车领域,可以实现L4级的自动驾驶。其中,深兰科技和梁海科技提供的是自动驾驶公交车服务。深兰科技的熊猫智能公交车则早已在广州、天津、常州等多座城市进行了试运营,这意味着,它们不仅可以在公开道路上进行载人测试,也可以进行商业化运营。同时,这也意味着武汉率先在全国迈出无人驾驶商业化应用的关键一步。

2022年4月,广州市首批自动驾驶便民线正式开放载客测试,此次开放载客测试的两条自动驾驶便民线路分别为黄埔区生物岛地铁官洲站环线、广州塔西站环线,全长分别为4km

和 9km，共投入 5 台自动驾驶巴士。2022 年 5 月，福建省首条 L4 级别自动驾驶开放道路公交线落地运营，运营线全长 6km，共设有 6 个站点，有 7 台金龙"阿波龙"自动驾驶巴士和 7 台 L4 级自动驾驶园区车在集美新城常态化运行。金龙"阿波龙"是百度与金龙客车打造的中国首款无人驾驶微循环巴士，2018 年 3 月，"阿波龙"首次面对公众开放试乘，逾千名市民参与体验；2018 年 7 月 4 日，"阿波龙"L4 级无人驾驶巴士量产下线。"阿波龙"搭载了百度最新 Apollo 系统，拥有高精定位、智能感知、智能控制等功能。达到自动驾驶 L4 级的"阿波龙"巴士，既没有转向盘和驾驶位，更没有加速踏板和制动，是一辆完完全全意义上的无人自动驾驶汽车。2020 年 9 月 17 日，"阿波龙"西部首条自动驾驶公交线同步上线，2021 年 11 月 28 日正式开启商业化运营。首批投入商业运营的自动驾驶公交车有 3 辆，双向里程近 10km。作为面向开放道路运营的自动驾驶巴士，"阿波龙"可实现精准靠站，轻松应对公交站场景及更为复杂的城市道路路况。乘客通过人脸识别、公交"IC 卡"刷卡或者支付宝-公交乘车扫码三种方式完成支付后，便可体验自动驾驶巴士出行。

自 2022 年 1 月起，武汉市经济开发区部署了 24 小时服务的车路协同无人驾驶接驳巴士东风悦享 Sharing-VAN"春笋号"，后续将逐步连通小军山、枫林、大军山三片核心区域，最终目标是覆盖整个军山新城中央生活区。

文远知行作为自动驾驶商业化推广的领衔企业，其于 2022 年 9 月宣布于无锡开设文远知行华东区域总部，全面开展自动驾驶技术研发，这也促进了 Robobus 的发展。文远知行与无锡经济开发区管委会、无锡交通产业集团下属智汇交通科技有限公司签署三方合作协议，落地自动驾驶产品，携手打造全国首个城市级全域公共交通自动驾驶运营平台，助力 Robobus 的发展。同时，2022 年 12 月前后，文远知行接连获得"深圳智能网联汽车道路测试许可"以及"深圳智能网联汽车示范应用许可"，成为首个凭借前装量产自动驾驶小巴车型在深圳获准进行载人示范运营的企业，正式开启文远知行在深圳的落地。这也是文远知行以自动驾驶技术深入布局粤港澳大湾区的重要里程碑。

2. 国外

国际方面，软银旗下 SB Drive 公司研发出了一款能够实现自动驾驶的公交车，其目的就是为了解决日本广大农村地区村民出行难的问题。这款自动驾驶公交车投入运营，那么其带来的社会价值远高于目前尚处于高端定位的自动驾驶汽车。美国 Local Motors 推出一辆 3D 打印汽车 Olli，Olli 是一辆利用 IBM Watson 物联网云计算技术的汽车，与 IBM Watson 技术的结合，让 Olli 获得了无人驾驶和乘客沟通互动的能力，由乘客说出自己的目的地，Olli 会自动识别并准确送达。美国拉斯维加斯于 2017 年向公众公布了该市的第一辆无人驾驶巴士，这辆无人驾驶巴士可搭载 12 名乘客，最高速度为 43km/h。德国联邦铁路公司于 2017 年在德国度假市镇巴特比恩巴赫投入运营首辆无人驾驶电动公交车。

美国旧金山在 2023 年 8 月份批准 Robotaxi 扩大运营不到一周后，又推出了 Robobus 试点，由运营商 Beep 承接，运营车辆名为 Loop，这辆全电动的 Robobus 没有驾驶员座椅和转向盘，但有一名随车员，必要时可以用一个手持控制器来驾驶巴士。

Loop 的运营时间为每天上午 9 时至下午 6 时，每 20min 绕一圈，总共有两辆 Loop，一辆运送乘客，另一辆充电，目前其服务为免费，在旧金山湾中央的金银岛上以固定路线运行，连接岛上的住宅区、商店和社区中心。Loop 是一个为期 9 个月的试点项目,也是加州首批完全在公共道路上运行的自动驾驶班车示范项目之一,旨在评估无人驾驶车辆如何补充公共交通系统。

二、发展政策

从国内来看,北京、深圳等城市从产品标准、管理制度等方面对无人接驳车进行规范,对行业发展形成了示范作用。2022 年 1 月,由百度牵头,联合信通院、中兴、吉利汽车等单位共同起草的《自动驾驶公交车》系列团标正式发布。该标准涵盖《自动驾驶公交车 第 1 部分:车辆运营技术要求》(T/ITS 0182.1—2021)和《自动驾驶公交车 第 2 部分:自动驾驶能力测试方法与要求》(T/ITS 0182.2—2021)两部分,主要规范了自动驾驶公交车在车辆基础安全、信息安全、运营安全、自动驾驶能力测试等方面的技术要求。2022 年 3 月,北京市高级别自动驾驶示范区发布了《北京市智能网联政策先行区智能网联客运巴士道路测试、示范应用管理实施细则(试行)》,从车内管理、车辆运行、道路测试、保险保障、产品技术参数等方面作出针对性管理要求。2022 年 11 月,北京市高级别自动驾驶示范区发布《北京市智能网联汽车政策先行区无人接驳车管理细则(道路测试与示范应用)》,这是全国首个针对不配备驾驶位和方向盘的短途载客类智能网联新产品的规范性文件,在国内率先以编码形式给予无人接驳车相应路权。

从国外来看,日本、美国、韩国等已出台鼓励性政策,允许无人接驳等自动驾驶车辆进行商业化运营。美国交通部国家公路交通安全管理局(National Highway Traffic Safety Administration, NHTSA)于 2022 年 3 月 10 日发布了首个《无人驾驶汽车乘客保护规定》,不再要求自动驾驶汽车制造商为全自动驾驶汽车配备手动驾驶控制装置,以满足碰撞标准的需要。日本从 2023 年 4 月 1 日起,解禁在特定条件下(由系统操控车辆的)L4 级自动驾驶出行服务以及自动配送机器人业务。韩国在《移动创新路线图》中提出,将在 2025 年实现 L4 级(高度自动驾驶)自动驾驶巴士、摆渡车商业化。而 2022 年 11 月 25 日,韩国首尔开通了第一条自动驾驶巴士路线,全程约 3.4km,标志着韩国向无人接驳车商业化迈出了第一步。

第四节 无人车商业化挑战

一、成本挑战

与 Robobus 的固定收费不同,Robotaxi 采取与网约车类似的起步费+公里续租费的形式计费,但目前多数企业选择发放优惠券/限时抵扣的方式降低用户使用价格,优惠后用户端实际价格大多低于或等于快车价格,这使得当前 Robotaxi 单位服务成本仍远高于同级别网约车。从更深层次来说,在当前商业化前期,整体符合自动驾驶技术要求的汽车制造成本及符合安全的技术、运营成本,使得提供 Robotaxi 的单位服务成本远高于有人驾驶的网约车和其他出行方式,这对整体产品落地和实际大规模应用造成根本性阻碍。

当前,造车成本仍是无人驾驶车辆最大的资本投入。现阶段的自动驾驶为了确保安全性,在车端部署冗余传感器系统、高精度地图及相应的软件系统和自动驾驶套件,根据车辆需要进行大规模的改装,不仅大大增加了自动驾驶车辆的制造成本,也使行业参与者付出大量的时间成本。除此之外,在 L4 级别自动驾驶落地很长一段时间内,安全员仍不可少,相比有人驾驶的车辆,并未节省人工成本,自动驾驶车辆的优越性难以体现。不过可以预见的是,随着技术的成熟、政策的完善开放,安全员会逐步淘汰,在深圳、重庆、北京等都已允许开展无安全员的常态化无人车运营。

从长远来看,无人驾驶车远期降本空间还应考虑出行基础设施优化成本。无人驾驶车辆作为居民共享出行的重要方式之一,未来将融入智慧城市建设中,通过算法统筹城市运力调度和多种交通工具协同。这其中涉及基础设施改造、出行网络优化、算力的提升等,使得无人驾驶车辆成本难以降低。

不过,一方面随着 L2+级别自动驾驶的加速渗透应用,高级别自动驾驶方案的核心部件广泛量产与应用也将促进供应链完善,推动 L4 级别自动驾驶车型研发加速进入降本通道。另一方面,随着人车配比的持续降低,从而显著降低安全运维监管成本。整车技术成本、运营服务成本、监管成本等多样成本要素的持续优化将支撑 Robotaxi 实现更高的运营效率和经济效益。

二、政策挑战

在政策监管力度上,Robotaxi 相较于 Robobus 因应用场景多且复杂,是出行行业中受到最严格管控的出行方式之一。在技术尚未稳定以致无法在复杂路面流畅运行的背景下,当前政策态度求稳,无法得到快速开放和支持,在牌照发放、运营区域、运行时段等方面进行相应限制,自动驾驶产业协同相应配套政策仍待完善。现阶段较多的商业化落地以城市为单位,进行相关的政策开放、补贴扶持和监督监管,自动驾驶技术进步及 Robotaxi 商业化进程与政策支撑共同摸索前进。

三、技术挑战

技术达到安全稳定是实现无人驾驶车辆商业化落地的基础条件,在很大程度上影响政策开放和实际商业化落地节奏。

目前的自动驾驶技术在感知和算法层面仍有提升空间,驾驶状态不稳定的情况时有出现,这也加剧了公众对无人驾驶车辆的不信任感。2022 年,美国加州交通监管机构授予 Cruise 公司商业化自动驾驶技术的里程碑式许可后一天,一辆处于自动驾驶状态下的 Cruise 汽车发生了交通事故,导致多名乘客受伤。

目前无人驾驶车辆基本可以实现"单车智能"和 90% 以上场景的自动驾驶,但变化多样和不确定性极强的长尾场景是算法提升和打磨的难点,依然需要大量的时间进行里程积累和数据沉淀。无人驾驶的最终大规模商业化落地需要面临各种突如其来的状况和应对复杂路况,如极端天气、暴雨、暴雪、检盲区突然冒出的障碍物、非规则路况、人车混流复杂的路口、前车加塞等,需要无人驾驶车辆像有人驾驶一样做出快速反应。而现阶段,由于无人驾驶车辆的运营受限于相对固定的区域中,收集到的场景数据有限,需要通过不断扩大运行区域,增加运营车辆规模,以获取更多复杂和未知的场景以积累和打磨算法。

除了自动驾驶技术本身的进步和迭代升级,无人驾驶车辆的商业化落地还需加强通信端、路端、云端等基础设施建设,形成车路协同。车路协同以路侧系统和车载系统为基础,通过无线通信实现车路信息交互和共享,发挥路侧的感知功能,与车辆进行协同感知定位,以减少交通安全事故,提高交通效率,是推动高级别自动驾驶的必要系统。车路协同的发展将建立高效、安全的道路交通系统,在基础设施层面为无人驾驶车辆提供支撑,推动其商业化进程。

"安全第一"是自动驾驶的核心理念和价值观,无人驾驶车辆未来需达到整车级安全、自动驾驶安全、算法和数据链路安全,最终形成"单车智能 + 车路协同"的双重保障。在软硬件系统和解决方案的提升方面,包括车载操作系统、环境感知、高精地图与定位、预测决策与规划、控制与执行、车路协同等各系统模块均需突破技术缺陷,以得到更好的升级和迭代,为车辆规划安全、高效、舒适的行驶路径。

第五节　国内外智能网联示范区

智能网联汽车道路测试,是指在公路(包括高速公路)、城市道路、区域范围内等用于社会机动车通行的各类道路指定的路段进行的智能网联汽车自动驾驶功能测试活动。智能网联汽车道路测试可以通过大量的实际场景模拟来验证自动驾驶汽车的安全性、可靠性和实用性,从而为未来实现自动驾驶汽车的商业化应用打下坚实的基础。

随着传感器探测精度、多传感器融合、深度学习等技术的快速发展,自动驾驶技术进入快速更迭和发展的阶段,对自动驾驶汽车进行更全面的测试已经成为推动自动驾驶汽车应用落地的重要一环。

2016 年 12 月 7 日,受国家制造强国建设战略咨询委员会、工业和信息化部委托,由节能与新能源汽车技术路线图战略咨询委员会和中国汽车工程学会编制的《节能与新能源汽车技术路线图》(以下简称《技术路线图》)出版,并正式公开发行。该《技术路线图》中的智能网联汽车技术路线图吸引了国际关注。按照该《技术路线图》指出的"无人驾驶汽车发展的 3 个五年阶段",智能网联汽车发展阶段可分为培育期、发展期和成熟期,至 2030 年,高度和完全自动驾驶汽车市场渗透率要达到 10%。2018 年,科学技术部与交通运输部联合实施了综合交通运输与智能交通专项,对自动驾驶关键技术进行部署,在车辆联网联控方面,开展了网联平台、协同式封闭场地和半开放场地的示范应用项目,并通过国家重点研发计划对智能网联汽车和自动驾驶研发项目给予支持。

近年来,我国各地先后涌现出了近50家智能网联汽车或自动驾驶测试基地和示范区。本节将介绍9个国内、4个国外智能网联测试基地或自动驾驶测试基地。

一、国内智能网联/自动驾驶示范区

(一)国家智能网联汽车(上海)试点示范区

2016年6月7日,由工信部批准的国内首个"国家智能网联汽车(上海)试点示范区(图10-2)"封闭测试区在上海安亭建成并对外开放。这意味着中国的智能联网和无人驾驶汽车从国家战略高度正式进入路测阶段。

该封闭测试区可以为无人驾驶、自动驾驶和V2X(Vehicle to Everything)网联汽车提供29种场景的测试验证,是全球功能场景最多、通信技术最丰富、同时覆盖四类领域(安全、效率、信息服务和新能源汽车应用)的国际领先测试区。

图10-2 国家智能网联汽车(上海)试点示范区

按照规划,该示范区的建设主要从封闭测试区与体验区、开放道路测试区、典型城市综合示范区、城际共享交通走廊四个阶段展开,先后在嘉定、临港、奉贤和金桥建设了4个各具特色、协同互补的智能网联汽车测试示范区。这些测试示范区涵盖了智能网联乘用车、智能网联商用车、智能网联客车等多个车型所需的测试场景,满足了包含"最后一公里"在内的全出行链功能的测试需要,形成了四地联动的发展格局。

(二)自动驾驶封闭场地测试基地(重庆)

自动驾驶封闭场地测试基地(重庆)旨在为自动驾驶及车路协同的技术研发、测试验证、产品准入、认证评价以及技术孵化、产学研创新提供全方位的服务,于2018年6月由交通运输部认定,测试基地有效期为3年。

重庆测试基地位于重庆市高新区金凤镇,占地约333335m^2、总投资近6亿元,拥有隧道、雨雾路段、公交车站、应急避险车道、高速公路服务区等交通场景。

据了解,重庆测试基地是在重庆机动车强检试验场的基础上,通过智能化改建而成。这些场景都是为自动驾驶测试量身定做的,基地内共设计建设了48种基础测试应用场景,其中,网联协同类场景28个,自动驾驶类20个。

近年来,重庆车辆检测研究院相继购置了国际上最先进、使用范围最广的成套自动驾驶测试设备,包括英国ABD的驾驶机器人、英国牛津的组合惯性导航系统、摩托车模型等。重庆测试基地内还部署了12座具备专用短程通信、高精定位、环境感知等功能的复合路侧基础设施及自主研发的路侧终端、车载终端及智能监控系统。

重庆测试基地总体测试能力包括三个层次：L1级和L2级自动驾驶的ADAS系统测试；L3级及以上等级自动驾驶的测试；车车通信，车路协同系统、装备的测试。据了解，重庆测试基地完成了"阿波龙"L4级无人驾驶小巴、力帆、奇瑞等企业的自动驾驶工程样车典型路况和交通场景测试。

（三）国家智能网联汽车应用（北方）示范区

2018年7月17日，工业和信息化部、吉林省政府、中国第一汽车集团有限公司三方共同启动国家智能网联汽车应用（北方）示范区运营。该示范区是国内唯一具备天然冰雪路面测试条件的国家级示范区。

北方应用示范区正式投入运营时，已有封闭场地面积35万m^2，封闭道路里程3km，具有6大类99个测试场景，43个网联场景，涵盖城市快速路、坡路、砂石路、十字路口、林荫路、雨雾路、连续转弯、隧道等道路场景。同时，该示范区通过行驶场地和驾驶情景的组合可以扩展到300余个场景，智慧交通设施共有4大类100余个，实现了高精地图和5G信号的全覆盖，可满足乘用车和重型卡车等商用车的试验和测试需求。

按照规划，分三期进行建设的该示范区将基于LTE-V技术的V2X通信设备、北斗高精度定位设备、T-BOX等设备设计共72个主测试场景和1200个子测试场景，供辅助驾驶、自动驾驶和V2X网联汽车进行验证测试。

（四）国家智能汽车与智慧交通（京冀）示范区

2016年1月，工业和信息化部、北京市和河北省人民政府三方签署合作协议，确定自2016年至2020年在北京市亦庄经济技术开发区全面建成国家智能汽车与智慧交通（京冀）示范区（图10-3）。

该示范区涉及3个自动驾驶封闭测试场，包括海淀测试场、亦庄测试场、顺义测试场。其中，海淀测试场于2018年2月启用，是北京市首个自动驾驶车辆封闭测试场，可为乘用车和小型商用自动驾驶车辆提供相关服务。该测试场占地面积约133333m^2，涵盖京津冀地区城市与乡村复杂道路环境，可构建上百种静态与动态典型交通场景，并搭载了网联通信（V2X）设备与系统。

图10-3 国家智能汽车与智慧交通（京冀）示范区

亦庄测试场于2019年5月正式启动，该测试场是北京市首个T1-T5级别测试场，可供测试车辆在更复杂的交通场景中进行测试评估，进而申请更高级别的自动驾驶道路测试试验牌照。

顺义测试场于2020年11月正式揭牌，场区测试道路面积11万m^2，包含城镇、高速、乡村等多种模拟场景，同时设有虚拟仿真板块、智慧城市车路协同板块等。目前，顺义基地已实现5G信号全覆盖，可通过V2X、高精度地图及定位、云控平台等前沿技术为智能网联汽车的研发、测试、验证、评价提供全面的支持和服务。

依托京冀示范区的良好发展基础,北京还将推进建设全球首个网联云控式高级别自动驾驶示范区——北京市高级别自动驾驶示范区。

(五)国家智能网联汽车(长沙)测试区

国家智能网联汽车(长沙)测试区(图10-4)于2016年启动建设,总投资约18.96亿元,用地面积约821333m²,分为城市道路、高速公路、乡村道路、越野道路、管理研发与调试区5个主要功能区。2018年6月12日开园,1月28日获工业和信息化部授予"国家智能网联汽车(长沙)测试区"牌照。

该测试区有管理研发与调试区、越野道路测试区、高速公路测试区、乡村道路测试区、城市道路测试区5个主要功能分区,设置

图10-4 国家智能网联汽车(长沙)测试区

了78个常规智能系统测试场景和228个智能网联测试场景,拥有测试道路8条,测试区内测试道路里程达12km,其中3.6km的双向高速测试环境、无人机测试跑道、越野测试环境相结合的多元化场景。针对无人驾驶,测试区还有7×24自动驾驶无人化测试场,可完成7天24小时不间断测试,实现虚实结合的在环测试,从而验证自动驾驶车辆的智能性、稳定性、可靠性及无驾驶员测试的可行性。同时,测试区还实现了园区5G信号全覆盖。

(六)国家智能交通综合测试基地(无锡)

无锡测试区于2019年1月开放通锡高速公路S19无锡段作为封闭高速测试环境。国家智能交通综合测试基地(无锡)(图10-5)内提供封闭的实际道路和模拟测试环境,依据多种类型道路、障碍物、交通信号、交通标志、气象条件等因素构建150余个实际道路测试场景。

图10-5 国家智能交通综合测试基地(无锡)

该测试区以车辆运行安全为出发点,内置 6 个测试区:公路测试区、城市道路测试区、高速公路测试区、环道测试区、多功能测试区、室内测试区,主要测试无人驾驶车辆的通行能力、避险避障、信号识别等。

在成为国家级车联网测试区之前,无锡于 2019 年建成了国内首个专门用于自动驾驶测试的封闭高速公路环境。该测试道路全长 4.1km,可开展高速行驶情景下的交通标志和标线的识别及响应、跟车行驶、超车、并道行驶、自动紧急制动、人工操作接管、联网通信等项目的驾驶能力测试。

(七)广州智能网联汽车与智慧交通应用示范区

2018 年 3 月 30 日,在工业和信息化部、广东省政府的支持和指导下,广州正式启动"国家基于宽带移动互联网智能网联汽车与智慧交通应用示范区"建设。2019 年 6 月 20 日,广州市智能网联汽车示范区运营中心成立,并同步发布了广州首批开放测试道路路段与道路定级。

2019 年 6 月 20 日,在广州市交通运输局、工业和信息化局、公安局联合举办的"广州市智能网联汽车示范区运营中心成立暨首批智能网联汽车道路测试授牌仪式"上,广汽集团、文远知行、小马智行、景骐、裹动智驾、深兰科技六家企业获得了广州市首批智能网联汽车道路测试通知书,共发放 24 张自动驾驶路测牌照。

得益于广州对自动驾驶商业化运营的开放态度,国内智能网联汽车头部企业,如百度、文远知行、小马智行等已集聚落户广州。2019 年 11 月,在广州市黄埔区、广州经济技术开发区共 144km^2 的城市开放道路范围内,文远知行推出了国内首个面向公众完全开放的自动驾驶出租汽车服务。

(八)国家智能网联汽车(武汉)测试示范区

国家智能网联汽车(武汉)测试示范区于 2019 年 9 月 22 日在武汉经济技术开发区正式揭牌,规划总面积 90km^2,规划开放测试道路 159km,覆盖居住区、商业区、物流区、旅游风景区和工业区。武汉测试示范区是全球最早颁发自动驾驶商用牌照的示范区,发布了全国首个城市级智能网联道路建设标准。

2020 年 10 月 19 日,东风公司联合 AutoX、元戎启行、驭势科技等自动驾驶企业,在武汉建立了自动驾驶示范运营车队和自动驾驶运营示范区,覆盖了 Robotaxi、Robobus、无人清扫、景区接驳、无人配送等多个应用场景。

截至 2023 年 8 月,武汉测试示范区累计为 19 家自动驾驶企业发放 1022 张测试牌照,开放智能网联汽车测试道路 1462.9km。

(九)中德智能网联汽车车联网四川试验基地

中德智能网联汽车、车联网四川试验地基临时封闭测试区,于 2020 年 11 月建成,项目规划建设用地面积约 873333m^2,试验道总长度达 18.8km,2021 年 7 月投入运行。目前,其具备 14 类 34 项测试验证能力,将先行满足国内外智能网联汽车创新产品的测试评价,支撑成都市智能网联汽车临时牌照发放。成都市智能网联汽车道路测试工作除了按照国家三部门管理规范要求所列的检测项目外,结合西南地区开放道路环境下面临的交通场景,新增了车辆在感知、识别、控制等方面的测试项目及西南地区常见的连续弯道、坡道等测试场景。

2023年6月,首批"成都造"具备L4级别自动驾驶能力的智能网联汽车在中德智能网联测试场正式启动测试。测试区按照"车辆改装测试、牌照申领、道路测试、示范应用、示范运营"的总体安排,推动了以10辆Robotaxi和2辆Robobus为核心的自动驾驶车队示范场景建设。

二、国外智能网联/自动驾驶示范区

(一)美国

密歇根大学M-City于2015年7月20日正式开放,是世界上首个测试自动驾驶汽车、V2V/V2I车联网技术的封闭测试场,由密歇根大学移动交通研究中心负责建设运营,主要包括用于模拟高速公路环境的高速实验区域和用于模拟市区与近郊的低速试验区域。

2016年11月,美国交通部公布"自动驾驶试验场试点计划",并于2017年1月19日确立了10家自动驾驶试点试验场。美国交通部指定的10个自动驾驶试点试验场分布于9个州(表10-1),分别位于美国的东北部、东部、东南部、北部、中西部、南部、西部、西南部,实现了美国交通部希望的地区发展平衡。这些分布在美国各地的试验场具有差异化的气候条件和地貌特征,使自动驾驶汽车可以在更加丰富的条件下开展测试。

美国交通部指定自动驾驶试点试验场及所在州　　　表10-1

序号	自动驾驶试验场	所在州
1	匹兹堡市和宾夕凡托马斯D.拉尔森交通研究所(City of Pittsburgh and the Thomas D. Larson Pennsy Ivania Transportation Institute)	宾夕法尼亚州
2	得克萨斯州自动驾驶汽车试验场合作伙伴(Texas AV Proving Grounds Partnership)	得克萨斯州
3	美国陆军阿伯丁测试中心(U.S. Army Aberdeen Test Center)	马里兰州
4	位于Willow Run的美国移动中心[American Center for Mobility(ACM)at Willow Run]	密歇根州
5	康特拉克斯塔交通管理局和Go Mentum Station[Contra Costa Transportation Authority(CCTA)& Go Mentum Station]	加利福尼亚州
6	圣迭戈政府联合会(San Diego Association of Governments)	加利福尼亚州
7	爱荷华城市地区开发集团(Iowa City Area Development Group)	艾奥瓦州
8	威斯康星大学麦迪逊分校(University of Wisconsin-Madison)	威斯康星州
9	佛罗里达州中部自动驾驶汽车合作伙伴(Central Florida Automated Vehicle Partners)	佛罗里达州
10	北卡罗来纳州收费公路管理局(North Carolina Turnpike Authority)	北卡罗来纳州

(二)德国与法国

2017年2月8日,德国交通部在柏林宣布,德国和法国计划在两国之间的一段跨境公路上测试自动驾驶汽车。这一路段长约70km,从德国西部萨尔兰州的梅尔齐希(Merzig)延伸至法国东部的梅斯(Metz)。开展的测试包括:车辆与基础设施之间的5G无线通信、自动驾驶技术以及应急警报和呼救系统等。

(三)瑞典

瑞典于 2014 年建设了 AstaZero 试车场,Asta 是 Active Safety Test Area(主动安全技术测试区)的首字母缩写,Zero 代表了瑞典政府交通事故零死亡的目标。

AstaZero 主要研究如何通过主动安全技术来避免事故,其采用政府和社会合作模式,在占地面积 200 万 m^2 的区域内几乎能够基于任何实际交通场景进行测试,测试重点为自动驾驶技术和刹车技术,并对驾驶员注意力分散情况进行研究。AstaZero 包含四种测试环境(乡村路段、城市区、高速区、多车道路段),可针对不同场景系统化地进行测试。图 10-6 所示为 AstaZero 内测试车。

图 10-6　AstaZero 内测试车

(四)英国

英国 Horiba Mira 汽车工程与开发咨询公司和考文垂大学联合成立网联与自动驾驶汽车技术研究中心,研究和测试新的研究成果。该研究中心位于 Mira 科技园的核心区域,其核心目标是构建模拟、测试与评估网联和自动驾驶汽车安全性环境,开展研究工作,以推动网联和自动驾驶领域的新产品、新服务开发,为该领域发展输送人才。该研究中心内部设施将网联与自动驾驶汽车的真实和虚拟研究环境相结合,能够基于一系列模拟器实现"真实-虚拟"环境交互。

❓ 复习思考题

1. 简述 SAE 自动驾驶分级考虑的主要要素及分级类型。
2. 简述我国自动驾驶分级考虑的主要要素及分级类型。
3. 无人驾驶出租汽车商业化一般需要经过哪些阶段? 我国无人驾驶出租汽车商业化发展目前处于什么阶段?
4. 简述无人驾驶出租汽车/无人驾驶公共汽车商业化难点及其原因。
5. 为什么要开展智能网联/自动驾驶示范区建设?

第十一章

智能共享出行典型案例

第一节　典型企业发展模式

一、滴滴出行

(一)发展历程

滴滴出行成立于2012年,同年9月,滴滴打车在北京上线,同年12月,滴滴打车获得A轮金沙江创投300万美元融资;2013年4月,滴滴出行完成B轮融资,其中腾讯集团投资1500万美金,此时,滴滴出行与阿里巴巴投资的快的形成双寡头局面,并在同年12月,滴滴出行入选中国区"App Store 2013年度精选";2014年1月,滴滴出行与微信达成战略合作,并完成C轮1亿美金融资,其中信产业6000万美金,腾讯集团3000万美金,其他机构1000万美金,同年12月,完成D轮7亿美金融资;2015年2月,滴滴出行和快的宣布战略性合并,组成滴滴快的联合体,同年7月,完成30亿美元融资,同年9月9日,"滴滴打车"更名为"滴滴出行",同年10月8日,滴滴出行成为第一家获得网络约车租车平台资质的公司;2016年8月,滴滴出行吞并优步中国,同时Uber成为滴滴的股东;2017年4月28日,滴滴出行宣布完成新一轮超过55亿美元融资,此轮融资将用来支持滴滴全球化战略的推进和在前沿技术领域的投资;2018年4月,国家市场监管总局、商务部以及交通运输部依据《反垄断法》对滴滴出行展开反垄断调查,相关数据显示,滴滴出行在2017年时就占据90%的市场份额,同年4月11日,滴滴正式宣布与北汽集团签署战略合作协议,双方将在新能源汽车、大数据、出行服务、定制车以及充换电等领域展开合作;2019年11月20日,在经历上一年20岁女孩乘滴滴顺风车遇害等恶性事件后,滴滴顺风车宣告重启,开始在部分城市试运营;2020年6月,滴滴出行首次面向公众开放自动驾驶服务。2021年6月,滴滴在美国上市,几日后接受网络安全审查,滴滴出行App从应用商店下架;2022年6月,滴滴从纽约证券交易所退市;2023年年初,滴滴出行App恢复上架,同年滴滴新增快送和租车业务,并在智能汽车业务板块与小鹏汽车达成战略合作。

(二)价值主张

滴滴出行秉承"让出行更美好"的使命,即为消费者提供更便捷的用车出行服务,为了满足消费者在不同场景下的多样化出行需求,在拥有打车业务之后,又推出顺风车、快车、出租汽车、专车、巴士、代驾等产品,逐渐从提供个人出行服务发展到提供公共出行服务。

(三)运营模式

整改组织架构,升级内部业务。2020年,滴滴出行对其组织架构以及内部业务进行整改和升级,希望借此继续巩固竞争地位,提高运行安全性。具体表现为:滴滴出行升级出租汽车事业部组织架构、滴滴出行顺风车在全国300城上线恢复跨城服务、滴滴出行进军货运行业、滴滴出行斥资5亿获得保险牌照,入股现代财险成为第二大股东。

夯实安全基础,加强技术创新。滴滴出行在发展过程中已经逐步建立起日益完善的安全保障体系,2019年,滴滴出行持续加大安全方面的技术、资金和人才投入,尽"100%的努力"夯实用户出行的安全基础。其中,2019年滴滴出行的网约车安全投入超过20亿元;各业务线的安全工作人员规模超过2500人,成为互联网企业中最大的安全团队之一;全面开展安全风险排查,截至2019年7月累计排查并解决安全隐患103个。

在安全功能方面,滴滴出行组织安全技术人员,不断迭代平台的安全功能,并持续升级安全策略。2019年,滴滴出行乘客端App共升级25次,先后推出"加密行程录音录像""醉酒报备""黑名单"等新功能,完善线上、线下司乘安全教育。滴滴出行驾驶员端行程录音已覆盖所有订单,录像功能覆盖约40%订单,录音录像数据可用率达85%。在涉性案件方面,2019年上半年同比下降七成。

在警企合作方面,公司积极开展警企深度合作,优化警方调证流程,持续提升安全客服处置效率。98%的调证工单都在10分钟内完成,平台案件保持100%破案率,仅上半年就协助警方破获12宗"黑产"案件,抓获嫌疑人179名。

在安全制度方面,滴滴出行在集团和各事业部层面成立了各级安全委员会,并且层层落实安全生产责任制,各级管理人员都签订了安全责任书。同时,公司建立了较为完善的安全标准体系,在2019年10月发布了《滴滴网约车安全标准》,涵盖公司在安全责任制、驾驶员与车辆管理、安全响应处置、隐患治理与风险管理、安全绩效管理等各方面的详细要求,共包含96项条款和19项安全制度。安全已经内化为滴滴出行公司的基因和文化。

在技术创新方面,公司研发的创新技术能快速实现商业应用,切实助力改善出行效率和体验。如智慧信号灯项目已在全国20多个城市优化超过2000个信号灯,平均降低了10%~20%的城市交通拥堵。

在开放合作方面,2019年,滴滴出行加强与国际一流机构的创新合作,不断加大在计算机视觉、人工智能、安全等技术方面的研发投入,并取得了诸多新突破,获得了多项世界级大赛奖励。

在国际市场方面,滴滴出行利用在国内积累的技术、经验和互联网优势,积极拓展海外市场。2019年海外业务快速增长,在拉美地区的智利、哥伦比亚等市场的业务规模持续扩张,服务当地用户近2000万、驾驶员近百万,并与相关国家开展了智慧交通、创新赋能和联合科研等合作。

(四) 推广模式

滴滴出行除了采用大众化营销模式,即在出租汽车公司大力推广滴滴打车软件,同时又通过大量的电视节目、网络媒体进行宣传,开创了"线上+线下"深度合作的新模式,既强化品牌关联度,又直观地向目标人群传递有效信息,极大提升跨界合作的附加值。

(五) 盈利模式

滴滴出行前期主要是培养用车市场习惯。无任何盈利,以补贴的策略培养用户打车习惯,同时也在积累用户数据,提升市场占有率。后期的盈利模式主要可以分为以下几个方面:界面广告收入(在App上插入广告界面和链接页面,用户点击即收取相关费用)、信息挖掘服务(收集用户的地理位置信息补上即时定位信息的短板,同时还可以提供各城市实时路况信息,与地图公司合作)、平台服务费(当用户打车成为习惯后就可以向出租汽车收取交易费用,从用户的车费中抽取部分佣金)以及抢占支付市场,融入互联网金融(通过微信叫车和支付)。具体见表11-1。

滴滴出行盈利模式 表11-1

盈利模式	滴滴出行
收益模式	平台服务费(佣金)
	界面广告投入
	信息挖掘服务
	动态调价
成本结构	一定数量的专车以及滴滴班车、滴滴公交车、滴滴站台等

(六)总结

滴滴出行在全国网约车市场形成一家独大的竞争格局,经过一系列的收购合并,网约车的市场集中度进一步提升,滴滴出行的用户规模达到1亿人,日均订单超过200万,在全国网约车市场的份额超过80%,尽管今年国内外疫情反复对各行各业均产生一定负面影响,但滴滴出行的网络口碑指数依然达到51.6。

在用户竞争方面,2020年8月,滴滴出行活跃用户达5487万(图11-1),用户收入普遍较高(图11-2),其主要依托滴滴会员积分和优惠券维系用户关系,且在我国多个城市均已覆盖。

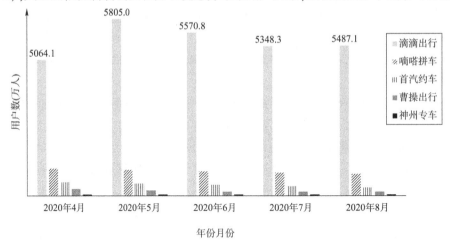

图11-1　2020年4—8月网约车App活跃用户数变化情况
数据来源:艾媒北极星互联网产品分析系统(bjx.iimedia.cn)

在平台竞争方面,滴滴出行相对其他网约车平台更早进入市场,同时依靠腾讯、阿里投资,市场份额占比高(图11-3),处于领先地位。

滴滴出行本质上是一家数据驱动的科技公司,自成立以来就一直高度重视技术创新,持续加大技术创新方面的资金、人才等资源投入,不断提升创新生产力和生产率。在技术方面,依托自身团队,并借助微信、腾讯地图第三方辅助资源,滴滴出行在技术壁垒上深入研究,通过算法大数据不断提升自身核心价值力。在业务研发方面,滴滴出行利用网约车积累的大数据优势,调练更为先进的人工智能算法,并赋能其他业务创新解决方案;自主研发了共享单车智能大数据平台、运营调度哈勃系统,九霄大数据智能可视化决策系统,为单车的智能高效运营提供技术支持;利用平台的百万新能源车运营数据,赋能充电基础设施建设和运营,为新能源车解决"里程焦虑"提供更加智能化的解决方案。在自动驾驶技术方面,2019年8月,将自动驾驶部门升级为独立公司,专注于自动驾驶研发、产品应用及相关业务拓展,9月正式获得上海智能网联汽车示范应用牌照,标志着自动驾驶技术迈出了商业化的重要一步。12月与NVIDIA达成合作,使用NVIDIA GPU和其他技术开发自动驾驶和云计算解决方案,加快自动驾驶技术的商业化步伐。依托互联网平台,运用互联网的运营模式和推广方法,迅速占领网络打车市场份额,彻底改变了传统的打车模式,实现了新技术、新模式、新产业、新业态在"互联网+出租汽车业务"领域的有机结合。

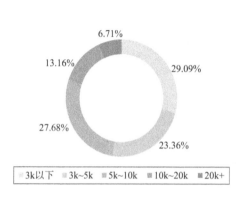

图 11-2　2020 年 8 月滴滴出行用户月收入情况
数据来源:艾媒北极星互联网产品分析系统
（bjx. iimedia. cn）

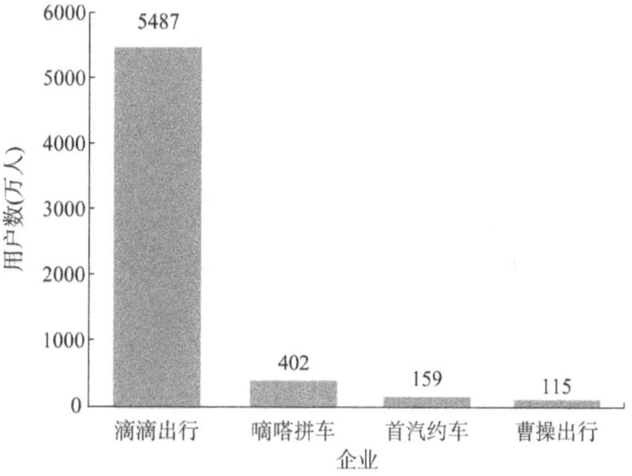

图 11-3　2020 年 8 月中国网约车平台活跃用户数量对比
数据来源:艾媒北极星互联网产品分析系统
（bjx. iimedia. cn）

滴滴出行发展模式如图 11-4 所示。

二、Uber

（一）发展历程

Uber 是一家风险投资的创业公司,总部位于美国加利福尼亚州旧金山,以移动应用程序链接用户和驾驶员,提供租车及实时共乘的服务。2009 年,Uber 正式成立;2010 年 Uber 移动应用程序在旧金山地区推出,支持 iOS 和 Android 系统的智能型手机;2013 年 2 月,Uber 进驻亚洲;2014 年 3 月 12 日 Uber 在上海召开官方发布会,此后正式进入中国大陆市场,并确定"优步中国"为其中文名,与支付宝展开合作,同年 12 月,百度与优步中国在北京签署战略合作及投资协议,达成全球范围内的战略合作伙伴关系;2015 年 2 月,Uber 覆盖了全球 58 个国家 250 多座城市,用户可通过发送短信或使用移动应用程序来预约车辆,利用移动应用程序时还可追踪车辆位置,同年 10 月,优步中国宣布进驻上海自由贸易试验区,注册资金达 21 亿元人民币;2016 年 8 月,滴滴出行收购优步中国的品牌、业务、数据等在中国大陆运营的全部资产,但优步中国依旧保持独立运营;2018年8月,Uber推出了飞行出租汽车计划"UberAIR",计划在2023年推出此服务;2019年,Uber在美国纳斯达克交易所上市,成为全球最大的打车平台之一。

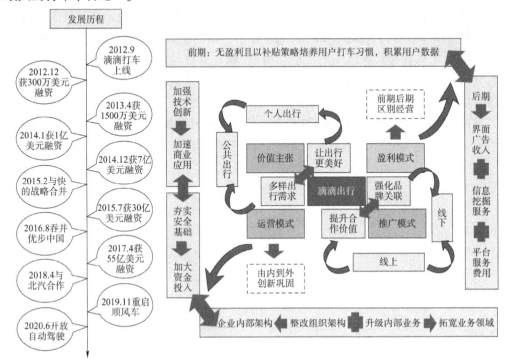

图11-4 滴滴出行发展模式

(二)价值主张

1. 整合冗余资源

通过平台整合各种闲置的私人、汽车租赁公司和出租汽车公司资源,再向有需要的群体提供用车或相关服务。

2. 提升运营效率

利用移动互联网技术优势以及对大数据的挖掘,对供需之间进行定位、匹配,有效地降低供需双方之间的信息不对称,大大提高出行效率。

3. 注重服务体验

实行驾驶员和用户互相评分的机制,再运用大数据的云计算方法,划分驾驶员和用户等级,为不同等级的驾驶员和用户提供差别服务,尽可能地杜绝"劣币驱逐良币"的现象发生。

4. 倡导共享经济

面向社会,为求职者提供一种弹性的、可供选择的工作方式,想做就做,不想做的时候也随时可选择不做,同时准入门槛也不高。

(三)运营模式

1. 高端优质出行服务

Uber主打高端品牌服务,驾驶员不只是完成用户目标路径的行驶,更重要的是,通过提供一体化服务让用户体验到私家车高贵舒适的感受。

2. 多样选择出行车型

Uber通过与出租汽车公司、汽车租赁公司以及私人签署合同,整合各类车型资源,不仅充分利用闲置资源,同时为用户提供更为优质的出行体验。

(四)推广模式

1. 定位受众

Uber考虑到目前市场存在的问题,如信息不对称导致的偏远地段打车难以及高峰时期供求不平衡等,在共享经济发展趋势下,依托互联网平台,努力使信息对称,高效匹配供需,为用户提供快捷、方便的专车体验。同时,Uber推出多种差异性很大的打车服务,其目的就是为了满足不同群体对打车服务的不同需求。此外,针对移动互联网下的用户群体年轻化的典型特征,Uber通过不间断的创意营销让消费者时刻保有新鲜感,逐渐培养用户对品牌自身的信任和依赖,成为"打车软件中的苹果手机"。Uber市场定位如图11-5所示。

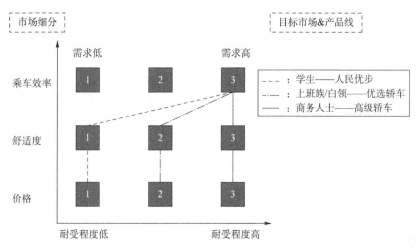

图11-5 Uber市场定位

2. 情感催眠

Uber利用驾驶员和用户之间发生的感人事例,对自身进行包装,让用户感受到温度并怀有期待,增加用户对其依赖度。

3. 病毒发展

Uber采用病毒式营销策略,用户各自拥有自己的Uber码,通过各种推广渠道(微博、Email、短信等)自行推广来获取优惠。

4. 广伸触角

Uber不止步于出行领域,而是将自己的业务触角延伸到各个领域。如,Uber与妈妈网合作,为妈妈网网友新入园宝宝们提供专车接送,并用镜头记录宝贝珍贵瞬间;在杭州,Uber App不只可以打车,还可以打船,甚至Uber定制雪糕车为用户提供方便。在戛纳电影节,Uber与航空公司合作推出Uber helicopter接送明星。Uber之所以能长期保持高曝光度,离不开这些营销方式,Uber已经从各个层面渗透到用户生活。

Uber 业务系统模式如图 11-6 所示。

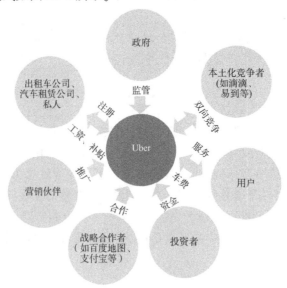

图 11-6　Uber 业务系统模式

2019 年 10 月,Uber 和 Lyft 两个平台占据美国市场 97.4%,在这之后,Uber 与 Lyft 的市场占有量稳步上升,而 Uber 市场占有率在逐渐减少。2019 年末,Uber 的市场份额为 69.3%,Lyft 的市场份额为 28.4%,剩下的 2.3% 的份额分别由 Juno、Gett 和 Via 等企业占有;2020 年 Uber 市场份额迅速下滑,2020 年 5—7 月,受疫情影响,Uber 市场份额跌至 25%(图 11-7)。2017 年 9 月至 2020 年 7 月,Uber 和 Lyft 两个平台占据美国市场份额变化如图 11-7 所示。

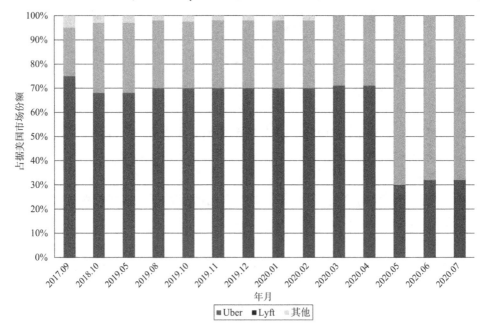

图 11-7　Uber 和 Lyft 两个平台占据美国的市场份额
数据来源:中国电动汽车百人会智能网联研究院

2019年5月美国共享出行和出租出行软件下载排名见表11-2。

2019年5月美国共享出行和出租出行软件下载排名　　　　表11-2

排名	整体下载量	App Store下载量	Google Play下载量
1	Uber	Uber	Uber
2	Lyft	Lyft	Lyft
3	Via	Via	Via
4	Juno	Juno	Mytaxi
5	Grab	Grab	Grab
6	Mytaxi	Mytaxi	Juno
7	Curb	Curb	Curb
8	Bolt	Bolt	inDrive
9	DiDi	Ola	DiDi
10	Ola	DiDi	zTrip

数据来源：中国电动汽车百人会智能网联研究院。

（五）盈利模式

在租车费用方面，目前Uber采取高价策略，主要提供高端车租车服务，租车费用相对出租汽车高50%；在车费结算方面，用户乘车费用通过信用卡直接进入服务平台，驾驶员每周再从自己户头上领取一周营运收入，这种模式意味着Uber有一个至少7天的稳定现金池，市场越强大，Uber能支配的现金流越多；在租车服务方面，Uber对其提供的租车服务享有定价权，当用户租车需求大于供给时，平台的服务价相对上涨，从而提高平台利润率；在盈利范围方面，Uber不止服务出行领域，其服务范围甚至开始转向生活层面，目前，Uber开始逐步增加驾驶员数量，为未来庞大的用户群体奠定基础。

（六）总结

Uber在全球快速扩张，给行业带来巨大改变，打破传统出租汽车行业的惯性思维，Uber已经不再仅仅满足载人服务，而要发展成为多元化服务平台，正逐渐成为一个与人们生活息息相关的生活品牌。同时，Uber采用独家开发的算法，对用车需求量、车的配给和定位有精确的了解，可以在一个城市里部署最少的车，最大效率满足用户需求。清晰的盈利模式，加上巨大的市场潜力，会给Uber带来巨大发展潜力。Uber发展模式如图11-8所示。

三、曹操出行

（一）发展历程

2015年5月，曹操出行正式成立；2016年1月，曹操出行在杭州上线，同年11月，浙江省财政厅下发关于增补杭州优行科技有限公司(绿色公务．曹操出行)为公务出行车辆租赁定点服务机构的通知；2017年2月，曹操出行获得杭州市网约车经营许可证；2018年1月，曹操出行获得A轮10亿元融资,估值100亿元;2019年9月,曹操出行将出行范围拓展至50城;2020年1月,曹操出行正式在巴黎启动公测,同年4月,上线曹操出行支付宝小程序;2021年9月,曹操出行完成了38亿元的B轮融资;2022年10月起,曹操出行陆续上线智能化功能,乘客通过手机操纵车辆获得定制化服务;2023年3月,曹操出行旗下首款定制车吉利·曹操60亮相。

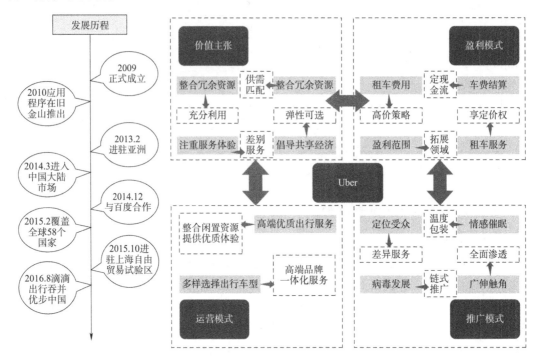

图11-8　Uber发展模式

(二)价值主张

自成立以来,曹操出行一直秉持"低碳致尚、服务至上"的核心价值观,曹操出行将全球领先的互联网、车联网、自动驾驶技术以及新能源科技,创新应用于共享出行领域,致力于为用户创造和提供一站式的健康、低碳、共享出行生活方式。

(三)运营模式

曹操出行成立之初,共享出行市场相对混乱,跻身行业前列的滴滴出行、易到用车等都是典型的C2C轻资产运营模式,这种模式下的企业不需要投入车辆,没有车辆购置成本,企业运营核心在于支撑整个车队调度的大数据和先进的算法,规模扩张速度较快。与此同时,网约车市场的运营管理体系非常不合规化,行业整体服务质量参差不齐,用户在实际乘车体验中的安全性没有得到保障,安全事故分不清责任方的事件频繁发生。在这种大环境下,以专车为基础业务发展起来的曹操出行,一开始就对整个共享出行市场和运营服务内容有独到的把握和理解。作为国内首个车企转型进军出行领域的网约车平台,曹操出行坚持采用B2C运营模式,将自身定位为采用新能源汽车的专车平台,同时,先发优势也奠定了曹操出行B2C模式的领军者地位。随着市场环境的变化,B2C运营模式的优势逐步显现,以曹操出行为代表的 B2C 平台顺势崛起。相较 C2C 模式,B2C 竞争优势主要体现在三个方面:一是在车型方面能快速匹配网约车新政对车辆的要求,能保障用户的体验一致性;二是全职驾驶员统一培训,车辆统一购置,在人员和车辆安全上更有保障;三是人员审核直接全面,监管更易到位。据激光大数据显示,曹操出行于 2019 年第二季度开始领跑 B2C 网约车平台。

中国网约车行业典型代表企业商业模式见表 11-3。

中国网约车行业典型代表企业商业模式 表 11-3

商业模式	企业名称	接单模式	车辆来源	驾驶员来源与收入情况
C2C	滴滴出行	系统自动为驾驶员分配订单,驾驶员无法事先查阅订单信息	汽车租赁公司;挂靠在汽车租赁公司的私家车辆	驾驶员网上报名申请,平台审核通过后即可;运营收入为个人所得
C2C	易到用车	驾驶员可看订单信息并自行选单	汽车租赁公司;挂靠在汽车租赁公司的私家车辆	驾驶员网上报名申请,平台审核通过后即可;运营收入为个人所得
C2C	美团打车	驾驶员可看订单信息并自行选单	汽车租赁公司;挂靠在汽车租赁公司的私家车辆	驾驶员网上报名申请,平台审核通过后即可;运营收入为个人所得
B2C	神州专车	驾驶员可看订单信息并自行选单,但选单后必须 10 秒内可接单	公司自行采购;集团的汽车租赁公司提供	驾驶员为企业雇佣,按月领取薪水
B2C	首汽约车	驾驶员可看订单信息并自行选单	出租运营车辆;集团的汽车租赁公司提供	驾驶员为企业雇佣,按月领取薪水
B2C	曹操专车	系统自动为驾驶员分配订单,驾驶员无法事先查阅订单信息	公司自行采购	驾驶员为企业雇佣,按月领取薪水

资料来源:中国电动汽车百人会智能网联研究院。

如图 11-9 所示,在城市布局方面,目前全球主要整车企业均提出向移动出行服务商转型,并推出移动出行业务,如大众、奥迪、宝马、奔驰、通用等国际巨头,北汽、长安、广汽、吉利等国内品牌,而曹操出行基于吉利汽车主机厂布局网约车市场,选取本地化发展策略,围绕主机厂或生产基地所在地进行区域性发展,业务范围主要覆盖杭州、宁波、北京等地,相对其他主机厂背景网约车企业发展较好。

(四)推广模式

1. 与各主流软件合作,扩大知名度

通过与各主流软件的合作,将曹操出行的 App 入口引入到其中,这种合作能够为曹操出行快速导入客户。将曹操出行 App 以小程序的形式加入到微信中,通过与微信的商谈,按照定单数提成,或者按照点位提成,从而拉近曹操出行与消费者之间的距离。在地图方面,腾讯地图 App 将曹操出行作为推荐的用车方式。当用户打开地图,搜索目的地时,可以自动推荐选择曹操出行,同时将价格路线等内容显示,方便顾客选择。在公众号自媒体方面,例如在微信公众号中发放用车抵用券,不断地将客户引流到自己的 App 上。通过与一些本地的公众号等渠道的合作,有针对性地吸引客户。

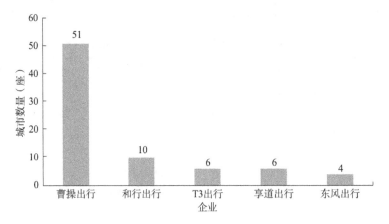

图 11-9　2019 年主机厂背景网约车企业布局城市数量情况
数据来源:中国电动汽车百人会前瞻产业研究院

2. 与同城 App 合作,增加引流渠道

曹操出行通过与"美团""饿了么"等 App 合作,将长距离的业务交给"帮忙取送"来完成,这样的合作是一种共赢的合作,不但可以提高业务收入,同时也能够提高曹操出行的使用效率,通过其他 App 获得自己的流量入口。

3. 合理取用企业名字,先入为主扩大影响

在企业名称方面,曹操出行这一名字的寓意取自于"说曹操,曹操到",借用"曹操"来比喻专车的快捷。"说曹操,曹操到"这句话大家耳熟能详,如果看到曹操出行的字样,自然就会想到这句话,同时对曹操出行留有印象。这个名字的采用,正是符合了当前的快餐文化,同时又将快餐文化与历史相结合,由浅入深,既迎合了大众,又表达了内涵。

4. 参加大型公众活动,展示良好形象

曹操出行经常到一二线城市参与大型活动,比如车展、博览会等大型活动。曹操出行与活动方签订协议,作为官方指定用车,借助大型活动的平台,向外界展示自身良好的形象,让用户在不知不觉中了解曹操出行。对于商场的店庆等,曹操出行与商场签订协议,只需要商场支付给曹操出行成本价或者一部分成本,商场便可以派车免费送顾客回家等。通过这样的活动不仅可以大幅提高商场的销售额,同时商家支付的车费成本远远不抵巨大的营业额,此外,通过让用户在这种一站式服务中被动选择体验曹操出行提供的出行服务,也可以提高曹操出行在生活中的存在感,增进用户对曹操出行的了解。

5. 利用节假日促销,紧抓用户消费心理

在一些重大的节日以及一些活动中,曹操出行努力做好品牌的宣传。以赞助商或者项目的举办者身份参与到活动中,将奖品设为现金抵用券或者乘车体验券等,或者通过互联网以及广播抽奖的方式,抽取幸运用户。

6. 开展储值回馈活动，锁定已有用户

曹操出行通过与银行或者第三方平台等建立联系，用户通过指定渠道存入一定金额就可以获得相应的优惠，这个优惠既给到了用户又可以将成本转嫁给渠道方。同时设立满减活动，如充值500送200，这样用户既得到了实惠，同时"曹操出行"平台也锁定了用户。

曹操出行成立时间不长，用户积累不多，通过综合运用这些推广方法，从而为自己积累大量的潜在用户。

（五）盈利模式

曹操专车升级成曹操出行后，App也更新至4.0版本，同时上线新功能"曹操走呗"，里面融入社交元素，可分享本地美食游乐点，如果用户有意前往，可直接叫车出行。这是一种将网约车与本地生活化服务相结合，并用社交元素来引流和推动社会需求的新型盈利模式。曹操出行在相同服务质量下采取低价格，获取竞争优势。对比其他对标网约车平台，如滴滴、快滴、Uber等网约车，曹操出行可以在同等服务的情况下，采用降价、优惠的方式进军市场，站稳脚跟。虽然通过将价格降低的方式能够吸引一大批客户，但是低价并不代表服务质量同时大打折扣，相反，曹操出行仍然提供与其他出行服务平台相同的服务，这也是曹操出行在今后的市场竞争中提高市场占有率的一种途径。这种低价策略不是价格战，价格战是牺牲自身利益，采用低价策略吸引消费者；价格策略是从价格角度出发，满足自身的利益前提下，让利给用户。在自身成本方面，曹操出行采用的车型都是新能源汽车，其成本比其他平台的汽油网约车要低，所以相比于其他同级别车辆，同样的服务下，曹操出行的市场定价就可以低于其他网约车平台。同时，由于曹操出行均选用吉利旗下品牌车型，后续的维修和保养等都可以在吉利经销商网点中进行，这样维修和保养的费用也较其他车辆便宜。从成本上加以节约，曹操出行就可以以很低的价格参与网约车市场竞争。即使在后续的市场竞争中需要打价格战，曹操出行仍然有很大的让利空间，这是其他平台不具备的优点。利用低成本、低价格的优势参与市场竞争，不但能保证自身利益，同时又让用户得到了实惠，因此这是一个双赢的策略。

除此之外，曹操出行的"帮忙取送"和"自游行"业务也是其自身的优势和亮点。"帮忙取送"将同城快递业务和当下热门的美团饿了么的生活服务综合在一起，曹操帮忙的出现，不仅能帮助个体消费者实现证件、手机等贵重物品紧急取送，还能面向企业和部分商户，提供文件、设备等办公物品以及蛋糕、生鲜等高品质商品的取送服务，实际践行其倡导的"服务至上"的价值观。曹操专车、绿色公务和曹操帮忙等服务模式的相继推出，在让用户享受快捷、可靠、品质的出行服务的同时，进一步拓展了共享出行的服务领域，实现了运人和运货相结合的出行服务模式。这或将让出行平台成为未来同城快递和生活服务类平台的最大竞争对手。同时，"自游行"则是为旅游者出行出谋划策、提供参考，这也将可能是曹操出行未来的一大盈利点。

（六）总结

曹操出行作为吉利科技集团布局"新能源汽车共享生态"的战略性投资业务，是中国首个建立新能源出行服务的专车品牌。曹操出行背靠吉利集团，具有规模效应、协同效应和资源优势，可依托吉利集团的资金、客源、车辆设备等资源发展。曹操出行是目前传统车企向出行服务商转型的典型品牌，在网约车安全问题备受关注的情况下，自营优势逐步显现。且未来低碳理念深化、新能源汽车不断发展,曹操出行在理念、成本、运营上都具有优势。曹操出行注重挖掘特定的细分目标市场,为满足不同出行群体的多样化出行需求,推出了多种极具特色的专车服务模式。曹操专车面向注重品质出行、优质服务的中高端消费群体,在全部采用新能源汽车的基础上,全面导入了百年伦敦出租汽车行业的驾驶员培训认证体系,成立曹操学院,大力培养优质服务的专业认证驾驶员,保障客户出行的安全和服务品质,树立自身品牌口碑,增强客户的黏性。在服务内容上,开拓的绿色公务主要面向政府及企业客户,为上述群体的公务出行提供一站式解决方案,包含一键预约和对公结算等功能,可以有效增加一定的预约量,扩展客户数量规模。随着专车服务的快速发展,曹操出行在服务客户的过程中,挖掘同城业务配送这一潜在市场需求,并在原有业务范围内新增了满足客户需求的产品运输服务。以服务顾客品质出行的新能源专车为基础,外加城际快车、同城快递等服务模式;以"新能源汽车+公车专营+专职驾驶员"为主的 B2C 运营模式;以合规化、标准化的经营为基础,打造顾客出行品质、切实保障顾客出行安全的曹操出行,通过四年的深耕细作,极力摆脱小众化打车平台形象,成为专车市场的领军者。

曹操出行发展模式如图 11-10 所示。

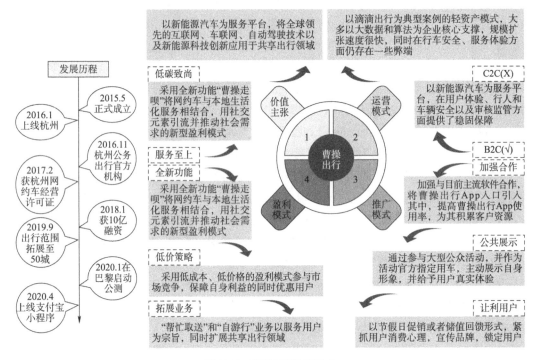

图 11-10 曹操出行发展模式

四、T3 出行

(一)发展历程

2017 年 12 月,国资委、工信部、科技部和中国第一汽车集团有限公司、东风汽车集团有限公司、重庆长安汽车股份有限公司三家央企的董事长探讨未来主机厂业务的发展课题,T3项目由此诞生。该项目有四个板块(出行板块、聚焦自动驾驶和新能源的科技平台板块、整合产业链上下游的板块和海外板块)共13个子项目。出行板块的代表项目便是T3出行,而在四大板块中,T3出行的启动和落地也最早。

2018年7月,中国第一汽车集团有限公司、东风汽车集团有限公司、重庆长安汽车股份有限公司三方签署移动出行意向协议书,决定整合三方优势资源,合资组建出行服务公司。2019年3月,一汽、东风和长安联合腾讯、阿里等多方知名企业成立T3出行,总投资额为97.6亿元;7月22日T3出行在南京上线。2020年,T3出行在南京、长春、杭州等11座城市上线,全国注册用户数超过1000万,累计投入车辆接近3万辆。

(二)价值主张

T3出行以"成为最值得信赖的出行服务企业"为品牌愿景,"科技引领 愉悦出行"为使命,倡导"可信,更自由"的出行理念,致力为用户提供"可信、安全、品质"出行服务,让用户感受更加自由的出行体验。

(三)运营模式

T3出行最初采用了自营模式,也称为B2C模式,该模式下由平台提供自有车辆,同时招募驾驶员运营。在车端,T3出行旗下车辆多来自一汽、东风、长安等自有品牌,除了按智能化、新能源的统一标准采购之外,还会在投入运营前进行相应的定制化、智能化改造,通过打通车内网和互联网,让所有运营车辆处于平台实时管理之中。在驾驶员端,T3出行抛弃了滴滴等以加盟形式招揽驾驶员的方式,而是选择通过企业招聘的方式自建车队。T3出行有其严格的准入和培训标准,经过背调、面试、培训、考试、体检、性格测试六大环节的驾驶员才可上岗,同时还设置了定期的管理培训和淘汰机制。

B2C模式属于重资产模式,成本过高,扩张效率也较低。自2021年下半年以来,T3出行开始进行结构化调整,一方面减少直营驾驶员的人数,另一方面加大加盟驾驶员的引入,转变为以B2B2C模式为主。同时,T3出行通过与租车公司、旅游公司等B端客户合作,将自己的电动出行解决方案提供给这些客户,让他们再转售给最终的消费者。

(四)推广模式

1.广发优惠券+高品质服务

"T3出行"上线之初,以长春为例,主要的营销方式采用优惠券促销方式,新用户注册后平台发放八张面额不等的优惠券,吸引了一大批初始消费者,加之投放车辆全部是新车,给用户在杂乱的网约车行业提供了高品质的服务,赢得了大众好评和复购率。

2.跨界营销,扩大知名度

"T3出行"联合屈臣氏打造了内容场景互动式营销,在重庆、长春、广州、杭州等地联合屈臣氏打造了T3&屈臣氏体验店,店面陈设及装修将"T3出行"和国潮风格融入其中,店面区域内设置了打卡拍照区和联名周边小礼品。除了联名体验店,"T3出行"还推出了彩蛋车,如果乘坐到彩蛋车会有精美小礼品赠送。除此之外,T3出行还与影视作品合作,如《女心理师》,根据故事情节将"T3出行"合理融入。

3. 细分产品，精准对应目标用户

根据用户的实际需要，T3 出行打造出了快享、尊享、惠享、智享等产品线来满足用户的个性化需求。快享产品是 T3 出行最早上线的一款出行产品，最初没有将消费者进行详细划分，也没有引入巡游出租汽车，统一开展的就是以快享为主的出行服务。尊享产品系列定位在一二线城市及省会城市的高端、商用消费群体。驾驶员除了安全、专业的驾驶技术以外，还要经过服务礼仪培训之后再上岗。惠享产品主要投放区域为三四线城市及城镇地区，主要定位在对价格敏感度高、追求物美价廉的消费群体，投放车型选择中档新能源车辆，定价较快享略低，主要满足城市居民基本出行需求。智享产品定位为服务中小学生及 60 岁以上老年人，将服务进一步延伸，提前预约车辆及用车时间，增加是否需要驾驶员上门接送选项。

（五）盈利模式

T3 出行的定位并不是网约车运营商，而是为出行行业提供技术和服务的平台公司。一方面，T3 出行平台运营的网约车主要由合作伙伴持有和运营，T3 出行以科技公司的身份，负责平台开发和运营。另一方面，T3 出行的车联网平台和出行平台都对外开放，为有需求的出行企业提供平台管理服务和 App 产品。

T3 出行的盈利模式主要是依托其提供的互联网+出行服务，通过收取用户的服务费用和车辆运营管理费用来实现盈利。具体来说，T3 出行会向乘客收取出行服务费用，同时也会向车主收取一定的运营管理费用。此外，T3 出行还会根据不同的业务模式，如自营模式或加盟模式等，收取不同的服务费用和分成比例。

（六）总结

T3 出行在车辆供给方面具有独特的优势，一方面通过集中采购定制化、智能化的新能源车型和经过严格准入审核的驾驶员，提供标准化的服务体验；另一方面，T3 出行还通过整合主机厂、地方出租汽车、客运公司、汽车经销商等多方核心资源，推动出行供给侧改革，保障稳定的优质运力供给。T3 出行上线之初的初衷是为主机厂探索未来出行市场发展出路，为出行提供专业技术和服务的平台公司，其独特之处在于将上下游产业链贯通。同时，T3 出行不仅拥有一汽、东风、长安等大型汽车集团的背书，更有苏宁、阿里、腾讯等互联网头部平台的支持。多方势力的加持将为 T3 出行在资金、资源和技术方面提供强有力的支持。

第二节　典型城市发展模式

一、北京

（一）发展历程

北京市作为我国的首都和全国重要的政治、经济和文化中心，在共享出行领域的发展也

较为活跃。

2012年中国首家网约车平台滴滴出行在北京上线以来,北京便成为了国内网约车产业的重要战场。2015年,北京市政府发布《网络预约出租汽车经营服务管理暂行办法》,明确了网约车的合法运营要求,并对网约车平台和驾驶员进行了监管。这项新政策规定网约车平台必须与出租汽车企业合作,并且驾驶员需要取得相关资格证书。2016年后,多家网约车平台或第三方平台相继进入北京市场,包括Uber、首约汽车、美团打车等。同年,由于Uber在中国市场的战略调整,Uber将其Uber中国业务出售给滴滴。2018年,北京市政府积极推进网约车与传统公共交通方式的融合,提供更便捷的多式联运服务。例如,滴滴出行与北京地铁合作,推出了地铁联程行程,使乘客可以通过滴滴应用一站式安排地铁和网约车出行。

除网约车外,共享单车、新能源汽车、共享汽车等多种共享出行模式相继进入北京市场。2016年开始,摩拜单车、ofo小黄车、滴滴青桔、美团单车、哈啰出行等各家共享单车企业陆续在北京上线。之后,摩拜单车在2018年与ofo小黄车进行了合并,形成了新的公司"摩拜ofo"。然而,由于共享单车市场竞争激烈、资金压力以及管理问题,摩拜ofo在经营过程中遇到了困难。最终,摩拜ofo在2019年宣布停止运营,包括摩拜单车和ofo小黄车品牌都退出了共享单车市场。

随着政策的不断调整和市场的竞争加剧,北京的共享出行市场正在逐步走向规范化和健康发展。

(二)市场规模

根据北京市交通委员会的数据,截至2021年底,北京市网约车、共享汽车、共享单车、共享摩托车、汽车分时租赁等5种共享出行方式的注册用户总量已达到1.1亿人次,使用率逐年攀升。其中,共享单车和网约车是北京市共享出行的主要方式,每天平均有超过300万人次使用共享单车,每天平均有超过200万人次使用网约车。

在北京市场,网约车、共享单车和新能源汽车等共享出行模式已经形成了较为成熟的市场格局。目前,滴滴出行、美团打车、神州专车等网约车平台,滴滴青桔、美团打车、哈啰出行等共享单车品牌,EVCARD、Gofun等共享汽车品牌分别占据着市场份额的较大比例。此外,官方推出的公共自行车、公交等传统出行方式仍然是市场的重要组成部分。

(三)创新发展

1. MaaS平台

2019年9月,中共中央、国务院发布的《交通强国建设纲要》中,明确提出:"开展绿色出行行动,倡导绿色低碳出行理念""大力发展共享交通,打造基于移动智能终端技术的服务系统,实现出行即服务"。

2019年11月4日,北京市交通委员会与阿里巴巴旗下高德地图签订了一项战略合作框架协议,共同启动了北京交通绿色出行一体化服务平台——MaaS平台。

MaaS平台是将各种形式的运输服务集成到按需提出的单个出行服务中。北京的MaaS平台是在政府、企业、公众的共同推动下,针对当前城市交通出行难题而打造的一个集出行信息、智能导航、共享出行、支付结算等多项功能为一体的出行服务平台。MaaS平台通过信息共享、合作共赢的方式,为广大市民提供全方位、智能化的出行服务,旨在打造集"一卡通""多模式""公共交通""共享出行""差异化服务"于一体的智慧出行新模式。

MaaS 与公共交通、共享出行的关系如图 11-11 所示。

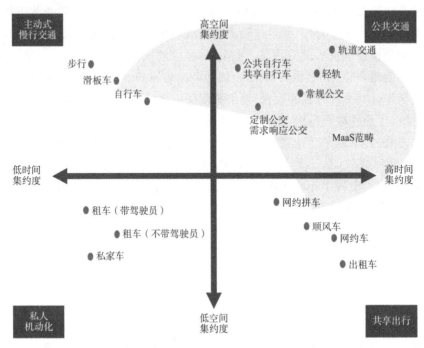

图 11-11　MaaS 与公共交通、共享出行的关系

2019—2022 年为北京 MaaS 平台 1.0 建设阶段。2023 年 5 月,北京市交通委员会和北京市生态环境局联合印发《北京 MaaS2.0 工作方案》,标志着北京 MaaS 正式迈向 2.0 发展阶段。

相较于 MaaS1.0 阶段,《北京 MaaS2.0 工作方案》突出了三个亮点:一是通过打通线上线下出行服务,进一步提升一体化出行体验;二是以碳激励为核心,拓宽碳普惠活动;三是组建北京绿色出行一体化联盟,吸纳社会各方力量加入北京 MaaS 生态圈。

在共享出行方面,MaaS2.0 将升级城内、城际一体化出行体验。市内交通方面,进一步优化"轨道+公交/步行/骑行"规划导航功能,精确提示轨道等公共交通方式的到站时刻,提升共享单车供给、停放区域引导信息服务精度,减少换乘和停放的等待时间。在城际出行方面,MaaS2.0 升级"航空/铁路+城市公共交通/定制公交/出租(网约)车"服务,拓展完善一键规划、接驳引导、一体化支付等服务功能,提供一体化出行规划导航服务功能,实现城际城内绿色出行美好体验。

MaaS2.0 阶段,将升级以碳为核心的激励体系,构建涵盖数据、政策、碳以及金融等手段的多维赋能生态。在当前碳普惠活动基础上,未来市民选择合乘或新能源车出行都将有望获得碳普惠激励,并且碳普惠激励范围将拓展至京津冀区域。同时,MaaS2.0 将持续探索金融赋能手段,开展绿色出行与绿色金融工具融合创新研究,打造面向绿色出行的低碳金融服务体系。到 2025 年,市民通过 MaaS 平台绿色出行所产生的价值有望进一步放大,市民可获得更丰富、多样化的碳普惠激励。

此外，MaaS2.0阶段将组建北京绿色出行一体化联盟，吸纳社会各方力量加入北京MaaS生态圈，并统筹考虑政府、交通企业、互联网平台、用户多方利益，完善利益分配和激励机制，打造北京MaaS可持续发展生态。

2. 高级别自动驾驶示范区

新一轮科技革命和汽车产业升级换代的大背景下，汽车的智能化、网联化发展迅猛。共享出行与自动驾驶的深度融合带来出行方式与出行业态的重大调整。智能网联共享汽车作为共享出行与自动驾驶技术的载体和重要结合点，已成为新型出行生态系统的热点方向。

1）发展概述

2020年9月，在北京市经济技术开发区召开发布会，宣布全球首个网联云控式高级别自动驾驶示范区在北京经开区先行推进，并发布高级别自动驾驶示范区建设方案。

经过三年的建设，在作为示范区核心区域的北京经开区，Robotaxi（无人驾驶出租汽车）、Robobus（无人驾驶巴士）、无人零售车、无人配送车，已经完全融入人们的日常出行和消费生活。智慧出行极大丰富了北京市民日常出行体验，截至2023年1月，Robotaxi出行服务人次超100万，Robobus载人示范服务近600人次。Robotaxi在经开区核心区60平方公里范围内部署超过250台车辆，1000余个站点，覆盖众多企业园区、商圈和住宅区，单日出行服务订单最高达2100余单。Robobus开通了全市首条示范应用路线，开启载人示范新阶段，累计行驶里程近20000公里。

2）Robotaxi、Robobus

Robotaxi是指利用自动驾驶技术的出租汽车服务。随着信息通信技术与汽车、交通运输等领域的融合发展，"无人化""智能化"将成为未来城市交通出行的主要发展趋势。Robotaxi作为当前被认为最具有商业价值和可持续运营模式的应用场景，国内外自动驾驶企业纷纷开始布局该高级别自动驾驶应用服务。特别地，2020年受疫情影响，人们的出行方式发生转变，未来自动驾驶出租汽车可以减少人与人之间的接触，将疾病传播的风险降至最低，同时实现便捷、安全、绿色的出行，或将成为城市交通出行的重要交通工具。其中，据《2020年数字化汽车报告》预测，到2030年全球自动驾驶出租汽车市场每年价值将超过2万亿元。

一般而言，Robotaxi需分别经过有安全员/无安全员下道路测试、示范应用、示范运营、商业化运营等多个阶段的探索。目前北京、重庆、武汉、深圳、长沙等多个城市已经实现商业化试点。

2023年7月7日，北京开放智能网联乘用车"车内无人"商业化试点，至此北京Robotaxi商业化步入快车道。在此之前，北京的付费无人驾驶出行经历了智能网联汽车政策先行区的成立、载客道路测试和车内无人道路测试以及无安全员载人示范应用三个阶段。

北京Robotaxi商业化进展见表11-4。

北京Robotaxi商业化进展 表11-4

时间	主要内容
2021.04.19	设立亦庄、大兴机场等地区为政策先行区
2022.07.20	批准百度、小马智行在经开区核心60公里内投入30辆主驾无人车辆，开展常态化收费服务

续上表

时间	主要内容
2023.06.06	指定石景山区部分道路为自动驾驶车辆测试道路
2023.07.07	企业达标后可在示范区提供常态化自动驾驶付费出行服务

2024年2月,在北京亦庄,百度、小马智行、文远知行、AutoX四个企业获准"车内无人"自动驾驶商业化运行。

Robobus是指L4级别无人驾驶公交车。Robobus与Robotaxi类似,其技术方面主要依靠自动驾驶技术的发展,但是由于其具有线路固定的特点,使其能够更好地应用于一些固定场景,如校园内、大型赛事接驳等。

北京市于2019年在石景山区开通了一条无人驾驶巴士试运行线路,这是中国首个商用无人驾驶公交线路。无人驾驶巴士采用激光雷达、摄像头、导航传感器等高科技设备,能够自主识别道路、车辆和行人等信息,实现自主导航。

二、杭州

(一)发展历程

作为中国的新一线城市,杭州在共享出行领域蓬勃发展,是中国新一线城市共享出行等领域的领头羊。

2011年11月,中国第一家本土分时租赁企业Evnet在杭州开始运营,创造了国内第一个分时租赁营运品牌"车纷享"(图11-12)。车纷享一开始是模仿zipcar的运营模式,是一个会员制的分时自助租赁平台,向会员提供最短到小时为计费单位的汽车租赁服务。

图11-12 车纷享官网

2013年3月,吉利集团董事长李书福与康迪科技董事长胡晓明签署合资协议,成立浙江康迪电动汽车有限公司,双方各占50%股份。同时还成立了一家子公司——浙江左中右电动汽车服务有限公司,主要负责命名为"微公交"系统的汽车租赁业务。2013年7月,两家新的合资公司先后成立,同年10月"微公交"率先在杭州启用。

2016年1月,曹操出行在杭州上线,同年11月,浙江省财政厅下发关于增补杭州优行科技有限公司(绿色公务·曹操出行)为公务出行车辆租赁定点服务机构的通知;2017年2月,曹操出行获得杭州市网约车经营许可证。2023年亚运会期间,曹操出行为亚运服务保障推出了"快闪酒店"(图11-13)。

图11-13　曹操出行"快闪酒店"

2017年12月,美团打车在包括杭州在内的全国7个城市的美团App上线打车入口,启动"美团打车用户报名"活动。2018年3月,杭州市开始实施新修订的《杭州市网络预约出租汽车经营服务管理实施细则》,进一步简化了网约车运输证办证手续,取消了提交车辆购置发票等资料要求,对未上牌新车办理网约车运输证,免除了道路运输车辆综合性能的要求。2018年,嘀嗒出行与包括杭州、成都、镇江、温州、佛山、西安等地的出租汽车车行业协会达成战略合作,将当地的出租汽车全部接入嘀嗒出行平台。2019年11月,T3出行正式上线杭州,这是继南京、武汉、重庆三城之后,T3出行登陆的第四城。

(二)市场规模

截至2023年7月,杭州共有43家网约车平台企业,每天6万多辆网约车、6万多名驾驶员接单近100万单,满足了150万名乘客的个性化出行需求。而杭州的公共交通线网也日益成熟,地铁与地面交通的接驳逐渐加强,形成了轨道交通、公共汽电车、水上巴士、公共自行车的大公交系统。

(三)创新发展

2020年8月19日,曹操出行联合深圳元戎启行科技有限公司宣布,双方正在进行自动驾驶车辆的测试运营合作。同时,曹操出行的自动驾驶车辆已经在杭州市智能网联车开放测试道路上行驶,并已获取了杭州市的自动驾驶测试牌照。

2021年1月8日起,杭州公交在工作日推出"地铁一到,公交即发"服务,首批选择了3条公交路线,这也是杭州公交在MaaS出行方面的全新探索。

2023年7月,杭州公布了杭州市智能网联车辆测试与应用先行试点区域,认定2个行政区(钱塘、滨江全域604平方公里)、6个功能区(亚运奥体板块33平方公里、湘湖板块59平方公里、临空机场板块21平方公里、良渚板块4平方公里、未来科技城板块128平方公里、桐庐快递物流板块133平方公里)和2条高速(机场高速、杭新景高速杭州段)为杭州市先行试点区域,全域开放作为智能网联车辆道路测试与应用区域。同年10月,在杭州未来先行者创新应用大会上举行了先行试点区域全域开放启动仪式,余杭、上城、滨江、钱塘等地全域开放为智能网联车辆测试与应用区域,将实现城东钱塘到滨江一体化成网,城西余杭成片联网,为智能网联车辆研发应用和产业化落地创造条件。

三、旧金山

(一)发展历程

旧金山是美国西海岸最具代表性的城市之一,也是共享出行在美国发展较早的城市之一,共享出行在这里得到了广泛的推广和应用。

旧金山的共享出行发展始于2005年,当时Zipcar成为旧金山市第一家提供汽车共享服务的公司。用户可以通过手机应用程序或网站预订Zipcar的汽车,按小时或按日租用。Zipcar的汽车分布在城市的不同区域,用户可以在指定的停车点取车和还车(图11-14)。Zipcar是美国网上租车公司,以"汽车共享"为理念。Zipcar通过接收会员,发放会员卡来运营。Zipcar的汽车停放在居民集中地区,会员可以直接上Zipcar的网站或者通过电话搜寻需要的车,网站根据车与会员所在地的距离,通过电子地图排列出车辆的基本情况和价格,会员选择汽车,进行预约取车。使用完之后于预约的时间内将车开回原本的地方,用会员卡上锁。

图11-14 Zipcar汽车

2009年,Uber正式成立,一年后,Uber移动应用程序在旧金山地区推出,支持iOS和Android系统的智能型手机。Lyft是2012年在旧金山成立的一家网约车公司,市场定位和Uber十分相似,除了租车外还有拼车功能。目前,旧金山网约车市场主要由Uber和Lyft占据。

除网约车外,共享单车、电动滑板车等多种共享出行模式相继进入旧金山市场。共享单车领域,旧金山市场主要由Lime Bike、Jump、Spin等品牌占据。截至2018年,在旧金山就有12家共享滑板车企业。电动滑板车领域,2019年10月,旧金山新增许可Uber、Lime和Spin投放共享电动滑板车,而之前一直只有酷航一家。在旧金山乃至美国,共享滑板领域,Lime和Spin品牌是市场的主要竞争者。2020年5月8日Lime宣布获由Uber领投,Alphabet、贝恩资本(Bain Capital)和Alphabet旗下的风险投资部门GV参投的1.7亿美元D+轮融资。作为交易的一部分,Lime将收购Uber旗下的自行车和滑板车业务Jump,而Uber获得在2022—2024年将Lime收购的权利。

(二)市场规模

据旧金山市交通局的数据,截至2021年底,旧金山市网约车、共享单车、电动滑板车等多种共享出行方式的注册用户总量已超过1000万人次。其中,共享单车和电动滑板车是旧金山市共享出行的主要方式,每天平均有数十万人次使用共享单车和电动滑板车。此外,旧金山市的网约车市场也非常活跃,Uber 和 Lyft 等知名网约车平台在这里占据着主导地位。

(三)创新发展

1. Robotaxi

美国的 Waymo、Cruise 和 Lyft 等企业布局 Robotaxi 相对较早,而且由于美国等多国政策已允许无安全员上路,所以,国外已经拓展到去掉安全员的完全无人驾驶状态,运营范围正在逐步扩大,商业模式处于加快探索阶段。

2023 年 8 月,美国加州公共事业委员会(CPUC)批准 Cruise 和 Waymo 在旧金山提供全天候(每周 7 天、每天 24 小时)无人驾驶出租汽车收费服务。由此,旧金山成为美国第一个实现无人驾驶出租汽车全面商业化的城市。Waymo 作为 Alphabet 旗下的自动驾驶汽车公司,在 2017 年 4 月已经在凤凰城开展 EarlyRider 计划,向部分乘客提供 Robotaxi 试运营服务,并于 2018 年 12 月,将该计划升级为 WaymoOne,正式向乘客收费,逐步实现手机 App 的叫车服务。2019 年,Waymo 在凤凰城服务区内每周可以提供 1000~2000 次的 Robotaxi 乘车体验,其中 5%~10% 将依靠完全无人的自动驾驶汽车,并于 2020 年 10 月对外宣布将在凤凰城向公众开放没有安全员的无人驾驶出租汽车服务。

2. Robobus

旧金山在 2023 年 8 月批准 Robotaxi 扩大运营不到一周后,又推出了 Robobus 试点,由运营商 Beep 承接,运营车辆名为 Loop,这辆全电动的 Robobus 没有驾驶员座椅和方向盘,但有一名随车员,必要时可以用一个手持控制器来驾驶巴士。

Loop 的运营时间为每天上午 9 点至下午 6 点,每 20 分钟绕一圈,总共有两辆 Loop,一辆运送乘客,另一辆充电,其服务目前为免费,将在旧金山湾中央的金银岛上以固定路线运行,连接岛上的住宅区、商店和社区中心。Loop 是一个为期 9 个月的试点项目,也是加州首批完全在公共道路上运行的自动驾驶班车示范项目之一,旨在评估无人驾驶车辆如何补充公共交通系统。

四、柏林

(一)发展历程

作为德国的首都,相较于德国其他城市,柏林的交通系统十分发达,共享出行领域的发展也较为活跃。

柏林的第一个共享汽车项目于 19 世纪 90 年代末成立,名为 Stadtmobil Berlin。该项目最初推出了一小批共享汽车供居民使用,并逐渐扩大规模。2008 年,德国汽车制造商大众在柏林推出了自己的共享汽车品牌 Car2Go(图 11-15)。这个项目最初在柏林的乌尔姆和奥格斯堡进行试点测试,后来逐渐扩展到柏林和其他德国城市。

2011 年,戴姆勒和宝马宣布合并旗下的两个共享汽车品牌 Car2Go 和 DriveNow,成立了 Share Now(当时称为 ReachNow)。2012 年,柏林政府启动"eMobil Berlin"项目,旨在推广电动汽车的使用。该项目提供了电动共享汽车供居民和游客使用,并在城市中建立了充电设施。2019年,大众旗下的WeShare在柏林推出,成为该城市第一个全电动汽车共享平台。WeShare提供了一系列电动汽车,包括大众ID.3和e-Golf,以及街边充电设施。2020年,由于COVID-19疫情的影响,共享汽车行业受到一定的冲击。然而,柏林的共享汽车市场逐渐复苏,各个品牌继续提供服务,并根据需求进行调整和创新。

图11-15 Car2Go汽车

(二)市场规模

Car2Go、DriveNow(现在的Share Now)和WeShare是柏林最知名的共享汽车品牌。这些品牌提供了多种类型的汽车,包括传统燃油汽车和电动汽车,并通过手机应用程序方便用户租借和还车。

其中,Car2Go作为第一个运营自由浮动的汽车共享服务的公司,是目前全球最大的共享汽车市场参与者之一。由于盈利困难,Car2Go于2019年6月30日结束在中国的汽车分时租赁运营。此外,由于国际移动行业市场的不稳定、共享汽车的低使用率以及北美汽车共享服务相关的基础设施成本不断上升,ShareNow的欧洲市场业务也将收缩,柏林市场也受到了一定影响。

大众的共享汽车服务WeShare,于2019年6月正式在柏林启动。与其他汽车品牌提供的共享服务不同,WeShare将完全使用纯电动车型。首先,在运营初期,大众将提供1500辆e-Golf共享汽车,随后将跟进推出更多电动车型。充电方面,WeShare将使用柏林的公共充电网络,大众还与德国连锁超市Kaufland和Lidl合作,在柏林境内的70家分店新建快速充电站专供WeShare车辆充电。

(三)创新发展

1. Robotaxi

2016年开始,克劳斯·普罗特尼克(Claude Prothée)团队就在德国柏林进行了Robotaxi(自动驾驶出租汽车)的测试,并在公共道路上接受乘客试乘。2019年,德国汽车制造商戴姆勒(Daimler)与谷歌旗下的自动驾驶技术公司Waymo达成合作协议,并计划在柏林测试。

2. Robobus

2020年,伦茨武克(Lorentz Tech)与柏林市交通规划局合作进行Robobus(自动驾驶巴士)试点项目。2022年,FlixBus宣布计划在柏林推出Robobus服务。

第三节 典型技术应用案例

一、智能驾驶技术应用典型案例

当前,以万物互联、大数据、云计算和人工智能等为代表技术的新一轮科技变革方兴未艾,正引领全球制造业全面转型升级。在发展战略中,各国纷纷选择汽车产业作为制造业整体升级突破口,借此依托汽车产业加快推进制造业转型。此战略指向带动全球汽车技术进入加速进步和融合发展的新时期,并呈现出电动化、智能化、网联化、共享化四大发展趋势,既有各自独特内涵,又紧密相联。

目前,共享出行领域仍存在很多亟待解决的问题,如乘车安全、应用推广、出行方便等。在乘车安全方面,2018年发生的深夜女孩乘坐滴滴出行顺风车遇害的恶性事件轰动全国,现在依托于智能驾驶技术,大幅降低因人为主观性造成的对用户尤其是弱势群体的伤害,为乘客出行提供心理安全保障。在应用推广方面,虽然共享出行服务已经普及多年,但考虑到现有情况,几乎家家一辆私家车,以及公共交通工具公交车、地铁的乘坐成本低等,大部分用户只是在有紧急出行需求或者其他特殊情况下才会选择共享出行服务,这造成共享出行的被动式发展,未来应该通过国家政策引导,鼓励共享出行创新式发展,吸引更多用户出行首选,而智能驾驶则完全可以做到这一点,诸如滴滴出行 D1 车型提供的个性化定制服务为用户带来全新的体验。在出行方便方面,目前的共享出行服务虽然已经相对之前成熟了很多,但是仍存在用户着急出行,已有驾驶员接单,但由于路况拥堵或者驾驶员不熟悉行驶轨迹,导致用户在下单后等待二十分钟左右的问题,这会给用户带来一定不便和困扰,而智能驾驶就排除了很多人为主观问题,同时结合城市交通管理平台,实时调控距离用户最近的车辆,从而高效满足用户需求。智能驾驶的触角已经延伸到共享出行领域,智能驾驶和共享经济,正深刻地改变着交通出行汽车行业,随着两者的结合,将会彻底颠覆传统的交通出行模式。当然,在目前阶段,智能驾驶发展尚未成熟,但是很多企业已经开始紧抓机遇,希望通过自身核心关键技术继续稳固自己在行业中的地位。

智能驾驶技术在共享出行的应用如图 11-16 所示。

(一)智能服务技术应用案例

美国时间 2019 年 10 月 10—23 日,2019 年运筹学和管理科学研究协会年会(2019 INFORMS Annual Meeting)在西雅图召开,会上滴滴出行凭借基于强化学习的网约车派单解决方案获国际运筹学领域的顶级实践奖项——2019 年度瓦格纳运筹学杰出实践奖(Daniel H. Wagner Prize)。滴滴 AI Labs 团队提出的基于强化学习的网约车派单解决方案,具有很强的创新性和实践影响力,滴滴 AI Labs 对网约车派单问题进行半马尔可夫过程建模,提出基于强化学习的泛化决策迭代框架,创新有效地结合了深度强化学习、时间差学习和传统组合优化方法,在确保乘客出行体验的同时进一步提高驾驶员的收入,具有广泛的应用能力和影响力。滴滴出行采用的半马尔可夫过程和深度强化学习方法非常前沿,同时这种方法是首次成功应用到派单场景中。

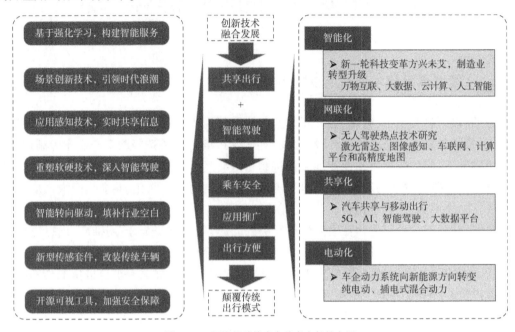

图 11-16　智能驾驶技术在共享出行的应用

案例小结

通过将数学、机器学习及仿真问题进行创新性结合,滴滴出行非常新颖地应对了一个运筹学难题,成为历史上首个获得运筹学会瓦格纳杰出实践奖的中国企业。这不仅是对滴滴出行技术团队实力的认可,更有效完善了滴滴出行提供给用户的服务体验,同时奠定了滴滴出行在行业内的领头地位。

(二)场景创新领域应用案例

2020 年 11 月 16 日,滴滴出行在北京正式发布新款车型 D1,D1 由滴滴出行与比亚迪联合设计开发,于 2020 年底在长沙首发投放,这是全球首款定制网约车,也是第一代共享出行交通工具。这款高度定制化的车型,凝聚了滴滴出行对出行市场需求的深度洞察,同时,滴滴出行将这款车型与其平台、App 打通,相互联动,为这款车型的迭代注入无限可能。滴滴出行副总裁、D1 首席产品官杨俊表示,D1 是一款个人无法购买,专为共享出行设计,专用于共享出行的车型。在驾驶员端智能化方面,滴滴出行为 D1 开发了全新车机系统——DIIA车机。该车机配合 10.1 寸大屏以及智能语音交互,其中 AI 语音助手,可实现空调、开关电滑门等车辆控制功能,也可实现查看热力图、充电桩以及完成驾驶员端复杂交互等功能。此外,DIIA 车机将车辆数据与滴滴平台进行联通,可实现智能派单、智能充电、智能维保、无感人脸识别等八项专属功能。在智能驾驶方面,通过毫米波雷达和摄像头的配合,D1 可实现自动紧急制动 AEB、车道偏离预警系统 LDWs 等安全功能，这些智能驾驶功能可以极大降低驾驶员的疲劳，进而提高行车安全。在乘客端智能化方面，可通过滴滴出行 App 在上车前提前遥控车辆的空调温度调节、座椅加热等功能。这些为出行场景开发的功能，不仅在硬件层面可以更好地满足网约车的场景需求，同时给汽车产业带来新的商业模式。滴滴出行副总裁杨峻表示，D1 是一款专为共享而生的新物种，包含了三大独特设计理念：一是"由内而外"设计，二是产品即服务，为用户（驾驶员和乘客）专属设计，三是通过数据赋能，智能可迭代。滴滴出行打破了原来私家车的硬件桎梏和软件羸弱，重塑了网约车的功能，做到了"场景定义汽车"，这是汽车产业第一次出现一种具有可持续发展的"代工模式"。在这种商业模式之下，深度掌控运营场景、理解用户需求、拥有数据的滴滴出行，向汽车产业提出了产品需求，由汽车产业来完成工程研发、供应链、制造、质量等工作。以滴滴出行为代表的"运营商"，依托场景、数据和对用户的理解，赚取运营利润，汽车制造商则依靠硬核制造能力和对供应链的掌控，赚取合理的制造利润。在未来，D1 还有更多的想象空间，例如定制化的车队可以辅助滴滴出行更好地收集数据进行训练，发展自动驾驶算法。在更远的未来，滴滴出行可以基于 D1 去衍生一些类似丰田 e-palette 这样的车型。滴滴出行 CEO 程维表示，到 2025 年，滴滴出行将推出定制车 D3，希望普及 100 万台搭载自动驾驶的共享车型；到 2030 年，滴滴出行的 DX 将去掉驾驶舱，实现完全自动驾驶。

> **案例小结**
> 提高出行共享率现在已经成为行业共识，共享化将成为未来出行的最优方案。滴滴出行 D1 是基于滴滴出行平台上 5.5 亿车乘客、上千万驾驶员需求、百亿次出行数据，针对网约车出行场景，在车内人机交互、司乘体验、车联网等多方面进行定制化设计。D1 或者 DX 的出现，就网约车而言，定制可能带来更好的服务；就车厂而言，车厂则能够协同大数据迭代技术；就平台间相互合作而言，技术交流，可能将汽车甚至出行都带向新方向。D1 的出现，是网约车行业载具的革命。

（三）道路感知技术应用案例

2019 年 9 月，滴滴出行获得上海颁发的首批智能网联汽车载人示范应用牌照。2020 年 6 月 27 日，上海启动智能网联汽车规模化示范应用，首批智能网联汽车在滴滴出行 App 上开放服务，用户在滴滴出行 App 上报名并通过审核后，可预约体验滴滴自动驾驶。从外形来看，滴滴出行自动驾驶汽车是一辆沃尔沃的量产车型 XC60，车顶上方凸起的空间置有激光雷达和 7 个摄像头，能覆盖车周 360 度区域，通过图像数据来感知周围障碍物的信息和道路情况，包括障碍物的位置、朝向和速度等。在测试区域的部分路口，滴滴出行部署了自主研发的车路协同解决方案，能将道路信息实时共享给区域内不同公司的自动驾驶测试车，消除行驶盲区。依照自动机工程师学会（简称 SAE）的分级，滴滴出行自动驾驶技术目前处于 L4 阶段，即在限定的场景中驾驶操作、周边环境监控、车辆接管均可由电脑控制，无需外加人员干预。目前，为了保障安全，按政府部门相关规定，体验自动驾驶的乘客必须满足一定条件，且要提前知道可能因天气原因临时取消体验以及行驶中会出现紧急制动等各种不确定因素和安全风险提示。每辆车配有 1 名安全驾驶员和 1 名测试员，如遇突发情况，安全驾驶员会接管车辆;坐在副驾驶座的测试员主要承担测试、讲解等工作。一旦出现自动驾驶车辆无法应对的突发状况,安全员将及时接管车辆,保障乘客和路上其他人员的安全。乘客座位前方有两块电子屏,上面实时显示车况、路况、信号灯情况等。乘客可以根据电子屏上的按钮在主视角、俯视视角、长距视角之间切换,其中长距视角是只有自动驾驶才能做到的。雨天等极端场景一直是全球自动驾驶公司需要持续解决的问题。雨点、地面上的积水以及溅起来的水花可能引发激光雷达的噪点,相当于"驾驶员"视力变差,需要算法有效地去除这些噪点,否则容易引发各种紧急制动。

> **案例小结**
> 随着滴滴出行逐步涉足自动驾驶领域,同时依托第三方机构的政策保障,相信在其技术足够成熟,产品可以大规模商业化落地的时候,滴滴出行经营的共享出行将会以一种新姿态、新模式面对广大用户。

(四)软硬重塑技术应用案例

2020年11月11日,滴滴自动驾驶与北汽集团合作推出的新一代L4级自动驾驶车(图11-17),首次在世界智能网联汽车大会上亮相,并提供试乘体验。

这是一款基于BEIJING-EU7改装的L4级自动驾驶车辆,由北汽集团与滴滴自动驾驶公司合作研发,该车采用了业界领先的自动驾驶软硬件解决方案。未来,北汽集团和滴滴自动驾驶将继续探讨这款L4级自动驾驶车的更大范围落地和运营的可能性。双方

图11-17 新一代L4级自动驾驶车(滴滴&北汽)

表示,将发挥各自在整车设计及制造、智能网联、自动驾驶等领域的技术和制造优势,继续在自动驾驶领域深入合作。

> **案例小结**
> 滴滴自动驾驶团队组建于2016年,拥有高精地图、感知、行为预测、规划与控制、基础设施与仿真、数据标注、问题诊断、车辆改装、云控与车联网、车路协同、信息安全等多个专业领域的人才。通过北汽集团与滴滴自动驾驶的共同努力,促使自动驾驶在共享出行领域得到广泛应用,带动中国汽车产业朝着高新智能方向加速前进。

(五)智能转向技术应用案例

舍弗勒开发了一款针对城市出行的解决方案"Schaeffler Mover",或称为机器人出租汽车。它是一种自动驾驶的电动车,主要用于城市交通,是现在共享出行的一种替代方案。该车可容纳四名乘客,在设计时还考虑了网联的需求,这种方案填补了今天汽车行业的一项空白。Schaeffler Mover还把车身与底盘平台分离开来,底盘平台包含了实现驾驶的所有技术,而车身则可针对不同的应用有不同的变型,并可快速与底盘结合和分离,自动驾驶所需的一

些传感器则被整合到车身中。底盘部分的核心部件为四个独立的"舍弗勒智能转向驱动模块",每个模块中集成了驱动和底盘部件:轮内电机驱动系统、包含悬架和机电转向执行单元的车轮悬架系统。Schaeffler Mover 的车轮可以实现 90 度转向,如图 11-18 所示。

对 Schaeffler Mover 来说,网联功能是实现平稳操控的前提条件,这主要通过车辆的"数字孪生体"来实现。它位于云端,是真实车辆的虚拟镜像。通过对车辆运行状态数据的持续分析,可以提前确定车辆未来的维修保养需求。此外,这种方式还有助于分析车辆的使用情况,并利用这些分析结果来对车辆进一步优化。网联功能还可以通过个性化的数字化服务为客户带来额外的价值。

图 11-18　Schaeffler Mover

> **案例小结**
> 不断升级的需求持续衍生新技术、新模式,从而颠覆传统汽车的外形和功能,甚至目前已经出现"飞行汽车"概念。因此,依托逐渐完善的基础设施,智能驾驶技术将会更多层次、多方面、多样化地应用在共享出行领域。

(六)新型传感技术应用案例

2020 年 8 月 19 日,国内自动驾驶公司元戎启行与吉利集团旗下的出行公司曹操出行联合宣布,双方合作在杭州开展自动驾驶车辆测试,元戎启行、曹操出行在 2020 年下半年,将杭州的自动驾驶车队扩大至 10 辆,并接入曹操出行 App。元戎启行在深圳、北京都设有研发中心,覆盖硬件系统、高精度地图及定位、感知、规划与控制、基础架构、模拟系统、云平台等自动驾驶研发链。2020 年 1 月初,元戎启行发布了车规级计算平台解决方案 DeepRoute-Tite,其目的是降低计算平台的成本和体积,同期,元戎启行还公布了自研的车载相机 Deep-Route-Vision 和用于同步传感器时空信息的同步控制器 DeepRoute-Syntric。目前,曹操出行方面正在推行对吉利"几何 A"自动驾驶车辆的改装,并已开始启动测试,合作中元戎启行为几何 A 量身定制了更贴合车身的传感器套件解决方案——DeepRoute-Sense Ⅱ。

> **案例小结**
> 在车企争相转型出行服务商的当下,网约车成为 L4 级自动驾驶技术尝试应用最多,同时也是最被看好的场景之一。而曹操出行的自动驾驶网约车服务已达到部署前期,这也在一定程度上表明吉利在自动驾驶网约车领域跑在了行业前列。

(七)可视工具技术应用案例

可视化工具在自动驾驶过程中起着至关重要的作用。在自动驾驶汽车行驶过程中,可视化工具会把行人和其他车辆拟化为黄色或紫色的"盒子",来帮助汽车识别物体。在这些"盒子"的帮助下,自动驾驶汽车收集的原始数据变得更加生动,能够帮助运营商更好地观察自动驾驶汽车的运行状况。目前,许多自动驾驶汽车运营商依赖于现成的可视化系统,而这些系统的设计并没有考虑到自动驾驶汽车的特有情况,且通常仅限于体积庞大、难以操作的台式电脑。Uber 开发了一个适用于自动驾驶及机器人数据的基于 Web 的 3D 可视化工具——AVS(Autonomous Visualization System),AVS 被设计为开放和模块化的,以实现解耦,从体系结构上讲,它提供了一种分层的方法,自动驾驶系统的各个组件之间的耦合被最小化,并为数据交换提供了清晰的定义。每个层都可以根据需要进行扩展,而无需在系统范围内进行更改,并且可以针对特定场景量身定制。其组成为两个独立模块 XVIZ 和 streetscape.gl。XVIZ 是一个易于使用并用于生成格式化的自动驾驶系统数据的工具,它提供了随时间变化的场景变换和用户 UI 的面向流(Stream-oriented)显示(流即一系列特定时间、特定数据类型的数据更新,包括但不限于激光雷达点云数据及相机图像数据等),XVIZ 通过分级命名来组织管理流,最终,UI 捆绑图形化面板,为用户提供控制功能,并通过 YAML 配置一系列的布局及显示组件。streetscapec.gl 是一个用于构建使用 XVIZ 协议中数据的 Web 应用的工具包,它提供了即插组件来可视化 XVIZ 数据流,诸如 3D 视角、图标等方式,解决了常规可视化的跨流时间同步、坐标系统等痛点。

此外,AVS 可以满足自动驾驶生态系统中每个人的需求,包括工程师、车辆操作员、分析师和专业开发人员。自动驾驶工程师可以用 XVIZ 描述他们的系统,然后以有限的开销测试来可视化他们的期望;专业开发人员可以使用 streetscape.gl 快速构建具有强大性能特征并简化集成的与数据源无关的应用程序;操作员可以在多个应用程序中以标准的视觉格式(包括视频)查看数据,从而可以更轻松地进行协作,进行更深入的分析。

> **案例小结**
> Uber 在智能驾驶技术领域的持续创新开发和部署计划,促使 Uber 不断推出更加安全的出行方案。利用 AVS,能够可视化地探索自动驾驶汽车的传感器数据、预测的路径、被跟踪的对象以及状态信息(如加速度和速度),这对于诊断过程非常重要,可以对开发人员的效率产生积极影响,且之后该信息还可用于数据驱动的自动驾驶工程。无论是提高城市规划投资,更丰富的地理空间分析,高级制图还是新的出行趋势产品,Uber 相信更加开放的数据和工具可以帮助政府、开发商、研究人员和整个行业加速向未来更智能的交通生态系统发展。

二、大数据平台技术应用典型案例

随着人工智能、大数据、物联网、云计算等新技术快速发展,各类终端、电子化外场设备、中心业务应用都产生海量数据,并且渗透到交通运输行业各个业务领域中,成为重要的生产要素。大数据因此成为社会各界关注焦点,大数据时代已经来临。传统数据处理技术已无法满足大规模数据的实时处理需求,不能挖掘数据蕴藏的重要价值。而人工智能、大数据等技术作为科技发展新引擎,在信息技术全面应用和渗透下,交通出行逐渐成为一种新型服务,形成了多种基于大数据分析的交通出行规划,方便出行者从出发到目的地的交通工具和交通路径的灵活选择。

大数据技术是以终端系统为平台,依托于云存储技术、信息技术等来实现信息资源的存储与分配,通过各个路口安装的监控设备,可对交通资源进行整合,在大数据技术的分化处理工作模式下,可对交通环境进行立体化分析,以此来为人们提供更加全面的信息服务。在建构大数据平台时,主要是以人机交互系统、监控系统、信号传输系统、警报系统、信息传输系统、导航系统等为主。人机交互系统主要是建立驾驶者与系统的沟通平台,为驾驶者提供多款智能化应用,以方便驾驶者及时了解当前交通环境;监控系统则是对视频信息、音频信息进行分类存储,并可将其同步上传到网络终端,以方便用户及时对信息进行查询;信号传输系统是交通网络系统内的传输载体,其可实现单体信号机覆盖范围内的定向传输;警报系统多以前端设备为主,是对车辆的违章行为、驾驶行为等进行抓拍,为实际处罚提供证据;信息传输系统的主要功能是对路况信息通过多媒体设备、广播设备等进行传输,让用户及时对交通环境进行了解;导航系统则是对交通系统内的车流量情况、汽车运行轨迹进行分析,以得出未来一段时间内的交通状况,进而为岗位工作人员的现场指挥提供基础保障。依托于通信基础设施的不断完善以及关键技术的研究和突破,大数据共享使信息的对称成为可能,基于透明完善的信息,可以让我们做出更加全面高效的决策。

大数据平台技术在共享出行的应用如图 11-19 所示。

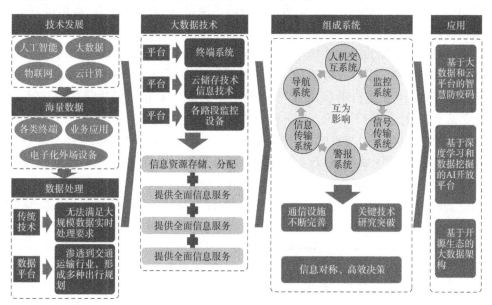

图 11-19　大数据平台技术在共享出行的应用

(一)基于大数据和云平台的"智慧防疫码"

2020 年 3 月 13 日,为让乘客在新型冠状病毒感染疫情期间安心乘车,滴滴出行推出"智慧防疫码",覆盖 50 余个城市的巡游出租汽车及网约车,乘客通过扫描二维码即可查看车辆消毒记录或登记乘车信息。滴滴"智慧防疫码"基于线下防疫服务站的大数据和云平台搭建能力,建立车辆线下消杀标准化流程,并将车辆消毒情况接入线上"桔行管理平台"。通过云平台,可实时呈现当日消毒车次、当前排队情况、最近 24 小时及 7 天走势,为城市出行防疫情况提供全局化参考。每一个二维码背后都是一张城市运营车辆消毒防疫网。根据城市需求,滴滴出行还与各地主管部门协作并提供技术服务,在杭州,健康码已经接入滴滴平台,成为用户叫车时的"通行证"。在海口、东莞、秦皇岛等县市,"智慧防疫码"可帮助主管部门做好疫情防控信息登记。此外,基于技术和数据分析能力,滴滴还联合北京大学大数据分析与应用国家工程实验室及中国电子信息产业发展研究院(赛迪研究院)共同发布城市交通活力恢复指数排行榜,让公众更直观看到每个城市交通的恢复情况。

> **案例小结**
>
> 滴滴出行推出的"智慧防疫码"可基于线下防疫服务站的数据,将车辆消毒情况接入线上"桔行管理平台"。通过云平台,可实时呈现当日消毒车次、当前排队情况、最近24小时及7天的走势,为城市出行和防疫情况提供参考。更多的数据会产生更强的能力,也意味着更大的责任。滴滴出行借助自身数据平台,针对当时国内疫情情况,为国家、社会和人民做出贡献,起到了很好的企业带头作用。

(二)基于深度学习和数据挖掘的 AI 开放平台

滴滴 AI 开放平台基于深度学习模型和数据挖掘算法,通过对多项指标的规律、趋势的预测,提前获知更准确的预判,深度剖析业务背后的问题,助力资源规划,提高运营效率,实现精细化运营。AI 平台主要功能有:智能预测、智能推荐、智能匹配以及异常检测。智能预测就是通过对宏观指标的规律、趋势的预测,帮助企业提前获得更准确的预判,从而规划人力资源、财力资源、业务发展战略,提高运营效率,降低企业成本,实现精细化运营;智能推荐是对用户的行为和特征进行建模,用于精准营销、精细化运营、信息触达等方向,将不同场景的业务信息和订单需求与不同的人群进行精准匹配;智能匹配是利用深度强化学习,提高交易平台匹配效率,同时将对交易成本的影响控制在一定范围内;异常检测是结合客户和市场数据特征,利用深度学习算法,对专业领域的历史多维特征数据进行建模,实现数据异常点检测。疫情期间,滴滴 AI 团队开发口罩佩戴识别算法,在出车前和行程中基于 AI 技术对网约车驾驶员进行口罩识别,以进一步帮助、提醒、督促驾驶员做好个人防护,保障出行安全,提高社会监管效率,助力疫情防控。口罩 AI 识别技术已免费面向全社会开放。

> **案例小结**
>
> 滴滴 AI 平台拥有强大的技术实力,该平台目前已经集中开放视觉智能、语音智能、语言智能、数据智能、时空智能五大 AI 领域技术服务,并推出智能汽车、智能运营、智能客服、智慧城市四大 AI 行业解决方案。以智能汽车为例,目前滴滴已打磨出整套端云一体化驾驶安全解决方案。能面向车企、车载 IoT 厂商、B 端车辆运营商,提供包含驾驶员行为智能识别、智能高级驾驶辅助、智能运营安全管理、智能运营质检分析等一整套服务。目前这些 AI 功能已经成功赋能一批通信、汽车、城市交通、物流、金融企业,作为滴滴智能出行平台的一部分,滴滴 AI 平台将更加开放,携手行业合作伙伴进一步加速 AI 落地,赋能行业发展。

(三)基于开源生态的大数据架构

Apache Flink 是一个分布式大数据处理引擎,可对有限数据流和无限数据流进行有状态计算。可部署在各种集群环境,对各种大小的数据规模进行快速计算。滴滴基于 Apache Flink 做了大量的优化,也增加了更多的功能,比如扩展 DDL、内置消息格式解析、扩展 UDX 等,使得 Flink 能够在滴滴的业务场景中发挥更大的作用。滴滴基于开源的生态构建了比较完整的大数据体系,包括离线、实时系统,如 HBase 生态、数据检索 Elastic Search、消息队列 Kafka 等。在 Flink 基础上滴滴主要发展 StreamSQL。在业务规模方面,目前滴滴流计算服务业务线达到 50 多个,集群规模在千级别,流计算任务数达到 3000+,每天处理的数据量达到万亿条。在业务场景上,主要包括实时监控、实时同步、实时特征以及实时业务四类。实时监控包括交易指标监控、导航及 POI 准确率监控、业务健康度监控(例如业务压力测试中的水位线、当前水位同水位线的实时差距监控)和车辆网监控等;实时同步主要作用是把数据实时地从一个地方转移到另一个地方,数据包括业务日志、数据库日志、轨迹数据、埋点数据,其中轨迹数据放在 Hbase;实时特征是比较关键的业务,它会影响派单,例如派单的导航和准确性,这些特征包括驾驶员乘客特征、上下车特征、导航轨迹特征、工单特征,滴滴出行每天的客户量在百万级别,如果检测到高危,需要立刻触发报警和客服介入;实时业务会影响业务行为,包括司乘位置语音同步(接单过程中驾驶员可以实时知道乘客位置变化、乘客也可以知道驾驶员位置变化)、异常停留监测、高危行程监测、个性化发券、路线偏移监测等。

> **案例小结**
>
> 大规模数据的收集和处理是近年的研究热点,业界已经提出了若干平台级的设计方案,大量使用了开源软件作为数据收集和处理组件。然而,要真正满足企业应用中海量数据存储,多样化业务处理,跨业务分析,跨环境部署等复杂需求,尚需设计具有完整性、通用性、支持整个数据生命周期管理的大数据平台,并且对开源软件进行大量的功能开发、定制和改进。滴滴出行运营体系离不开大数据架构的支撑,大数据架构保障滴滴出行的正常运转,这背后需要强大的技术团队予以保障。

复习思考题

1. 简要分析对比不同共享出行企业发展模式的异同及优缺点。
2. 简要分析对比不同城市共享出行的发展模式的异同及形成原因。
3. 简述在共享出行领域实际应用的新技术主要类型及特点。

参 考 文 献

[1] 国家信息中心.中国共享经济发展报告(2023)[R].北京:国家信息中心,2023.

[2] 陈轶嵩,赵俊玮,刘永涛.面向未来智慧城市的汽车共享出行发展战略[J].中国工程科学,2019,21(3):114-121.

[3] 高德地图.2023年Q3中国主要城市交通分析报告[R].北京:高德地图,2023.

[4] 罗兰贝格国际管理咨询公司.2018年中国汽车共享出行市场分析预测报告[R].上海:罗兰贝格国际管理咨询公司,2017.

[5] 刘向龙,刘好德,李香静,等.中国出行即服务(MaaS)体系框架与发展路径研究[J].交通运输研究,2019,5(3):1-9.

[6] 陈坚,纪柯柯,汤昌娟.出行即服务MaaS系统发展研究综述[J].公路与汽运,2021(6):29-36,54.

[7] 易观.网约车行业数字化升级——易观:2019年网约车市场增速放缓,行业侧重提升供给能力、推动电动化进程、升级产品服务,持续调整以更好地出发[R]北京:易观,2020.

[8] ZUO WENMING,ZHU WENFENG,CHEN SHAOJIE, et al. A 2020 Perspective on Service Quality Management of Online Car-hailing Based on PCN in the Sharing Economy[J]. Electronic Commerce Research andApplications,2020.

[9] HONGZHEN JIANG,XIAOYU ZHANG. An Experimental Model of Regulating the Sharing Economy in China:The Case of Online Car Hailing[J]. Computer Law & Security Review:The International Journal of Technology Law and Practice,2019,35(2).

[10] TIAN WU,MENGBO ZHANG,XIN TIAN, et al. Spatial Differentiation and Network Externality in Pricing Mechanism of Online Car Hailing Platform[J]. International Journal of Production Economics,2020,219.

[11] XIAO YUN. Analysis of the Influencing Factors of the Unsafe Driving Behaviors of Online Car-hailing Drivers in China.[J]. PloS one,2020,15(4).

[12] CLEWLOW,REGINA R. , GOURI S. Mishra. Disruptive Transportation:The Adoption,Utilization,and Impacts of Ride-hailing in the United States[R]. Institute of Transportation Studies,University of California,Davis,Research Report,2017.

[13] SCHALLER,B. Unsustainable? The Growth ofApp-Based Ride Services and Traffic,Travel and the Future of New York City[R]. Schaller Congsulting,2017.

[14] JUDD CRAMER,ALAN B. KRUEGER. Disruptive Change in the Taxi Business:The Case of Uber[R]. American Economic Review:Paper & Proceedings,2016,106(5):177-182.

[15] 夏林.网约车市场发展现状及建议[J].当代经济,2017(34):72-73.

[16] 姜晓琰,吴双,李巧明,等.网约车现状及发展趋势分析[J].现代经济信息,2019

(02):407.

[17] 魏佳丽,武妍,邢敏,等.我国网约车安全现状及对策研究[J].山西农经,2020(04):54-56+67.

[18] 李青鹏,赵相福,陈中育,等.基于区块链的网约车安全风险规避模式[J].计算机技术与发展,2019,29(09):152-157.

[19] 钱振,周侗,马培龙,等.基于GIS的网约车乘客安全状态监测模型研究[J].交通信息与安全,2019,37(04):35-43.

[20] 毛俊响,王思洋.论网约车个人信息的保护[J].探索与争鸣,2019(06):150-156+160.

[21] 卢珂,周晶,和欣.考虑用户对服务质量偏好的网约车平台定价策略研究[J].软科学,2018,32(06):119-124.

[22] 刘旭东.一种基于多需求竞价机制的网约车应用研究与实现[D].昆明:云南大学,2018.

[23] 邓筠,陈崇辉.网约车舒适度客观量化评价方法及装置设计[J].自动化与仪表,2019,34(07):96-99+104.

[24] 温志强,李永俊.网约车时代公共交通司乘安全科技保障研究[J].江苏科技信息,2019,36(22):74-77.

[25] 滴滴出行.大数据驱动分享出行[J].互联网天地,2017(Z1):4-8.

[26] 王润民,刘丁贝,胡锦超,等.车联网环境下基于模糊逻辑的交通拥堵检测方法[J].计算机应用研究,2020:1-6.

[27] 交通运输部.网络预约出租汽车经营管理暂行办法[Z].2016.7.27.

[28] 滴滴出行.安全透明度报告[R]北京:滴滴出行,2019.

[29] 高德地图.中国主要城市交通分析报告[R]北京:高德地图,2015.

[30] DON ANAIR. Ride-hailing services are increasing carbon emissions[R]. Union of Concerned Scientists,2019.

[31] 高驰.ALIX PARTNERS关于自动驾驶的调研,透露出什么讯息?[J].汽车与配件,2020(05):52-53.

[32] 国家知识产权局."北斗"天地导航"神威"点亮梦想[EB/OL].(2017-09-22)[2024-07-01]http://www.cnipa.gov.cn/art/2017/9/22/art.55.126324.html.

[33] 宫夏屹,李伯虎,柴旭东,等.大数据平台技术综述[J].系统仿真学报,2014,26(03):489-496.

[34] 赵尊章.浅析汽车多路传输系统车联网技术应用[J].南方农机,2019(03):222.

[35] 史利民.我国新能源汽车产业现状及发展趋势[J].电器工业:16-20.

[36] 尹志芳,吴洪洋,张晚笛,等.城市共享出行理论与实践[M].北京:人民交通出版社,2020.

[37] 王震坡,郑钧君,孙逢春,等.汽车分时租赁:共享经济与交通出行解决方案[M].北京:机械工业出版社,2018.

[38] 徐文.共享汽车网点选址与调度方法研究[D].南京:东南大学,2019.

[39] 马如斌,张友焕,尹颖. 新能源汽车分时租赁车端远程控制技术实现方案[J]. 北京汽车,2017(01):1-4.

[40] DIANA JORGE,GONCALO CORREIA,CYNTHIA BARNHART. Testing the Validity of the MIP Approach for Locating Carsharing Stations in One-way Systems[J]. Procedia-Social and Behavioral Sciences,2012,54.

[41] Goncalo Homem de Almeida Correia,António Pais Antunes. Optimization Approach to Depot Location and Trip Selection in One-way Carsharing Systems[J]. Transportation Research Part E,2011,48(1).

[42] 王宁,舒雅静,唐林浩,等. 基于动态定价的共享汽车自适应调度策略[J]. 交通运输系统工程与信息,2018,18(05):12-17+74.

[43] 青科言. 分时租赁共享汽车系统车辆调度和动态定价策略联合决策研究[D]. 成都:西南交通大学,2020.

[44] PETIT A,OUYANG Y. Design of Heterogeneous Flexible-route Public Transportation Networks Under Low Demand[J]. Transportation Research Part C:Emerging Technologies, 2022.138:103612.

[45] FRANCO P,JOHNSTON R,MCCORMICK E. Demand Responsive Transport:Generation of Activity Patterns from Mobile Phone Network Data to Support the Operation of New Mobility Services[J]. Transportation Research Part A:Policy and Practice,2020,131:244-266.

[46] WU Y,POON M,YUAN Z,et al. Time-dependent Customized Bus Routing Problem of Large Transport Terminals Considering the Impact of Late Passengers[J]. Transportation Research,Part C:Emerging Technologies,2022.143:103859.

[47] 靳文舟,胡为洋,邓嘉怡,等. 基于混合算法的需求响应公交灵活调度模型[J]. 华南理工大学学报(自然科学版),2021,49(01):123-133.

[48] HUANG D,GU Y,WANG S,et al. A Two-phase Optimization Model for the Demand-responsive Customized Bus Network Design[J]. Transportation Research Part C:Emerging Technologies,2020,111(7):1-21.

[49] ASGHARI M,Al-E-HASHEM S M J M,MIRZAPOUR J. Environmental and Social Implications of Incorporating Carpooling Service on a Customized Bus System[J]. Computers & Operations Research,2022,142:105724.

[50] AZADEH S S,VAN DER ZEE J,WAGENVOORT M. Choice-driven Service Network Design for an Integrated Fixed Line and Demand Responsive Mobility System[J]. Transportation Research Part A:Policy and Practice,2022,166:557-574.

[51] 贺韵竹,贾鹏,李海江,等. 新型需求响应公交发车时刻和票价优化[J]. 系统工程理论与实践,2022,42(04):1060-1071.

[52] LI X,WANG T,XU W,et al. A Novel Model and Algorithm for Designing an Eco-oriented Demand Responsive Transit(DRT)System[J]. Transportation Research Part E:Logistics and Transportation Review,2022,157.

[53] LIU Y,OUYANG Y. Mobility Service Design Via Joint Optimization of Transit Networks and Demand-responsive Services[J]. Transportation Research Part B：Methodological,2021,151(2):22-41.

[54] A B D G M,A K S,B P V. A Large Neighborhood Search Algorithm to Optimize a Demandresponsive Feeder Service[J]. Transportation Research Part C：Emerging Technologies,2021,127:103102.

[55] 李克强,王建强,许庆.智能网联汽车[M].北京:清华大学出版社,2022.

[56] 杨殿阁,黄晋,江昆,等.汽车自动驾驶[M].北京:清华大学出版社,2022.

[57] 王建,徐国艳,陈竞凯,等.自动驾驶技术概论[M].北京:清华大学出版社,2019.

[58] 余贵珍,周彬,王阳,等.自动驾驶系统设计及应用[M].北京:清华大学出版社,2019.

[59] 甄先通,黄坚,王亮,等.自动驾驶汽车环境感知[M].北京:清华大学出版社,2019.

[60] 李晓欢,杨晴虹,宋适宇,等.自动驾驶汽车定位技术[M].北京:清华大学出版社,2019.

[61] 杨世春,曹耀光,陶吉,等.自动驾驶汽车决策与控制[M].北京:清华大学出版社,2019.

[62] 邓伟文,任秉韬,等.汽车智能驾驶模拟仿真技术[M].北京:机械工业出版社,2021.

[63] 朱冰.智能汽车技术[M].北京:机械工业出版社,2021.

[64] 陈慧岩,熊光明,龚建伟,等.无人驾驶汽车概论[M].北京理工大学出版社.2014.

[65] 熊光明,高利,吴绍斌,等.无人驾驶车辆智能行为及其测试与评价[M].北京:北京理工大学出版社,2015.

[66] 高翔,张涛,等.视觉SLAM十四讲:从理论到实践[M].北京:中国工信出版集团,2017.

[67] RAJESH RAJAMANI.车辆动力学及控制[M].王国业,江发潮,等译.北京:机械工业出版社,2011.

[68] AZIM ESHANDARIAN.智能车辆手册[M].李克强,等译.北京:机械工业出版社,2017.

[69] HERMANN WINNER, STEPHAN HAKULI, GABRIELE WOLF.驾驶员辅助系统手册[M].北京永利信息技术有限公司译.北京:北京理工大学出版社,2016.

[70] TIMOTHY BARFOOT.机器人学中的状态估计[M].高翔,谢晓佳,等译.西安:西安交通大学出版社,2018.

[71] 江苏省市场监督管理局.道路运输车辆主动安全智能防控系统技术规范 第1部分:平台:DB32/T 3610.1—2019[S].2019.

[72] 江苏省市场监督管理局.道路运输车辆主动安全智能防控系统技术规范 第2部分:终端及测试方法:DB32/T 3610.2—2019[S].2019.

[73] 江苏省市场监督管理局.道路运输车辆主动安全智能防控系统技术规范 第3部分:通讯协议:DB32/T 3610.3—2019[S].2019.

[74] 全国道路运输标准化技术委员会.道路运输车辆卫星定位系统 终端通讯协议及数据格式:JT/T 808—2019[S].北京:人民交通出版社股份有限公司,2019.

[75] 全国道路运输标准化技术委员会.营运车辆行驶危险预警系统技术要求和试验方法:JT/T 883—2014[S].北京:人民交通出版社,2014.

[76] 李斌,赵丽,邹迎,等.智能运输系统 车道偏离报警系统 性能要求与监测方法:GB/T 26773—2011[S].北京:中国标准出版社,2011.

[77] 艾媒生活与出行产业研究中心.2020年中国共享出行发展专题研究报告[EB/OL].(2020-10-30).https://www.iimedia.cn/c400/75039.html.

[78] 关钰桥,孟韬.分享经济背景下企业商业模式比较分析——以美国Uber与中国滴滴为例[J].企业经济,2018(04):27-35.

[79] 郭建玲.共享出行企业的服务模式创新分析——以曹操出行为例[J].广西质量监督导报,2019(08):135-136.

[80] 中国电动汽车百人会.未来城市出行蓝皮书(2020)[EB/OL].(2020-11-08)https://www.sohu.com/a/430331498_372592.

[81] 曲振东."曹操出行"网约车平台市场营销策略研究[D].长春:吉林大学,2019.

[82] 张开,邱天鸣.Uber安全报告总结[J].时代汽车,2020(19):190-191.

[83] 宋立丰,鹿颖,宋远方.科技创新下的共享经济变革研究——以我国"新基建"与共享出行为例[J/OL].当代经济管理,2020:1-12[2020-12-16].http://kns.cnki.net/kcms/detail/13.1356.F.20201106.1033.002.html.

[84] 高德地图.2020年Q3中国主要城市交通分析报告[EB/OL].(2020-11-09)[2024-07-01]https://report.amap.com/m/dist/#/report/a187b9ae753f219a01755470efdc6127.

[85] 贺石昊,孙海尧.共享经济企业的平台社会责任研究——基于滴滴出行的案例研究[J].科技和产业,2020,20(10):8-15.

[86] 杨新利.浅析我国共享经济服务业的融资模式、商业模式发展现状——以"滴滴出行"为例[J].江苏商论,2020(09):7-8+12.

[87] 袁玲.共享经济视角下礼橙专车与曹操出行的对比研究[J].科技创新发展战略研究,2020,4(05):52-55.

[88] 章文嵩.滴滴共享出行平台与开源[J].软件和集成电路,2020(08):60-61.

[89] 张新红.后疫情时代共享出行迎来发展新契机[J].信息通信技术与政策,2020(07):1-4.

[90] 樊根耀,高原君,鲁利川.共享出行的演化与创新[J].长安大学学报(社会科学版),2020,22(02):38-47.

[91] 张静涵.对共享经济下"曹操专车"现象的思考[J].现代营销(经营版),2019(02):54.

[92] 程六金.Uber和通用拟开源自动驾驶可视化软件[EB/OL].(2019-02-22)https://www.oschina.net/news/104604/uber-and-general-open-source-autopilot-visualization-software.

[93] 程序员大本营.Uber AVS自动驾驶可视化工具(一)[EB/OL].(2019-03-10)https://blog.csdn.net/ningzuotao/article/details/88377107.

[94] 郑瑞旭.在互联网时代滴滴出行的营销策略分析[J].营销界,2020(47):17-18.

[95] 北京市交通委员会.北京MaaS迈向2.0阶段[J].中国公路,2023,642(14):16-17.

[96] 詹盈.算法与数据中台:基于Google、Facebook与微博实践[M].北京:电子工业出版社,2020.